Geisterseher

WILLIBALD ALEXIS, JAKOB JULIUS DAVID,
SIGMUND FREUD, GEORG VON DER GABELENTZ,
FRIEDRICH GERSTÄCKER,
JOHANN WOLFGANG VON GOETHE,
BRÜDER GRIMM, WILHELM HAUFF,
PAUL HEYSE, E.T.A. HOFFMANN, JUSTINUS KERNER,
GUSTAV MEYRINK, A. J. MORDTMANN,
EDUARD MÖRIKE, LOTHAR SCHMIDT,
ARTHUR SCHNITZLER,
ALEXANDER VON UNGERN-STERNBERG,
HEINRICH ZSCHOKKE

GEISTERSEHER

Das Unheimliche
Gesehen von 18 großen Schriftstellern

Verlag Projekt Gutenberg-DE
ISBN: 9783865117748
© 2015

Das Geisterpack, es fragt nach keiner Regel;
Wir haben aufgeklärt, und dennoch spukt's in Tegel.

Goethe

Die Autoren

WILLIBALD ALEXIS

Geboren am 29. Juni 1798 in Breslau; gestorben am 16. Dezember 1871 in Arnstadt/Thüringen.

Alexis stammte aus einer bretonischen Flüchtlingsfamilie. Sein Vater, Kanzleidirektor in Breslau, starb schon 1802. 1806, nach der Einnahme Breslaus durch die Franzosen, zog die Familie nach Berlin; dort besuchte Alexis zuerst eine Privatschule, ab 1810 ein Gymnasium. 1815 nahm er an den Befreiungskriegen teil. Von 1817 bis 1820 studierte er Jura und Geschichte in Berlin und Breslau. Ab 1820 war er Referendar am Berliner Kammergericht; dort lernte er E.T.A. Hoffmanns Freund Julius Eduard Hitzig kennen, der ihn wiederum mit Fouqué bekannt machte.

Nach dem Erfolg seines ersten Romans (1824) beendete Alexis die Beamtenlaufbahn. Seit 1827 lebte er in Berlin, dort schrieb er für verschiedene Zeitungen und Zeitschriften; dazwischen unternahm er Reisen nach Frankreich, Skandinavien, Süddeutschland und Ostpreußen. Durch sein Mitwirken in der literarischen Mittwochsgesellschaft knüpfte er Verbindungen u.a. zu Eichendorff, Immermann und Hauff. Nach seiner Heirat mit einer Engländerin wurde sein Haus zu einem Treffpunkt des literarischen Berlin (Fouqué, Tieck, Fontane). Nach einem längeren Aufenthalt in Rom (1847-48) zog er sich 1853 nach Arnstadt zurück.

Pommersche Gespenster   S. 86

Jakob Julius David

Geboren am 6. Februar 1859 in Mährisch-Weißkirchen, gestorben am 20. November 1906 in Wien.

David studierte Philologie und Philosophie in Wien und arbeitete als Journalist und Hauslehrer zur Finanzierung seines Studiums. Er promovierte 1889 zum Dr. phil., war aber wegen seiner Schwerhörigkeit ungeeignet für das Lehramt. Seit 1891 arbeitete er als Redakteur und freier Schriftsteller in Wien.

Schuß in der Nacht **S. 64**

Sigmund Freud

Sigmund Freud wird am 6. Mai 1856 als Sigismund Schlomo Freud in Freiberg in Mähren geboren. Er ist der erstgeborene Sohn. Seine Eltern, der einundvierzigjährige jüdische Wollhändler Kallamon Jacob Freud und die zwanzig Jahre jüngere Amalia, geborene Nathanson, haben gemeinsam noch sieben weitere Kinder; sein Vater aus erster Ehe einen Sohn und eine Tochter.

1860 zieht die Familie nach Wien, wo Freud 1865, ein Jahr früher als üblich, auf das Gymnasium kommt, das er im Alter von 17 Jahren mit Auszeichnung abschließt.

Nach dem Studium der Medizin ist er ab 1883 am Wiener Allgemeinen Krankenhaus tätig, er forscht dort u. a. an den Wirkungen des Kokains. Nach einer Studienreise nach Paris, wo er an der Salpêtrière über Hysterie, Hypnose und Suggestion Anschauungsunterricht erhält, eröffnet er 1886 seine Privatpraxis und heiratet Martha Bernays. Aus der Ehe gehen sechs Kinder hervor: Mathilde, Oliver, Jean-Martin, Ernst, Sophie und Anna.

1902 wird er zum ordentlichen Titularprofessor ernannt und sammelt erste Schüler um sich. Mit Alfred Adler, Max Kahane, Rudolf Reitler und Wilhelm Stekel wird die Psychologische Mittwochsgesellschaft gegründet, aus der 1908 die Wiener Psychoanalytische Vereinigung hervorgeht. In den folgenden Jahren wird die Psychoanalyse zu einer international anerkannten Wissenschaft.

Nach Ende des I. Weltkrieges, der auch der Familie Freud große Entbehrungen abverlangt, hinterläßt ein ehemaliger Patient und Förderer Freud eine große Geldsumme, die ihn in die Lage versetzt, einen eigenen Verlag zu gründen: den Internationalen Psychoanalytischen Verlag.

In den dreißiger Jahren werden Freuds Person und sein Werk immer stärkeren Anfeindungen ausgesetzt. 1933 übernehmen die Nationalsozialisten die Macht; der Bücherverbrennung im Mai fallen auch Freuds Werke zum Opfer.

Das Unheimlich S. 284
Geschrieben 1919.

Georg von der Gabelentz

Georg von der Gabelentz wurde am 16. März 1840 in Poschwitz geboren und starb am 10. Dezember 1893 in Berlin. Er war ein deutscher Sprachwissenschaftler und Sinologe.

Das weiße Tier   S. 246

Friedrich Gerstäcker

Geboren am 10. Mai 1816 in Hamburg als Sohn eines Bühnentenors. Er ließ sich zum Kaufmannslehrling ausbilden, danach absolvierte er eine Ausbildung in Landwirtschaft. 1837 wanderte er nach Amerika aus, wo er ein abwechslungsreiches und abenteuerliches Leben als Matrose, Heizer, Jäger, Farmer, Koch, Silberschmied, Holzfäller, Fabrikant und Hotelier führte. 1843 kehrte Gerstäcker nach Deutschland zurück. Er lebte ab 1868 in Dresden und Braunschweig. Gerstäcker starb am 31. Mai 1872 in Braunschweig.

Gerstäcker war ein Erzähler von außerordentlich spannenden und farbenprächtigen Abenteuerromanen, die jedoch stets belehrende Momente in der Landschafts- und Kulturschilderung beinhalten.

Das rote Haus S. 142
Aus: »Der Untergang der Carnatic«.
Erschienen 1927.

Johann Wolfgang von Goethe

Goethe wurde am 28. August 1749 in Frankfurt(Main) geboren. Er begann sein Studium der Jura 1768 in Leipzig, das er aber wegen einer schweren Krankheit unterbrach und 1771 in Straßburg fortsetzte. Auf Einladung von Herzog Carl August zog er nach Weimar, wo er ab 1776 im Staatsdienst arbeitete. 1786 – 1788 erste Italienreise, 1790 zweite Italienreise. Goethe starb am 22. März 1832 in Weimar.

Eine Gespenstergeschichte S. 40
Zuerst erschienen: 1799

BRÜDER GRIMM

Jakob Ludwig Karl Grimm wurde am 4. Januar 1785 in Hanau geboren, sein Bruder Wilhelm Karl Grimm am 24. Februar 1786 am gleichen Ort. Der Vater war Jurist. Die Kinder lebten die ersten Jahre ihrer Jugend in Steinau und sie besuchten das Lyzeum im Kassel. Seit 1829 bzw. 1839 waren sie Professoren in Kassel. Aufgrund ihrer Teilnahme am Protest der »Göttinger Sieben« wurden sie des Landes verwiesen. Seit etwa 1840 lebten beide in Berlin. Jakob Grimm starb am 20. September 1863 in Berlin, sein Bruder am 16. Dezember 1859 am gleichen Ort.

Märchen von einem, der auszog, das Fürchten zu lernen S. 32
Aus: »Kinder- und Hausmärchen«.
Zuerst erschienen: 1812

Wilhelm Hauff

Der vielseitige Erzähler Wilhelm Hauff wurde am 29. November 1802 in Stuttgart geboren. Er studierte zunächst Theologie und Philosophie in Tübingen, arbeitete dann als Hauslehrer und schließlich als Redakteur von Cottas *Morgenblatt*. Seinen größten literarischen Erfolg erzielte Hauff mit dem Buch *Lichtenstein* (1826), mit dem er den historischen Roman in Deutschland begründete. Wirklich bekannt aber wurde er durch seine Märchen, die in drei Almanachen 1826, 1827 und 1828 erschienen, und durch seine Lieder, die sich zu Volksliedern entwickelten. In seinen Erzählungen verbindet Hauff romantisch-phantastische Elemente mit realistischen und zeitkritischen sowie satirischen Zügen. Es ging ihm allerdings nicht nur darum, seine Zeit kritisch zu beleuchten, sondern er wollte seine Leser auch unterhalten. Der Dichter starb – erst 24jährig – am 18. November 1827 in seiner Heimatstadt.

Die Geschichte von der abgehauenen Hand   S. 172
Aus: »Märchen-Almanach auf das Jahr 1826«.

PAUL HEYSE

Geboren am 15. März 1830 in Berlin; gestorben am 2. April 1914 in München.

Heyse fand schon im Elternhaus eine Atmosphäre vor, in der kultivierte Geselligkeit, geistig-literarischer Austausch, die Anteilnahme an Musik und bildender Kunst Selbstverständlichkeiten waren. Die Mutter war mit der Familie Mendelssohn-Bartholdy verwandt und stand mit den führenden jüdischen Salons in Berlin in geselligem Verkehr. Schon während seiner Schulzeit am Gymnasium entstanden erste literarische Versuche, auf die Emanuel Geibel aufmerksam wurde. Aus der Förderung durch den 15 Jahre Älteren und schon Berühmten erwuchs eine lebenslange Freundschaft und gemeinsame literarische Arbeit.

Die Freundschaft zum Haus des Kunsthistorikers Kugler brachte Heyse in Kontakt mit Burckhardt, Menzel, Fontane und Storm, schließlich mit der literarischen Vereinigung »Tunnel über der Spree«. Nach vier Semestern Studium der klassischen Philologie in Berlin wechselte Heyse zum Studium der Kunstgeschichte und Romanistik nach Bonn und promovierte 1852 mit einer Arbeit über die Lyrik der Troubadours. Zuvor schon hatte der Vater des Sohnes Entschluß, Dichter zu werden, freudig begrüßt.

Den 24jährigen erreichte auf Vermittlung Geibels der Ruf des bayerischen Königs Maximilian II. 1854 übersiedelte Heyse nach München und nahm regelmäßig teil an den »Symposien« des Königs im Dichter- und Gelehrtenkreis. Daraus ergaben sich vielfältige gesellschaftliche Verbindungen. Er konnte sich eine herausragende Stellung als literarische Autorität aufbauen und sie über Jahrzehnte als Hofpoet und Dichterfürst in der Nachfolge Goethes behaupten, seit 1874 in der repräsentativen Neo-Renaissance-Villa nahe der Lenbachs residierend. Um den brachliegenden literarischen Austausch in München zu beleben, hatte Heyse mit Geibel schon 1854 nach dem Muster des Berliner »Tunnel« die Dichtervereinigung »Krokodil« gegründet und seit 1868 auch geleitet. Mit dem von Geibel herausgegebenen *Münchner Dichterbuch* stellte sich die Gruppe 1862 der Öffentlichkeit vor.

Viele seiner Novellen siedelte Heyse in seiner Wahlheimat Italien an, wo er auch im Alter meist den Winter auf seinem Landsitz in Gardone am Gardasee verbrachte.

Nach dem Tode Maximilians II. 1864 lockerte sich Heyses Bindung an den Hof und löste sich 1868; er hatte sich mit Geibels politischen Überzeugungen solidarisiert und damit unerwünscht gemacht. Seine Stellung im literarischen Leben wurde dadurch jedoch nicht erschüttert: 1871 Aufnahme in den Kreis der Ritter des Maximilians-Ordens, 1884 der Schiller-Preis, 1910 die Ehrenbürgerschaft der Stadt München. Heyse erhielt 1910, erstmals an einen deutschen Dichter verliehen, den Literatur-Nobelpreis.

Die schöne Abigail S. 118
Aus: »In der Geisterstunde und andere Spukgeschichten«.
Zuerst erschienen: 1899

E.T.A. Hoffmann

Ernst Theodor Amadeus Hoffmann wurde am 24. Januar 1776 in Königsberg geboren. Sein Vater war Advokat. Nach dem Gymnasium in Königsberg studierte er von 1792-1795 Jura. Als Referendar arbeitete er 1796 in Glogau und 1798 in Berlin. Ab 1800 arbeitete er als Assessor in Posen, wurde strafversetzt nach Plozk in Polen.

Etwa 1805 zog er nach Berlin, wo sich seine Begabung als Musiker, Zeichner und Schriftsteller vollends entwickeln konnte. Ab 1814 war er wieder am Kammergericht in Berlin angestellt. Hoffmann starb am 25. Juni 1822 in Berlin.

Der Sandmann S. 216
Zuerst erschienen: 1817

JUSTINUS KERNER

Geboren am 18. September 1786 in Ludwigsburg; gestorben am 21. Februar 1862 in Weinsberg.

Kerner war das sechste und jüngste Kind eines Oberamtmanns und Regierungsrats. Seine Kindheit verlebte er in Maulbronn und Ludwigsburg, wo er die Lateinschule besuchte und eine kaufmännische Lehre absolvierte. 1804 bis 1808 studierte er Medizin in Tübingen, daneben pflegte er den Umgang mit einem Kreis von Freunden der lyrischen Dichtung, unter ihnen Uhland, Karl Mayer, Heinrich Köstlin, Varnhagen von Ense. Seine ersten Gedichte veröffentlichte Kerner 1807/08 in Leo von Seckendorfs »Musenalmanachen« und in Arnims »Zeitung für Einsiedler«. Eine einjährige Bildungsreise führte ihn im Frühjahr 1809 nach Hamburg, wo er in einem von seinem Bruder geleiteten Spital arbeitete; von dort aus besuchte er Fouqué und Chamisso in Berlin. Im Herbst 1809 reiste er weiter nach Wien, dort hatte er Umgang mit Dorothea und Friedrich Schlegel und lernte Beethoven kennen. Ab Herbst 1810 wirkte er als praktischer Arzt in kleinen württembergischen Orten, ab Januar 1819 in Weinsberg. In Zusammenarbeit mit Uhland und Schwab erstellte er zwei Sammelwerke, den »Poetischen Almanach für das Jahr 1812« (Herausgeber Kerner) und den »Deutschen Dichterwald« (Herausgeber Kerner, Fouqué und Uhland). In die württembergischen Verfassungskämpfe (1817-1819) griff er mit einigen Aufsätzen ein, zog sich aber später auf eine politikfeindliche Innerlichkeit zurück. Sein 1822 in Weinsberg erbautes Haus wurde zu einem der geistigen Zentren Württembergs. Ab 1851 erblindete er zunehmend.

Geschichte des Mädchens von Orlach S. 196
Aus: »Geschichten Besessener neuerer Zeit«.
Zuerst erschienen: 1834

Gustav Meyrink

Geboren am 19. Januar 1868 in Wien, gestorben am 4. Dezember 1932 in Starnberg.

Erzähler, Dramatiker, Übersetzer. Er war von 1889 bis 1902 Bankier in Prag; kam 1902 unschuldig unter Betrugsverdacht. 1905 Übersiedlung nach München und Tätigkeit als freier Schriftsteller; lebte ab 1911 in Starnberg. Er ist der Onkel von Christian Morgenstern.

M., der »Bürgerschreck von Prag«, wandte sich dem Okkulten und Antibürgerlichen zu und gilt mit seinen bekannten Romanen »Der Golem«, »Das grüne Gesicht«, »Walpurgisnacht« und »Der weiße Dominikaner« als Klassiker der phantastischen Literatur. In sein Werk gingen mystische, kabbalistische und indische Geisteselemente ein. Er selbst konvertierte 1927 zum Mahajana-Buddhismus.

Die Pflanzen des Dr. Cinderella S. 260
Aus: »Des Deutschen Spießers Wunderhorn«.
Zuerst erschienen: 1913

Eduard Mörike

Mörike wurde am 8. September 1804 in Ludwigsburg geboren. Dort besuchte er die Lateinschule und ab 1818 das Seminar in Urach. 1826 begann er seine Tätigkeit als Vikar in Nürtingen, 1827/1828 arbeitete er als Redakteur bei einer Zeitschrift. Von 1834-1843 war er Pfarrer im Ort Cleversulzbach. Mörike wurde vorzeitig pensioniert, er war dann unter anderem Literaturlehrer in Stuttgart, 1855 Hofrat und er erhielt 1856 eine Professur. Ab 1871 lebte er wieder in Stuttgart. Mörike starb am 4. Juni 1875 in Stuttgart.

Der Spuk im Pfarrhaus zu Cleversulzbach S. 42
Geschrieben im Januar 1841 in besagtem Pfarrhaus.

A. J. Mordtmann

Mordtmann wurde 1839 geboren und starb 1912. Er war ein deutscher Journalist und Schriftsteller, Chefredakteur der »Münchner Neueste Nachrichten«.

Der Untergang der Carnatic   S. 184
Aus: »Das Buch der seltsamen Geschichten«.
Erschienen 1914.

Lothar Schmidt

Lothar Schmidt, eigentlich Lothar Goldschmidt, wurde 1862 geboren und starb 1931. Er war ein deutscher Schriftsteller und Dramatiker.

Eine Stimme aus dem Jenseits S. 58
Aus: »Das Buch der seltsamen Geschichten«.
Erschienen 1914.

Arthur Schnitzler

Geboren am 15. Mai 1862 in Wien; gestorben am 21. Oktober 1931 ebendort.

Sein Vater Johann Schnitzler, aus einer einfachen jüdischen Familie stammend, kam über Budapest nach Wien, heiratete in eine prominente Familie ein und wurde ein angesehener Arzt als Leiter der Allgemeinen Poliklinik. Sein Sohn Arthur besuchte von 1871 bis 1879 das Akademische Gymnasium und studierte ebenfalls Medizin (Promotion 1885). Er arbeitete an der Zeitschrift 'Internationale Klinische Rundschau' mit und interessierte sich schon früh für Psychologie. Als Sekundararzt bei dem Psychiater Theodor Meynert setzte er Hypnose und Suggestion experimentell ein.

Anschließend war er bis 1888 Assistent und Sekundararzt im Wiener Allgemeinen Krankenhaus und später Assistent seines Vaters an der Poliklinik, danach eröffnete er eine Privatpraxis, die er mit zunehmender literarischer Tätigkeit immer mehr einschränken mußte, aber nie ganz aufgab.

Schnitzler wird häufig als literarisches Pendant Sigmund Freuds bezeichnet. In seinen Dramen und Novellen, die oft die revolutionäre Erzähltechnik des 'Inneren Monologs' verwenden, bringt Schnitzler das Unterbewusstsein seiner Figuren unmittelbar und drastisch zum Vorschein. Aufgrund seiner kompromißlosen Darstellung war Schnitzler immer wieder heftigen Angriffen ausgesetzt; sein Einakterzyklus »Der Reigen« (1900 als Privatdruck) provozierte den Vorwurf der Pornographie und weil er das militärische Ritual des Duells im »Leutnant Gustl« (1899) lächerlich gemacht und damit den militärischen Ehrenkodex verletzt hatte, wurde dem Dichter sein Reserveoffiziersrang als »k.u.k. Oberarzt in Evidenz« aberkannt.

Nach der Trennung von seiner Frau Olga 1921 erzog Schnitzler Sohn Heinrich und Tochter Lili alleine. Lilis Selbstmord im Jahr 1928 erschütterte ihn tief. Er starb drei Jahre später an den Folgen eines Gehirnschlags.

Frühlingsnacht im Seziersaal S. 52
Zuerst erschienen: 1895

ALEXANDER VON UNGERN-STERNBERG

Peter Alexander Freiherr von Ungern-Sternberg wurde am 22. April 1806 auf Gut Noistfer bei Reval, Estland geboren und starb am 24. August 1868 in Dannenwalde in Brandenburg. Er war ein deutscher Erzähler, Dichter und Maler.

Klabauterman S. 72
Aus: »Seemannsmärchen und Schiffersagen«.

Heinrich Zschokke

Johann Heinrich Daniel Zschokke wurde am 22. März 1771 in Magdeburg geboren; er starb am 27. Juni 1848 auf Gut Blumenhalde bei Aarau.

Der Sohn eines wohlhabenden Tuchmacher wuchs mutterlos, nach dem Tod des Vaters (1779) zunächst bei Geschwistern auf, dann bei dem Schriftsteller Elias Caspar Reichard. Nach einem Verweis vom Gymnasium floh der 17jährige nach Schwerin und arbeitete als Korrektor und Privatlehrer. 1788 schloß er sich einer wandernden Theatertruppe an. Er wurde ein erfolgreicher Theaterdichter; Goethe berichtet, seine Stücke seien denen Schillers gleichgestellt worden. Nach der Maturitätsprüfung studierte er ab 1790 Theologie an der Universität Frankfurt/O., nach der Promotion war er als Privatdozent tätig. 1795 reiste er über Paris in die Schweiz, seine neue Heimat. In Reichenau leitete er zunächst ein Philantropin (eine pädagogisch reformierte Erziehungsanstalt) und bekleidete während der Helvetischen Republik hohe politische Ämter. Mit mehreren Zeitschriften (u.a. dem »Aufrichtigen und wohlerfahrenen Schweizerboten«) bemühte er sich gemeinsam mit Pestalozzi und anderen um die politische Volksaufklärung. 1802 unternahm er zusammen mit Kleist und Ludwig Wieland eine Wanderung, auf der die Erzählung Der zerbrochene Krug entstand; im gleichen Jahr übersiedelte er nach Aarau. Er trat energisch für bürgerliche Freiheitsrechte ein, gründete eine Freimaurerloge, eine Gewerbe- und eine Taubstummenschule und eine Sparkasse. Zschokke war einer der meistgelesenen deutschsprachigen Schriftsteller.

Die Nacht in Brczwezmcisl **S. 270**

Brüder Grimm

Märchen von einem, der auszog, das Fürchten zu lernen

Ein Vater hatte zwei Söhne, davon war der älteste klug und gescheit, und wußte sich in alles wohl zu schicken, der jüngste aber war dumm, konnte nichts begreifen und lernen, und wenn ihn die Leute sahen, sprachen sie: »Mit dem wird der Vater noch seine Last haben!« Wenn nun etwas zu tun war, so mußte es der älteste allzeit ausrichten: hieß ihn aber der Vater noch spät oder gar in der Nacht etwas holen, und der Weg ging dabei über den Kirchhof oder sonst einen schaurigen Ort, so antwortete er wohl: »Ach nein, Vater, ich gehe nicht dahin, es gruselt mir!« denn er fürchtete sich. Oder, wenn abends beim Feuer Geschichten erzählt wurden, wobei einem die Haut schaudert, so sprachen die Zuhörer manchmal: »Ach, es gruselt mir!« Der jüngste saß in einer Ecke und hörte das mit an, und konnte nicht begreifen, was es heißen sollte. »Immer sagen sie, es gruselt mir! es gruselt mir! mir gruselt's nicht; das wird wohl eine Kunst sein, von der ich auch nichts verstehe.«

Nun geschah es, daß der Vater einmal zu ihm sprach: »Hör du, in der Ecke dort, du wirst groß und stark, du mußt auch etwas lernen, womit du dein Brot verdienst. Siehst du, wie dein Bruder sich Mühe gibt, aber an dir ist Hopfen und Malz verloren.« – »Ei, Vater,« antwortete er, »ich will gerne was lernen; ja, wenn's anginge, so möchte ich lernen, daß mir's gruselte; davon verstehe ich noch gar nichts.« Der älteste lachte, als er das hörte und dachte bei sich: »Du lieber Gott, was ist mein Bruder ein Dummbart, aus dem wird sein Lebtag nichts: was ein Häkchen werden will, muß sich beizeiten krümmen.« Der Vater seufzte und antwortete ihm: »Das Gruseln, das sollst du schon lernen, aber dein Brot wirst du damit nicht verdienen.«

Bald danach kam der Küster zum Besuch ins Haus, da klagte ihm der Vater seine Not und erzählte, wie sein jüngster Sohn in allen Dingen so schlecht beschlagen wäre, er wüßte nichts und lernte nichts. »Denkt Euch, als ich ihn fragte, womit er sein Brot verdienen wollte, hat er gar verlangt, das Gruseln zu lernen.« – »Wenn's weiter nichts ist,« antwortete der Küster, »das kann er bei mir lernen; tut ihn nur zu mir, ich werde ihn schon abhobeln.« Der Vater war es zufrieden, weil er dachte: »Der Junge wird doch ein wenig zugestutzt.« Der Küster nahm ihn also ins Haus, und er mußte die Glocke läuten. Nach ein paar Tagen weckte er ihn um Mitternacht, hieß ihn aufstehen, in den Kirchturm steigen und läuten. »Du sollst schon lernen, was gruseln ist«, dachte er, ging heimlich voraus, und als der Junge oben war und sich umdrehte und das Glockenseil fassen wollte, so sah er auf der Treppe, dem Schalloch gegenüber, eine weiße Gestalt stehen. »Wer da?« rief er, aber die Gestalt gab keine Antwort, regte und bewegte sich nicht. »Gib Antwort,« rief der Junge, »oder mache, daß du fortkommst, du hast hier in der Nacht nichts zu schaffen.« Der Küster aber blieb unbeweglich stehen, damit der Junge glauben sollte, es wäre ein Gespenst. Der Junge rief zum zweitenmal: »Was willst du hier? sprich, wenn du ein ehrlicher Kerl bist, oder ich werfe dich die Treppe hinab.« Der Küster dachte: »das wird so schlimm nicht gemeint sein«, gab keinen Laut von sich und stand, als wenn er von Stein wäre. Da rief ihn der Junge zum drittenmal an, und als das auch vergeblich war, nahm er einen Anlauf und stieß das Gespenst die Treppe hinab, daß es zehn Stufen hinabfiel und in einer Ecke liegenblieb. Darauf läutete er die Glocke, ging heim, legte sich ohne ein Wort zu sagen ins Bett und schlief fort. Die Küstersfrau wartete lange Zeit auf ihren Mann, aber er wollte nicht wiederkommen. Da ward ihr endlich angst, sie weckte den Jungen und fragte: »Weißt du nicht, wo mein Mann geblieben ist? er ist vor dir auf den Turm gestiegen.« – »Nein,« antwortete der Junge, »aber da hat einer dem Schalloch gegenüber auf der Treppe gestanden, und weil er keine Antwort geben und auch nicht weggehen wollte, so habe ich ihn für einen Spitzbuben gehalten und hinuntergestoßen. Geht nur hin, so werdet Ihr sehen, ob er's gewesen ist, es sollte mir leid tun.« Die Frau sprang fort und fand ihren Mann, der in einer Ecke lag und jammerte und ein Bein gebrochen hatte.

Sie trug ihn herab und eilte dann mit lautem Geschrei zu dem Vater des Jungen. »Euer Junge«, rief sie, »hat ein großes Unglück angerichtet, meinen Mann hat er die Treppe hinabgeworfen, daß er ein Bein gebrochen hat: schafft den Taugenichts aus unserm Hause.« Der Vater erschrak, kam herbeigelaufen und schalt den Jungen aus. »Was sind das für gottlose Streiche, die muß dir der Böse eingegeben haben.« – »Vater,« antwortete er, »hört nur an, ich bin ganz unschuldig: er stand da in der Nacht, wie einer, der Böses im Sinne hat. Ich wußte nicht, wer's war, und habe ihn dreimal ermahnt, zu reden oder wegzugehen.« – »Ach,« sprach der Vater, »mit dir erleb' ich nur Unglück, geh mir aus den Augen, ich will dich nicht mehr ansehen.« – »Ja, Vater, recht gerne, wartet nur, bis Tag ist, da will ich ausgehen und das Gruseln lernen, so versteh' ich doch eine Kunst, die mich ernähren kann.« – »Lerne, was du willst,« sprach der Vater, »mir ist alles einerlei. Da hast du fünfzig Taler, damit geh in die weite Welt und sage keinem Menschen, wo du her bist und wer dein Vater ist, denn ich muß mich deiner schämen.« – »Ja, Vater, wie Ihr's haben wollt, wenn Ihr nicht mehr verlangt, das kann ich leicht in acht behalten.«

Als nun der Tag anbrach, steckte der Junge seine fünfzig Taler in die Tasche, ging hinaus auf die große Landstraße und sprach immer vor sich hin: »Wenn mir's nur gruselte, wenn mir's nur gruselte!« Da kam ein Mann heran, der hörte das Gespräch, das der Junge mit sich selber führte, und als sie ein Stück weiter waren, daß man den Galgen sehen konnte, sagte der Mann zu ihm: »Siehst du, dort ist der Baum, wo siebene mit des Seilers Tochter Hochzeit gehalten haben und jetzt das Fliegen lernen: setz' dich darunter und warte, bis die Nacht kommt, so wirst du schon das Gruseln lernen.« – »Wenn weiter nichts dazu gehört,« antwortete der Junge, »das ist leicht getan; lerne ich aber so geschwind das Gruseln, so sollst du meine fünfzig Taler haben: komm nur morgen früh wieder zu mir.« Da ging der Junge zu dem Galgen, setzte sich darunter und wartete, bis der Abend kam. Und weil ihn fror, machte er sich ein Feuer an; aber um Mitternacht ging der Wind so kalt, daß er trotz des Feuers nicht warm werden wollte. Und als der Wind die Gehenkten gegeneinander stieß, daß sie sich hin und her bewegten, so dachte er, »du frierst unten bei dem Feuer, was mögen die da oben erst frieren und zappeln.« Und weil er mitleidig war, legte er die Leiter an, stieg hinauf, knüpfte einen nach dem andern los, und holte sie alle sieben herab. Darauf schürte er das Feuer, blies es an und setzte sie ringsherum, daß sie sich wärmen sollten. Aber sie saßen da und regten sich nicht, und das Feuer ergriff ihre Kleider. Da sprach er: »Nehmt euch in acht, sonst häng' ich euch wieder hinauf.« Die Toten aber hörten nicht, schwiegen und ließen ihre Lumpen fortbrennen. Da ward er bös und sprach: »Wenn ihr nicht achtgeben wollt, so kann ich euch nicht helfen, ich will nicht mit euch verbrennen,« und hing sie nach der Reihe wieder hinauf. Nun setzte er sich zu seinem Feuer und schlief ein, und am andern Morgen, da kam der Mann zu ihm, wollte die fünfzig Taler haben und sprach: »Nun, weißt du, was gruseln ist?« – »Nein,« antwortete er, »woher sollte ich's wissen? Die da droben haben das Maul nicht aufgetan und waren so dumm, daß sie die paar alten Lappen, die sie am Leibe haben, brennen ließen.« Da sah der Mann, daß er die fünfzig Taler heute nicht davontragen würde, ging fort und sprach: »So einer ist mir noch nicht vorgekommen.«

Der Junge ging auch seines Wegs und fing wieder an, vor sich hinzureden: »Ach, wenn mir's nur gruselte! ach, wenn mir's nur gruselte!« Das hörte ein Fuhrmann, der hinter ihm herschritt, und fragte: »Wer bist du?« – »Ich weiß nicht«, antwortete der Junge. Der Fuhrmann fragte weiter: »Wo bist du her?« – »Ich weiß nicht.« – »Wer ist dein Vater?« – »Das darf ich nicht sagen.« – »Was brummst du beständig in den Bart hinein?« – »Ei,« antwortete der Junge, »ich wollte, daß mir's gruselte, aber niemand kann mir's lehren.« – »Laß dein dummes Geschwätz,« sprach der Fuhrmann, »komm, geh mit mir, ich will sehen, daß ich dich unterbringe.« Der Junge ging mit dem Fuhrmann, und abends gelangten sie zu einem Wirtshaus, wo sie übernachten wollten. Da sprach er beim Eintritt in die Stube wieder ganz laut: »Wenn mir's nur gruselte! wenn mir's nur gruselte!« Der Wirt, der das hörte, lachte und sprach: »Wenn dich danach lüstet, dazu sollte hier wohl Gelegenheit sein.« – »Ach, schweig' still,« sprach die Wirtsfrau, »so mancher Vorwitzige hat schon sein Leben eingebüßt, es wäre Jammer und Schade um die schönen Augen, wenn die das Tageslicht nicht wieder sehen sollten.« Der Junge aber sagte: »Wenn's noch so schwer wäre, ich will's einmal lernen, deshalb bin ich ja ausgezogen.« Er ließ dem Wirt auch keine Ruhe, bis dieser erzählte, nicht weit davon stände ein verwünschtes Schloß, wo einer wohl lernen könnte, was gruseln wäre, wenn er nur drei Nächte darin wachen wollte. Der König hätte dem, der's wagen wollte, seine Tochter zur Frau versprochen, und die wäre die schönste Jungfrau, welche die Sonne beschien; in dem Schlosse steckten auch große Schätze, von bösen Geistern bewacht, die würden dann frei und könnten einen Armen reich genug machen. Schon viele wären wohl hinein-, aber noch keiner wieder herausgekommen. Da ging der Junge am andern Morgen vor den König und sprach: »Wenn's erlaubt wäre, so wollte ich wohl drei Nächte in dem verwünschten Schlosse wachen.« Der König sah ihn an, und weil er ihm gefiel, sprach er: »Du darfst dir noch dreierlei ausbitten, aber es müssen leblose Dinge sein, und die darfst du mit ins Schloß nehmen.« Da antwortete er: »So bitt' ich um ein Feuer, eine Drehbank und eine Schnitzbank mit dem Messer.«

Der König ließ ihm das alles bei Tage in das Schloß tragen. Als es Nacht werden wollte, ging der Junge hinauf, machte sich in einer Kammer ein helles Feuer an, stellte die Schnitzbank mit dem Messer daneben und setzte sich auf die Drehbank. »Ach, wenn mir's nur gruselte!« sprach er, »aber hier werde ich's auch nicht lernen.« Gegen Mitternacht wollte er sich sein Feuer einmal aufschüren, wie er so hineinblies, da schrie's plötzlich aus einer Ecke: »Au, miau! was uns friert!« – »Ihr Narren«, rief er, »was schreit ihr? wenn euch friert, kommt, setzt euch ans Feuer und wärmt euch.« Und wie er das gesagt hatte, kamen zwei große schwarze Katzen in einem gewaltigen Sprunge herbei, setzten sich ihm zu beiden Seiten und sahen ihn mit ihren feurigen Augen ganz wild an. Über ein Weilchen, als sie sich gewärmt hatten, sprachen sie: »Kamerad, wollen wir eins in der Karte spielen?« – »Warum nicht?« antwortete er, »aber zeigt einmal eure Pfoten her.« Da streckten sie die Krallen aus. »Ei«, sagte er, »was habt ihr lange Nägel! wartet, die muß ich euch erst abschneiden.« Damit packte er sie beim Kragen, hob sie auf die Schnitzbank und schraubte ihnen die Pfoten fest. »Euch habe ich auf die Finger gesehen,« sprach er, »da vergeht mir die Lust zum Kartenspiel«, schlug sie tot und warf sie hinaus ins Wasser. Als er aber die zwei zur Ruhe gebracht hatte und sich wieder zu seinem Feuer setzen wollte, da kamen aus allen Ecken und Enden schwarze Katzen und schwarze Hunde an glühenden Ketten, immer mehr und mehr, daß er sich nicht mehr bergen konnte: die schrien greulich, traten ihm auf sein Feuer, zerrten es auseinander und wollten es ausmachen. Das sah er ein Weilchen ruhig mit an, als es ihm aber zu arg ward, faßte er sein Schnitzmesser und rief: »Fort mit dir, du Gesindel«, und haute auf sie los. Ein Teil sprang weg, die andern schlug er tot und warf sie hinaus in den Teich. Als er wiedergekommen war, blies er aus den Funken sein Feuer frisch an und wärmte sich. Und als er so saß, wollten ihm die Augen nicht länger offen bleiben und er bekam Lust zu schlafen. Da blickte er um sich und sah in der Ecke ein großes Bett, »das ist mir eben recht«, sprach er und legte sich hinein. Als er aber die Augen zutun wollte, so fing das Bett von selbst an zu fahren und fuhr im ganzen Schloß herum. »Recht so,« sprach er, »nur besser zu.« Da rollte das Bett fort, als wären sechs Pferde vorgespannt, über Schwellen und Treppen, auf und ab: auf einmal hopp! hopp! warf es um, das Unterste zu oberst, daß es wie ein Berg auf ihm lag. Aber er schleuderte Decken und Kissen in die Höhe, stieg heraus und sagte: »Nun mag fahren, wer Lust hat«, legte sich an sein Feuer und schlief, bis es Tag war. Am Morgen kam der König, und als er ihn da auf der Erde liegen sah, meinte er, die Gespenster hätten ihn umgebracht und er wäre tot. Da sprach er: »Es ist doch schade um den schönen Menschen.« Das hörte der Junge, richtete sich auf und sprach: »So weit ist's noch nicht!« Da verwunderte sich der König, freute sich aber und fragte, wie es ihm gegangen wäre. »Recht gut,« antwortete er, »eine Nacht wäre herum, die zwei andern werden auch herumgehen.« Als er zum Wirt kam, da machte der große Augen. »Ich dachte nicht,« sprach er, »daß ich dich wieder lebendig sehen würde; hast du nun gelernt, was Gruseln ist?« – »Nein,« sagte er, »es ist alles vergeblich: wenn mir's nur einer sagen könnte!«

    Die zweite Nacht ging er abermals hinauf ins alte Schloß, setzte sich zum Feuer und fing sein altes Lied wieder an: »Wenn's mir nur gruselte!« Wie Mitternacht herankam, ließ sich ein Lärm und Gepolter hören, erst sachte, dann immer stärker, dann war's ein bißchen still, endlich kam mit lautem Geschrei ein halber Mensch den Schornstein herab und fiel vor ihn hin. »Heda!« rief er, »noch ein halber gehört dazu, das ist zu wenig.« Da ging der Lärm von frischem an, es tobte und heulte, und fiel die andere Hälfte auch herab. »Wart,« sprach er, »ich will dir erst das Feuer ein wenig anblasen.« Wie er das getan hatte und sich wieder umsah, da waren die beiden Stücke zusammengefahren, und saß da ein greulicher Mann auf seinem Platze. »So haben wir nicht gewettet,« sprach der Junge, »die Bank ist mein.« Der Mann wollte ihn wegdrängen, aber der Junge ließ sich's nicht gefallen, schob ihn mit Gewalt weg und setzte sich wieder auf seinen Platz. Da fielen noch mehr Männer herab, einer nach dem andern, die holten neun Totenbeine und zwei Totenköpfe, setzten auf und spielten Kegel. Der Junge bekam auch Lust und fragte: »Hört ihr, kann ich mit sein?« – »Ja, wenn du Geld hast.« – »Geld genug,« antwortete er, »aber eure Kugeln sind nicht recht rund.« Da nahm er die Totenköpfe, setzte sie in die Drehbank und drehte sie rund. »So, jetzt werden sie besser schüppeln,« sprach er, »heida! nun geht's lustig!« Er spielte mit und verlor etwas von seinem Geld, als es aber zwölf schlug, war alles vor seinen Augen verschwunden. Er legte sich nieder und schlief ruhig ein. Am andern Morgen kam der König und wollte sich erkundigen. »Wie ist dir's diesmal gegangen?« fragte er. – »Ich habe gekegelt,« antwortete er, »und ein paar Heller verloren.« – »Hat dir denn nicht gegruselt?« – »Ei was,« sprach er, »lustig hab' ich mich gemacht. Wenn ich nur wüßte, was Gruseln wäre?«

In der dritten Nacht setzte er sich wieder auf seine Bank und sprach ganz verdrießlich: »Wenn es mir nur gruselte!« Als es spät ward, kamen sechs große Männer und brachten eine Totenlade hereingetragen. Da sprach er: »Haha, das ist gewiß mein Vetterchen, das erst vor ein paar Tagen gestorben ist,« winkte mit dem Finger und rief: »Komm, Vetterchen, komm!« Sie stellten den Sarg auf die Erde, er aber ging hinzu und nahm den Deckel ab: da lag ein toter Mann darin. Er fühlte ihm ans Gesicht, aber es war kalt wie Eis. »Wart,« sprach er, »ich will dich ein bißchen wärmen«, ging ans Feuer, wärmte seine Hand und legte sie ihm aufs Gesicht, aber der Tote blieb kalt. Nun nahm er ihn heraus, setzte sich ans Feuer und legte ihn auf seinen Schoß und rieb ihm die Arme, damit das Blut wieder in Bewegung kommen sollte. Als auch das nichts helfen wollte, fiel ihm ein, »wenn zwei zusammen im Bett liegen, so wärmen sie sich«, brachte ihn ins Bett, deckte ihn zu und legte sich neben ihn. Über ein Weilchen ward auch der Tote warm und fing an, sich zu regen. Da sprach der Junge: »Siehst du, Vetterchen, hätt' ich dich nicht gewärmt!« Der Tote aber hub an und rief: »Jetzt will ich dich erwürgen.« – »Was,« sagte er, »ist das mein Dank? gleich sollst du wieder in deinen Sarg«, hub ihn auf, warf ihn hinein und machte den Deckel zu; da kamen die sechs Männer und trugen ihn wieder fort. »Es will mir nicht gruseln«, sagte er, »hier lerne ich's mein Lebtag nicht.«

Da trat ein Mann herein, der war größer als alle anderen, und sah fürchterlich aus; er war aber alt und hatte einen langen weißen Bart. »O du Wicht,« rief er, »nun sollst du bald lernen, was Gruseln ist, denn du sollst sterben.« – »Nicht so schnell,« antwortete der Junge, »soll ich sterben, so muß ich auch dabei sein.« – »Dich will ich schon packen«, sprach der Unhold. »Sachte, sachte, mach' dich nicht so breit; so stark wie du bin ich auch, und wohl noch stärker.« – »Das wollen wir sehn,« sprach der Alte, »bist du stärker als ich, so will ich dich gehn lassen; komm, wir wollen's versuchen.« Da führte er ihn durch dunkle Gänge zu einem Schmiedefeuer, nahm eine Axt und schlug den einen Amboß mit einem Schlag in die Erde. »Das kann ich noch besser« sprach der Junge, und ging zu dem andern Amboß: der Alte stellte sich neben ihn und wollte zusehen, und sein weißer Bart hing herab. Da faßte der Junge die Axt, spaltete den Amboß auf einen Hieb und klemmte den Bart des Alten mit hinein. »Nun hab' ich dich,« sprach der Junge, »jetzt ist das Sterben an dir.« Dann faßte er eine Eisenstange und schlug auf den Alten los, bis er wimmerte und bat, er möchte aufhören, er wollte ihm große Reichtümer geben. Der Junge zog die Axt raus und ließ ihn los. Der Alte führte ihn wieder ins Schloß zurück und zeigte ihm in einem Keller drei Kasten voll Gold. »Davon«, sprach er, »ist ein Teil den Armen, der andere dem König, der dritte dein.« Indem schlug es zwölfe, und der Geist verschwand, also daß der Junge im Finstern stand. »Ich werde mir doch heraushelfen können«, sprach er, tappte herum, fand den Weg in die Kammer und schlief dort bei seinem Feuer ein. Am andern Morgen kam der König und sagte: »Nun wirst du gelernt haben, was Gruseln ist?« – »Nein,« antwortete er, »was ist's nur? mein toter Vetter war da und ein bärtiger Mann ist gekommen, der hat mir da unten viel Geld gezeigt, aber was Gruseln ist, hat mir keiner gesagt.« Da sprach der König: »Du hast das Schloß erlöst und sollst meine Tochter heiraten.« – »Das ist alles recht gut,« antwortete er, »aber ich weiß noch immer nicht, was Gruseln ist.«

Da ward das Gold heraufgebracht und die Hochzeit gefeiert, aber der junge König, so lieb er seine Gemahlin hatte und so vergnügt er war, sagte doch immer: »Wenn mir nur gruselte, wenn mir nur gruselte.« Das verdroß sie endlich. Ihr Kammermädchen sprach: »Ich will Hilfe schaffen, das Gruseln soll er schon lernen.« Sie ging hinaus zum Bach, der durch den Garten floß, und ließ sich einen ganzen Eimer voll Gründlinge holen. Nachts, als der junge König schlief, mußte seine Gemahlin ihm die Decke wegziehen und den Eimer voll kalt Wasser mit den Gründlingen über ihn herschütten, daß die kleinen Fische um ihn herumzappelten. Da wachte er auf und rief: »Ach, was gruselt mir, was gruselt mir, liebe Frau! Ja, nun weiß ich, was Gruseln ist.«

Johann Wolfgang von Goethe

Eine Gespenstergeschichte

Bei einem wackern Edelmann, meinem Freunde, der ein altes Schloß mit einer starken Familie bewohnte, war eine Waise erzogen worden, die, als sie herangewachsen und vierzehn Jahre alt war, meist um die Dame vom Hause sich beschäftigte und die nächsten Dienste ihrer Person verrichtete. Man war mit ihr wohl zufrieden, und sie schien nichts weiter zu wünschen, als durch Aufmerksamkeit und Treue ihren Wohltätern dankbar zu sein. Sie war wohlgebildet, und es fanden sich einige Freier um sie ein. Man glaubte nicht, daß eine dieser Verbindungen zu ihrem Glück gereichen würde, und sie zeigte auch nicht das mindeste Verlangen, ihren Zustand zu ändern.

Auf einmal begab sich's, daß man, wenn das Mädchen in dem Hause Geschäfte halber herumging, unter ihr, hier und da, pochen hörte. Anfangs schien es zufällig, aber da das Klopfen nicht aufhörte und beinahe jeden ihrer Schritte bezeichnete, ward sie ängstlich und traute sich kaum, aus dem Zimmer der gnädigen Frau herauszugehen, als in welchem sie alleine Ruhe hatte.

Dieses Pochen ward von jedermann vernommen, der mit ihr ging oder nicht weit von ihr stand. Anfangs scherzte man darüber, endlich aber fing die Sache an, unangenehm zu werden. Der Herr vom Hause, der von einem lebhaften Geist war, untersuchte nun selbst die Umstände. Man hörte das Pochen nicht eher, als bis das Mädchen ging, und nicht sowohl, indem sie den Fuß aufsetzte, als indem sie ihn zum Weiterschreiten aufhob. Doch fielen die Schläge manchmal unregelmäßig, und besonders waren sie sehr stark, wenn sie quer über einen großen Saal den Weg nahm.

Der Hausvater hatte eines Tages Handwerksleute in der Nähe und ließ, da das Pochen am heftigsten war, gleich hinter ihr einige Dielen aufreißen. Es fand sich nichts, außer daß bei dieser Gelegenheit ein paar große Ratten zum Vorschein kamen, deren Jagd viel Lärm im Hause verursachte.

Entrüstet über diese Begebenheit und Verwirrung, griff der Hausherr zu einem strengen Mittel, nahm seine größte Hetzpeitsche von der Wand und schwur, daß er das Mädchen bis auf den Tod prügeln wolle, wenn sich noch ein einzigmal das Pochen hören ließe. Von der Zeit an ging sie ohne Anfechtung im ganzen Hause herum, und man vernahm von dem Pochen nichts weiter.

Eduard Mörike

Der Spuk im Pfarrhaus zu Cleversulzbach

Sie haben, verehrtester Freund, sowohl in der Seherin von Prevorst (2. Bandes. Siebente Tatsache), als auch neuerdings in einem Heft Ihres ›Magikon‹ von dem Spuke des hiesigen Pfarrhauses gesprochen, und unter anderem die Art und Weise, wie ich, bald nach meiner Hieherkunft im Sommer 1834, die Entdeckung dieses Umstandes machte, nach meiner mündlichen Erzählung berichtet. Ich will nun, Ihrem Verlangen gemäß, zunächst aus meinem Tagebuche, soweit es überhaupt fortgeführt ist, dasjenige, was ich in dieser Beziehung etwa Bemerkenswertes finde, zu beliebigem Gebrauche hiemit für Sie ausziehen.«

Vom 19.–30. August 1834.

Ich fange an zu glauben, daß jene »Siebente Tatsache« Grund haben möge. Zweierlei vorzüglich ist's, was mir auffällt. Ein Fallen und Rollen, wie von einer kleinen Kugel unter meiner Bettstatt hervor, das ich bei hellem Wachen und völliger Gemütsruhe mehrmals vernahm, und wovon ich bei Tage trotz allem Nachsuchen keine natürliche Ursache finden konnte. Sodann, daß ich einmal mitten in einem harmlosen, unbedeutenden Traum plötzlich mit einem sonderbaren Schrecken erweckt wurde, wobei mein Blick zugleich auf einen hellen, länglichten Schein unweit der Kammertüre fiel, welcher nach einigen Sekunden verschwand. Weder der Mond noch ein anderes Licht kann mich getäuscht haben.

Auch muß ich bemerken, daß ich bereits, eh' Kerners Buch in meinem Hause war, während eines ganz gleichgültigen Traums durch die grauenhafte Empfindung geweckt wurde, als legte sich ein fremder, harter Körper in meine Hüfte auf die bloße Haut. Ich machte damals nichts weiter daraus und war geneigt, es etwa einem Krampfe zuzuschreiben, woran ich freilich sonst nicht litt.

Indes hat mir ein hiesiger Bürger, der ehrliche Balthaser Hermann, etwas ganz Ähnliches erzählt, das ihm vor Jahren im Haus widerfuhr. Herr Pfarrer Hochstetter ließ nämlich, so oft er mit seiner Familie auf mehrere Tage verreiste, diesen Mann, der ebenso unerschrocken als rechtschaffen ist, des Nachts im Hause liegen, damit es etwa gegen Einbruch usw. geschützt sein möge, und zwar quartierte er den Mann in jenes Zimmer, auf der Gartenseite, worin nachher mein Bruder so vielfach beunruhigt wurde. Einst nun, da Hermann ganz allein im wohlverschlossenen Hause lag (die Magd schlief bei Bekannten im Dorfe) und sich nur eben zu Bett gelegt hatte, fühlte er, vollkommen wach wie er noch war, mit einem Male eine gewaltsame Berührung an der linken Seite auf der bloßen Haut, als wäre ihm ein fremder Gegenstand, »so rauh wie Baumrinde«, rasch unter das Hemde gefahren, wie um ihn um den Leib zu packen. Die Empfindung war schmerzhaft, er fuhr auf und spürte nichts mehr. Die Sache wiederholte sich nach wenigen Minuten, er stand auf und ging, ich weiß nicht mehr in welcher Absicht, auf kurze Zeit nach Haus, kam wieder und blieb ungestört für diese Nacht.

Inzwischen haben auch die Meinigen mehr oder weniger Auffallendes gehört. Ich kann vorderhand nichts tun, als mir den Kopf frei halten; auch hat es damit keine Not, bei Tage müssen wir uns Gewalt antun, um uns nicht lustig darüber zu machen, bei Nacht gibt sich der Ernst von selbst.

Vom 2.–6. September.

Die Geister-Indizien dauern fort, und zwar jetzt in verstärktem Grade. Am 2. dieses Monats nach dem Abendessen zwischen 9 und 10 Uhr, als eben die Mutter durch den Hausöhrn ging, vernahm sie ein dumpfes starkes Klopfen an der hintern Haustür, die auf ebenem Boden in den Garten hinausführt. Ihr erster Gedanke war, es verlange noch jemand herein; nur war das Klopfen von einem durchdringenden Seufzer gefolgt, der sogleich eine schauderhafte Idee erweckte. Man riegelte unverzüglich auf und sah im Garten nach, ohne irgendeine menschliche Spur zu entdecken. Auch Karl (mein ältester Bruder), dessen Zimmer zunächst an jener Tür ist, sowie Klärchen (meine Schwester) und die Magd hatten das Klopfen gehört. Meine Mutter, von jeher etwas ungläubig in derlei Dingen und bisher immer bemüht, sie uns auszureden, bekennt sich zum ersten Male offen zu der Überzeugung, daß es nicht geheuer um uns her zugehe.

Am 4. September, vor 10 Uhr abends, da wir schon alle uns niedergelegt hatten, kam Karl in meine Schlafstube hereingestürzt und sagte, er sei durch einen fürchterlichen Knall, ähnlich dem eines Pistolenschusses, der innerhalb seines Zimmers geschehen, erweckt worden. Wir untersuchten augenblicklich alles, doch ohne den mindesten Erfolg. K. behauptet, ohne alle besorglichen Gedanken sich zu Bette begeben zu haben und will auf keine Weise meine natürlichen Erklärungsgründe gelten lassen, die ich von der eigentümlichen Reizbarkeit des Organismus beim Übergang vom Wachen zum Schlaf hernahm, sowie daher, daß wir übrigen, Wachenden, nichts hörten, ungeachtet K's Stube nur wenige Schritte von uns liegt.

Anderer kleiner Störungen, die mir gleichwohl ebenso unerklärbar sind, gedenke ich hier nur mit wenigem. So hörte ich in den verflossenen Nächten oft eine ganz unnachahmliche Berührung meiner Fensterscheiben bei geschlossenen Laden, ein sanftes, doch mächtiges Andrängen an die Laden von außen, mit einem gewissen Sausen in der Luft verbunden, während die übrige, äußere Luft vollkommen regungslos war; ferner schon mehrmals dumpfe Schütterungen auf dem obern Boden, als ginge dort jemand, oder als würde ein schwerer Kasten geruckt.

Am 6. September.

Abends gegen 9 Uhr begegnete Karln folgendes. Er war, um zu Bette zu gehen, kaum in sein Schlafzimmer getreten, hatte sein Licht auf den Tisch gesetzt und stand ruhig, da sah er einen runden Schatten von der Größe eines Tellers die weiße Wand entlang auf dem Boden, gleichsam kugelnd, ungefähr vier bis fünf Schritte lang hinschweben und in der Ecke verschwinden. Der Schatten konnte, wie ich mir umständlich dartun ließ, schlechterdings nicht durch die Bewegung eines Lichts und dergleichen entstanden sein. Auch von außen konnte kein fremder Lichtschein kommen, und selbst diese Möglichkeit vorausgesetzt, so hätte dadurch jene Wirkung nicht hervorgebracht werden können.

In der Nacht, vom Sonntag auf den Montag, 14.–15. September, herrschte eine ungewöhnliche Stille im Hause. Dagegen fingen am Montag abend die Unruhen schon um 9 Uhr an. Als ich mich mit Karl ohne Licht in den Hausgang stellte, um zu lauschen, vernahmen wir bald da, bald dort seltsame Laute und Bewegungen, namentlich einmal ganz dicht neben uns an der Wand ein sehr bestimmtes Klopfen rechts als geschähe es, unsere Neugierde zu necken. Um 4 Uhr des Morgens aber, da es noch ganz dunkel war, und ich hell wachend im Bette lag, geschahen (wie mir vorkam auf dem obern Boden) zwei bis drei dumpfe Stöße. Während ich weiter aufhorchte und im stillen wünschte, daß auch mein Bruder dies gehört haben möchte, kam dieser bereits herbeigelaufen und erzählte mir das gleiche.

Dienstag, den 16. September, abends 10 Uhr, ich war kaum eingeschlafen, weckte mich Klärchen mit der Nachricht, daß, während sie noch eben am Bette der Mutter gesessen und ihr vorgelesen, sie beide durch einen dumpfen, starken Schlag auf dem oberen Boden schreckhaft unterbrochen worden seien.

In derselben Nacht erfuhr Karl folgendes, was ich mit seinen eigenen Worten hersetze. Er schrieb das Ereignis auf meine Bitte mit größter Genauigkeit auf.

Mein Schlafzimmer hat zwei Fenster und jedes Fenster zwei Laden von dickem Holze, ohne andere Öffnungen als solche, welche altershalber durch Ritzen usw. in denselben entstanden, aber unbedeutend sind. Von diesen Laden waren in der Nacht von gestern auf heute drei verschlossen:

nur einer, derjenige, welcher meinem Bette am nächsten ist, war offen. Durch dieses halbe Fenster und dessen halbdurchsichtigen Vorhang schien der Vollmond hell in das Zimmer und bildete an der Wand rechts neben meinem Bette, wie natürlich, ein erleuchtetes, längliches Viereck. Es war etwa um halb vier Uhr morgens, als ich aufwachte. Nun bemerkte ich außer jenem Viereck auf einer andern Seite und mir ungefähr gegenüber, ganz oben, wo die Wand und die Decke zusammenstoßen, einen hellen runden Schein, im Durchmesser von ungefähr ¼ Fuß. Es schien ein Licht zu sein wie Mondlicht; ich hielt es auch anfangs dafür, wiewohl es mir etwas sonderbar deuchte, so hoch oben und so isoliert einen Schein zu sehen. Ich schaute nun zu dem offenen Laden hinaus und überzeugte mich, daß dieser Schimmer weder vom Monde noch von einem Kerzenlicht in der Nachbarschaft herrühre. Dann legte ich mich wieder und dachte über die außerordentliche Erscheinung nach. Aber während ich starr meinen Blick darauf heftete, verschwand sie ziemlich schnell vor meinen Augen. Dies fiel mir noch mehr auf, und ich machte mir noch immer Gedanken darüber, als die Stille, die tiefe Stille, die sonst herrschte, unterbrochen wurde und ich ein leises Geräusch hörte, als wenn sich jemand auf *Socken* von der östlichen Seite des Ganges her der Türe meines Schlafzimmers näherte, und gleich darauf entstand draußen an der Türe ein starkes Gepolter, als stieße ein schwerer Körper heftig gegen dieselbe, sie wurde zugleich mit Gewalt einwärts gedrückt. Es war kein einfacher Schall, denn es schien, als wenn verschiedene Teile dieses Körpers schnell aufeinander an die Tür anprallten. Ich erschrak tief in die Seele hinein und wußte anfangs nicht, ob ich Lärm machen, läuten oder fliehen sollte. Letzteres wollte ich sogleich nicht, weil ich im ersten Schrecken fürchtete, auf die unbekannte Ursache jenes Gepolters zu stoßen, ich entschloß mich nun, ein Licht zu machen. Bevor ich aber dieses tat, geschah noch folgendes. Bald nachdem das Getöse schwieg und wieder die vorige Stille herrschte, erschien der nämliche runde Schein an der nämlichen Stelle wieder, blieb einige Zeit und verschwand dann vor meinen Augen.

Während dieser Zeit blieb der Laden, der Vorhang und der natürliche Mondschein rechts an der Wand unverändert.

Mit dem angezündeten Licht ging ich sofort in den Hausgang, als ich aber in diesem nichts Besonderes entdeckte und noch überdies den Hund in den vorderen Zimmern eingesperrt und ruhig fand, überzeugte ich mich, daß hier ein Spukgeist sein Wesen trieb.

Heute nun, über Tag, überzeugte man sich auch durch wiederholte, fast zwei Stunden lang fortgesetzte Versuche mit sämtlichen spiegelnden und glänzenden Gegenständen des Zimmers und mit Berücksichtigung aller möglichen Standpunkte des Mondes, daß der sonderbare Schein an der höchsten Höhe des Zimmers auch nicht durch Spiegelung hervorgebracht werden konnte, sowie auch aus der Stellung der Nachbarhäuser und andern Umständen leicht ersichtlich war, daß von dort kein Strahl eines Kerzenlichts an die gedachte Stelle gelangen konnte.

Soweit die Angabe meines Bruders. Noch ist aber von dieser unruhigen Nacht das auffallendste zu bemerken übrig. Meine Mutter erzählte, sie habe zwischen 10 und 11 Uhr ganz ruhig wachend im Bette gelegen, als sie an ihrem Kissen auf einmal eine besondere Bewegung verspürt. Das Kissen sei wie von einer untergeschobenen Hand ganz sachte gelüpft worden. Sie selbst habe mit dem Rücken etwas mehr seitwärts gelegen, sonst hätte sie es wohl mit aufgehoben. Dabei sei es ihr selbst verwunderlich, daß sie weder vor, noch während, noch auch nach diesem Begebnis die mindeste Furcht empfunden.

Vom 9.–15. Oktober
(in welcher Zeit ich den Besuch meines Freundes M. hatte).

Seit kurzem regt sich das unheimliche Wesen aufs neue, und zwar stark genug. Eine auffallende Erscheinung wurde auch dem Freunde zuteil. Nicht lange nach Mitternacht, d. h. immerhin mehrere Stunden, bevor an ein Grauen des Tages oder an eine Morgenröte zu denken war, sah er in dem Fenster, das seinem Bette gegenübersteht, eine *purpurrote Helle* sich verbreiten, welche allmählich wieder verschwand, kurz nachher aufs neue entstand und so lange anhielt, daß M. sich vollkommen versichern konnte, es liege hier keine Augentäuschung zugrunde.

Die Geltung dieses Phänomens bestätigte sich in einer der folgenden Nächte durch meine Mutter, die denselben Schein in ihrem Schlafzimmer an der ihrem Bette gegenüberstehenden Wand erblickte. Sogar Klärchen, von der Mutter darauf aufmerksam gemacht, sah ihn noch im Verschwinden.

16. Oktober. Heute nacht abermals Unruhen im Haus. Ein starkes Klopfen auf dem oberen Boden. Dann war es auch einmal, als würden Ziegelplatten vom Dach in den Hof auf Bretter geworfen. Es ging jedoch kein Wind die ganze Nacht, und morgens konnten wir keine Spur von jenem Wurfe finden.

25. Oktober. In einer der letzten Nächte sah Karl gerade über dem Fuße seines Bettes eine feurige Erscheinung, eben als beschriebe eine unsichtbare Hand mit weißglühender Kohle oder mit glühender Fingerspitze einen Zickzack mit langen Horizontalstrichen in der Luft. Der Schein sei ziemlich matt gewesen. Hierauf habe sieh ein eigentümliches Schnarren vernehmen lassen.

In der Nacht vom *7. auf den 8. Oktober* sah meine Mutter einen länglichten, etwa drei Spannen breiten, hell weißen Schein in der Ecke ihres Schlafzimmers, ziemlich hoch überm Boden und bis an die Zimmerdecke reichend, zu einer Zeit, wo der Mond längst nicht mehr am Himmel stand.

13. November. In der Nacht, etwa zwischen 1 und 2 Uhr, erwachte meine Schwester, wie sie sagt, ganz wohlgemut, und setzte sich, um eine Traube zu essen, aufrecht im Bette. Vor ihr, auf der Bettdecke, saß ihr kleines, weißes Kätzchen und schnurrte behaglich. Es war durchs Mondlicht hell genug im Zimmer, um alles genau zu erkennen. Klärchen war noch mit ihrer Traube beschäftigt, als sie, mit völligem Gleichmut, ein vierfüßiges Tier von der Gestalt eines Hundes durch die offne Tür des Nebenzimmers herein und hart an ihrem Bette vorüberkommen sah, wobei sie jeden Fußtritt hörte. Sie denkt nicht anders als: es ist Joli, und sieht ihm nach, ob er wohl wieder, seiner Gewohnheit nach, sich unter das gegenüberstehende Bett meiner Mutter legen werde. Sie sah dies aber schon nicht mehr, weil er unter dem zunächst stehenden Sessel ihr aus dem Gesicht kommen mußte. Den andern Morgen ist davon die Rede, ob denn auch der Hund, den mein Bruder abends zuvor beim Heimgehen von dem 1 ½ Stunden von hier entfernten Eberstadt, ganz in der Nähe dieses Dorfes verloren hatte, nun wohl nach Haus gekommen sei? Klärchen, welche nichts von seinem Abhandenkommen gewußt, stutzt nun auf einmal, fragt und erfährt, daß man im Begriffe sei, den Hund im Pfarrhaus zu Eberstadt abholen zu lassen, wo Karl gestern gewesen und man das Tier vermutlich über Nacht behalten haben werde. So war es auch wirklich; ein Bote brachte es am Strick geführt.

*

So viel aus dem Diarium, das hie und da von mir ergänzt wurde. Im folgenden Jahr bricht es ab, weil ich schwer und auf lange erkrankte.

Schlimmer als im Jahr 1834 ist auch das Spukwesen nachher und bis auf die jetzige Zeit niemals geworden; vielmehr hat es sich inzwischen seltener, obwohl nicht weniger charakteristisch geäußert. Merkwürdig ist, daß es sich meist gegen den Herbst und im Winter vermehrt, im Frühling und die Sommermonate hindurch auch wohl schon ganz ausblieb. Der Zeitpunkt morgens früh 4 Uhr ist, nach meinen Beobachtungen, vorzugsweise spukhaft. Sehr häufig endigen auch die nächtlichen Störungen um diese Zeit mit merklichem Nachdruck.

Eine Erfahrung aus neuerer Zeit, welche mein gegenwärtiger Amtsgehilfe, Herr Sattler, in dem mehrerwähnten Zimmer auf der Gartenseite machte, soll hier mit seinen eignen Worten stehn.

»Ich war am 29. November 1840 abends um 8 ½ Uhr zu Bette gegangen und hatte sogleich das Licht gelöscht. Ich saß nun etwa ½ Stunde noch aufrecht im Bette, indem ich meine Gedanken mit einem mir höchst wichtigen Gegenstande beschäftigte, der meine ganze Aufmerksamkeit so sehr in Anspruch nahm, daß er keiner Nebenempfindung Raum gab. Weder den Tag über, noch besonders solange ich im Bett war, hatte ich auch nur im entferntesten an Geisterspuk gedacht. Plötzlich, wie mit einem Zauberschlage, ergriff mich ein Gefühl der Unheimlichkeit, und wie von unsichtbarer Macht war ich innerlich gezwungen, mich umzudrehen, weil ich etwas an der Wand zu Haupte meines Bettes sehen müsse. Ich sah zurück und erblickte an der Wand (welche massiv von Stein und gegipst ist), in gleicher Höhe mit meinem Kopfe, zwei Flämmchen, ungefähr in der Gestalt einer mittleren Hand ebenso groß, nur nicht ganz so breit und oben spitz zulaufend. Sie schienen an ihrem unteren Ende aus der Wand herauszubrennen, flackerten an der Wand hin und her, im Umkreis von etwa 2 Schuh. Es waren aber nicht sowohl brennende Flämmchen als vielmehr erleuchtete Dunstwölkchen von rötlichblassem Schimmer. Sowie ich sie erblickte, verschwand alles Gefühl der Bangigkeit, und mit wahrem Wohlbehagen und Freude betrachtete ich die Lichter eine Zeitlang. ›Ob sie doch wohl brennen?‹ dachte ich, und streckte meine Hand nach ihnen aus. Allein das eine Flämmchen, das ich berührte, verschwand mir unter der Hand und brannte plötzlich daneben; drei-, viermal wiederholte ich den nämlichen Versuch, immer vergeblich. Das berührte Flämmchen erlosch jedesmal nicht allmählich und loderte ebenso wieder nicht allmählich sich vergrößernd am andern Orte auf, sondern in seiner vollen Gestalt verschwand es, und in seiner vollen Gestalt erschien es wieder daneben. Die zwei Flämmchen spielten hie und da ineinander über, so daß sie eine größere Flamme bildeten, gingen aber dann immer bald wieder auseinander. So betrachtete ich die Flämmchen vier bis fünf Minuten lang, ohne eine Abnahme des Lichts an ihnen zu bemerken, wohl aber kleine Biegungen und Veränderungen in der Gestalt.

Ich stand auf, kleidete mich an, ging zur Stube hinaus (wo ich in der Türe noch die Lichter erblickte) und bat den Herrn Pfarrer, der im vorderen Zimmer allein noch aufwar, zu mir herüberzukommen und die Erscheinung mit anzusehen. Allein, wie wir kamen, war sie verschwunden, und obgleich wir wohl noch eine halbe Stunde lang mit gespannter Aufmerksamkeit acht gaben, zeigte sich doch nichts mehr. Ich schlug nun ein Licht, allein mit diesem konnte ich so wenig als morgens darauf am hellen Tag auch nur die geringste Spur an der, auch ganz trockenen, Wand wahrnehmen. Die vom Herrn Pfarrer aufgeworfene Frage, ob in den vorhergehenden Tagen oder Wochen nicht etwa ein phosphorisches

Schwefelholz an jener Wand möchte gestrichen worden sein, mußte ich mit Bestimmtheit verneinen. Zu allem Überflusse machten wir indes ausführliche Versuche mit Zündhölzchen, davon das Resultat jedoch ein von meiner Beobachtung sehr verschiedenes war.«

Als ziemlich gewöhnliche Wahrnehmungen im Hause, die teilweise eben gegenwärtig wieder an der Reihe sind, muß ich in der Kürze noch anführen: Ein sehr deutliches Atmen und Schnaufen in irgendeinem Winkel des Zimmers, zuweilen dicht am Bette der Personen. Ein Tappen und Schlurfen durchs Haus, verschiedene Metalltöne: als ob man eine nicht sehr straff gespannte Stahlsaite durch ein spitzes Instrument zum Klingen oder Klirren brächte; als ob ein Stückchen Eisen, etwa ein Feuerstahl, etwas unsanft auf den Ofen gelegt würde. Ferner Töne, als führte jemand zwei bis drei heftige Streiche mit einer dünnen Gerte auf den Tisch; auch ein gewisses Schnellen in der Luft, dann Töne, wie wenn ein dünnes Reis zerbrochen oder, besser, ein seidner Faden entzweigerissen würde. (So unterhielt ich mich eines Abends bei Licht und bei der tiefsten Stille mit einem meiner Hausgenossen allein in jenem Gartenzimmer, als dieser Ton in einer Pause des Gesprächs zwischen unsern beiden Köpfen mit solcher Deutlichkeit sich hören ließ, daß wir zugleich uns lächelnd ansahen.)

Zum erstenmal, wie man hier sagt, wurde der Spuk im Pfarrhaus unter dem Herrn Pfarrer Leyrer (1811–1818) ruchbar. Am lebhaftesten war er unter Herrn Pfarrer Hochstetter (1818–1825), der mir die auffallendsten Dinge erzählt hat; auch nachher, noch zur Zeit des Herrn Pfarrer Eheinwald, war er um vieles stärker als bei mir.

Ich schließe mit der Versicherung, daß ich bei allen diesen Notizen ein jedes meiner Worte auf das gewissenhafteste abwog, um nirgend zu viel noch zu wenig zu sagen, und alle Zweideutigkeit zu vermeiden, besonders auch, daß ich, was die Angaben anderer betrifft, an der Wahrheitsliebe und Urteilsfähigkeit der angeführten Hausgenossen nicht im geringsten zu zweifeln Ursache habe.

Kleversulzbach [s o], im Januar 1841
Eduard Mörike, Pfarrer.

Arthur Schnitzler

Frühlingsnacht im Seziersaal

Phantasie

Es war drei Uhr morgens und ich verließ den Tanzsaal. Der lag ganz am Ende des Städtchens, und bis man von da wieder in engere und geschlossenere Straßen kam, dauerte es wohl eine Weile. Und meine Stimmung war seltsam. Freude und Lust klangen in meinem erhitzten Kopfe nach. Über den müden Blick senkten sich die Augenlider und die weiche Morgenluft des erwachenden Frühlings zitterte um Stirn und Wangen, so weich und mild beinahe wie der warme Duft von herzigen Mädchenlippen, den ich heute nachts im Wirbel des Tanzes übers Antlitz hauchen fühlte.

Und wie ich so weiter wandle, minutenlang, wirds freier und kühler um mein Haupt. Ich blicke um mich und sehe mich an einer Straßenecke. Ein mattes Licht gießt flimmernden Glanz über die sich kreuzenden Wege, und ich merke, daß ich an wohlbekanntem Ort bin.

Und doch wie fremd scheints mir hier, obwohl ich erst gestern abend dieses dunkle Tor, das halb offen lehnt, verlassen habe und als es schon dämmerte über die dürre Wiese geschritten bin, die hinter dem grauen Mauerwerk sich hinbreitet. Ich bin einsam und sonderbar gleiten meine Gedanken zwischen Wachen und Träumen hin und her. Wie im Schlaf schreit ich durchs Tor und über die Wiese und stehe still vor vergitterten Fenstern, Eine graue Wolke fliegt über mich hin wie ein Bote der Frühe, und ein kühler Wind macht mich frösteln. In seltsamer Weise ergreift mich der Wunsch, den Rest der Nacht im Dienste der Wissenschaft hinzubringen ... und noch warm von dem tollen Treiben des lustigen Lebens, mich zu versenken in die Erkenntnis des Todes.

Und so öffne ich die Tür und trete in den dunkeln, gewölbten Saal. Ich nehme die Lampe aus einer Fensternische und zünde ein Licht auf. Einen grünen Schirm breit ich um die Flamme und stelle sie zu Häupten des Toten. Da fließt ein gelber Schein über das fahle, regungslose Antlitz. Nur um den Mund scheint es leise zu zucken. Ringsum die anderen Leichen liegen im Dunkel. Ich werfe den schwarzen Mantel um die Schultern, nehme das Messer und das übrige Werkzeug, um die Arbeit zu beginnen.

Doch mir ist schwül geworden in dem engen Raum. Zum Fenster schreit ich hin und öffne es weit, weit. Und es flutet Sternenglanz still ins düstre Haus und fliegt über den steinernen Boden hin und zittert matt an der Wand hinauf. Inmitten dieses wundersamen Anblicks steh ich da. Über mein Haupt zieht der Hauch der Frühe und mich umfließt in blauen Wellen das Mondenlicht.

Und wie träumend laß' ich auf den Sessel mich nieder, mich dem unbeschreiblichen Märchen zu entwinden, das mich umgibt.

Da hör ich Stimmen vor dem Fenster. Ich schaue auf. Ein Schatten huscht vorbei, die Türe knarrt. Ich erhebe mich von meinem Sessel und trete der Schwelle näher. Meiner Hand entsinkt das Messer, da ich eine schlanke Mädchengestalt vor mir sehe. Ich kenne das Antlitz, das nun so ängstlich lächelt, und auch das einfache Gewand, das über die Hüften herabfließt, erblicke ich nicht das erstemal ... und halblaut ruf ich aus: »Christine ...« So hieß des Anatomiedieners Töchterlein, und wenn wir's Kollegium verließen, da sahen wir sie immer mit dem Strickzeug am Fenster in ihrem kleinen Stübchen sitzen; verschämt lächelte sie, wenn einer es wagte, leise mit der Hand über die Glasscheiben zu streichen, daß es ganz unmerklich klirrte, und niemandem sah sie in die Augen. Und Christine stand an der Schwelle des Leichensaales, und noch hatte sie meinen Ruf nicht erwidert, als ich mit einemmal eines zweiten menschlichen Wesens gewahr wurde ... und wer mir Aug in Aug gegenüberstand, mit einemmal aus dem Dunkel hervortrat, war niemand anderer als mein werter Freund und Kollege Stephan Kalman. Da schwirrte es mir auch durch den Kopf, daß keiner so gern an dem Fenster Christinens mit der Hand spielte als Stephan, und daß er weit öfter durch die Scheiben guckte als alle anderen, so daß er sich nicht selten sogar wieder umwandte, wenn er schon vorüber war, und verstohlen nach Christinen schielte. Ja, hatte ich nicht sogar einmal bemerkt, daß das schüchterne Mägdlein aufblickte von ihrer Arbeit, just als er vorbeiging, und dabei feuerrot im Gesicht wurde.

Und eben dieser Stephan stand vor mir und faßte Christinens Hand, lachte mich gar lustig an, gab mir einen humoristischen Backenstreich und hub an zu singen:

»'s ist doch was Wunderbares
Ums Lieben
Was Wunderbares.«

Dabei faßte er sein Mädchen und drehte sich mit ihr im Kreise, bis er mitten in dem dämmrigen Saale stand. Da sang er wieder:

»Wie führt uns doch die Liebe
Oft sonderlichen Weg.«

»Nicht wahr«, sagte er zu mir, »sehr sonderliche Wege ... O süßeste Christine«, rief er plötzlich und küßte sein Lieb auf die vollen Lippen. Sie umschlang seinen Nacken und küßte ihn wieder. Ich faßte mich allmählich und sagte zu dem feurigen Jüngling: »Du merkwürdiger Kumpan ... ich ...«

Er ließ mich aber nicht reden. »Merkwürdig! Ei doch, das ist nicht übel. Es ist doch weit merkwürdiger, in tiefer Nacht zu studieren als zu küssen in solcher Stunde ...« und blickte seinem Mädchen mit Innigkeit in die Augen.

»Aber Stephan, hier!«

»Die Liebe führt oft sonderlichen Weg. Hier, mein geliebter Freund, sind wir eben vor allem sicher ... außer vor Leuten deines Schlages. Und Leute deines Schlages kenn ich bei Gott nur einen ... und der bist du selbst. Und das auch erst seit diesem Augenblick. O Christine, meine holde Christine ...«

»Und der Schauer der Verwesung rings um die Liebe«, flüsterte ich. Aber sie hörten nicht und hielten sich umschlungen. Da ich mich nun an den Türpfosten lehnte und wie verloren vor mich hinsah, blieb es wohl eine Minute lang still. Die Liebenden hingen regungslos aneinander und es ruhte wie ein Zauber über uns allen.

Da tönte mit einemmal ein langgezogener, heller klagender Klang durch die Luft. Wie aus der Ferne strömte der Laut zu uns durch den schlummernden Äther und wurde ein zweites Mal gehört und klang nahe und von neuem weiter. Und die Töne fanden sich zu einer Melodie ... da mußte wohl ein Wanderer herbeiziehen von der Landstraße her; und raschen Schrittes, wie es schien, denn nun hörte man's lauter und lustiger als früher. Nah an der Mauer schwebte jetzt über die Wiese ein langer unruhiger Schatten. Ein gebräuntes, lachendes Antlitz erblickte ich vor dem Fenster, von schwarzen Locken umwallt, mit blitzenden Augen. Wild fuhr der Bogen über die Saiten und der Mantel flatterte hastig um die Gestalt, da der Arm sich rasch bewegte.

Und nun begann der Mann auch zu singen. Einen tollen Gesang, und schaute auf das verliebte Paar, das wie träumend dastand und Wang an Wang gelehnt hielt.

Dann sprang er herein übers Fensterbrett, und mit lächelndem feurigen Blick stand er zu Häupten des Toten. Nun begann er zu hüpfen, während er sang, geigte, tanzte herum, daß ich schon vermeinte, alles um mich herum tanzen zu sehen, und dastand, als hielte mich ein unbeschreiblicher Bann gefangen.

Stephan und Christine umfaßten sich, sie wirbelten, ohne daß sie den Boden berührten, sie küßten sich und seufzten und ihre Locken flogen umeinander. Und des seltsamen Wanderers krauses Haupthaar wallte auch gar lustig hin und her, während sein ganzer Leib in unsäglicher Bewegung schien. Und es baute sich Ton auf Ton und schienen die Laute ineinanderzufließen und rankten als blühende Melodie sich ans graue Gewölbe hinan. Das war ein jubelndes Ertönen, Widerhallen, und wie ein duftendes Blumenmeer umgab uns die Musik in umschmeichelnder Betäubung. Zu unsern Füßen wogte es dahin und blinkte, glitzerte, als gestaltete der Tanz sich zu sichtbarem Gold, und das Liebespaar glitt dahin in wahnsinniger Verzückung. Da krachte es plötzlich, und zur Erde nieder fiel Geige und Bogen. Das Lied des Wanderers verstummte, und er selbst fuhr mit den Händen wild in der Luft herum, als wollte er den unsicher gleitenden Nachhall erfassen, auf daß es still werde mit einemmal. Und als es nun ganz still war, schritt der Mann langsam hinaus durch die offene Tür.

Christine aber und Stephan, die hochatmend und erhitzt ihm folgen wollten, sanken an der Schwelle nieder und hielten sich fest bei der Hand.

Was aber war denn mit mir, und wer erschien mit einemmal als Genosse meiner Einsamkeit, der es wagen durfte, so heftig meinen Kragen zu rütteln, daß ich schier zu ersticken glaubte. »Ei doch«, schrie ich und warf den Kopf herum. »Da sei doch Gott vor, daß ich's auf dem Gewissen hätte, den Herrn das Kollegium verschlafen zu lassen«, erwiderte der Anatomiediener, indem er allmählich meinen Kragen ausließ. »Aber es ist doch höchst sonderbar, daß der Herr just an der Tür des Seziersaals seine Schlafstatt suchen.«

»Deine Tochter, Mensch«, schrie ich, noch lange nicht bei Sinnen.

»Meine Tochter, Herr?« fragte der andere, während ich mich langsam erhob und von der frischen Morgenluft durchschauen war.

»Ich dank Euch, Mann«, sagte ich nun ziemlich ruhig und strich mir über die Augen, denen alles noch wie im Nebel erschien. »Aber das Kollegium hat doch noch nicht begonnen?«

»Und meine Tochter, Herr, was wolltet Ihr denn mit meiner Tochter?«

»Wer?« fragte ich höchst unschuldig. »Ich ... Was mag ich da wohl nur geträumt haben?«

»Aus Eurer blassen Farbe zu schließen, gewiß höchst Sonderbares, Herr«, erwiderte der Anatomiediener.

Ich stand bald auf der Straße und im Kreise meiner Freunde. Von weitem sah ich Stephan kommen. Er ging an Christinens Fenster vorbei. Er schaute hinein und machte ein recht gleichgültiges Gesicht. Ich lief ihm entgegen, drückte ihm die Hand, blieb aber erst an jenem Fenster stehen. Ich blickte durch die Scheiben. Christine saß an ihrem Tischchen. Auch in ihrem hübschen Antlitz war keine Spur von Erregung zu lesen. Sie stickte eben an einem Tüchlein und zählte die Stiche ab.

Seit jenem Morgen verbreitete sich die Sage, ich sei in das Mädchen verliebt.

Lothar Schmidt

Eine Stimme aus dem Jenseits

Eine Groteske

Man hatte den Fleischermeister August Lorenz draußen auf dem Zentralfriedhof in Weißensee bei Berlin beerdigt. Außer der Witwe des Verstorbenen und den nächsten Angehörigen hatten dem Begräbnis feierlich beigewohnt eine Deputation der Berliner Fleischerinnung mit der Fahne, die auf blauseidenem Untergrunde in rotseidener Stickerei, umrahmt von goldener Inschrift, das Bild eines stattlichen Mastochsen zeigte; eine Deputation des Vereins der Fleischermeister Berlins, eine Deputation der Fleischergesellen Berlins, eine Deputation des Vereins Berliner Gastwirte und Umgegend und in corpore der Gesangverein »Freimut«, dessen Mitglied und Mitbegründer der Heimgegangene gewesen war.

Die Witwe hatte sehr viel geweint, als der Sarg in die Gruft gesenkt wurde, namentlich als die »Freimuter«, wie sie sich nannten, a cappella das schöne Mendelssohnsche Lied »Es ist bestimmt in Gottes Rat« sangen. Es flossen der armen Frau Tränen so viele, als die drei Haufen Sand, die sie ins Grab warf, Körner enthielten. Kinderlos zwar, aber glücklich hatte sie mit ihrem Lorenz gelebt, wenn man davon absah, daß der etwas rohe und jähzornige, doch sonst sehr gutmütige Mann sie des öfteren geprügelt hatte im Leben. Der Geistliche erwähnte in der Leichenrede natürlich nichts von derlei Zwistigkeiten, schon deshalb, weil er bei dem vielen Rühmlichen, das er über den Heimgegangenen zu sagen hatte, gar nicht dazu kam, seiner kleinen Schwächen zu gedenken.

Nach den Beisetzungsfeierlichkeiten fand sich ein kleiner Teil der Leidtragenden im Trauerhause wieder zusammen, wo es warmen Kaffee gab und Pfannkuchen und eine halbe Stunde darauf dampfendes Wellfleisch von dem posthum geschlachteten Schweine, dessen Schicksal durch den Tod des Meisters nicht aufgehalten worden war. Nach dem Wellfleisch gab es einen Kümmel aus Gründen der Verdauung. Als dann später von einem Herrn aus Gründen des Durstes ein Glas Wasser erbeten wurde, konnte selbstredend aus Gründen des Anstandes die Witwe nicht anders als Bier holen zu lassen. Und damit das Gelaufe nicht immer wäre, sorgte sie gleich dafür, daß ein halbes Hektoliter aufgelegt wurde, und zwar Kulmbacher, aus Gründen der Pietät, weil Kulmbacher das Lieblingsgetränk des Verblichenen gewesen war.

Wie sich das so gehörte, bildete bei diesem Zusammensein der Tote den Mittelpunkt des Gespräches, und es war viel die Rede davon, wer das umfangreiche Geschäft, das gar sehr einer handfesten, männlichen Leitung bedurfte, jetzt weiterführen sollte.

»Sie werden halt zum zweiten Male müssen heiraten, Frau Lorenz,« sagte der Fleischermeister Müller.

Sie seufzte und nickte traurig mit dem Kopfe.

»Oder das schöne Geschäft verkaufen,« meinte ein anderer.

»Nee, das tu ich nicht ... das ... na, wenn ich das täte, da würde mein Seliger sich im Grabe um und um drehen!«

Hier gab der Fleischermeister Müller seinem Schwager, dem unverheirateten Fleischergesellen Arnold, einen Wink.

»Sehr richtig, Frau Lorenz, im Grabe würde er sich umdrehen,« rief dieser, setzte sich neben die Witwe und unterhielt sich mit ihr sehr eingehend darüber, wie die Firma im Sinne des Meisters weiterzuführen wäre.

Dabei konnte es nicht fehlen, daß hin und wieder in schmerzlichem Gedenken der armen Frau einige Tränen über die Wangen liefen. Geselle Arnold, um sie zu trösten, legte beruhigend die riesige Rechte auf die Hand der Witwe.

Das sah ein anderer unverheirateter Geselle, der sich auch gern selbständig gemacht hätte, und er spottete: »Na, Arnold, da können wir ja gleich gemütlich beieinander bleiben, bis die Hochzeitsmusik aufspielt!«

Sofort entzog Frau Lorenz dem Unvorsichtigen ihre Hand, duldete aber, daß unter dem Tische sein imposanter Fuß heimlich mit dem ihrigen die Zwiesprache fortsetzte.

Da plötzlich klopfte einer vom Gesangverein »Freimut« mit dem Wellfleischteller an sein Bierglas, erhob sich und sprach: »Der Gesangverein ›Freimut‹, wo doch der Verstorbene eine Hauptperson und allezeit auch ein treuer Bundesbruder ist gewesen und nicht nur im gemischten Chor, sondern auch als Solist Hervorragendes hat geleistet, infolgedessen wir einstimmig beschlossen haben, der trauernden Witwe aus unserm Vereinsphonographen die beiden Walzen zum Geschenk zu machen, welche die beiden Nummern enthalten, die unser uns durch den Tod entrissenes Mitglied zu unserer Freude so oft gesungen hat, nämlich »*Andreas Hofer*« und »*Im tiefen Keller sitz ich hier* ...«

Auf eine Handbewegung des Redners überreichte ein anderes Mitglied die beiden Walzen, und der Sprecher fuhr fort:

»Gern, liebe Frau Lorenz, hätte ich Ihnen im Namen des Vereins auch den dazu gehörigen Phonographen übergeben, doch leider – zu unserer Schande muß ich es gestehen, daß in diesem Punkte keine Einigkeit nicht konnte erzielt werden, indem die Majorität dagegen war. Ich habe mir aber erlaubt, unseren Phonographen heute leihweise hierherzubringen, um die schöne Feier hier durch einen Solovortrag aus des verstorbenen Meisters eigenem Munde würdig zu beschließen.«

Der Redner setzte sich. Ein Gegenstand, der vordem in schwarzes Tuch eingewickelt auf das Vertiko gestellt worden war, wurde jetzt von geschäftigen Händen enthüllt, um sich als die blitzblanke Trompetenmuschel eines Phonographen zu entpuppen.

Anfangs ließ das wunderliche Instrument ein häßliches, metallisches Schnarchen, ein heiseres, blechernes Gurgeln und Grunzen vernehmen, das die Heiterkeit der meisten Anwesenden erregte. Sobald aber aus dem Chaos unentwirrbarer Geräusche eine tiefe Baßstimme sich loslöste und das allbeliebte »*Zu Mantua in Banden*« intonierte, ward feierliche Stille ringsumher. Alles lauschte atemlos mit frohem Ernste der wohlbekannten Stimme aus dem Jenseits.

Und seltsam: Mit der Stimme des verstorbenen Meisters, die Menschenkunst dem Tode entrissen hatte, schien August Lorenz wieder zu erstehen, wie er leibte und lebte. Man sah ihn vor sich im Frack auf dem Podium, den Mund weit geöffnet, die Augen zur Decke emporgeschlagen, mit beiden Händen sein in einen roten Kalikoeinband gefaßtes Liederbuch krampfhaft über dem rhythmisch sich hebenden und senkenden Bauch haltend.

Da blieb kein Auge trocken, so überwältigend war der Eindruck. Und als nun gar die Stelle kam, wo Andreas Hofer knien sollte, um, von Gewehrkugeln durchbohrt, niederzusinken, und der Held sich dessen weigert mit den mannhaften Worten:

»... Das tu ich nit!
Will schterben wie ich schte – he – he,
Will schterben wie ich schtritt,
Hier, wie ich schteh auf dieser Schanz!
Es leb mein guter Kaiser Franz,
Mit ihm sein Land Tiro – ol,
Mit ihm sein Land Tirol!«

Da vollends schluchzten mit der Witwe sämtliche Deputierten und auch sämtliche Mitglieder des Gesangvereins »Freimut« laut auf.

Erst als das Lied zu Ende war:

»Ade, mein Land Tiro – ol,
Ade, mein Land Tirol!«

und wieder das metallische Schnaufen, das heisere Lärmen, das blecherne Gurgeln begann, verschwand die ergreifende Vision. August Lorenz sank zu den Toten zurück, und die Lebenden besannen sich wieder aufs Essen und Trinken. Noch lange saßen sie dann im Namen des Verstorbenen beisammen und trennten sich erst, als das halbe Hektoliter Kulmbacher bis auf den letzten Rest geleert war.

Jakob Julius David

Schuss in der Nacht

Zu Mitternacht war ein Schuß gefallen. Ein schrecklicher Schrei war ihm gefolgt. Das ganze Haus, dies alte, dumpfe Haus mit ausgetretenen Stufen, mit rundlaufenden Gängen, die in der Luft schwebten, auf denen eines dem anderen so bequem in die Küche gucken konnte, hatte er aufgeschreckt. Denn jenes Hin- und Widerlaufen begann alsbald, das jeder von uns kennt und das mindestens in einem bösen Traume jeden schon einmal verstört hat. Das Schloß tat sich auf, Stimmen wirrten durcheinander; aus der Wohnung, die mit eins überfüllt war, drang Gezeter, Kreischen, Stöhnen, gelles Aufschreien. Bänglich horchten die Nachbarinnen, die nicht mehr Raum gefunden, darauf, auf das Schieben und Heben von etwas Schwerem, sehr Unbeholfenem im Zimmer. Endlich kam der Arzt; desto mehr drängten sie sich, verstärkt durch die Fortgewiesenen auf dem schmalen Gang. Da der junge Mann wieder schied, ruhig, und ohne auch nur mit der Wimper zu zucken, wußten alle, daß alles vorüber war. Es war so recht still in der Wohnung geworden – der Mann, der den Schuß in der Nacht, den Schuß gegen sich abgefeuert, war tot. Zu Morgen aber trippelten behende Kinderfüßchen um jene Türe, spähten neugierige Augen, noch größer als sonst, ob sich der Rumpler Karl nicht angucken, ob sich durch das grünverhangene Gangfensterchen, durch das unheimliche Dunkel des Vorzimmerchens, das ihnen jetzt so gespenstig erschien, nicht ein Einblick in die Stube gewinnen ließe, in welcher der tote Franz Rumpler lag.

In aller Frühe war eine Waschfrau gekommen. Die Leiche ward sorgfältig mit einem guten Gewande angetan; der Raum, in dem immer noch ein leiser Pulvergeruch schwelte, wurde in Ordnung gebracht und gründlich gesäubert. Damit und mit den notwendigsten Bestellungen ging der erste Tag hin. Dann brachte man den Sarg; der tote Mann wurde so hineingebettet, daß man die kleine Wunde an der Schläfe nicht gewahren konnte, durch die ihm das Leben entflohen war. Die Witwe half mit und ging dann fort, zu besorgen, was nach den üblichen Anzeigen noch zu tun war. Als sie heimkam, war alles bereitet; sie brachte für sich und den Buben gleich die Trauerkleider mit. Sie zog sich selber um und steckte den Jungen in den schwarzen Anzug. Er sah vergreint, jämmerlich, unbeholfen darin aus. Die Vorhänge wurden niedergelassen, ein silberner Armleuchter zu Füßen und zu Häupten, sechs silberne Leuchter zu beiden Seiten des Sarges besteckt und entzündet. Das sah nun feierlich und vornehm aus. Das Kind – es war gerade in dem Alter, wo sie in die Schule zu gehen beginnen, stumpfnäsig und mit einem ganz platten und ausdruckslosen Gesichte – stierte in die schönen und weißen Flammen und grübelte, ohne zu wissen, worüber? Es langweilte sich ohne seine Kameraden und ohne Gassenspiele. Dabei fühlte es sich durch das neue Gewand beklemmt, das so schrecklich groß war und auf das man sicherlich furchtbar Acht geben mußte. Und dennoch hatte der Karl eine unwiderstehliche Lust, von der einen Kerze, die so schief brannte, einige Tropfen auf den Ärmel fallen zu lassen. Das hätte hübsch sein müssen. Eine Art freudiger Erwartung war in ihm. Denn er war noch niemals im Fiaker gefahren. Bei Leuten aber, die Geld hatten – und sie hatten dessen viel, er wußte es – gehörten zu einem ordentlichen Begräbnis Fiaker, und sobald er erst wieder in die Schule ging, wollt' er schon gehörig damit prahlen: »Ich bin im Fiaker gefahren. Nicht auf dem Schoß, ganz wie ein Großer. Du nöt – etsch! ...« Inzwischen saß die Mutter in einer Ecke, betete unablässig und mit zuckenden Lippen aus dem schönen Gebetbuch und wischte sich die roten und heißen Augen mit der Schürze, die sie über das dunkle Kleid gezogen. Manchmal schluchzte sie auf; das aber klang so unvermittelt und so laut, daß sie selbst davor erschrak und innehielt im Schluchzen. Auch sahen sie, wie ihr vorkam, Waschfrau und Junge dabei so eigentümlich an, daß ihr eine kleine Verlegenheit kam, um über eine Weile neuem Trotz und desto heftigerem Schluchzen zu weichen. Was gingen sie diese beiden an?

Aus der Küche heraus drang ein kräftiger Geruch von Kaffee und allerhand Gebackenem. Man hatte sich zu Mittag nun schon den zweiten Tag notdürftig aus dem Gasthause beholfen und erwartete nun die übliche ausgiebige Jause. Angehörige hatten die Rumplerischen keine in Wien: zwei einzige Kinder, in benachbarten Wohnungen groß gewachsen, das Spielen auf dem gleichen Hofraum gewohnt, hatten sie zusammengeheiratet. Aber Nachbarinnenbesuch mußte kommen. Konnten sich die beiden Leute sonst noch so zurückgezogen gehalten haben – heute mußte die Witwe Trost und Zuspruch empfangen. Ohnehin galten sie für stolz und hochmütig genug. Eine dumpfe Sehnsucht nach dem Augenblick, in dem alles vorüber sein würde, war in Frau Katharina Rumpler. »Die Fragerei!« seufzte sie, während sie im Speisezimmer den Tisch sauber und sogar mit einem gewissen Aufwand deckte. Dann, vor dem Spiegel, richtete sie sich selber her; sie war noch jung, mit einer gewissen Neigung zur Fülle. Ihr gesundes, rotes Gesicht, das verlangend und lebensfroh dreinsah, stritt mit dem Trauergewande. Ihre Bewegungen waren weich und sinnlich. Sie konnte immer noch einem Manne gefallen, dachte sie, während sie sich so zu schaffen machte, das braune Haar tiefer in die Stirne strich, hier ordnete, dort glättete. Nur ihre Stimme hatte etwas Schrilles, wie sie danach: »Wärterin, Karl, kommt's!« rief. Es war das Gelle, selbst Gemeine darin, das einem feineren Ohre so leicht wehtut. Die beiden kamen. Der Bube schnüffelte gierig und erwartend herum, obzwar man ihn in der Küche schon reichlich abgefüttert; die Wärterin saß breit und sicher auf ihrem Stuhle – solange man sie brauchte, bis die Totenwachen einmal vorüber waren, war sie sicher, und hernach mußte sie ohnedies gehen. Wozu also bescheiden tun? Die Witwe machte ihr leidenvollstes Gesicht. Die Hängelampe wurde entzündet und gab ein freundliches und kräftiges Licht. Es war ganz gemütlich. Nur mußte man allerdings vergessen können, was sich nebenan begeben und wer nebenan verstummt lag. »Der arme Herr!« seufzte die Wartefrau in geschäftsmäßiger Trauer. Frau Katharina Rumpler fuhr aus ihren Gedanken auf und sah sie böse an, ehe sie, sich besinnend, die Hände vors Gesicht schlug. Der Kaffee kam: sie schenkte ein, trank selber rasch und aß ziemlich gierig, ehe sie sich wieder eine saubere Tasse auf ihren Platz stellte. Das war sonst ihre Sitte nicht, und Karl, der nun einmal einen nachdenklichen Tag hatte und vor der Frau Mutter in beständiger, heimlicher Angst lebte, sann darüber nach, was das wohl zu bedeuten habe. »Etwas will sie alleweil und mit allem. Ich kenn's«, dachte er. Denn er war beobachtend, wie die meisten einzigen Kinder, besonders aber aus einer Ehe, wo man sich allerhand zu verbergen bemüht.

Der erste Besuch kam. Es war ein dürftiges Weiblein, eine weitschichtige Verwandte, die von dem toten Manne monatlich eine kleine Unterstützung genossen hatte. Man hörte, wie sie schon auf dem Gange, bevor sie noch schüchtern die Glocke zog, eifrig und nachdrücklich mit den Füßen scharrte; denn es war ein feuchtes und schmutziges Wetter. Zögernd trat sie ein; an der Leiche kniete sie nieder, langte den Rosenkranz vor und betete geraume Zeit und sehr andächtig. Dann, mit blinzelnden Augen und unbewillkommt, trat sie in das Speisezimmer; denn ihretwillen erhob sich die Witwe Rumpler nicht. Karl schlich sich mißmutig an das Fenster und sah auf die Gasse, die immer noch nicht danach ausschaute, als könnte man sich so bald in einem neuen Anzuge auf sie wagen. Frau Rumpler füllte eine Tasse; das alte Weiblein saß demütig auf einem Stuhleckchen, trank schüchtern und brockte ebenso ängstlich ein Stückchen vom Backwerk ums andere in den Kaffee. Sie fürchtete offenbar, sie könnte verraten, wie hungrig sie sei.

»Wie gut daß er nur ist«, seufzte sie endlich andächtig.

Frau Rumpler goß nach: »So trinken S' noch eins, Regerltant.«

»Wer sich's auch so vergönnen könnte«, seufzte die Alte noch einmal, »und wie schön daß sie ihn aufgebahrt haben! Kein Graf kann's schöner haben, wie der arme Franz. Wenn ich mich nur erinnern tu', wie arm meiner dagelegen ist! Und sein Großvater und meine Großmutter waren doch leibliche Geschwisterkinder. Das schöne Kreuzerl zwischen die Händ'! Man sieht halt, wie sehr sie ihn ästimiert haben.«

»Ist sein bester Anzug. Noch kein Monat vom Schneider gekommen. Und das Kreuzel ist geweiht vom heiligen Vater; kost' Geld genug. Man tut halt, was man kann, und wenn man's sogar nöt so könnt'«, wehrte die Witwe ab.

»Nöt so könnt'?« verwundene sich die Alte. »Gehn S'!«

»No ja! Ein Geschäft haben wir. No ja! Aber weiß ich, wie's jetzt gehen wird und ob man's verkaufen kann, darnach es wert ist? Ich hab mich mein Lebtag nöt d'rum gekümmert. Und der Karl ist noch gar zu jung. Wenn ich den nicht hätt'! Karltschi, komm her!« und sie küßte den so verdutzten Jungen, daß er sich nicht einmal sträubte, heftig ab.

»Nöt so könnt'!« Das Weiblein konnte von dem Gedanken nicht los. »Und das große Haus am Neubau wo der Franz immer gemeint hat, es sei ihm zu schad', drin zu wohnen, so teuer sind die Wohnungen und so reißen sich die Leut' drum?«

»Ihnen sag' ich's, weil Sie eine Verwandte sind. Gehört eigentlich der Sparkassen. Und was meinen S', was die Leich' wieder kosten wird? Weil man sich doch nicht ausspotten lassen will.«

»Nöt' möglich, und das viele Silber drinnen!«

Die Frau wurde ungeduldig: »Sind halt Resterln. Und was denken S', was man dafür in die guten Zeiten gegeben hat, und, wenn man's heut', Gott behüt', müßte verkaufen, was möchte man dafür kriegen, wo's Silber gar nix mehr wert ist? Behalt man's lieber.«

»Wissen S' – sein S' nöt bös, wenn ich dumm daherred'. Aber: was ist's mit die paar Gulden, was mir der Franz alle Monat geben hat?«

»Ich kann nix versprechen. Testament hat sich keins gefunden. Und ich weiß nix Gewisses, nöt einmal, was uns bleibt.«

Die Alte schlug die Hände zusammen. »Und was soll ich anfangen? Soll ich vielleicht in die Versorgung? Eine Rumplerische! Die Schand'!«

»Sind schon andere Leut' in die Versorgung gegangen. Ist keine Schand'«, tröstete die Witwe.

Die Greisin schrumpfte förmlich zusammen, und ihr kummervolles Gesicht ward kleiner und kleiner. Ihre Unterkiefer bewegten sich rasch und kauend, als nagten sie an irgend einer heftigen Antwort. Sie bezwang sich aber, Demütigungen gewöhnt. Und dann bimmelte wieder die Glocke; entschieden, kräftig. »Na ja, halt. Na ja, halt«, wisperte sie, trank aus, wischte sich rasch mit der Hand den Mund und empfahl sich hastig. Frau Kathi Rumpler erhob sich; nicht aber, um ihr das Geleite zu geben. Den neuen Gast bewillkommnete sie. Auch er bewunderte die Aufbahrung, und er forschte: »Es kommen wohl viel Leut'?«

»Na«, entgegnete die Rumpler, indem sie vorlegte. »Sie wissen ja, Frau Nachbarin, wir haben niemals nicht viel Bekanntschaft gemacht in dem Haus. Mit wem denn? Sind ja meistenteils lauter arme Leut'. Und auswärts? Man hat halt gar nie eine Zeit gehabt dafür.«

»Und wer ist denn da grad' fortgangen?« fragte Frau Leni Mayerhofer.

»Auch so ein Stückel Erbschaft vom Seligen. Eine weitschichtige Verwandte. Das Gnadenbrot hat er ihr geben, damit sie nöt in die Pfründnerei muß. Und jetzt war sie da, ob ich ihr das Sündgeld weiter laß', was er ihr monatlich geben hat. Fallt mir nöt ein! Wo so alles von mir ist und von meine Eltern.«

»Sooo!« ... verwunderte sich der Gast gedehnt und lauernd. »Ich hab' allweil gemeint, das Haus und das Geschäft ist von die Rumplerischen, und das bare Geld hat der Selige erwirtschaftet. So hat's geheißen unter die Leut'.«

»Is nöt wahr. Bares hab' ich ihm mitgebracht, weil's da im Geschäft immer gefehlt hat an dem«, aber etwas verlegen war die Witwe doch. Um das zu verbergen, suchte sie in der Kredenz und stellte dann allerhand Liköre auf den Tisch. »Auch so eine Erbschaft«, meinte sie. »Das hat niemals ausgehen dürfen in dem Haus. So viel gern getrunken hat er: immer noch ein Bier und noch ein Wein und auf die letzt ein Pünscherl im Kaffeehaus. Und seine Tarockpartie war ihm lieber wie Weib und Kind. Man könnt' sich versündigen, wenn man sich nicht denken tät', es gehört sich nicht, wo er's grad jetzt so schwer gebüßt hat und nicht einmal eine ordentliche Einsegnung kriegt, wie sich's gehören tut für einen Christen.«

»Ja«, meinte Frau Mayerhofer sehr nachdenklich, »und just davon hat man nie was gehört. Der Hausmeister hat mir grad vorlamentiert, was für ein solider Herr der Herr Franz Rumpler gewesen ist. Immer vor der Sperr zu Haus – vorgestern, das war bald's erste Sperrsechserl, was er durch ihn verdient hat – sagt er. Und so viel sparsam! Wissen S' er hat ihn schon anders geheißen. Aber bös hat er's nöt gemeint. Und grad jetzt, wo der arme Herr so ein End' genommen hat – sollt' man da nöt ein Übriges tun und das bisserl Gutes, was er an arme Leut gewendet hat, lassen, wie's ist? Könnt leicht der armen Seel' früher helfen aus der brennenden Pein.«

»Es sind schon Seelmessen bestellt. Bei Sankt Ulrich. Überhaupt: was sein muß, das wird alles geschehen. Aber auch nur nix mehr. Dazu hat man keinen Grund. Wenn man nur reden wollt' – aber das tut man nicht, weil man einen Charakter in sich hat und was auf sich halten tut. Aber, glauben Sie, er hat sich um meine Leut', was ich gern bei mir gesehen hätt', umgeschaut? Gar niemals hat er's: mein einem Vetter, mit dem ich mich gefreut hab', wenn er gekommen ist, dem hat er's Haus verboten.

Warum soll ich's anders machen mit die Seinigen, jetzt, wo's Reden an mir allein ist? Und seine Freunderln! Einen großmächtigen Kranz haben s' hergeschickt – drinnen liegt er. Aber was meinen S' – einer war schon da, mich trösten, wie sich's gehört? Nöt einer! So hergestellt hat er mich sicher vor die Leut' wie die ärgste Beißzangen, daß ein jeder einen Umweg macht vor meiner.« Sie hielt inne und trank hastig hintereinander zwei Gläschen Schnaps.

»Kann Ihnen unmöglich guttun, der Likör, wann S' so gar nix essen dazu«, meinte Frau Mayerhofer und stärkte sich gleichfalls.

»Essen! Wo man grad erst so was erlebt hat!« – sie schauderte wirklich.
»Und man hat einander doch gern gehabt, hat Jahre in der geheim auf einander gewartet und sich gefreut, wie man zusammengekommen ist. Meine Mutter, Gott hab' sie selig, hat niemals nix davon und von ihm wissen wollen. Er aber hat gemeint, er kann keine andere brauchen, nur eine Resche, nur eine wie mich, und wir haben beide gedacht: an einander gewöhnt sind wir von Kind auf – erspart man sich's Gewöhnen und tut sich's leichter hernach. Das Meinige hat man ganz gut brauchen können, und so haben's uns endlich zusammengetan. Und jetzt – so ein End'! Und der Schaden! – wissen S', versichert war er auch, und auf ein hohes Geld. Und das schmeißt er hin, um nix. Um rein nix. Denn wenn er sagt, ich hab' ihm sein Lebtag was getan, so lugt er wie ein schlechter Kerl und in seine Seel' hinein«, und sie schlug beteuernd auf den Tisch.

»Der sagt nix mehr«, und Frau Mayerhofer sah ihr Gegenüber so eigen an, daß die Witwe den Kopf auf die Arme sinken ließ und schluchzte. Karl, als Teilnehmender, schluchzte mit, und es war betrüblich zu hören, bis Frau Rumpler den Kopf erhob und hastig und stockend sagte:

»Ich bitt' Ihnen, Frau Mayerhofer, lassen S' mich allein. Ich bitt' Ihnen: Ich muß mich einmal ausweinen. 's reißt in mir ...«

Alexander von Ungern-Sternberg

Klabauterman

Zur Zeit als die nordischen Städte unter sich einen Bund schlossen, die Sicherheit der Meere zu gewinnen und der immer mehr zunehmenden Dreistigkeit der Seeräuber Einhalt zu tun, lebte auf der Insel Rügen ein alter Schiffer, von dem die Sage ging, daß er während eines langen, abenteuerlichen Lebens große Schätze gesammelt habe, die er aber sorgfältig verborgen hielt, so daß seine drei Söhne fast in Dürftigkeit aufwuchsen. Von diesen drei Söhnen zog er den jüngsten, der Ruthwer hieß, sichtlich den andern vor. Als er nun auf dem Todbette lag, ließ er sie vor sich kommen, und indem er sich anschickte, das Erbe zu verteilen, sprach er zu ihnen folgendes: »Meine Söhne, daß ihr es nur wißt, ich bin nicht so arm als ihr vermutet; teils sind meine Dienste, die ich großen Herrn erwiesen, reichlich belohnt worden, teils hat auch mein eigener Fleiß gute Früchte getragen, die ich jedoch mit bester Vorsicht geheimgehalten, weil mir bekannt ist, mit welcher Gier sowohl die äußern Feinde, Neid, Bosheit und Verfolgung, als auch die innern Feinde, Trägheit und Übermut, den Besitzern großer Schätze nachstellen. Deshalb erzog ich euch in Armut, Fleiß und Ordnung. Jetzt, da ihr sämtlich eure männlichen Jahre erreicht habt, soll euer Besitztum, das ihr nicht mehr mißbrauchen werdet, richtig euch abgeliefert werden.«

Mit diesen Worten ließ er die zwei ältesten Söhne zwei schwere Kisten herbeibringen, die bis oben mit Kostbarkeiten gefüllt waren, deren Glanz die armen Schiffersöhne, die sich auf wenig mehr als ein paar zerrissene Netze gefaßt gemacht hatten, nicht wenig blendete. Sie nahmen die Kisten in Empfang, und der Vater rief jetzt den dritten Sohn, der in einiger Entfernung stehengeblieben, herbei. »Für dich, Ruthwer«, sprach er, »habe ich das Schifflein bestimmt, welches du im Hafen finden wirst.« Der Jüngling vernahm diese Worte mit nicht geringem Schrecken, er hatte heimlich bei sich die Erwartung gehegt, daß ihm die Vorliebe des Vaters vielleicht das Doppelte von den Schätzen, welche die Brüder bekamen, zuteilen werde, und jetzt erhielt er nichts als ein altes, leckes Boot, das im Hafen schon seit Jahren faulte und von dem man, wenn die morschen Bretter und verrosteten Nägel verkauft wurden, kaum soviel lösen konnte, als ein neuer Sonntagsanzug kostete. Ruthwer bedeckte sein Antlitz mit beiden Händen und weinte bittere Tränen; denn obgleich er nicht sehr an Schätzen und Reichtümern hing, so schnitt ihm doch die Härte und Ungerechtigkeit des Vaters tief ins Herz. Der Alte erriet seine Gedanken, und nachdem er die beiden andern hatte hinausgehen lassen, sprach er nochmals zu ihm: »Mein Sohn, du tust Unrecht, das alte Schifflein gering zu achten; denn so wie du es da siehst, hat es schon meinem Vater gedient, ich habe durch seine Hilfe Glück und Reichtümer erworben, und so wird es auch dir Heil und Segen bringen. Vernimm nämlich, daß seit uralten Zeiten ein Geist in unserer Familie einheimisch ist, der Klabauterman heißt und der immerdar von Vater auf Sohn geerbt ist und den ich hiermit auch dir vererbe. Sein Aufenthaltsort ist jenes Schifflein. In einer verborgenen Kammer, tief im Raume steht eine kleine Kiste Blei, an die ist er gebannt. Hüte dich wohl, dieses Heiligtum zu verletzen und laß es auch keinen Menschen sehen. Das Schifflein selbst vertausche mit keinem größern und bessern, es sei denn, daß der Geist selbst dir anzeigt, daß er nunmehr eine andere Wohnung beziehen will. Nimm dich in acht, etwas Böses zu tun, und vor allen Dingen geschehe nicht die kleinste Ungerechtigkeit auf dem Boden, wo Klabauterman herrscht; bleibe überhaupt treu, redlich und strebe nicht nach zu großen Schätzen, dann wird dir das Schifflein, so elend es aussieht, hundertfachen Segen bringen, und Klabauterman wird dein bester Freund bleiben.«

Ruthwers Tränen waren schon beim Anfang der seltsamen Eröffnung des Alten versiegt. Er konnte vor Erstaunen nicht zu sich selbst kommen, und lange Zeit schienen ihm die wunderbaren Dinge, die er hörte, nur wie ein Traum. »Mein Sohn«, schloß der Alte seine Rede, »damit du nicht an der Wahrheit meiner Rede zweifelst, zugleich damit der Vertrag zwischen dir und dem Geiste ordentlich besiegelt werde, so strecke hiermit deine Hand aus und empfange Klabautermans Zusicherung. Er ist unter uns zugegen, obgleich dein Auge ihn nicht sieht.« – Ruthwer gehorchte und fühlte alsbald in seine warme Rechte eine kleine, feuchte, kalte Hand schmiegen, die sich ihm nach einem leisen Druck wieder entzog. Nicht lange darauf starb der Vater.

Wie Ruthwer sein Erbe in Empfang nimmt und wie die fremden Schiffer seiner spotten

Als der Vater beerdigt war und die beiden Brüder ihr Besitztum in Sicherheit gebracht hatten, begab sich Ruthwer mit trübseligem Mute an die Bucht, wo das Schiff vor Anker lag. Mitten unter der stattlichen Anzahl bunt bewimpelter, lustig prangender Kameraden stand es allein und verlassen. Der Bugspriet neigte sich zum Wasser, Mast und Stangen waren schadhaft, und das Segel hing trübselig und matt herab wie ein müdes Augenlid über einem schläfrigen Auge. Das Deck war mit wenigen morschen Brettern gedeckt. Nicht leicht hatte man ein elenderes Schifflein gesehen. Die Schiffer standen umher und spotteten seiner. »Ei!« riefen sie, »was soll ein so schwindsüchtiges Mädlein auf dem Meere? Es taugt nicht zum kecken Liebespiel, weder den gewaltigen Kuß der Wellen noch den Seufzerhauch des Windes kann es vertragen. Gebt dem Dinge ein gutes Maß Seewasser zu schlucken, schlagt ihm die hohlen Seiten ein und stoßt ihm das Herz ab, daß es zugrunde gehe!«

Ruthwer ging trotz dieser Spottreden an Bord seines Schiffleins. Sowie er es betrat, ging ein leises Klopfen durch den Raum, gleichsam wie ein freudiges Menschenherz in der Brust klopft: es war Klabautermans Gruß. Ruthwer hatte ein paar tüchtige Gesellen mitgenommen, und auf den Rat eines ihm wohlgesinnten Schiffsbaumeisters ging er daran, die nötigen Ausbesserungen vorzunehmen. Kaum hatte er und die Seinigen die Hand angelegt, als auch das Werk zum Verwundern schnell gedieh; das Segel hob sich wieder, die neuen Stangen und Seile klappten und zuckten wie frische, wanderlustige Glieder. Der alte Schiffsbaumeister wiegte wohlgefällig das Haupt und sagte zum jungen Ruthwer:

»Seht nur, wie Euer Schifflein sich jugendlich aufputzt und flügge wird, gleichsam als wolle es neu aus dem Neste fliegen, macht ihm bald das Vergnügen.«

Dieses war auch Ruthwers Wunsch, er konnte die Stunde nicht erwarten, wo er zum erstenmal mit seinem Eigentum eine Fahrt unternehmen würde, so sehr beseelte jetzt Mut seine Brust.

Die Gelegenheit blieb nicht lange aus. Die verbündeten Städte rüsteten gerade eine Anzahl Schiffe aus gegen die Vitalierbrüder. Dieses waren äußerst freche Seeräuber, die sich die Herrschaft über die nordischen Meere angemaßt hatten und vielfache Greuel verübten. Es wurde jemand gesucht, der den Schiffen der Städte den Weg zeigen könnte bis zu den geheimen Schlupfwinkeln der Räuber. Zu diesem Unternehmen gehörte wegen der Gefahr, die damit verbunden, ein kühner, geschickter Führer, der mit seinem kleinen, leichten, schnellsegelnden Fahrzeuge die bösen Klippen der finnischen Küsten leicht zu umschiffen verstand. Die Belohnung war nicht karg zugemessen, dennoch fand sich niemand, der dem Rufe Folge leistete. Ruthwer übernahm es und rüstete sich auch alsbald zur Fahrt. Die Schätze der reichen Handelsherrn lockten ihn nicht so sehr als der Ruhm, etwas zu vollbringen, wobei die kühnsten Schiffer mit ihren guten Fahrzeugen feige zurückblieben. Er kümmerte sich auch nicht um ihren erneuten Spott.

Die Fahrt hatte tausendmal mehr Gefahren, als man hätte glauben können. Der Sturm ereilte die Schiffe der Städte an der finnischen Küste und trieb sie auseinander; ohne Ruthwers Führung wären unfehlbar viele untergegangen, so aber gelangten sie dennoch zu ihrem Ziele. Ein unvorhergesehener Überfall machte die Räuber bestürzt und mutlos, die Städter nahmen ihnen mehrere Schiffe weg, sie landeten sogar und machten große Beute, zugleich wurden einige deutsche Herrn, die hier in schmählicher Gefangenschaft gehalten wurden, befreit. Ruthwer leitete den Zug ebenso klug und glücklich wieder heim, und jedermann war über den Mut und die Geschicklichkeit des jungen Schiffmanns erstaunt.

Als er zu Hause angelangt, erschienen Abgesandte, die ihm einen größern als den bedungenen Preis einhändigten und ihn zugleich zum Dienst des Städtebundes anwarben. Die Schiffer spotteten jetzt nicht mehr über das Schifflein, und Ruthwer selbst hatte jetzt die Überzeugung von Klabautermans mächtigem Schutze. Er faßte den Entschluß, sich dessen immer würdig zu erhalten.

Wie Ruthwers Glück und Reichtum den Neid der Schiffer erweckt und wie sie ihm nach dem Leben stehen

Mehrere glückliche Fahrten und Unternehmungen wie die vorige brachten Ruthwer bald so viele Schätze ein, als jeder einzelne Erbteil seiner Brüder ausmachte. Jetzt sah er ein, wie der Vater ihn vor den andern begünstigt hatte, dennoch blieb er treu und gut gegen jedermann. Auch brachte er das Erworbene wohl unter, so daß er bald ein neues Fahrzeug kaufen und bemannen konnte, das er ebenfalls den Städtern in Dienst gab. Er selbst blieb auf seinem Schifflein und wollte es nicht früher verlassen, bis ihm der Geist das Zeichen hierzu geben würde.

Unter den Schiffern in Helgoland gab es einen, der früher im Dienst des Städtebundes gewesen, jetzt aber von Ruthwer aus seiner Stelle verdrängt worden war. Er zeigte darum Haß und Neid, und da er seine bösen Plane nicht auf offenem Wege ins Werk setzen mochte, tat er sich zusammen mit einem Gesellen, dessen Seele ebenso voll Tücke und Bosheit war. Diese beiden faßten den Entschluß, Ruthwer zu ermorden; sie wollten sich in sein Vertrauen einschleichen, unter ihm Dienste nehmen und ihn während der Fahrt beiseite schaffen. Ruthwer, der nichts Böses argwohnte, nahm sie an Bord. Kaum hatte ihr Fuß dasselbe betreten, als sich ein unruhiges Pochen vernehmen ließ, das, je weiter die Reise, desto stärker wurde. Es war nicht das leise Klopfen, das wie eine freundliche, bittende Stimme klang und das Ruthwer oft in stillen Nächten, wo er einsam wachte, mit Freude vernommen hatte, es waren heftige, drohende Laute, die, wie Pulsschläge eines Fieberkranken, den ganzen Leib des Schiffleins durchschütterten. Dabei wurde die Mannschaft unruhig und zaghaft, keiner mochte mehr seinen Dienst ordentlich verrichten, die gute Ordnung wich, indem mit jedem Tage die Verwirrung und Gefahr stieg. Ruthwer war hierüber nicht wenig bekümmert; er fühlte wohl, daß es die zürnende Stimme des Geistes war, doch sann er vergeblich nach, wodurch er ihn könne beleidigt haben. Er rief endlich die Mannschaft zusammen, und während ein fürchterlicher Sturm im Nahen und das gespenstische Toben ärger als jemals war, ermahnte er sie, einzugestehen, ob irgendjemand unter ihnen etwas Unrechtes begangen habe oder noch zu begehen im Sinne trage. Alle schwiegen, da stürzten endlich jene beiden hervor und bekannten ihr schändliches Vorhaben. Ihr Ansehen war wild, und Wahnsinn lag in ihren Blicken. Ruthwer wollte ihnen Verzeihung angedeihen lassen, allein, das Schiffvolk rottete sich zusammen und bestand auf ihrem Tod, widrigenfalls das Schiff und die ganze Mannschaft umkommen würde. Die Verbrecher wurden ins Meer gestürzt. Kaum hatten die Wellen sie verschlungen, als sogleich das Pochen aufhörte und Ruhe und Ordnung auf das Schiff zurückkehrten.

Seit dieser Zeit wurde Ruthwer von seinen Genossen gefürchtet, es wagte fürder niemand, ihm ein Leides zuzufügen oder auch nur einen losen Possen zu spielen. Selbst Böses von ihm zu sprechen auf dem Grund und Boden, auf dem er herrschte, getraute sich niemand.

Klabauterman zeigt an, dass er eine neue Wohnung beziehen will

Ruthwer hatte jetzt eine Menge Schätze gesammelt, und diese Besitztümer machten ihm so viel Freude, daß er darauf dachte, immer mehr zu erlangen. Er ließ jetzt ein prächtiges Schiff bauen, mit allem ausgerüstet, was nur für eine zahlreiche Mannschaft und zu trefflicher Leitung erforderlich war. Als dieses Schiff fertig im Hafen lag, gedachte er es einem jungen geübten Seefahrer anzuvertrauen, den er kürzlich kennengelernt hatte und der Fife hieß. Fife beneidete, wie die übrigen Schiffer, Ruthwers Glück, doch ließ er sich nichts merken und verschloß seine bösen Pläne sorgfältig in sich. Als Ruthwer mit ihm noch wegen des Schiffes unterhandelte, ward ihm eines Morgens angezeigt, daß im alten Schifflein die Fenster der Kajüte zerbrochen, das Hauptsegel zerrissen gefunden worden und daß das Steuer einen großen Spalt bekommen habe. Der Bootsmann, der dieses meldete, gab den Rat, Wachen aufzustellen, denn er meinte, daß böswillige Hände die Schmach verübt hätten. Allein, trotz der Wachen fand man wiederum bald darauf den ausgebesserten Teil von neuem beschädigt. Jetzt gedachte Ruthwer der Worte des Vaters, und es wurde ihm deutlich, daß der Schiffsgeist nunmehr die alte Wohnung verlassen und eine neue beziehen wolle. Er entschloß sich daher, das neuerbaute Schiff selbst in Besitz zu nehmen, Fife erhielt ein anderes, mit welchem Tausch er jedoch nicht zufrieden war.

Die Mannschaft des Schiffleins setzte jetzt einen Tag fest, an dem sie feierlichst ausziehen wollte. Der Bootsmann hielt eine Rede, in welcher er dem alten Schiffe für seine gute Dienstleistung dankte und es in Frieden entließ. Ein Matrose, der im Namen des Schiffes sprach, erwiderte den Dank und versicherte, daß das Schiff vollkommen mit seiner Mannschaft zufrieden sei, die es gut durch Sturm und Wellen geleitet habe. Darauf, wie die Seele vom Körper scheidet, wurde jetzt die Seele des Schiffs, der Kompaß, verhängt mit Trauerflor, vom Schiffsherrn selbst hinweggetragen. Die Matrosen wanderten aus, indem sie ein Lied sangen und jeder, sein Päckchen unter dem Arme, dem Schifflein eine selige Ruhe wünschte. Mancher im Zuge wischte sich eine Träne aus dem Auge, denn er hatte auf den Brettern, die er nun für immer verließ, sein erstes Probestück vollführt. Auf dem obersten Seile hatte der schlanke Knabe sich über dem Taumel der empörten Wellen gewiegt, ohne vom Schwindel hinabgerissen zu werden. Ein anderer Geselle zeigte Blutflecken auf dem Boden; es war sein Herzblut, das er vergossen hatte, als es einst an den Küsten des obersten Nordens zum Gefecht gekommen war. So hatte dieser mit Blut, jener mit Tränen den lieben Boden getauft, von dem sie jetzt schieden. Sie wollten es nicht hören, wenn der Baumeister zuerst das Beil ansetzte, um dem Schifflein den Gnadenstoß zu geben und es in seine ursprünglichen Bestandteile wieder aufzulösen, sie wollten es nicht sehen, wenn ihm die Nägel ausgezogen wurden und das schöne Segel wie ein hochzeitlich Gewand vom Leibe gestreift, sie wollten nicht dabei sein, wenn nun die letzten, unbrauchbaren Reste ins Meer versanken.

Aber als sich jetzt mit Axt und Säge die Zerstörer auf dem Schifflein einfanden, da geschah das Wunder, daß ihre scharfen Beile ausglitten und kein Nagel, keine Spange von ihrem Platze wich, so heftig sich die Arbeiter auch anstrengen mochten. Das Schiff wollte noch nicht zerstört sein: vielleicht war noch etwas vom Eigentum des Kapitäns oder der Mannschaft zurückgeblieben. Ruthwer ging selbst nochmals an Bord, doch trotz seines eifrigen Suchens fand er lange nichts, bis er endlich tief im Raume auf eine kleine, wohlverwahrte Kammer stieß. Jetzt fielen ihm die Worte seines Vaters ein, vorsichtig öffnete er den Behälter und hob eine kleine, bleierne Kiste fast in Gestalt eines Kindersargs heraus, die er, ohne sie die Mannschaft sehen zu lassen, ins neue Schiff hinübertrug. Kaum war sie dort angelangt, als die Seiten des alten Schiffs wie von selbst zusammenfielen und die Arbeiter ein leichtes Werk hatten.

Wie Ruthwer auf bösen Rat hört

Ruthwer wußte jetzt gar wohl, daß ihm niemand widerstehen könne, daß er das Glück an seinem Bord gefesselt halte. Diese Überzeugung machte, daß er übermütig wurde, auf seine Macht trotzte, indem er die kecksten, gewagtesten Streiche unternahm. Immerdar ging er unbeschädigt aus großen Gefahren. Statt wie sein Vater sich mit mäßigem Gut zu begnügen, hatte bald unmäßige Goldgier ihn erfaßt. Er war nicht mehr zufrieden, der reichste und angesehenste Schiffsherr auf der Insel zu sein, es trieb ihn der Stolz, sich von der Verbindung mit den Städtern loszusagen und eigene Unternehmungen zu beginnen.

Diese Gesinnung des stolzen Ruthwer benutzten die Vitalier, ihn auf ihre Seite herüberzulocken. Er widerstand anfangs mit edlem Mute.

»Soll ich die Friedlichen, Schutzlosen berauben, ungerechte Schätze an mich bringen?« sagte er zu den Abgesandten, »solches fordert nicht von mir.«

Aber die Seeräuber ließen sich so leicht nicht abschrecken. Sie nahmen den tückischen, gleisnerischen Fife in ihren Sold, und dieser, der Ruthwers Vertrauen besaß, benutzte jeden Augenblick, ihn zum Bösen zu überreden. »Du bist reich und angesehen,« sagte er oft, »aber du könntest deine Macht noch viel höher treiben; anstatt von diesen übermütigen und eiteln Städtern Befehle anzunehmen, kannst du selbst ihnen Gesetze vorschreiben und deinen Namen zu der Zahl jener kühnen Beherrscher der Meere fügen, deren Taten noch jetzt das Schrecken und die Lust der späten Nachkommen sind. Trittst du in den Bund mit jenen stolzen Männern, so werden sie dich zu ihrem Häuptling aufnehmen, und du wirst bewunderswürdige Taten vollführen, unendliche Schätze sammeln.«

Solche Reden wurde Fife nicht müde zu wiederholen, bis endlich Ruthwer auf sie hörte. Die frommen Gefühle der Mäßigung und des Gehorsams für die väterlichen Ermahnungen wichen gänzlich aus seiner Seele, er trat in den Bund der Seeräuber, doch blieben die Unterhandlungen geheim, und die Städter hielten dabei Ruthwer noch für einen ihrer Wohlgesinnten. Er unterzeichnete einen Vertrag, nach welchem ihm ein reiches Kaufmannsschiff mit Waren beladen anvertraut wurde, um es nach dem Ort seiner Bestimmung zu führen. Wie das Schiff sich den gefährlichen Küsten näherte, ließ es Ruthwer nach der schon festgesetzten Übereinkunft mit den Räubern diesen in die Hände fallen. Sein Anteil an der Beute war groß, das Schiff selbst nahmen die Vitalier, damit Ruthwers schlimmer Verrat fürs erste noch unentdeckt bliebe. Allein, der Kaufherr, der sein ganzes Besitztum verloren, sein Vertrauen auf das böslichste getäuscht sah, fand Mittel und Wege, den Städtern das Vorgefallene zu melden. Jetzt ward über Ruthwers Haupt der Bann ausgesprochen, sein Leben und sein Gut für frei erklärt. Ruthwer spottete dessen. Fife schloß sich jetzt ihm immer enger an.

Ruthwers Name ward nach Verlauf einiger Jahre der Schrecken der Meere. Niemand wagte es, dem kühnen und glücklichen Räuber sich entgegenzustellen; er herrschte ungehindert. Weder Feuer noch Wasser konnten seinem Schiffe etwas anhaben. Der tückische Fife, der Ruthwer nur aus dem Grunde zum Bösen verleitet hatte, um sich selbst die Herrschaft anzumaßen, faßte jetzt, da er seinen Zweck nicht erreicht sah, den giftigsten Haß gegen den Genossen. Er sann Tag und Nacht darauf, wie er ihn verderben könne, und endlich fiel ihm hierzu ein Mittel ein.

Klabauterman lässt seine warnende Stimme hören

Mit Ruthwers Reichtümern und seinem Ansehen schlich sich auch Mißtrauen und Argwohn in sein Gemüt. Weil er wußte, daß ihm das Leben gesichert war auf seinem Schiffe, verließ er es nur selten, obgleich er keine ruhige Stunde mehr darauf hatte, so unablässig verfolgte ihn die warnende Stimme Klabautermans seit seiner ersten schlimmen Tat. Schon mit den Ballen und Kisten, die von dem geplünderten Kaufmannsschiff an Bord gebracht wurden, ereignete sich das Seltsame, daß man am Morgen einen Teil zertrümmert, einen andern ins Meer geworfen fand. Klabauterman zeigte an, daß er kein unrechtes Gut auf seinem Gebiet litt, Ruthwer mußte seinen Raub ans Land in Sicherheit bringen. In der Nacht begann jetzt wieder das unruhige Gepoche, und jedesmal, wenn eine neue Raubfahrt unternommen wurde, schlug es an die Seiten des Schiffes mit einer solchen Gewalt, als wenn es sie zertrümmern wolle. Oft wenn Ruthwer mit Fife und andern wilden Gesellen in der Kajüte beim Branntwein saß, ging es mit schweren Schritten die Stiege hinauf und hinab und warf im untern Raum die großen Lastgewichte und Steine durcheinander. Die Matrosen, wenn sie nach fernen Wahrzeichen ausschauten, erhielten Sand und Wasser in die Augen gespritzt, auch den Steuermann neckte es auf mannigfaltige Weise. In stürmischen Nächten wirbelten an den Masten blaue und gelbe Flammen empor, die wie Flaggen im Winde wehten und andern Schiffen ein Entsetzen einflößten. Nicht selten stiegen dann aus dem Meere eine Menge großer schwarzer Spinnen herauf, die übers Deck liefen und sich an Tauwerk und Segel hingen, auch fanden die Matrosen in der Nacht oft fürchterliche mißgestaltete Tiere in ihren Hängematten neben sich liegen, die alsbald wieder ins Meer hinab verschwanden.

Trotz dieser bösen Zeichen geschah dem Schiffe und der Mannschaft dennoch kein Unglück; aber die alten frömmern Leute, die es früher mit Ruthwer gehalten, sagten sich allmählich aus seinem Dienste los, es drängten sich immer mehr wilde, freche Burschen hinzu, die Mut genug hatten, es mit dem Spuk auf dem Schiffe aufzunehmen. In der ganzen umliegenden Küstengegend ward jetzt Ruthwers Schiff der Schrecken aller. Wo es sich zeigte, flohen selbst die kühnsten Segler furchtsam in die Weite. Am Strande in der niedern Hütte erzählte der greise Fischer seinen Enkeln von dem wilden Jäger der Meere, von Ruthwer und seinen Scharen und von dem Zauberschiff, das in stürmischen Nächten mit flammenden Wimpeln seine verruchte Straße zieht. Die jungen Burschen legten dann die Hände in die zitternde Rechte des Alten und gelobten, Gott zu lieben und immerdar Recht zu tun.

Als er wieder eine große Unternehmung im Werke war und Ruthwer sich dazu rüstete, trat Fife zu ihm und sprach: »Mein Wunsch ist nun erreicht, Ruthwer, du bist jetzt der Schrecken deiner Nachbarn; der Ruhm deiner Genossen und der Beherrscher der Meere. Durch dich sind die geächteten Seeräuber zu Glanz und Ruhm gelangt; dennoch trübt den Schimmer deiner Größe ein geringfügiger Umstand, den du, wenn du nur willst, alsobald beseitigen kannst.«

»Sprich, worin besteht dieser Umstand?« fragte Ruthwer. »Auf deinem Schiffe«, erwiderte Fife, »geht es nicht immer zu, wie es sollte, die Leute murren und behaupten, du seiest ein böser Zauberer, und deine ganze Kraft bestehe in einem Talisman, der auf deinem Schiffe verborgen liege. Wenn dieser nicht wäre, meinen sie, wäre dein Mut und deine Geschicklichkeit nicht größer als die des kleinsten Kajütenjungen.« Ruthwer hörte diese Worte mit Zorn, er war berauscht, und im trunkenen Mute und Unwillen verriet er an den schlauen Fife das Geheimnis mit der bleiernen Kiste. Fife benutzte es sogleich und redete ihm zu, die Kiste ins Meer zu werfen. »Zeige diesen Elenden«, setzt er mit listigem Tone hinzu, »die dich für mutlos und ungeschickt halten, daß du an keinen Talismann gebunden bist, wirf die Kiste vor den Augen der ganzen Mannschaft ins Meer und reinige dich so von dem Verdacht schändlicher Zauberei.«

Ruthwer hörte diese Rede gleichgültig an, allein, im Innern erschrak er über ihren Sinn. Es war ihm, trotz seiner Wildheit, noch nicht eingefallen, den Geist geradezu beleidigen zu wollen, und jetzt sollte er sogar das Heiligtum desselben mit verbrecherischen Händen anfassen und in die Wellen schleudern? Er wies jedes Ansinnen der Art standhaft zurück, doch dem böswilligen Fife war es schon recht, das Geheimnis mit der Kiste ihm entlockt zu haben, er verdoppelte jetzt seine Anstrengungen, um ans Ziel zu gelangen, und Ruthwer entdeckte ihm nach und nach alle Umstände, die mit dem Geiste zusammenhingen.

In einer Nacht, als beide wieder bei der Flasche zusammensaßen, wuchs der Spuk auf dem Schiff zum allertollsten Tumulte an; das Deck und die Seiten hallten wider von donnernden Schlägen, rund ums Schiff zischte und brauste es in tausend fremden Stimmen durcheinander, und die flammenden Wimpel streckten sich immer länger wie feurige Zungen in die Nacht hinaus. Das Schiffsvolk murrte laut. Diesen Augenblick benutzt Fife, Ruthwer zuzureden, die Kiste ins Meer zu werfen. Dieser säumte auch nicht lange, in wilder Aufregung und im Wunsch, sich einmal von aller Plage befreit zu sehen, stürzte er in den untern Raum, wo die geheimnisvolle Kammer sich befand. Er schloß sie auf und faßte die Kiste unter den Arm. Wie er mit ihr die Treppe hinaufwankte, ertönte plötzlich eine zarte Stimme, die da rief: »Ruthwer, ich verlasse dich!« Kaum waren diese Worte verklungen, als Ruthwer leise umkehrte, die Kiste wieder an ihren Platz legte und die ganze Nacht über sich vor jedermann verschloß.

Wie Ruthwer dennoch sich betören lässt und Klabauterman das Schiff verlässt

Von dieser Stunde an änderte Ruthwer sein wüstes Leben; er zog nicht mehr auf den Raub aus, er brachte kein unrechtes Gut mehr zusammen und entließ aus seinem Dienst die wildesten und ruchlosesten Burschen. So tief hatte Klabautermans Warnung in ein böses Herz geschnitten. Von der Zeit an wurden auch die Beunruhigungen auf dem Schiffe geringer, allein, sie hörten nicht ganz auf, die Warnungszeichen ließen sich noch immer hören. Ruthwer wollte sich nunmehr von aller Gemeinschaft mit den Räubern lossagen, allein, er hatte nicht mehr den Mut dazu, besonders gestattete er dem bösen Fife immer wieder Rechte auf sein Vertrauen, und dieser wußte dies trefflich zu nutzen.

Ein Jahr war vergangen, indes Ruthwer friedlich gelebt und keine der räuberischen Unternehmungen mitgemacht hatte. Fife stellte ihm vor, daß solches sein Ansehen bei der Genossenschaft zerstören müsse und daß sie ihn seiner Stelle entsetzen würden. Ruthwer dachte an die Lehren seines Vaters, sich an geringem Gut genügen zu lassen, allein, die Goldgier und der Ehrgeiz waren schon zu mächtig in ihm geworden, als daß sie sich hätten unterdrücken lassen können. Er fing bald wieder sein früheres Leben an, und von neuem ließ Klabauterman seine ernstlicheren Ermahnungen hören.

Dies verdroß Ruthwer, und in seinen finstern Stunden verwünschte er jetzt den Geist. Er dachte ernstlich daran, sich von ihm zu freien, der Gedanke schien ihm willkommen, sein Glück oder Unglück sich selbst zu verdanken, und Fife bestärkte ihn in dieser Gesinnung. So stieg er denn in der Stille nochmals hinab, und mit Fifes Hilfe, während die ganze übrige Mannschaft ruhte oder auf ihren Posten beschäftigt war, trug er die Lade herauf. Diesmal ließ sich keine warnende Stimme hören, in der Kiste schien es wie ausgestorben. Beide Männer traten schweigend an den Bord, die Nacht war ruhig, glänzend spiegelten sich die Sterne in der dunkeln Flut. Ruthwer wendete sich ab, und Fife stieß mit einem Fußtritt die Kiste ins Meer. Sowie die Wellen darüber zusammenflossen, ging ein Ton über die schweigenden Gewässer wie ein tiefer, lang ausgehaltener Schmerzensruf, aus menschlicher Brust ausgestoßen. Die Mannschaft lief eilend und erschreckt zusammen, jeder, auch der wildeste Genosse, fühlte unbewußt Rührung und Schmerz. Einer fragte den andern, welches Unglück geschehen, aber keiner wußte etwas darauf zu erwidern.

Schicksal des Schiffes, nachdem Klabauterman es verlassen

Die Matrosen waren nicht wenig verwundert, als jetzt das Toben und der Spuk auf dem Schiffe gänzlich ein Ende hatte. Sie teilten sich darüber ihre Freude mit; allein der Unterbootsmann, ein kluger und erfahrner Mann, schüttelte das Haupt. Er merkte bald, daß es mit dem Schiffe jetzt anders stehe: die Bretter wollten nicht mehr haften, das Segel riß, das Tauwerk wurde schadhaft, und trotz aller Sorge und Arbeit fanden sich doch immer wieder böse Stellen und Lücken im Raume. Die Matrosen, die sich an ein müßiges Leben gewöhnt hatten, murrten jetzt, da sie unaufhörlich beschäftigt sein mußten. In mehreren Jahren war nicht so viel gebessert worden als nun einer eine Woche. Dazu rannte, trotz der Sorgfalt des Steuermanns, das Schiff gleich in den ersten Tagen so heftig an eine verborgene Klippe, daß ein tüchtiger Leck ins Unterdeck gerissen wurde und kaum schnell genug das eindringende Wasser fortgeschafft werden konnte.

Doch dieses war nicht das schlimmste Mißgeschick; unter der Mannschaft brach Uneinigkeit und Trotz aus. Kaum merkte Fife, daß er jetzt ungestraft Ruthwer anfallen könne, als er mit einigen Verbündeten eines Tages ihn gefangen nehmen und in den untern Raum in ein elendes Gefängnis werfen ließ. Aber die Herrschaft, die er hierdurch auf dem Schiffe erreichte, nahm bald ein Ende: ein Teil der Matrosen, die Ruthwers Partei anhingen, vergalten ihm seine böse Tat und brachten ihn ums Leben, vergeblich suchten seine Genossen ihn zu rächen. Mord und Blutvergießen herrschte jetzt auf dem Schiffe, alle Ordnung war gelöst, jeder wollte befehlen und keiner gehorchen. In dieser Verwirrung brachen noch wütende Stürme los auf dem Meere, das Schiff verlor seine sichere Küstenstraße und ward in die offene See hinausgetrieben. Im Andrang der tobenden Wellen brachen die Masten, die Segel zerrissen, und als nach dieser fürchterlichen Nacht die Sonne aufging, trieb ein elendes Wrack auf der weiten Wasserwüste umher, ohne Rettung, ohne Hilfe, in wenig Stunden vielleicht auch von den Wellen verschlungen, die einzigen Überreste von dem stolzen Seeräuberschiffe, dem Schrecken der Meere.

Ein Teil der Mannschaft hatte sich in den Booten retten wollen, doch vor den Augen der andern waren diese umgeschlagen. Ruthwer saß mit wenigen Genossen allein auf den Trümmern seiner Herrschaft und seiner

Schätze. Er stützte das Haupt in die Hand und sah mit einem Blicke der Verzweiflung der Sonne entgegen, die das Ende seiner Tage leuchten sollte. Seit Klabauterman das Schiff verlassen hatte, war der Unglückliche in tiefe Schwermut versenkt; kein froher Augenblick war ihm mehr erschienen, und er sehnte sich nach dem Tode, doch dieser zögerte zu erscheinen. Zwölf Tage trieb das Wrack auf den Wellen, die Lebensmittel waren aufgezehrt, der wütendste Hunger und alle Schrecken des unglücklichsten Schiffbruchs fielen die Armen an, da endlich zeigte sich in der Ferne ein Segel: neue Hoffnung, es kommt näher, schon werden die Boote ausgesetzt, doch in dem Augenblick, als zöge sie eine tückische Macht in die Tiefe, versinken die morschen Trümmer, und Ruthwer und seine Genossen sind in der Tiefe begraben. Keine menschliche Hand sollte die retten, die der zürnende Geist aufgegeben hatte.

WILLIBALD ALEXIS

Pommersche Gespenster

Mein Oheim war ein wunderlicher Kauz, aber an Geister glaubte er nicht. Sie waren ihm so verhaßt, daß er selbst das Wort geistreich nicht leiden mochte. Er war es selbst nicht, aber pfiffig, und die ihn näher kannten, versicherten, in der Art und Weise, wie er den Zopf trug, stecke etwas Apartes, und wie er den Rauch ausblies, da sei Methode darin; und ich muß bekennen, daß, wenn er blinzelte unter den schneeweißen Brauen, und ein Blitz seines hellen Auges mich traf, ich mir immer etwas Besonderes dabei dachte. Doch kann ich mich getäuscht haben, da ich den Seligen nur selten besuchte. Von seiner Pfiffigkeit und dem zuweilen schrecklichen Blitzen seines Auges wußten alle die viel zu sagen, welche mit Rechnungen zu ihm kamen. Er pflegte ihnen anzudeuten, daß sie sich zu einem Wesen scheren möchten, welches er zweifelsohne auch zu den Geistern zählte, und fand es unbillig, daß ein alter Major, der es als Leutnant mit den Juden, als Rittmeister mit den Österreichern und Reichstruppen aufgenommen, im Alter mit den ...nötern, wie er sie titulierte, nicht fertig werden sollte. Er behauptete, ein Krieg, wie der Siebenjährige, komme nicht wieder; es wäre ein schöner Krieg gewesen: die selige Tante aber meinte dann immer, seine Nase wäre damals noch nicht so rot gewesen. Das ästimierte er nicht.

Mit der neuen Zeit war er dagegen unzufrieden; er meinte, ein Soldat brauche nicht gelehrt zu sein, man erzöge die Jungen zu naseweis, und die Poesie, die er in seinen jungen Jahren geliebt – er kannte Kleists Gedichte auswendig –, sei jetzt verrückt geworden, seit man kurze Verse mache, katholisch sein müsse und an Ahnungen glaube. Ein Schüler Galls behauptete einmal, er sei ein Geisterseher. Mein Oheim nahm das ruhig hin, wie vieles; er steckte aber nie etwas ein. Er sah den jungen Doktor scharf an, schlug den Pfeifendeckel zu, wünschte den übrigen Ressourcemitgliedern eine wohlschlafende Nacht und sagte dem Mediziner: sie zögen ja eines Weges. Es war Mitternacht geworden, eine helle Mondnacht. Mein Oheim führte den Begleiter gerade über den Kirchhof. Er wollte ablenken, aber mein Oheim sagte nein, und wenn mein Oheim nein sagte – nämlich in seiner Garnison –, so pflegten die andern nicht ja zu sagen. Er führte ihn mitten auf den Kirchhof, und dort lud mein Oheim den Mediziner ein, sich auf ein Grab zu setzen, und er nahm neben ihm Platz. Es ist aber wohl zu beachten, daß mein Oheim noch ein sehr starker Mann, daß es eine warme Sommernacht war, und daß er den Mediziner am Arm festhielt, wenn er etwa Miene gemacht hätte, davonzulaufen. »Nun wollen wir doch einmal sehen, wer von uns ein besserer Geisterseher ist«, sagte er und zündete sich die Pfeife an. Beide waren mutterseelenallein; es ging kein Lüftchen, keine Tür knarrte, es raschelte keine Maus, kein Heimchen zirpte, und beide sprachen in einer ganzen Stunde kein Wort – so nämlich wollte es mein Oheim. – Als es eins schlug, stand er auf und sah den Doktor gerade an: »Was haben wir denn nun gesehen?« Der Mediziner kramte allerlei aus, was seine inneren Augen gewahrt; mein Oheim aber sagte, indem er wieder den Pfeifendeckel zuschlug: »Ich habe nichts gesehen als einen Schafskopf.«

Die Geschichte wurde im Städtchen ruchbar – ich weiß nicht, wer sie ausgeplaudert, meines Oheims Art war es nicht – und der Doktor war seitdem die Freundlichkeit selbst gegen meinen Oheim. Denn ihm verdankte er in seinem Museum den kostbar präparierten Schädel eines Hammelkopfes, und er sagte zu jedermann, es wäre derselbe Kopf, den mein Oheim in der Geisterstunde gesehen. Er versicherte gegen jeden – und darin mußte man ihm glauben, denn er war dazumal der einzige Doktor –, es wäre ein äußerst seltener Kopf, und ein Schöps, wie der, dem er einst gehört – jetzt gehörte er ihm –, werde nicht zweimal geboren. Sonderbarer- oder gerechterweise hieß seitdem mein Oheim »der Geisterseher« im Städtchen, und er schien es nicht übelzunehmen. Im Gegenteil zog er viel bedächtiger den Rauch ein und schmunzelte auf eine eigene Weise, wenn man ihn so titulierte. Man bekam es heraus, daß er oft viel klüger als andere sei, daß er vieles vorausgesagt, was nachher eingetroffen, zum Beispiel daß nach des Bürgermeisters Tode ein anderer das Amt bekommen, daß die französische Revolution eine arge Geschichte werden würde. Auf sein »ja! ja!« und sein Kopfschütteln bei bedenklichen Dingen gab man jetzt mehr als je acht, und bat ihn gern zu Gevatter, denn er fand immer die Namen für die Kinder heraus, welche den Nagel auf den Kopf trafen.

Mein Oheim hielt den Wein für ein gesundes und gutes Getränk, womit ich nicht sagen will, daß er den Punsch, Grog und andere Getränke nicht für gut gehalten hätte, und meine selige Tante meinte, sein Pontac müsse wohl stark sein, da er sein pommersches Gut hineindestilliert habe. Sie waren aber beide herzlich frohe Leute und immer guter Dinge, und wie er den Pontac, liebte sie den Kaffee, und wenn er beim Pontac wenig sprach, so sprach sie beim Kaffee desto mehr, und was das Merkwürdigste war, sie bestritt niemals ihren Freundinnen, daß ihr Mann ein Geisterseher wäre; im Gegenteil ließ sie es ganz deutlich merken, daß sie es auch glaube.

Es war einmal etwas Besonderes, ich weiß nicht was, gefeiert worden, und die Stammgäste der Ressource sahen in ihrem Rauch-, Wein- und Eckzimmerchen dem Staub im großen Tanzsaale zu. Einer verglich ihn dem Pulverdampf in einer erstürmten Redoute. Der andere meinte, es schwirre ihm wie ein Hexentanz vor den Augen, wenn die Blitzmädchen so vorüberführen. Ein dritter meinte, wenn nur solche Hexen auf Walpurgis tanzten, wäre er selbst bei der Partie. Ein vierter – es war der Doktor, und er hatte eben Schillers Geisterseher gelesen – seufzte, daß in der Mark und Pommern von eigentlichen interessanten Geistergeschichten gar nichts vorkäme. Mein Oheim blies eine ungeheure Wolke schußgerade aus dem Munde, daß ihre Vorposten bis ins Tanzzimmer sich verloren, und sah den Mediziner ungemein pfiffig an; dabei kraute er sich hinter dem Ohr, und es kam wie ein Seufzer heraus, als er sagte: »Meint Ihr?«

»Obristwachtmeister, Sie glauben also doch?«

»Ich glaube gar nichts, was ich nicht fassen kann.«

»Geister lassen sich aber doch nicht fassen.«

»Es kommt drauf an.«

Alles war Aug' und Ohr.

»Herr Bruder,« sagte der alte Major von den Musketieren, »hast du schon einen Geist gefaßt?«

»Ja!« war die ebenso kurze als unerwartete Antwort.

Ich saß dabei im Winkel, man hatte mir ein Glas Wein eingeschenkt und ein Stück Kuchen gegeben, aber ich habe den Oheim in meinem Leben nicht mit so feierlicher Miene gesehen als wie er die eine Silbe und das eine Wörtchen Ja vorbrachte. Es gab bleiche Gesichter; der Doktor faßte sich selbst an, einige rückten näher, einige ab und alle erwarteten eine Aufklärung, die auch wirklich auf den Lippen des Oheims schwebte.

»Deine Frau hat selbst gesagt, du wärst ein Geisterseher; rücke einmal heraus.«

»Hm! hm!« machte mein Oheim, »die Frau hat manchmal recht.«

Die Ungeduld stieg, und das schien meinem Oheim recht.

»Es wird doch keine natürliche Historie sein von einer Gans, einem Ochsenkopf oder sonst so einer Erscheinung?«

»Erscheinungen leugne ich überall,« sagte mein Oheim, »es muß etwas Faßliches bei sein, wenn ich glauben soll. Ich bin ein Pommer, und ein pommersches Gespenst ist etwas anderes als ein schottländisches, und wie der dumme Aberglaube sonst heißen mag.«

Der Doktor erörterte mit vieler Gelehrsamkeit, wie die Menschen die Produkte ihres Landes und die Geister nur die Extrakte der Menschen wären; wie die Gespenster in Illyrien und den Hochlanden daher notwendigerweise etwas anderes sein müßten als die in Pommern, und ein Geist in den Ländern, wo man Wein trinke, ein ganz verschiedenes Wesen von denen, wo man Branntwein brennt und von Kartoffeln lebt.

Jemand wandte ein, daß die Gespenster doch nicht äßen und tränken; mein Oheim aber sagte, der Doktor wäre ein kluger Mann und in seiner Theorie läge eine handgreifliche Wahrheit. Der Doktor war zufrieden, die anderen aber nicht, denn sie verlangten keine Theorie, sondern eine Gespenstergeschichte.

Es war schon spät geworden; die Tänzer pausierten oder waren davongegangen; mein Oheim gehörte aber nicht zu denen, die davongehen, am wenigsten, wenn noch halbvolle Flaschen dastanden, und von den Ressourcegliedern im vertrauten Winkel wollte auch keiner davongehen, sondern eine Geschichte hören.

»Herr Bruder, du hast also pommersche Geister gesehen?«

»Ja.«

»Sie haben gegessen?«

»Ja.«

»Und getrunken?«

»Ja.«

»Am Ende auch getanzt?«

»Ja. – Macht die Türen zu.«

Das Signal war gegeben, die Pfeifen verschwanden aus den Münden, der meines Oheims spitzte sich sehr redselig, was wohl bei Gelegenheiten geschah, aber nur bei außerordentlichen. Er bat um Attention, um Diskretion und daß man ihn nicht unterbreche. Die Tabakwolken sammelten sich an der Decke und schauten in dunkelm Spiele auf die erwartungsvolle Stille und Eröffnungen herab, welche das geheime Treiben der Geisterwelt profanieren sollten.

*

»Bald nach dem Siebenjährigen Kriege«, hub der Oheim an, »reiste ich durch Hinterpommern, um ein Gut an der Ostsee, welches durch den Tod eines Verwandten mir zugefallen war, zu besehen und in Besitz zu nehmen. Unterwegs überfiel mich einst die Dunkelheit, und es war in jener Zeit nicht ratsam, in einer stürmischen, finsteren Oktobernacht in heidereicher Gegend allein bis zur entfernten Stadt zu fahren. Sah mich daher genötigt, das nächste Dorf um ein Nachtquartier zu requirieren. Wie weit wir auch den holprigen Dorfweg durchfahren waren, nämlich ich und mein alter Wachtmeister, alles schien bereits im tiefsten Schlafe zu liegen, und nur die verdammten Kettenhunde liefen und kläfften um unsern Wagen. Endlich zeigte sich doch wo ein Licht. Es kam aus dem

Kruge. Flugs war ich aus dem Wagen, um vors erste durch das erleuchtete Fenster das Innere zu rekognoszieren. Dicht um den Tisch gedrängt saßen, wie mir's schien, mehrere Honoratioren des Dorfes. Aber die Kerle spielten nicht und sprachen auch nicht vom Alten Fritz. Es war kein lautes Jubeln, sondern ein geheimnisvolles Flüstern, wobei sich einer oder der andere verstohlen umsah, ob auch nichts in der Nähe sie beschleiche. Sie können denken, daß ich kurios war und nicht zur Tür hineinplatzte. Und wenn ich alles behalten habe, was die Kerls drinnen gesprochen, so können Sie auch denken, meine Herren, daß das seinen Grund hat. Es war ein Förster, ein Kantor, der Schulze, und ich glaube auch ein Barbier. ›Wie lange das wohl noch werden wird‹, sagte der Förster; ›es kann doch keinen Segen bringen, solange das Ding im Dorf sein Wesen treibt.‹ Der Kantor erwiderte: er hätte in seiner Jugend mitunter die Collegia der professorum in Halle besucht, aber allzeit von der Unmöglichkeit solcher Wesen gehört; und der selige große Thomasius daselbst hätte, daß er sich so ausdrücken dürfe, den Diabolus in eigner Person zum Teufel gejagt. ›Ob der König auch dergleichen glaubt?‹ fiel ein alter Bauer ein. ›Erst soll er hierherkommen‹, sagte nun der Schulze, ›und sich in meinem Garten hintern Birnbaum stellen, wenn's schummerig wird. Wer's, wie ich, oft gesehen hat, wie der Mordarm dann angezogen kommt vom Schlosse her, mit der Nachtmütze und den großen rollenden Augen – der muß wohl an was glauben lernen. Es ging mir durch Mark und Bein, wie er durch die alten Weiden schritt, daß sich ihre Zweige wie Haare auf dem Kopfe sträubten, und wie er dann ins Schilf am See trat und den Schierling pflückte.‹ ›Es reichen keine zehnmal, daß ich's gesehen, und man gewöhnt sich daran‹, fuhr der Förster fort. ›Ob er nun aber erlöst werden wird, und wer das sein muß, weiß kein Christenkind; allein fest ist er, das ist gewiß. Als mein Bursche zum erstenmal hier auf Anstand war im Teichrohre nach wilden Enten, kam ihm der Mordarm dicht entgegen, daß der Junge sich erschrak. Aber er drückte auf ihn die Flinte ab, und die Kugel pfiff durch die Luft, daß der Bursche krank wurde.‹ Und dabei sahen die Kerle nach dem Fenster, als ob sie's auf mich abgesehen. Der Wind pfiff mir um die Ohren und ihnen in den Kamin; das war ihnen aber just recht, denn sie meinten, in solchem Herbstwetter gehe er um und klopfe an die Türen – nämlich im Schlosse. Ich aber klopfte an die Tür, nämlich von der Stube; nicht um des Mordarms wegen, sondern meiner Ohren, die den Wind nicht vertrugen.

Die Nachtschwärmer fuhren zusammen und wurden leichenblaß. Erst als ich mich ihnen deployiert und ajustiert hatte, daß sie vor Säbel und Portepee etwas Respekt, aber keine Furcht mehr hatten, kriegt' ich so viel Antwort, daß dies das einzige Wirtshaus im Dorfe, diese Stube die einzige im Hause, und das Himmelbett der Wirtsleute das einzige Bett in der

Stube wäre. Der Schulze mußte wohl aus meinen Mienen lesen, daß diese Antwort für mich ein schlechter Trost sei, als er mir den Vorschlag tat, nach dem herrschaftlichen Schlosse zu fahren, woselbst ich auf freundliche Aufnahme rechnen könne, welche keinem Fremden, zumal aber keinem preußischen Offizier verweigert werde, indem der junge Herr selbst bei der Armee gestanden.

Ihr mögt denken, daß ich die Weisung recht gern annahm, und meine warmen Gliedmaßen waren mir lieber als der Bauern ihr Mordarm, weshalb ich mich denn flugs auf die Beine machte und des Wirtsbuben seine dazu nahm. Wie wir vor dem großen Tor standen, daß ich's fühlen konnte, entließ ich ihn mit der Laterne und einem Silberstück, fand aber bald, daß es geratener gewesen, den Burschen oder wenigstens seine Laterne bei mir zu behalten; denn soviel ich auch an der eichenen Tür pochte und schellte, niemand wollte hören. Der Wind sauste ärger als je im Hofe und durch das verwitterte alte Gebäude, das halb unbewohnt schien, und mit offenen Fenstern und halbgedecktem Dache Sturm und Regen einlud. Endlich knarrte ein kleines Mauerfenster, und das schläfrige Gesicht einer Art von Burgwart oder Verwalter guckte 'raus. Der Mann schien gar nicht geneigt zu dem, wozu ich geneigt war; er führte an, seine Herrschaft sei auf einem Ball, mit Sack und Pack und Mann und Maus davongefahren, alle Türen wären verschlossen, und kein Auftrag ihm zurückgelassen. Als ich indessen meine eigene Sprache mit ihm führte, die die Pommern besser verstehen als französisch, und den Säbel auf dem Pflaster klirren ließ, zog der Verwalter mildere Saiten auf und bedauerte endlich gar, als er die Torflügel geöffnet, daß er dem Herrn Leutnant nur die leere Fremdenstube im alten Schloßflügel anweisen könne. Ich sagte, ich würde mit allem fertig, mit Menschen, Vieh und Logis, und überdies, da ich heut müde, wäre ich geneigt, zu allem ein Auge zuzudrücken, selbst über einen ungastfreundlichen Empfang. Das fleckte, wie alles fleckt, wenn man nur zum Menschen die rechte Sprache spricht. Nachdem sich beide Teile näher beim Laternenscheine betrachtet, sah ich, daß der Kerl eine ehrliche Physiognomie und silberweißes Haar hatte; und er mochte auch sehen, was an mir war, und in Pommern braucht man sich nicht lange anzusehen, um sich zu kennen. Man schüttelt sich die Hand, und dann ist's gut. Als Pferde, Wachtmeister und Kutscher untergebracht waren, und ich die steinerne Treppe hinauf der Laterne des Verwalters eben folgen will, stand der alte Narr, so dachte ich, plötzlich still, und fragte mich mit bewegter Stimme: ›Wollen Sie nicht lieber in meiner schlechten Stube vorlieb nehmen?‹ ›Sehr gern, aber weshalb?‹ ›Ich weiß nicht, mein Herr, von welcher Natur, das heißt von welchem Glauben Sie sind. Aber wer nicht ein ausgemachter Freigeist ist, den möchte ich jetzt nicht in die Zimmer führen, welche nur in der Not gebraucht werden und heut die einzigen offenen sind. Mit einem alten Worte – es spukt oben.‹ ›Wer denn?‹ fragte ich. ›Ist's eine Urgroßmutter?‹ ›Ach, lieber Herr Leutnant,‹ sagte er, ›eine Urgroßmutter reicht noch nicht aus.‹ ›Mensch,‹ sagte ich, ›schon eine simple Großmutter müßte lange rütteln, wenn sie mich heut wecken wollte.‹

Der Verwalter sagte nun kein Wort mehr, sondern führte seinen Gast die Treppe hinauf. Es war gerade kein wüstes Schloß mit Blenden und Falltüren und drohenden Steinbildern, wie sie sich heute in den Romanen finden; doch aber war es nichts weniger als heimlich in den öden Gemächern mit grauen Wänden, durch welche der Zugwind ungehindert strich. Wenn aus dem morschen Gebälk aufgeschreckte Fledermäuse uns um die Köpfe flogen und ein Marder durch eine Luke aufs Dach sprang, hielten wir wohl beide unwillkürlich still. Aber dann dachte ich an die Schwadron, die ich bei Kunersdorf kommandiert, und rief: ›Vorwärts!‹ Wenn der Verwalter gesagt hatte, daß die Herrschaft mit Mann und Maus auf den Ball gezogen, so war das buchstäblich falsch, denn Herden von Mäusen und Ratten raschelten über die Dielen. Endlich kam ich an das bestimmte Zimmer. Es war aber eher ein Saal, geräumig, noch in ziemlichem Stande und mit Fetzen alter Tapeten verziert. Von Möbeln war wenig mehr als ein großes Himmelbett zu sehen. Indessen mich verlangte eben nach nichts mehr als nach einem Bette. Ich dankte für Essen und Trinken, zündete das Licht an und entließ den Alten mit der Bitte, noch heute nacht, wenn die Herrschaft vom Balle zurückkäme, mich ihr zu empfehlen. Erst da fiel es mir ein, daß ich mich ja nicht einmal nach dem Namen des Gutsbesitzers erkundigt hatte. In wenig Minuten aber dachte ich daran nicht mehr im hochgetürmten Bette. Wenn ich etwas gedacht, so war's, ob ich die Stallfütterung auf meinem Gute einführen sollte oder nicht, und dann, weiß der Himmel wie's kam, dachte ich an ein hübsches Frauenzimmergesicht, das mir auf dem Friedensball in Berlin in die Augen gefallen war und nicht wieder hinaus wollte. Aber als das Bett warm war, war die Stallfütterung und das hübsche Gesicht längst fort, und mein Kopf versank in das Kissen, um das mehr als zehn pommersche Gänse bluten mußten. Indes ich träumte weder von den blutenden Gänsen noch von dem hübschen Gesicht, noch von der Stallfütterung, sondern habe, wenn mich nicht alles täuscht, geschnarcht, wie's meine Gewohnheit ist.

Da weckte mich ein sonderbares Getöse.«

»Wie war das Getöse, wenn ich fragen darf?« fragte der Doktor.

»Es pustete und hustete und sauste und quiekte, wie das bei Gespenstern natürlich ist.«

»Kein Kettengerassel, Herr Obristwachtmeister?«

»Nichts davon. Es quietschte und kicherte zwar dazwischen; das konnte aber eine alte Tür oder der Wind sein, wie er durch die Schornsteine, Gewölbe und Gänge sein Spiel treibt. – Ich habe nichts mit den Winden zu tun und legte den Kopf wieder aufs Ohr. Aber nun stöhnte es, grunzte, schlürfte, schnalzte, knapste, klappte.« –

»Womit denn?«

»Mit Pantoffeln, lieber Doktor – warf Wandschränke, Kastendeckel, Türen zu.« –

»Hat es nicht auch mit Schlüsseln geklirrt?«

»Allerdings.«

»Auch miaut?«

»Dessen entsinne ich mich nicht mehr; aber nun schlug der Kettenhund an.«

»Auf dem Hofe?«

»Auch unterm Bette.«

»Die Sache wird höchst interessant. Sie hatten also auch einen Hund bei sich?«

»Nun klappt es, springt es, huscht es, läuft es, flattert es die Treppen herauf, die Türen springen auf und es ist da.« –

»Das wilde Heer?«

»Nein.«

»Was denn?« fragten alle mit einem Male.

»Sie können sich meine Situation denken. Mein Hund lag unterm Bett und ich drinnen, es war mit einem Male Licht im Zimmer, und ich konnte alles sehen, sie aber mich nicht, denn ich hatte halb meine Gardine vorgezogen. Der Angstschweiß, das will ich Ihnen bekennen, stand mir auf der Stirn, die Füße waren eiskalt, und das Deckbett zupfte ich bis ans Kinn.«

»Fuhren Sie nicht mit dem Kopf unter die Decke?«

»Nein.«

»Und mit dem Säbel springt man dann auch nicht auf die Beine«, bemerkte der Doktor.

»Gewiß nicht, besonders in meinem Kostüm.«

»Was sahen Sie denn?«

»Sieben Mädchen, eine immer hübscher wie die andere, aber die siebente war die hübscheste.«

»Das nenne ich attrappiert!«

»Warten Sie nur.«

»Pommersche Fräuleins sind die Geister gewesen. Da haben wir die ganze Geschichte.«

»So dachte ich auch.«

»Aber wie kamen sie dahin?«

»Ich weiß nur, wie sie wegkamen.«

»Wie denn?«

»Just wie sie gekommen waren, nämlich wie der Wind. Sie sausten, huschten, sprangen, lachten, klappten – nämlich mit Pantoffeln – vorüber.«

»An Ihrem Bett?«

»Doktor, Sie scheinen von der Situation unterrichtet. Dicht an meinem Bett vorüber. Rits, rats, ging die Tür hinter ihnen wieder auf, ein langer Kerl polterte 'rein. Sie krischten, wie man's in Pommern nennt, auf, und husch waren sie fort, der lange Kerl hinterdrein. Die Türen flogen, schlugen, klinkten, krachten zu, daß mir die Ohren weh taten, und es war duster wie vorher.«

»Ließen sie nichts zurück?«

»Ja, die eine.«

»Einen Schwefelgeruch oder einen Rosenduft?«

»Nein, einen Blick.«

»Auf Sie, Major?«

»Auf mich. Ich war aber damals noch Leutnant. Und denken Sie sich meine Verwunderung, als es dasselbe Gesicht war, das mich auf dem Ball in Berlin so inquietiert hatte.«

»Sie war vermutlich aus Pommern in der Pension dort. Was taten die sechs andern?«

»Die sahen mich nicht an und nickten mir auch nicht schelmisch zu, und waren nicht so hübsch und nicht so adrett angezogen, und hatten nicht so niedliche Füße, sondern stießen, drängten, traten sich – kurz, sie waren ungeschickt, und die eine allein war geschickt und hatte Augen, die sie zu brauchen wußte.«

»Aber der lange Kerl, lieber Bruder?«

»Das rät man ja,« sagte der Doktor, »es war ein Bedienter, der seinen Fräuleins, die vom Balle kamen, die Mäntel nachtrug. Hörten Sie weiter nichts?«

»Ja, es schlug ein Uhr vom Kirchturm.«

»Die pommerschen Bälle sind früh aus. Es klärt sich alles auf ganz gewöhnliche Weise auf.«

»So dachte ich auch, lieber Doktor.«

»Und was taten Sie?«

»Ich schlief wieder ein.«

»Und als Sie erwachten?«

»Stand die Sonne schon hoch am Himmel, und mein Freund, der Leutnant ..., an meinem Bette. Ich darf Ihnen im voraus vertrauen, daß er der Bruder des hübschen Gesichts war, das mir beim Berliner Ball zu Kopf gestiegen, und ich mußte mich rasch anziehen und meinem Freunde in den Saal unten folgen, wo ich der beim Frühstück versammelten Familie vorgestellt wurde.«

»Das wird nun ein schönes Gelächter gegeben haben, als die sieben Fräuleins um den Kaffeetisch saßen.«

»Nichts von dem. Sehr ernste Gesichter, steife Knixe.«

»Aber die Fräuleins?«

»Saßen sieben an der Zahl um den Tisch, standen auf, sahen mich an, setzten sich wieder hin, betrugen sich wie halbe Kinder, zischelten, steckten die Köpfe zusammen, lachten und sprangen, als sie sich an meinen Schnurrbart gewöhnt, um mich her, als wenn ich nicht da wäre.« –

»So ungeschickt wie in der Nacht?«

»Nicht ganz so. Sie hatten auch viel frischere Backen.«

»Aber das siebente Fräulein?«

»Hieß Annlieschen, und wurde etwas rot, als sie mich sah. Ich glaube, ich wurde es auch. Als sie das merkte, sagte sie: ›Ich glaube, ich habe schon mal das Vergnügen gehabt, Sie zu sehen.‹ ›O ja, mein gnädiges Fräulein!‹ sagte ich. ›Beim Friedensball in Berlin‹, sagte sie zum Vater gewendet. Ich sagte: ›Ich glaube, ich habe seitdem noch einmal das Vergnügen gehabt.‹ ›Daß ich doch nicht wüßte!‹ sagte das schnippische Kind, und sah dabei so ruhig aus, als wäre in ihrem Leben keine Lüge über die allerliebsten

Lippen gekommen. Na! dachte ich, und dachte für den Augenblick nichts weiter. Späterhin dacht' ich: I nu, sie schämen sich wohl über den Spaß; es ist besser, du hältst den Mund und bringst die schalkhaften Dinger nicht in Verlegenheit. Kommt Zeit, kommt Rat, und du gibst Revanche für den Spaß! Der Vater war ein verständiger Mann und ließ sich's angelegen sein, den Freund seines Sohnes zu unterhalten. Weiß nicht, ob er was merkte, daß mir's gefiel und warum mir's gefiel; merken ließ er es wenigstens nicht. Es fehlte nicht an Einladungen, daß ich bleiben sollte, solange ich wollte, und wenigstens acht Tage. – I, dachte ich, haben meine Kühe solange auf der Wiese gefressen, kann eine Woche länger nicht schaden. Also ließ ich die Stallfütterung sein, konversierte mit dem alten Papa und dem Leutnant, und gab mir Mühe, Annlieschen auch ins Gespräch zu ziehen. Aber Annlieschen antwortete wie ein Husar, der rapportiert, knapp ab, nicht eine Silbe mehr als not tat. Aber aufgepaßt hat sie auf alles, das weiß ich jetzt, und sie ging nicht vom Tassenspülnapf und Nähzeug ab, das heißt solange wir in der Stube waren. Wir sprachen nun, wovon man so spricht: wieviel Klafter Holz der Papa jährlich schlägt, was Weizenboden ist, über die Kriegskontributionen, die Pfandbriefe, die inskribiert werden sollten auf das Rittergut, vom Wert der Gebäude, daß sie unbequem aber solid wären, und der Papa meinte, das Hinterhaus rühre noch von den heidnischen Pommern her, worüber aber der Sohn lachte, denn er wollte wissen, die alten Pommern hätten nur von Balken und Lehm gebaut. Darüber eiferte sich der Vater und pries die dicken Mauern von Feldstein, die gar nicht von Christen gebaut sein könnten, bedauerte aber, daß ich darin die Nacht zugebracht, weil es feucht sei und der Wind, trotz der dicken Mauern, durchkomme. ›Weißt du auch,‹ sagte der Leutnant, ›daß du dort den Besuch von Gespenstern erwarten konntest?‹ Gut, dachte ich, jetzt kannst du Revanche geben, wandte mich also, den Kopf etwas vor, zu Annlieschen und sagte: ›Wünschte nur, daß die Gespenster allemal so holdselig ausschauen möchten als wie vergangene Nacht.‹ Stellen Sie sich vor, das Fräulein sah mich an, als wäre sie eben erst geboren, und sagte: ›Sagen Sie zu mir etwas?‹ – Ich dachte – doch was soll ich euch alles sagen, was ich gedacht habe. Wir besahen die Wirtschaftsgebäude, frühstückten zum zweitenmal, und als die Glocke zum Mittag rief, war ich doch wieder hungrig und führte Annlieschen zu Tisch.«

»Es war eine lange Pause nach der Suppe,« so fuhr mein Oheim fort, »als der Koch leichenblaß hereinstürzte und mit ein paar Worten ein großes Unglück deklarierte. Ragout und Braten lagen umgeworfen in den Kohlen. Alle sahen sich stumm an. Der Verwalter hatte es wohl gedacht, und ich dachte mir auch etwas, aber nicht das, was kam. Nämlich der Gutsherr, statt nach einem Stock zu greifen, verzog das Gesicht und winkte mit der Hand und blinzelte mit den Augen: ›Schon gut, schon gut!

kein Redens weiter‹, und befahl, was an kalten Speisen da wäre, herbeizuschaffen. Darauf wandte er sich entschuldigend zu mir, und äußerte, der pommersche Domestik sei nun einmal ungeschickt, und man müsse mehr als Langmut besitzen. Ich dachte mir etwas anderes dabei, und meinte, nämlich für mich, es täte was anderes gut. Überhaupt kam mir nun die ganze Sache nicht richtig vor. Aber da er Wein über Wein einschenkte und die Gläser klingen ließ auf das Wohl von Fern und Nah, den Alten Fritz nicht zu vergessen, wurde ich so wohlgemut, daß ich endlich auch auf den ›verdammten Koch!‹ anstieß, denn ohne sein Ungeschick hätte der alte Herr wohl nicht den Tokaier Ausbruch springen lassen.

Auch der Nachmittag des Herbsttages verging unter angenehmen Gesprächen, in die sich nun doch auch zuweilen die Fräuleins mischten, so daß mir der Wagen viel zu schnell vor der Tür stand, um die Hausgenossen zu einem benachbarten Edelmanne zu fahren. Ich selbst mußte leider zurückbleiben, hatte allerlei Briefe für den morgenden Postboten zu schreiben. Es war mir aber ganz lieb, als Annlieschen mir sagte, daß sie gewöhnlich schon früh von dem Besuche zurückkehrten. Ab kutschierten sie; ich hatte, wie es einem Kavalier ziemte, den Wagenschlag zugemacht, und sah nun noch aus meinem Saalfenster ihnen nach.

Als auch der letzte Staub auf der Straße verschwunden war, hatte ich volle Muße, das alte Gebäude gehörig in Augenschein zu nehmen. Es war ein viereckig kunstlos aufgerichtetes, drei Stock hohes Haus und hatte ein hohes geradauslaufendes Dach. Die Fenster, nach Bequemlichkeit groß oder wie enge Luken in die Mauern geschlagen, gingen auf einen Hofraum aus, der, mit Gras und Unkraut dicht überwachsen, nur Schweine und Federvieh beherbergte. Die Wirtschaftsgebäude lagen auf dem neuern Hofe. Ein verfallener Steinbrunnen stand in der Mitte dieses öden Platzes, und drüben über der moosigen Feldsteinmauer erblickte man einen Teil des Dorfes mit dem Schilfteiche. Das graue alte Ding selbst diente nur zum Aufbewahren der Kornvorräte und sah daher auch beinahe so trostlos aus wie ein Magazin, wo nichts drin ist. Nur am äußersten Ende hatte der Verwalter sein gewölbtes Zimmer. Sonst war es so ein recht echtes Raubschloß für Mäuse, Ratten und Fledermäuse. Ihre Nester guckten vor aus jedem morschen Balken.«

»Prächtig! prächtig!« rief der Doktor, »daß es in Pommern noch solche Schlösser gibt!«

Ich muß bemerken, daß mein Oheim diesen Abend besonders freundlich gegen den Doktor war und gern das Wort an ihn richtete. Ich glaube, nur ihm zuliebe hatte er die interessante Lokalität so äußerst genau beschrieben. Er nickte ihm wohlgefällig zu und hub wieder an, nachdem er ein Glas Rheinwein geleert:

»Also, meine Herrschaften, war es nun wohl natürlich, daß ich den verdammten Koch gesehen habe.«

»Wen?«

»Das Ungetüm aus dem Schilfteiche?«

»Freilich derselbe, der den Braten in die Kohlen geworfen hatte, was ich ihm nie vergeben werde.«

»Wo haben Sie ihn gesehen?«

»Aus meinem Fenster eben da.«

»Bei hellem Tage?«

»Es war schon schummrig.«

»Wie sah er aus?«

»Ganz hager, wie vier aneinandergebundene Ellen; eine weiße Jacke und eine weiße Schürze hatte er um, und eine Nachtmütze auf dem Kopf, und seine Haare, pechschwarz, gingen wie ein Borstwisch in die Höhe.«

»Hatte er sonst keine Attribute?«

»Er hielt ein Bündel Schierling in der einen Hand und in der andern eine große Kelle. Husch! fuhr er damit aus dem Schilfteich auf, husch war er über die Mauer und im Hofe.« –

»Pardon, Herr Bruder! Wie konntest du den Schierling vom Kerbel unterscheiden, wenn es schon beträchtlich dämmerte.«

»Herr Bruder! als ob man nicht die Geister gerade nur wenn's finster ist sieht.«

»Die grauen Weiden werden sich geschüttelt und geschaudert haben.«

»Ganz richtig, lieber Doktor. Und mag es nun sein, daß es schon sehr dunkel war, und ich noch etwas hell vom Tokaier; aber etwas Weißes habe ich gesehen, darauf will ich schwören, und da klopfte es mir hinten auf die Schulter.«

»Der Koch?«

»Nein, mein Wachtmeister.«

»Es ist mir doch noch nicht ganz klar, die Erscheinung des gespenstischen Kochs.«

»Mir auch nicht, lieber Doktor; was tut das aber zur Sache? wir kriegen noch mehr Gespenster. Fort war er, wie ich mich umgesehen, und ich sah nichts als die Brennnesseln um den Brunnen.«

»Vermutlich war er in den Brunnen gesprungen.«

»Aller Wahrscheinlichkeit nach. Indessen schalt ich den Wachtmeister, daß er mich so erschreckt; er aber meinte, es gebe so viel Schreckhaftes in dem verdammten Steinneste, daß sich niemand über einen ordinären menschlichen Schreck zu beklagen habe. Als ich ihn aufforderte, mit der Sprache nicht hinterm Berge zu halten, mußt' ich soviel hören, als eigentlich kein preußischer Offizier ruhig von seinem Wachtmeister anhören darf: daß er die ganze Nacht kein Auge zutun könne, denn unter ihm und über ihm hätten sie ihr Spiel getrieben. Im untersten Keller habe es angefangen zu lärmen und Schlösser und Kasten wären aufgeschlossen worden; darauf sei es die Kellertreppe heraufgesprungen und habe geraschelt wie Mäuse; über den Hof sei es in kleinen Flämmchen gesprungen, und habe dann wieder unter den Krippen im Stalle wie Ratten genagt, daß die Pferde wie toll in die Höhe gesprungen wären und die Futterketten zerrissen hätten. Er habe sich nicht aus dem Bette herausgewagt und sei erst wieder froh gewesen, als das Ungetüm weiter hinauf in das Schloß gepoltert sei. Übrigens solle, wie er im Dorfe gehört, das ganze Schloß von vergrabenen Schätzen, Kobolden, verwünschten Prinzessinnen, kleinen Leuten und derlei voll sein, und müsse über kurz oder lang einfallen, indem diese Unholde alles unterminierten und jede Reparatur hinderten. Doch dürfe niemand im Schlosse davon sprechen, und wenn er nicht fürchten müsse, augenblicklich fortgejagt zu werden, so könne der Verwalter vielerlei erzählen.«

»Also waren Sie doch nicht der einzige Geisterseher daselbst. Herr Obristwachtmeister?«

»Pardon! die sieben Fräuleins habe ich allein gesehen. Sie mögen nun denken, wie ich meinen Wachtmeister ausschalt, der schon um solcher Lumperei willen den Lärm machte, und nicht einmal den verdammten Koch gesehen hatte. Die Ratten und Mäuse, sagte ich ihm, wären alle bei mir zum Besuch gewesen; er möchte sich schämen, daß er seinem Herrn nicht zu Hilfe gesprungen wäre; übrigens solle er sich zum Teufel scheren und mir beim Koch eine Bowle Punsch bestellen.«

»Wozu das, wenn ich fragen darf?«

»Zum Trinken, lieber Doktor; es war kalter Herbst und die Finger froren mir.«

»O ich errate. Nun wird die Tür aufgeflogen sein und herein tritt mit dem Punschnapf der verdammte Koch.«

»Beinah. Der Punsch kam und der Koch auch, und es war ein verdammter Kerl und sein Punsch auch; denn ein süßer Stadtherr hatte schon vom bloßen Dampf die Engel können pfeifen hören. Ich sagte ihm das, um ihm was Angenehmes zu sagen, da ich ihm am Mittag kein angenehmes Gesicht gemacht, von wegen des Bratens. ›Ja, gnädiger Herr!‹ sagte er, sich hinter dem Ohr krauend, ›das macht sich hier nicht anders von wegen des *verdammten Kochs* und der *grauen Itschken*.‹ Nun wußt' ich, woran ich war, hatte meinen Punschnapf vor mir, den er auf ein Kohlenbecken stellen mußte, ließ, nachdem wir ein paar Gläser probiert und ihn gut gefunden, zur Vorsicht noch ein Viertel Arrak zugießen, etwas Zucker und Zitronen zutun, und schrieb nun an meinen Briefen.«

»Wer waren nun die grauen Itschken?«

»Ei, mein werter Doktor, Sie werden doch wissen, was graue Itschken sind? Das läßt sich ja aus der Naturgeschichte beweisen: sie kommen als Irrwische, Flederwische, Flöhe, Grasmücken: hüpfen, springen, flattern, knistern, wispern; sind keine Erscheinungen, aber lassen sich nicht fassen wie ein elektrischer Funke, der allerdings etwas ist und doch nichts wird, wenn man ihn greift als eine Attrappe. Ich schrieb also an meiner Eingabe an den Kriegsminister. Weiß der Himmel indes, der Punschnapf dampfte so, daß das Papier grau schien und die Linien bergauf, bergab gingen. Ich wollte dem Ding ein Ende machen und trank den Punsch Glas für Glas aus, aber es dampfte immerfort. Nun lehnte ich mich etwas über, machte die Augen zu und – konzipierte weiter an den Kriegsminister. Wenn man die Augen zumacht, so hört man viel besser, wie Ihnen bekannt ist. Ich hörte nun jedes kleine Geräusch, selbst meine eigenen Gedanken, wie sie kamen und gingen. Das Feuer knisterte in dem ungeheuren Kamine, die Kohlenbrände brachen zusammen und das Feuer ging aus – hörte ich nämlich. Ich hörte das Licht abbrennen, die Schnuppe herunterfallen. Nun muß ich aber etwas geschlafen haben, denn mit einem Male war es alles anders um mich. Türen gingen auf und zu, aber behutsam: Schränke wurden aufgeschlossen, Tische und Stühle gerückt. Gläser klimperten, aber alles behutsam, es wisperte und flüsterte und schlürfte und kicherte, aber ganz im Stillen. So scharf hört man in dergleichen Zustande des Hellsehens, daß man nach dem leisesten Tone die Entfernung mißt; wenn jemand niest, weiß man, ob er allein oder ein anderer bei ihm ist; aus dem bloßen Gähnen kann man abkalkulieren, wie alt jemand ist. Ich nun wußte aus dem Stuhlrücken, Gläserklimpern, Wispern, Flüstern, Schlürfen und Kichern, daß dies ganz dicht in meiner Nähe vorging; daß es sieben Wesen waren, Mädchen: daß sie Punsch tranken und um meinen Tisch saßen. Alle sahen mich mit verhaltenem Atem an, alle platzten vor Lust, laut aufzulachen, alle hatten die Pantoffeln unter dem Schemel stehen und kauerten mit unterschlagenen Beinen auf den Schemeln.«

»Das sahen Sie?«

»Nein, ich fühlte es oder hörte es. Nun schwärzte eine den Pfropfen, um mir einen Backenbart zu malen, die andere drehte einen Papierzopf aus meinem Konzept, und Annlieschen schenkte ein Glas voll, was sie mir an den Mund halten wollte. Nun stellen Sie sich, meine Herren, meine Verlegenheit, meine Angst vor. Sollt' ich weiter mit mir spielen lassen, sollt' ich die Augen mit einem Male aufschlagen und das Spiel verderben und die Mädchen in die peinlichste Verlegenheit setzen? Wie der Entschluß kam, weiß ich nicht; ich fühlte das Glas an den Lippen, ich hielt es in der Hand – und die Augen waren auf.«

»Und Sie sahen?«

»Alles, was ich gehört und gefühlt hatte.«

»Und die Mädchen flogen nicht auf und davon?«

»Nicht im geringsten. Sie nötigten mich zu sich.«

»Und es war genau Fräulein Annlieschen und ihre sechs Schwestern?«

»Bis auf das Habit, das nur ein paar hundert Jahre älter sein mochte. Ich machte meine Reverenz, und hielt mich etwas an den Lehnstuhl, als ich so anfing: ›Meine hochzuverehrenden Fräulein –‹ aber das Fräulein war noch nicht halb aus meinem Munde heraus – und ich sah noch, wie Annlieschen vor mir stand, die Hände kreuzweis auf der Brust, das Köpfchen übergebückt und aus den lieben hellen Augen zu mir aufschielend –, als die Tür auffliegt, der lange weiße Koch mitten unter uns steht, mit der Kelle in den Napf schlägt, daß das Porzellan in tausend Stücke bricht. Das Licht fällt um, geht aus, die sieben Mädchen lassen ihre Gläser fallen und stoßen einen Schrei aus, den man bis Demmin gehört haben muß. Die Schemel poltern um, die vierzehn Beine fahren in die vierzehn Pantoffeln, es stößt, drängt, kreischt, schreit, schlorrt, heult, flucht – nämlich der Koch – und im nächsten Augenblick alles verschwunden.«

»Durch die Tür?«

»Nicht anders, es ging alles natürlich zu. Ich hörte nur noch, wie die Holzpantoffeln die steinerne Treppe hinunterfuhren; hatte indes für meine Person genug zu tun, in der pechschwarzen Dunkelheit mein Bett zu finden, wo ich mich diesmal angezogen niederlegte.«

»Als Sie nun aufwachten?«

»Stand wieder der Leutnant und die Sonne vor mir.«

»Sie müssen doch Spuren gefunden oder nicht gefunden haben, aus denen sich erkennen ließ, ob das Ganze ein Traum gewesen oder etwas mehr.«

Mein Oheim lächelte sehr schlau: »Etwas mehr als ein Traum war es wohl. Der Punschnapf war zerschlagen, die Gläser auch, mein Konzept war zerknittert und die Stühle lagen um.«

Man sah sich fragend an und wußte nicht, was man sagen sollte. Mein Oheim fuhr nach einer Weile fort:

»Mein Freund forderte mich zu einer Treibjagd auf, welche, mit dem benachbarten Edelmanne verabredet, auf dem beiderseitigen Gebiete heut vor sich gehen sollte. Weiß der Himmel wie mir zumute war, als ich die Flinte umhängte; und die Mädchen hört' ich hinter uns kichern als wir zum Tor hinausritten. Ich dachte, sie hätten gestern genug gelacht und könnten nun auch einmal ernsthaft aussehen. Im übrigen war die frische Luft in der Heide recht angenehm, und was von Ärger in mir war, das schoß ich auf die Hasen aus, und es traf gut. Sogar einen schönen Rehbock lieferte ich in die Küche. Um Mittagszeit, als pausiert wurde, saßen der Leutnant und ich bereits unter einer Eiche, und der alte Baum schüttelte uns die gelben Blätter auf das Frühstück. Wie ich so ein Glas Danziger an die Lippen bringen will, schwimmt auch ein kleines Blättlein oben; das bringt mich auf wehmütige Betrachtungen, und ich sage: ›Bruderherz, wir müssen alle mal sterben.‹ – ›Das wird schon nicht anders gehn‹, sagt er. Ich besinne mich etwas und sage dann weiter: ›Bruderherz, ehe man stirbt, muß man heiraten.‹ – ›Nicht anders,‹ antwortet er, ›man muß etwas für die Nachkommenschaft tun.‹ Nun war ich drin: ›Weißt du, Bruderherz, deine Schwester Annlieschen gefällt mir.‹ ›Ich glaube,‹ repliziert er, ›das hat schon der blinde Hühnerhund meines Vaters gemerkt.‹ ›Es gefällt mir vielerlei an ihr,‹ fahre ich fort, ›aber etwas nicht.‹ ›Mir mißfällt vielerlei an ihr,‹ sagt er, ›dafür bin ich aber ihr Bruder.‹ ›Deine Schwestern lachen soviel.‹ ›Es ist doch besser, als wenn sie viel weinten‹, sagt er. ›Annlieschen lacht aber just am wenigsten.‹ ›Das ist schon richtig‹, sagte ich und sah den Tiras an, der in die Luft stierte, als ob er etwas sähe, und doch gewiß nichts sah, denn es war nichts zu sehen. ›Ob wohl so ein Vieh auch Geister sieht?‹ ›Wie paßt das?‹ sagte der Leutnant. Nun rückte ich näher heraus, und da wir unter uns waren, so wollte ich kein Blatt vor den Mund nehmen und ihm alles erzählen, was ich die beiden Nächte gesehen. Allein wie es nun kam, mir schien's besser, von der zweiten Nacht nichts zu erzählen, sondern bloß von der ersten. Ich mochte den Mädchen nicht nachsagen, daß sie um den Punschnapf mutterseelenallein gesessen; denn wiewohl Trinken an sich nichts Schlimmes ist, auch viel Trinken nicht, wenn es mit Moderation geschieht, auch einmal mehr als viel trinken einem Mann keine Schande bringt; so ist doch das mit Frauenzimmern, die bei Nachtzeit trinken, viel trinken, und auf der Stube bei einem Husarenleutnant, eine andere Geschichte, und Sie werden begreifen, auch ohne daß ich dies sage, warum ich schwieg. –

Mein Freund machte aber schon von wegen der ersten Nacht ein spitzes Gesicht. ›Denn,‹ sagte er, ›entweder sind das die Mädchens gewesen, oder sie sind es nicht gewesen. Wenn sie es gewesen, so haben sie entweder von dir gewußt oder nicht gewußt. Wenn sie es gewußt, so haben sie sich mit dir einen Spaß machen wollen oder nicht. Wenn sie aber einen Spaß getrieben, so kommt es darauf an, ob sie einen bestimmten Spaß vorhatten oder dich nur zum besten haben wollten.‹ ›Wenn es aber gar nicht deine Schwestern waren‹, warf ich ein. ›Dann waren es die grauen Itschlen, sagte er, ›was sich ja leicht unterscheiden läßt.‹«

»Wer war es denn nun?« fragte der alte Kamerad.

»Das wußte ich nicht, und der Leutnant auch nicht, und wir hatten auch nicht Zeit, weiter darüber zu konversieren, denn die Jagd ging wieder an und die Gelegenheit führte mich den Tag nicht mehr mit dem Leutnant zusammen.«

»Nun bin ich nur neugierig, wie die Töchter vom Hause sich am Abend aufgeführt haben?«

»Sie tanzten wie toll und blind.«

»Wo?«

»Auf einem kleinen Ball, der in der Geschwindigkeit zu Ehren der Jagdpartie und meinetwegen arrangiert war. Das sauste, schwirrte, fegte und ließ mich nicht zu Worte kommen, vor Eil', wieder zum Tanz zu kommen. Ich versuchte es ein paarmal, wie mir so ganz ungemein wohl zumute war, und faßte Annlieschens Hand: ich hätte sie was zu fragen. Aber sie kicherte auf, wurde feuerrot, sagte: ›Nachher!‹ und riß sich los. Es war überhaupt mit den Mädchens nichts anzufangen, denn selbst die kleinste, ein Ding von nicht viel über sieben Jahren, das sich doch sonst gern schaukeln ließ, wollte heut nicht auf meinem Schoß stillsitzen, sondern auch schon mitwalzen. Wetterhexe, sagte ich zu ihr, hast du mir nicht vorige Nacht einen Schnurrbart malen wollen? Ich drohte ihr, aber das Schelmenkind drohte wieder und sagte: wenn ich sie nicht zufrieden ließe, würde sie mir noch über Nacht meinen, den ich hätte, abschneiden. Das Ding war spaßhaft, meine Herrschaften, aber doch auch sehr ernsthaft, besonders als man mir mit einemmal einen Kranz aufsetzte.«

»Dir, Bruder! Wofür?«

»Ich hatte ja den größten Bock geschossen seit Menschengedenken in der Heide. Das ist so alter Jägerbrauch da; aber gerade darin lag die Verhexung. Denn als mir dabei Annlieschen den Pokal kredenzen mußte, und nun so vor mir stand, und halb gebückt, die Arme kreuzweis und schelmisch, das Gesicht purpurn, zu mir aufschaute – Himmel und

Hölle! mir war's, als müßte ich ihr um den Hals fallen, sie abküssen und fragen, ob sie mich heut nacht wieder besuchen würde? Attention! – Ich hab's nicht getan. Was weiter bei dem Balle vorging, meine Freunde, das verlangen Sie nicht von mir zu wissen. Ich war müde, ich war hungrig, ich war durstig, und außer Durst, Hunger und Müdigkeit quälte mich noch ein Zweifel, weshalb ich's für geraten hielt, an gar nichts zu denken, sondern mich an die Flaschen und Schüsseln zu halten. Das klirrte und klapperte mir noch vor den Ohren, als ich mich schon oben auszog, und als ich das Licht auslöschte und in die Federn versank, rollten noch die Wagen der Gäste durch den Torweg.

Wie lange ich schon geschlafen, weiß ich nicht, als es mir wieder wie Musik klang. Mein Deckbett, das nicht mit Eiderdaunen, sondern pommerschen Federkielen gestopft war, lag mir entsetzlich schwer auf der Brust. Ich drehte mich links, und die Musik blieb. Ich drehte mich rechts, und die Musik blieb. Es wirbelte, klapperte, scharrte, blies. Ich fuhr auf, ob ich noch auf der Jagd wäre oder auf dem Ball oder beim Abendessen. Ich rieb die Augen, es blieb aber alles Nacht, und ich sah nichts, bis auf eine vertrackte Fledermaus, die sich ins Zimmer verirrt.«

»Geben Sie Achtung, meine Herren,« sagte der Doktor, »die Fledermaus hat Bedeutung.«

»Da ich nichts erblicken konnte, und mich von gestern erinnerte, um wieviel besser ich sehe, wenn ich die Augen zuhabe, so schloß ich sie wieder. Und gleich fing die Musik wieder an.«

»Hatte sie denn geschwiegen, während Sie die Augen aufhatten.«

»Das weiß ich eben nicht. Aber nun klappte es mit den Türen, schlorrte die Treppen herauf, kurz, es war alles in der Ordnung.«

»Ich bin erstaunlich neugierig auf die Entwicklung.«

»Besonders, meine Herren, habe ich zu bemerken, daß es diesmal vorzugsweise mit Tellern und Gläsern klapperte. Die Tür ging auf, die jüngste unter den Schwestern huschte herein, und so klein der putzige Däumling war, trug er Ihnen doch eine rauchende Schüssel, die mich in Erstaunen setzte, wie ein siebenjährig Kind sie tragen, und sieben Mädchen sie leer machen sollten.«

»Ich ahne etwas,« sagte der Doktor, »die ganze Ballgeschichte wird sich wiederholen; die spukhaften Wesen müssen alles imitieren, was die mit Fleisch und Bein treiben.«

»Hinterher«, fuhr mein Oheim fort, »trippelte die nächstfolgende an Jahren, sie trug eine noch größere Schüssel, worauf eine Speckseite lag.«

»Was war das erste Gericht, wenn ich fragen darf?«

»Das werden Sie später erfahren.«

»Ich habe so eine Ahnung.«

»Ahnen Sie zu, lieber Doktor, wenn Sie's nicht lassen können.«

»Es waren gekochte Fledermäuse. Nicht, Herr Obristwachtmeister?«

»Ich wüßte nicht, lieber Doktor, daß man die Fledermäuse in Pommern brät oder kocht; und die Gespenster, sagten Sie ja selbst, haben immer nationalen Appetit. Kurzum, hinter der zweiten kam die dritte, hinter der dritten die vierte und so weiter, und keine kam mit leeren Händen, und jede trippelte apart durchs Zimmer, und wenn die Tür hinter ihr zuknapste, ging die andere Tür auf. Zuletzt kam Annlieschen, sie hielt nichts als ein Kristallglas in Händen. Die andern hatten mich nicht gesehen, aber sie sah mich. Himmel und Hölle! sie blieb stehen. Das Gesicht war blaß, aber die Augen – ich bin jetzt ein alter Kerl, aber wenn ich die Augen noch mal sehe, ich will nichts verschwören. Und es war mäuschenstill, die Fledermaus bewegte sich nicht, aber die Wangen des allerliebsten Mädchens tüpften rötlich, und nun kreiste der rote Schein darum und immer weiter, und die Mundwinkel zogen sich und man sah die Spitzen von einer Reihe Zähnen, wie's keine Perlen auf der Welt gibt. – Das allerliebste Kinn nickte ein wenig, und ich nickte wieder; sie nickte noch mal, und ich auch. Mit einemmal legte sie schelmisch den Finger an den Mund. Dann wies sie über die Schulter nach der Tür, trippelte ein paar Schritte weiter und drehte sich um und winkte. Ich sollte ihr folgen, dacht' ich, und sie verstand was ich dachte, und nickte. Als ich nun nicht gleich kam, denn wer folgt gleich auf die Erst einer Invitation, die gerdeswegs in den Schwefelpfuhl führen kann, tat sie so schön, und warf mir eine Kußhand zu. Ich war pfiffig und warf ihr auch erst eine Kußhand zu, und winkte mit dem kleinen Finger. Da ich nicht kommen wollte, kam sie immer näher, immer näher; sie mußte schweben, denn ich hörte keine Tritte, und mit einem Male stand sie vor meinem Bette, und ich hatte doch nicht gesehen, daß ihre Kleider sich nur im geringsten bewegten. Den Kopf halb abgekehrt, die Augen zu Boden, hielt sie mir die Hand just so hin, daß ich sie fassen konnte. Und daß ich zufaßte, meine Herren, werden Sie mir glauben. Mit beiden Händen faßte ich und mit beiden Beinen war ich im Nu aus dem Bett.«

»Und Annlieschen?« riefen drei zugleich.

»War fort wie ein Wind.«

»Sie hielten?«

»Nichts.«

»Also die ganze Geschichte ist nichts?«

»Hören Sie nur weiter, ob das nichts ist! Die Tür hört' ich noch zuschlagen. Ist das nichts? Den Zipfel ihres violetten Kleides sah ich auch noch. Ist das nichts? Die Musik fing wieder an. Ist das nichts? Und es schien hell durchs Schlüsselloch. Ist das nichts?«

»Was taten Sie?«

»Ich fuhr in meine Beinkleider.«

»Auf Ihre Offiziersparole, waren Sie von der Wirklichkeit der Erscheinung überzeugt?«

»Herr! ich statuiere keine Erscheinungen; was nicht Fleisch und Bein hat, ist ein Wind, habe ich Ihnen schon hunderttausendmal gesagt.«

»Doch waren Sie vielleicht von Ihrer Phantasie beherrscht.«

»Herr!« fuhr mein Oheim auf, »ich diene nun siebenunddreißig Jahre treu zwei Königen und Herren; der König von Preußen ist meine Herrschaft, aber nicht meine Phantasie. Ich bin ein guter Soldat, aber die Phantasie ist ein Ding, was ich nicht einmal statuiere, geschweige denn, daß es mich beherrschen sollte.«

»Sie waren also körperlich von der Anwesenheit der sieben Fräulein überzeugt?«

»Fühlen Sie meine Hand, Doktor, ist das Körper oder Geist?«

»Ich drücke Muskeln. Knochen. Fleisch.«

»Ebenso gewiß sah ich durchs Schlüsselloch die sieben Fräulein um einen hellerleuchteten Tisch sitzen und schlucken, schlürfen, schlingen, schmatzen, schwatzen, schäkern, schnattern.« –

»Geben Sie doch nur einen Umstand an, daß wir es fassen können.«

»Sie sollen Umstände genug hören. Ich brauchte meine fünf Sinne, um mich von der Wahrheit zu überzeugen, aber *Birnen und Klöße* träumt man doch nicht. Ich sah sie, hörte sie, roch sie, schmeckte sie, fühlte sie.«

»In Ihrem Magen?«

»Nachdem ich von gegessen, ja.«

»Sie haben mit den Gespenstern gegessen?«

»Könnt' ich denn länger am Schlüsselloch stehenbleiben, als ich wußte, daß sie mich bemerkt und mich hereinnötigten. Das Herz pochte mir zwar, stärker als bei Torgau im Eisenhagel, aber ich mußte und weiß noch nicht, wie's zugegangen, als ich mitten unter ihrem Bankett saß, Ellbogen an Ellbogen mit Annlieschen.«

»In Hemdsärmeln?«

»Bewahre. Ich hatte den Überrock bis oben zugeknöpft.«

Man verschlang von nun an jede Silbe des Oheims.

»Wie es mir geschmeckt hat, weiß ich nicht, ebensowenig wie ich gegessen, ob mit der Gabel oder mit den Fingern.«

»Aßen die Fräulein mit den Fingern?«

»Meine Freunde, ein Kavalier sagt einer Dame nie etwas Übles nach, und wenn es keine Damen waren, sondern Gespenster, so waren sie doch einmal welche gewesen. Daß sie mit den Löffeln in die Schüssel griffen, die eine den Arm auf der Schulter der andern hielt, daß sie auf den Schemeln kauerten und mit den Beinen umherschlenkerten, sich kitzelten und stießen und die besten Bissen sich von den Tellern nahmen, brauche ich nicht zu verschweigen, da das vielleicht eine alte pommersche Sitte war.«

»Und Annlieschen?«

»Zog den Ellbogen weg, wenn ich sie berührte.«

»Führten sie keine Konversation?«

»Dazu war keine Zeit.«

»Herr Kamerad,« rief der andere Major, »halten Sie's mir zugute; aber da hätte ich doch ein gut preußisch Wort zu seiner Zeit hineingesprochen, etwas pommersch, was sie verstehen mußten.«

»Kamerad,« sagte der Oheim, »waren Sie schon mal in einer ähnlichen Lage?«

»Das nicht, allein ich kann es mir denken.«

»So was läßt sich nicht denken, mein Herr Bruder. Und vielleicht haben wir gewiß auch was gesprochen, ich entsinne mich nur nicht mehr, was es war.«

»Du mußt doch gesehen haben, ob sie wirklich den Mund auftat, mit Zunge, Lippen, Zähnen faßte, kaute, schluckte.«

»Glaubst du, Herr Bruder, daß die Klöße wie ein blauer Dunst auseinanderflossen! So kocht man nicht in Pommern.«

»Aber dabei muß man doch eine Person, die man lieb hat, erkennen. Griff sie auch in die Schüssel?«

»Nein.«

»Saß sie auf einem Bein und kippte mit dem Schemel?«

»Nein.«

»Kitzelte sie sich mit ihren Schwestern?«

»Nein.«

»Nun, wie sah sie denn aus?«

»Sehr rot.«

»Und wo sah sie hin?«

»Vor sich nieder.«

»Und was tat sie?«

»Ihr Herz klopfte.«

»Und deines auch. So ist sie's doch gewesen, und das ganze ein Schabernack von den tollen Mädchen.«

»So dachte ich auch,« sagte mein Oheim, »als die Musik wieder los ging, der Punsch kam, und wir uns ein paarmal um den Saal 'rumdrehten.«

»Du mit Annlieschen?«

»Oder mit dem Gespenst.«

»Kreuzelement! Wie du den Arm ihr um das Mieder schlangst, wie du ihre Hand gedrückt hieltest, wie ihr euch ins Auge schautet, da mußt du doch gefühlt haben, ob das Fleisch und Bein war, ob es dich warm anhauchte, oder pure Luft, Knochen und Moderhauch?«

»Es wirbelte alles um mich her, bis wir alle wieder um den Punschnapf standen und mit den Gläsern anstießen; ich glaube, sie hatten eine Gesundheit auf uns beide ausgebracht.«

»Hast du mit angestoßen?«

»Ja.«

»Getrunken?«

»Wir hatten das Glas noch nicht an den Lippen, so stand auch schon mit einem Male, wie gerufen vom Zusammenstoßen und wie aus dem Boden geschossen, der lange Koch mitten unter uns; ein greuliches Gesicht, mit einem aufgesperrten Maule, das uns alle verschlingen konnte, warf sein Bündel Schierling in die Terrine, daß der Punsch wie schäumend Bier zur Decke stieg, und schlug mit der Kelle umher, gegen die Mädchen, mich, die Leuchter, die Gläser, die Schüsseln. Das flog, klirrte, klatschte, knallte. Die Schemel und Mädchen fielen um, polterten, trudelten sich, kreischten, lachten. Einige krochen unter den Tisch; der Koch sprang hinauf und der Tisch brach. Wer kann eine solche Verwirrung bei einer solchen Dunkelheit schildern.«

»Wo blieb Annlieschen?«

»Sie zog mich fort.«

»Sie hielten also ihre Hand?«

»Und fühlte jeden Schlag mit, den sie bekam.«

»Barbarisch! Wo führte die Hand sie hin?«

»Rund um den Tisch, zehnmal und mehr, es war wie ein Blindekuhspiel.«

»Und Sie sahen –?«

»Nichts als den langen weißen Koch.«

»Und wo nahm das ein Ende?«

»Das weiß ich heut noch nicht. Mich führte es durch lange, lange Gänge, bald langsam, bald schnell, treppauf, treppab; bald sah ich den Mond und die lieben Sterne, bald war es stockpechfinster und ich sah nicht die Hand vorm Auge.«

»Und Ihre Führerin?«

»Wie ich sie fangen wollte, war sie fort – husch ich ihr nach – glaubte ich ihr Kleid gefaßt zu haben, saß sie oben an der Treppe, und ich war noch unten. Nun stürzt sie atemlos ins letzte Bodenkämmerchen, wo sie mir nicht mehr entlaufen kann. Ich drücke die Tür auf, und 's ist nicht Annlieschen, sondern der lange, lange Koch reckt mir seinen grimmigen Hals entgegen. Nun nehme ich Reißaus, treppauf, treppab, er hinter mir. Da stürzt der lange Kerl auf der Treppe; mit einem Male fährt die Wut in mich, das Blättchen dreht sich, ich hinter ihm her, hast du nicht gesehen, siehst du nicht. Ich fasse ihn schon an den Fersen, aber mit einem Schritt ist der Kerl mit den Ellenbeinen eine halbe Meile von mir. Ich kriege immer mehr Courage, denn die Angst peitscht mich. Die Treppen sind so steil wie ein rechter Winkel, ich ihm nach. Er steigt aufs Dach 'raus, ich hinterdrein, wir jagen uns auf der bleiernen Dachrinne, daß ich denke, nun fassen wir uns und stürzen beide kopfüber. Nein, er rutscht auf allen vieren, wie ein Frosch, das steile Dach hinan. Ich hinterdrein, meine Herrschaften; er schießt auf der andern Seite herunter, ich nach. Er klettert wieder unters Dach. Nun hatt' ich ihn in der Ecke. War ich in meinem Leben angst, so war es da. Das Blut trat mir in die Nägel, die Lippen bebten, das Herz war ein kalter Steinklumpen, meine Locken richteten sich mit dem Puder auf, und mein Zopf mit dem Haarband, daß die Spitze gen Himmel stand. Nun galt es – er oder ich. Die Streiche hagelten, der Widerstand war heftig, er schlug mit hundert Ruten um sich, immer stärker, je stärker ich zuschlug; es regnete Kugeln auf Stirn, Nase, Backen – ich stürzte aus purer Furcht immer heftiger auf ihn los, bis –«

»Sie erwachten.«

»Nein. Es war Ernst. Ich erhielt mit einemmal einen solchen Schlag auf die Stirn, daß ich besinnungslos niederfiel.«

»Nun wird sich's doch finden«, rief man.

»Ja, mich fanden sie auf dem Boden.«

»Es war kein Traum, Obristwachtmeister?«

»Das überlaß ich Ihnen zu entscheiden, wenn ich Ihnen sage, daß es schon Morgen war, als man im Schloß, von dem Spektakel aufgeschreckt, nach mir suchte. Meine Stube war leer, mein Bett leer, obschon sie deutlich sahen, daß ich drin geschlafen. Endlich fanden sie mich im äußersten Dachwinkel, platt auf dem Bauch, eine Beule an der Stirn, und eine Latte war losgerissen. – Die das klüglich auslegen wollten, meinten nachher, ich wäre gegengerannt. – Das Dach war an der Stelle löcherig, und ein alter Kastanienbaum wuchs mit seinen halben Zweigen 'rein. Da waren sie der Meinung, ich hätte mich mit den Ästen 'rumgeschlagen, und die Kastanien, die ich abgeschüttelt, sollten die Kugeln sein, die mich getroffen. Ich lachte und sagte: Wenn's Ihnen Pläsier macht, das zu glauben, meinethalben, aber den verdammten Koch laß ich mir nicht abstreiten. Die Leute schüttelten den Kopf, einige lachten und andere zogen lange Gesichter; aber der Gutsherr, als er sah, daß ich mir den verdammten Koch nicht abstreiten ließ ...«

»Das ist recht«, fiel der Doktor ein.

»Erzählte mir kurz, daß ein Koch, der vor grauen Zeiten seine Herrschaft auf diesem Schlosse vergiftet, und darauf hingerichtet worden, noch immer ohne Ruhe, wie sie meinten, umherirre und wie ein Träumender die Geschäfte des Wachenden auch noch jetzt im Tode seine Küchengeschäfte betreibe.«

»Damit wäre ich nicht zufrieden gewesen«, sagte der Doktor.

»Ich war es auch nicht, aber was sollte ich machen. Ich lag einen Tag krank auf meinem Bette, es wollte mir nichts schmecken; was süß ist, kam mir bitter vor, und was bitter ist, süß; der Magen rebellierte, und die Welt war mir so zuwider wie eine faule Apfelsine.«

»Solch ein Zustand ist schrecklich. Herr Bruder.«

»Das ist er auch, Herr Kamerad. Mir hatte es der verwünschte Koch angetan.«

»Sie fühlten also wirklich die Klöße im Magen.«

»Ich versichere Sie, es war mehr Reelles an der Geschichte, als Sie glauben.«

»Ich bin nur neugierig auf die folgende Nacht«, sagte der Doktor. »Indem ich voraussehe, daß Sie am Tage Ihrer Maladie die Fräuleins nicht gesehen, verlangt mich zu wissen, wie diese sich bei ihrem nächsten nächtlichen Besuch betrugen. Nach den progressiven Vertraulichkeiten in den drei ersten Nächten zu schließen, müssen Sie sich in dieser vierten sehr nahe gekommen sein.«

»Sie erschienen gar nicht, mein lieber Doktor. Ich lag halb wachend da, wie es ein solcher Zustand mit sich bringt, und wußte nicht, was ich wünschen sollte. Die Schränke wurden auf- und zugeschlagen, aber niemand kam. Nach Mitternacht polterte endlich der verdammte Koch die Treppe herauf durchs Zimmer, drohte mir mit der Kelle; als ich aber wieder drohte, und mich nicht stören ließ, begnügte er sich damit, mir die Zähne zu weisen, und machte sich auf und davon. Darauf schlief ich sehr ruhig bis zum andern Morgen. Ich frühstückte mit der Familie, und Sie können mir glauben, wie ich mir Mühe gab, den Mädchen Daumschrauben anzulegen. Da saßen wir nun zusammen an einer Tischecke, Annlieschen und ich, Knie an Knie, Ärmel an Ärmel, und sahen beide auf den Kaffee, und glauben Sie wohl, wenn wir die Augenlider aufschlugen und uns zufällig ansahen, daß keines von beiden das Herz hatte mit dem andern ein offen Wort zu sprechen? – Sie wurde immer rot und ich wurde immer rot. Die andern mochten das merken und ließen uns gern allein, aber da wurde das Ding erst gar arg. Wir wußten nicht, was wir reden sollten.«

»Was wurde denn nun am Ende daraus?«

»Nach drei Wochen eine Hochzeit. Sie meinten, es wäre so das beste, damit wir uns einander kennenlernten.«

»Nun aber kam es heraus; die junge Frau beichtete, und Sie kamen auf den Grund der Erscheinung.«

»Lieber Doktor, Sie sind noch nicht verheiratet gewesen. Meinen Sie nicht, daß man in der Ehe von andern Dingen zu sprechen hat, als von Gespenstern?«

»Und Sie waren gewiß, daß Sie kein Gespenst zum Altare führten?«

»Davon habe ich mich vorher und nachher auf das Bestimmteste überzeugt.«

»Haben Sie nie mehr seitdem von den grauen Itschken gehört? Sind sie Ihnen nie wieder erschienen? Wurde Ihre Aventüre nicht bekannt? Hat man keine Aufklärung versucht?«

»Das sind vier Fragen auf einmal, von denen ich vorläufig gehalten bin, nur die eine Ihnen zu beantworten: die grauen Itschken sind seitdem nicht mehr im Schlosse erschienen, denn sie waren erlöst.«

»Was sind aber nun graue Itschken?«

»In Vorpommern hält man sie für Frösche, in Hinterpommern für Irrwische, in Pommerellen für allerlei anderes Ungeziefer; ich aber habe so meine eigene Meinung und halte sie für verhexte Fräuleins, und darin hat mich der Pastor bestärkt, der mir ihre Geschichte erzählt hat. Und die Geschichte ist so deutlich und klar, daß mich's doch wundern sollte, wenn jemand daran zweifelte.«

Man kann denken, daß die Neugier, sie zu hören groß war, und die Stimme meines Oheims war in der Art bestimmt, daß er keinen Widerspruch erwartete, noch zu dulden entschlossen schien:

»Zur Zeit des Dreißigjährigen Krieges«, hub er an, »wurde bemeldetes pommersches Schloß von einem alten geizigen Fräulein besessen, welcher die Verpflichtung oblag, sieben junge und schöne Nichten zu erziehen. Wie es aber in jenen traurigen Zeiten ging, wo die Kultur zum Teufel abfuhr, und Not, Pestilenz, Krieg und Armut ins Land kamen, so herrschte auch hier in Pommern in vielen Schlössern und Dörfern volle Verwilderung. Die Dörfer um unser Schloß waren abgebrannt oder durch Seuchen verödet, während dichte Wälder Unkraut auf den Kornfeldern aufschossen. So kam es, daß die Fräuleins mit ihrer Tante, fast ohne eine vernünftige Menschengestalt zu erblicken, aufwuchsen. Die Tante verscharrte Habseligkeiten, Geld und Gut, jagte den Schulmeister fort, ließ den Pastor verhungern, und die sieben Fräuleins tun, was sie wollten. Sie waren alle bildhübsch, aber wild, ohne Sitte und Anstand. Konnten nicht lesen, nicht schreiben, kein Vaterunser, ja nicht mal sich im Spiegel besehen, seit die Wallensteiner den letzten zerschlagen hatten. So kam es denn, da niemand zum Rechten führte, und die Tante selbst mit so bösem Beispiele vorausging, daß jede der Schwestern ungehindert ihren Lüsten folgte. Die sechs jüngsten waren näschrig; ihr Treiben und Tun ging darauf, die Tante, welche ihnen so karge Mahlzeiten vorsetzte, auf alle Weise zu hintergehen, und durch die Ritzen in die verschlossenen Speisekammern zu greifen. Die älteste war auf schlimmeren Wegen. Ihr Auge fiel auch auf den Koch im Schlosse, der, wie's wohl so zuging, den Schwestern manches zusteckte, was ihnen die Tante nicht bestimmt hatte. Als die einmal überdacht hatte, daß sie noch zu wenig zurücklege und deshalb für künftig den Tischzettel um die Hälfte verkürzte, wurde der schwarze Plan eingeleitet. Sie gingen weinend zum Koch und baten ihn um Rat und Hilfe. Der hörte sie lachend an und sagte ihnen, daß im nächsten Monat die Portionen noch kleiner werden sollten. Die Mädchen schrien, heulten und boxten sich, und nun kochten sie mit dem Koch ein großes Komplott, was sehr bald gar war und allen schmeckte. Die Tante sollte mit einer Schierlingssuppe vergiftet werden, der Koch die Schätze bekommen und als Zugabe die älteste von den Mädchen zur Frau, und dafür den sechs andern täglich mittags und abends ihr Lieblingsgericht kochen und soviel anrichten, erstlich, als sie Appetit hätten, zweitens, als sie essen könnten, und drittens noch etwas darüber. Das erste ging alles gut, der Schierling wurde aus dem Dorfteich geholt, gehackt, gekocht, der Tante vorgesetzt, und den drittfolgenden Tag wurde die Alte zu Grabe geläutet. Aber mein Koch dachte: womit du die Tante satt gemacht, kannst du die Fräuleins auch satt machen; sie können dir nicht mehr geben, als du jetzt schon hast, und eine Frau kriegst du allerweges. Schierling war noch genug gehackt für Torten, Braten, Brühe, kurz, für alle Schüsseln beim Leichenschmause. Also während sie noch schmausten, schnürte er sein Bündel und machte sich auf und davon. Aber ein paar Meilen vom Dorfe verriet er sich, man griff ihn und führte ihn in das Schloß zurück, wo die sieben Fräuleins mäuschenstill, leichenblaß, jede auf ihrem Schemel, saßen. Die Schüsseln und Flaschen waren leer, eine jede aber hielt noch im Tode einen Löffel oder ein Glas fest in der Hand. Der Koch gestand beim Anblick seine Freveltat ein.

Er wurde gehenkt und sein Leichnam in den Schloßbrunnen geworfen. Die Fräuleins aber warf man, wie man sie fand, mit Gläsern und Löffeln in den Händen, und Tischtuch und Tisch mit ihnen, auf den Mist im Schloßhofe, und niemand betrat über dreißig Jahre lang das verwünschte Schloß. Seitdem ist der Spuk dort los. Die alte Tante, welche auch nicht viel Ruhe im Grabe soll gefunden haben, macht noch immer unsichtbar ihre Runde im Schlosse, und daher kommt das Aufschließen und Zuschlagen der Schränke. Dann kommen die sieben Fräuleins als Irrwische über den Misthaufen, springen als Ratten in die Keller, klettern als Mäuse die Treppen auf und nagen sich durch die Schränke, wie es die Fräuleins schon im Leben taten. Aber wenn sie das Essen aus allen Winkeln zusammentragen und Mahlzeit halten wollen, kommt der verdammte Koch aus dem Brunnen und wirft ihnen den Schierling in die Suppe. Also wird ihnen nun, meine Herrschaften, die ganze Geschichte klar sein.«

Dies war mit dem Tone des Stadtkommandanten gesprochen, also mußte die Geschichte allen klar sein, also war sie jedem klar. Nur ich, dem das Glas Wein und das Stück Kuchen Mut gemacht, wagte den Onkel zu fragen, ob denn die armen Fräuleins erlöst wären?

Er streichelte mir den Kopf und sagte: »Du bist ein verständig Kind. Die älteste habe ich erlöst, die sechs andern mußten freilich noch ein bißchen warten; nun sind's aber schon zwanzig Jahre her, daß auch die jüngste loskam. Denn wo der Anfang gemacht ist, da geht's immer schneller weiter, wie das der Doktor aus der Naturgeschichte wissen muß. Ich hatte kaum Annlieschen zum Altar geführt, so schlich schon wieder einer um die zweite Tochter auf den Zehen. Als erst der dritte Freier kam, gingen die übrigen wie warme Semmeln ab.«

»Aber verehrtester Herr Obristwachtmeister, was hat das mit den Gespenstern zu tun?«

»Lieber Herr Doktor,« sagte mein Oheim, »Sie sind ein so gescheiter Mann und haben so lange studiert, und besonders Naturgeschichte und romantische Poesie, und sollten nicht ahnen, daß die Erlösung der alten sieben pommerschen Fräuleins vom Schicksal an die Erlösung der sieben jungen geknüpft war?«

Er wurde unterbrochen, indem das freundliche Gesicht der guten Tante durch die Tür guckte: »Gustav, es geht alles schon fort«, sagte sie. Mein Oheim hatte sich schon währenddessen zum Fortgehen ajüstiert; er reichte ihr zutraulich die Hand und nahm ihren Arm unter den seinen: »Ich habe den Herren von den Gespenstern erzählt, die ich einmal gesehen, und weil das eine Gespenst dir ähnlich gesehen, haben sie mich gefragt, ob ich auch über dich gewiß wäre? Und das habe ich ihnen auf Offiziersparole versichert, denn wenn man dreißig Jahre verheiratet ist, so weiß man am Ende, ob man ein Gespenst zur Frau hat oder ein braves Weib. Topp! Nicht wahr, Annlieschen?«

Die alten Ehegatten, die, beiläufig gesagt, eine vortreffliche Ehe führten, küßten sich recht herzhaft, und meine Tante sagte: »Du bleibst doch immer der alte,« dann meinte sie lächelnd, als sie die leeren Flaschen sah, »er würde den Herren wohl schönes Zeug vorerzählt haben.«

»Apropos,« sagte der Doktor, »was ist denn aus dem Geist der alten Tante geworden?«

»Geister, mein lieber Doktor, mußten jung und hübsch sein, wenn ein junger Husarenoffizier, wie ich, sich aus dem Bette aufrichten sollte. Die alte Tante hätte alle Töpfe um mich zerbrechen und zerschlagen können, ich hätte das Ohr nicht vom Kissen gerührt.«

»Aber der verdammte Koch?«

»Der spukt noch immer im Schloß. Wenn die Suppe versalzen, der Braten in die Kohlen gefallen ist, heißt es noch heut: das hat der verdammte Koch getan!«

*

Mein Oheim sprach nie wieder von der Gespenstergeschichte; duldete auch nicht, daß man sie in seinem Beisein erwähnte. Aber Hypothesen gab es viele. Man meinte: in der ersten Nacht wären es die Fräuleins wirklich gewesen; sie hätten entweder vom Gast nicht gewußt oder sich einen unschuldigen Spaß mit ihm machen wollen. In der zweiten Nacht wäre es ein bloßer Traum gewesen: in der dritten war man ungewiß wegen der Birnen und Klöße, die sich nicht füglich wegleugnen ließen. Die, welche das Ganze für eine Vision hielten, bei einem reizbaren Nervenzustande meines Oheims, fanden die wenigste Beistimmung. Der Doktor deutete die Erscheinung allegorisch. Es sei darin offenbar ein Kampf zwischen Materie und Geist ausgedrückt. Schon die Elemente Pommern und Geistererscheinung deuten auf diese Gegensätze. Die Präponderanz des Essens, des materiellen Prinzips bei einer effektiven Geistergeschichte, lasse sich nicht anders erklären. Noch ausdrucksvoller liege dies in dem gewählten Nationalgericht: Birnen und Klöße. Der Koch sei das Zentrum, oder vielmehr der äußerste Pol der Materie, der Schwere, des Sündhaften. Die Fräuleins, ursprünglich von der Materie befangene Wesen, niedergezogen in sündhafter Neigung, hätten doch vom bessern Prinzip in sich, und in der ganzen Geschichte liege auf sinnreiche Weise der Übergangsprozeß von der Schwere zum Fluidum. Erst grobe Körper, ungeschickt, eßsüchtig, in Holzpantoffeln schlurrend, Ratten, Mäuse, dann Tänzerinnen, verflüchtigten sie sich endlich in Sturmgeheul, Luftzug, Licht, Irrwisch, bis ihre ätherische Lösung in der Liebe ausgedrückt wäre. Diese symbolische Erklärung fand in der Ressource den meisten Beifall, und auch der Oheim äußerte sich späterhin einmal, »der Doktor habe den Nagel auf den Kopf getroffen.«

Paul Heyse

Die schöne Abigail

Man hatte nach dem Abendessen bei Bowle und Zigarre bis in die späte Nacht hinein geplaudert, zuletzt über die Entlarvung eines spiritistischen Gauklers. Plötzlich kündigte der tiefe Ton der alten Standuhr die Mitternachtsstunde an. Jemand schlug vor, Gespenstergeschichten zu erzählen. Das Los traf einen pensionierten Obersten, der sich wegen des Ernstes seiner Lebensauffassung allgemeinen Ansehens erfreute. Man merkte ihm die Überwindung an, aber er fügte sich und begann.

Es war also im Jahre 1880, im Hochsommer. Ich hatte mir vier Wochen Urlaub ausgewirkt, da mein rheumatisches Leiden eben damals anfing, mich unerträglich zu peinigen. Das Wildbad aber, auf das ich meine Hoffnung gesetzt hatte, tat Wunder. Nach drei Wochen fühlte ich mich wie neu geschaffen, und da die Hitze in jenen Talgründen mir im übrigen nicht wohltat, sprach der Badearzt mich nach den üblichen einundzwanzig Bädern frei und riet mir, den Rest meiner Ferien in einer kühleren Gegend zuzubringen, mit aller Vorsicht freilich, um nicht wieder einen Rückfall heraufzubeschwören.

Nun hatte ich in B. einen Jugendfreund, mit dem ich seit dem Frieden nicht wieder zusammengekommen war. Nach dem Kriege, den er als Regimentsarzt gerade in meiner Kompagnie mitgemacht, hatte er in dieser seiner Vaterstadt die Leitung des Krankenhauses übernommen, sich verheiratet und nur durch die Zusendung der Geburtsanzeigen seiner fünf oder sechs Kinder die Fäden unserer alten Freundschaft fortgesponnen.

Um so wohltuender war mir's, da ich ihn jetzt unvorbereitet überfiel, den guten Kameraden ganz so herzlich gesinnt wiederzufinden wie damals, als ich von ihm Abschied nahm, um nach meinem Wundbette in Mainz evakuiert zu werden. Ich mußte zu Tische bei ihm bleiben – die einzige Zeit des Tages, neckte ihn seine liebenswürdige Frau, wo er nicht dem Ersten Besten mehr gehörte als seinem eigenen Fleisch und Blut –, und da ihn in den nächsten Stunden seine Stadtpraxis wieder in Anspruch nahm, verabredeten wir, daß ich ihn abends nach dem Theater in einem Weinhause, das er mir bezeichnete, erwarten sollte.

Mein einsamer Nachmittag verging rasch genug. Ich kannte zwar, außer meinem Kriegskameraden, keine lebende Seele in der schönen alten Stadt, die ich als Fähnrich vor langen Jahren einmal flüchtig durchwandert hatte. Aber es gab an allen Ecken und Enden so viel Merkwürdiges zu schauen, so manches reizte mich, ein paar Striche in meinem Skizzenbuch zu machen, und das Wetter war so lieblich durch ein Morgengewitter gekühlt worden, daß ich das Theater – eine sehr fragwürdige Sommerbühne – fahren ließ und die Zeit bis zu unserm Stelldichein lieber mit einem Spaziergang in der stillen Abendluft die baumreichen Flußufer entlang ausfüllte.

Ich hatte mich dabei so in meine Gedanken eingesponnen, daß ich erst an den Rückweg dachte, als es völlig Nacht geworden war. Eine Nacht freilich, in der sich's so anmutig lustwandelte wie am Tage: denn der Mond ging fast schon mit seinem vollen Schein über den Erlenwipfeln auf und erhellte die Gegend dergestalt, daß man an den flachen Uferstellen die Kiesel durch die Wellen wie kleine Silberkugeln schimmern sehen konnte.

So auch erschien die Stadt von einem silbernen Duft umwoben, wie aus einem Märchen vor mich hingepflanzt, als ich mich ihr wieder näherte. Es schlug schon neun von der alten Domkirche, ich war müde und durstig von meinem langen Streifzuge und hatte mir die Rast in dem Weinhause, zu dem ein gefälliger Bürgersmann mich hinwies, wohl verdient. Da ich meinen Freund noch nicht vorfand, ließ ich mir etwas zu essen geben und einen Schoppen leichten Weines, mit dem ich den ersten Heißdurst löschte. Noch immer ließ der Doktor auf sich warten. Er mußte nun aber jeden Augenblick kommen, und so bestellte ich im Voraus einen feurigen Rauenthaler, von dem er mir bei Tische gesprochen hatte, um ihm gleich in diesem edlen Tropfen Willkommen zuzutrinken, sobald er einträte. Es war wirklich ein »Trank voll süßer Labe«, würdig, die Blume alter Freundschaft damit zu begießen. Doch verfehlte er seinen Zweck. Statt meines guten Kameraden erschien, so gegen zehn, ein Bote mit einer Karte, auf der der Freund sein Ausbleiben zu entschuldigen bat; er sei über Land gerufen worden zu einem schwerkranken Patienten und könne nicht absehen, ob er in dieser Nacht überhaupt zurückkehren würde.

So war ich auf mich selbst angewiesen und auf den Wein, der mich leider nicht heiter zu stimmen pflegte, wenn ich ihn nicht in freundlicher Gesellschaft trank. Seit ich meine Frau verloren habe, damals ging es ins dritte Jahr, überfiel mich bei der einsamen Flasche regelmäßig eine tiefe Melancholie, die geflissentlich zu nähren ich nicht mehr jung und sentimental genug war. Um ihr auch diesmal nicht zu verfallen, griff ich nach den Zeitungen, die mir fast alle zu Gebote standen, da die wenigen Stammgäste an ihren abgesonderten Tischen sich eifrig ihrer Skat- oder Schachpartie hingaben.

Was mir zunächst – auf der letzten Seite des Lokalblattes – ins Auge fiel, war die Liste der städtischen Sehenswürdigkeiten. Da ich den ganzen morgigen Tag noch zu bleiben gedachte, war mir dieser Wegweiser ganz erwünscht, und ich notierte mir einiges, was meine Neugierde reizte, in mein Taschenbuch. Da fiel mein Blick auf eine Anzeige, die meine Gedanken plötzlich in eine weit entlegene Zeit zurücklenkte: »Jeden

Montag und Donnerstag ist die Windhamsche Gemäldesammlung im Erdgeschoß des Rathauses unentgeltlich geöffnet.«

Windham! Nein, ich irrte mich nicht; das war der Name gewesen. Ein Windham hatte im letzten Kapitel meines Jugendromans die Hauptrolle gespielt. Nun dämmerte es auch in mir auf, daß ich später einmal gehört hatte, dieser Windham habe sich mit seiner jungen Frau hier in B. niedergelassen. Seitdem war er mir verschollen geblieben. Und nun hier so unverhofft an ihn erinnert zu werden! –

Aber Sie können ja nicht verstehen, was mich an der unscheinbaren Zeitungsnotiz so seltsam aufregte. Ich muß nun doch noch weiter ausholen.

Sie wissen, daß ich als Sprößling einer unterfränkischen Soldatenfamilie im Kadettenhause zu München erzogen worden bin und es in dem Jahre vor Ausbruch des französischen Krieges zum Oberleutnant gebracht hatte. Ich war neunundzwanzig Jahre alt und hatte außer meinem Beruf, dem ich mit Leib und Seele anhing, nicht viel erlebt. Eine sehr ideale Fähnrichsliebe, die ein albernes Ende nahm, hatte mich vor den mancherlei Verirrungen meiner Altersgenossen bewahrt, mir aber das weibliche Geschlecht nicht im besten Lichte gezeigt. Doch posierte ich nicht als Weiberfeind, und da ich ein leidenschaftlicher Tänzer war, selbst noch aus der Kriegsakademie, machte ich auch den Karneval des Jahres 70 als einer der Flottesten mit, ohne mir die Flügel zu verbrennen.

Bis auch meine Stunde geschlagen hatte.

Auf einem der öffentlichen Bälle erschien so um die Mitte des Februar eine auffallende junge Schönheit, die alle bisherigen Ballköniginnen verdunkelte.

Sie war erst vor kurzem mit ihrer Mutter, da der Vater vor Jahr und Tag gestorben war, aus Österreich herübergekommen, um, nachdem sie die Trauer abgelegt hatte, noch etwas Winterfreuden zu genießen. Ihre Gestalt, ihr Benehmen, ihre Art sich auszudrücken, all das hatte einen fremdartigen Reiz, der schon aus der seltsamen Mischung ihres Blutes zu erklären war. Denn ihre Mutter, eine hochgewachsene, rötlich blonde Schottin von strenger, puritanischer Haltung und langsam ungelenken Gebärden, hatte einen steirischen Edelmann geheiratet, der sich auf einer Reise durch ihr heimatliches Hochland in das junge Mädchen verliebt hatte. Sie war ihm nach seinem Gut gefolgt, hatte sich aber dort nicht zu akklimatisieren verstanden. Trotzdem schien sie in einer glücklichen Ehe mit dem leichtblütigen katholischen Gatten gelebt zu haben und seinen Tod noch immer nicht verwinden zu können, als sie mit ihrer Tochter auf Reisen ging.

Diese, damals schon in den ersten Zwanzig, hatte von der Welt bisher nichts gesehen, als was auf zehn Meilen in der Nachbarschaft ihres Landsitzes sich ihr dargeboten hatte. Der Vater, der im Punkt der ehelichen Treue vielleicht nicht der Gewissenhafteste gewesen war und alljährlich viele Monate in Wien zubrachte, hatte seine Frau den Versuchungen der großen Stadt sorgfältig fern zu halten gewußt und die Tochter vollends vor allem Verkehr mit jungen Männern behütet. Beide hätten es wahrlich nicht bedurft, da ihr kühles Temperament sie hinlänglich schützte. Denn hierin war Abigail – so war das Fräulein nach einem uralten Brauch der mütterlichen Familie getauft worden – das echte Kind ihrer Mutter, der sie äußerlich durchaus nicht ähnlich sah, nicht einmal durch die Farbe des Haares, die bei der Tochter durchaus keinen rötlichen Schimmer hatte.

Ich will aber nicht den törichten Versuch machen, Ihnen diese reizende junge Person zu beschreiben. Nur zweierlei fiel mir gleich bei dem ersten Begegnen auf und verfolgte mich bis in meine Träume: der seltsam glanzlose Blick ihrer großen grauen Augen, die immer ernst blieben, auch wenn der Mund lächelte, und daß sie die schönsten Arme hatte, die ich je gesehen. Sie trug sie gegen die damalige Sitte ganz entblößt, an den Achseln nur durch einen schmalen Florstreifen von den herrlichen Schultern abgetrennt, was die Damen, zumal die Mütter, skandalös fanden, obwohl die Wiener Mode diese Tracht sanktionierte und das Fräulein im übrigen sich in Worten und Gebärden aufs züchtigste betrug. Aber die Arme waren zu schön, um nicht Aufsehen zu machen und so viel Neid wie Bewunderung zu erregen. Eine Farbe wie etwas vergilbter weißer Atlas, mit einem matten Glanz, und in der Biegung des Ellenbogens eine zarte blaue Ader. Selbst die kleinen, hellen Narben am linken Oberarm, die von der Nadel des Impfarztes herrührten, hatten einen eigenen Reiz, als wären sie mit absichtlicher Koketterie der glatten Haut eingeätzt worden, um deren edle Feinheit desto mehr bemerklich zu machen.

Und so die Hände, als sie beim Souper die Handschuhe abstreifte, der schönste Fuß im weißseidenen Schuh, ein Ebenmaß und eine Schmiegsamkeit der Glieder, die sie dem österreichischen blauen Blut, nicht der schottischen Hochlandsrasse verdankte.

Ich war, so wie ich den ersten Blick auf das herrliche Geschöpf geworfen hatte, unter dem Zauber dieser fremden, kühlen Augen. So unbefangen ich sonst selbst den reizendsten Frauen gegenübertrat, das Herz schlug mir heftig, und meine Rede verwirrte sich, als ich ihr vorgestellt wurde und sie um einen Tanz bat.

Auch fand ich meine Besinnung nicht so bald wieder, während ich mit ihr durch den weiten Saal mich umschwang, und war wütend auf mich selbst, daß ich eine so unbeholfene Figur machte. Beständig mußte ich denken: Sie ist kein Weib wie alle anderen. Eine Göttin! Kein Wunder, daß ihre Blicke so kühl auf das armselige Menschengewühl herabsinken. Ist es zu denken, daß man einen solchen Mund küssen dürfte? Und der Sterbliche, um dessen Hals sich diese Arme schlängen, müßten dem nicht die Sinne vergehen und er in diesem übermenschlichen Glück zu einem Aschenhäufchen verlodern?

Sie sehen, es war eine richtige Bezauberung. Ich gewann aber bald so viel Herrschaft über mich, daß ich mich mit guter Manier in mein Schicksal ergeben und an diesem ersten Abend die Rolle eines ritterlichen Verehrers spielen konnte, ohne mich zu so überschwänglichen Huldigungen fortreißen zu lassen, wie die meisten meiner Kameraden. Das kam mir mehr zustatten, als wenn ich an Schönheit und Liebenswürdigkeit alle überglänzt hätte. Denn das seltsame Mädchen, obwohl dies ihr erster Ballwinter war, nahm doch alle Auszeichnungen, die ihr zuteil wurden, zumal die süßen Reden ihrer Tänzer, mit so kühler Miene entgegen, als ob es ihr beim Tanz einzig und allein auf die Bewegung ankäme und die eitlen jungen Herren, so elegant sie waren, ihr nur als Mittel zu diesem Zweck willkommen wären.

Das gestand sie mir denn auch ganz harmlos, als wir beim Souper miteinander plauderten, und daß es ihr eher lästig und langweilig sei, wegen ihrer Schönheit beständig begafft und umschmeichelt zu werden. Keine Spur von Koketterie konnte ich an ihr bemerken, doch einen Hang zur Ironie und Menschenverachtung, der in einem minder reizenden Wesen sehr abstoßend gewirkt hätte, an Fräulein Abigail aber nur wie ein seltsames Schmuckstück sich ausnahm.

Da ich ihr nicht ein einziges schmeichelndes Wort sagte, wurden wir gleich an diesem ersten Abend sehr gute Freunde, und ich erhielt sogar von der Mutter die Erlaubnis, sie in ihrem Hause aufzusuchen.

Ich machte, wie Sie denken können, gleich am anderen Tage davon Gebrauch. Ich mußte doch fragen, wie der Ball ihnen bekommen sei, und fand die Damen in einer möblierten Wohnung so behaglich eingerichtet, daß mir klar wurde, sie lebten in den bequemsten Verhältnissen. Gleichwohl machte die Mutter kein Hehl daraus, daß sie nur gekommen sei, um für die Tochter einen Mann zu finden, wozu auf dem abgelegenen Landsitz keine Aussicht sei. Das Mädchen hörte jede Äußerung, die in diesem Sinne fiel, mit dem äußersten Gleichmut, wie wenn es sich durchaus nicht um sie selbst dabei handle, sondern um eine Laune der Mama, die hoffentlich auch wieder vergehen werde.

Das Zutrauen, das sie so rasch zu mir gefaßt hatte, entzog sie mir auch nicht wieder, sondern gab mir immer neue Beweise, daß ihr meine

Gesellschaft angenehm sei, meine Art, Welt und Menschen zu betrachten, ihr die richtige scheine. Sie erzählte mir ihr ganzes Leben, das freilich keinem Roman ähnlich sah. Verliebt war sie nie gewesen und konnte sich von dem Zustand eines leidenschaftlichen Herzens überhaupt keine Vorstellung machen. Geliebt hatte sie nur einen Menschen, ihren Vater. Mit der Mutter verstand sie sich in keiner Sache und beobachtete alle kindlichen Pflichten fast mechanisch, ohne das Geringste dabei zu empfinden. Ja, sagte sie mir einmal, es ist vielleicht so, wie Sie sagen, ich habe kein richtiges Mädchenherz, und doch –

Dabei drückte sie die Augen zu, lehnte den schönen blonden Kopf zurück, und ihre halb geöffneten Lippen hatten einen halb schmerzlichen, halb wilden Ausdruck von Dürsten und Verlangen.

Gleich darauf lächelte sie und fing eine spöttische Rede an über gewisse junge Damen, die sie kennen gelernt und die ihren Freundinnen beständig Berichte über die Zustände ihrer zärtlichen Herzen zu hören gaben.

Alle diese Vertraulichkeiten waren weit entfernt, mich eitel zu machen und kühne Hoffnungen in mir zu wecken.

Ich verbrachte aber fast einen Abend wie den andern in der Gesellschaft der beiden Damen, teils, so lange der Karneval dauerte, bei öffentlichen Festen, wo ich nun bereits für den unzertrennlichen Kavalier und begünstigten Bewerber galt, teils an ihrem behaglichen Teetisch als einziger Hausfreund männlichen Geschlechts. Nur dann und wann fand sich eine ältere Dame, eine österreichische Bekannte der Mutter dazu, und es wurde ein kleiner Tarock gespielt, bei dem Abigail die Zuschauerin machte. Sie verhehlte ihre Langeweile nicht, wie sie überhaupt mit keiner ihrer Empfindungen je zurückhielt. Und doch blieb ein rätselhafter dunkler Grund in ihrem Wesen, der zuweilen in unbewachten Stunden durchblickte und mich jedesmal mit einem leisen, unheimlichen Frösteln überschauerte.

Ich war im Verlauf der Wochen und Monate so offenherzig gegen sie geworden, daß ich selbst dieses nicht gerade schmeichelhafte Gefühl dem verwöhnten Mädchen nicht verhehlte.

Sie sah ruhig und mit unbeweglichen Augen über mich hinweg.

Ich weiß, was Sie meinen, sagte sie. Es ist etwas in mir, wovor ich mich selbst fürchte, und kann es doch nicht näher bezeichnen. Vielleicht die Ahnung, daß ich nie erfahren werde, was Glück ist, freilich auch anderen kein Glück zu bringen bestimmt bin, ohne eigene Schuld, und daß mein innerstes Wesen sich dann empört und auf irgend etwas sinnt, um sich für diese Zurücksetzung zu rächen. Wissen Sie, wie ich mir vorkomme? Wie ein Eiszapfen, der eine Flamme lustig flackern sieht und sich schämt, so starr und kalt zu bleiben, und nun näher heranrückt und dabei nichts weiter erreicht, als daß er langsam abschmilzt; wenn aber die letzte eisige Starrheit geschwunden ist, wird er selbst nicht mehr vorhanden sein. Das Gleichnis hinkt auf beiden Füßen, ich weiß es wohl; aber es ist doch etwas daran, und Sie wissen vielleicht auch, was mit der Flamme gemeint ist.

Es war das erste Mal, daß sie auf meine längst nicht mehr verborgene Neigung anspielte, freilich unbarmherzig genug, da sie mir jede Hoffnung abschnitt. Wer weiß aber, wohin das Gespräch noch geführt hätte, wenn die Mutter nicht dazu gekommen wäre.

Und freilich hinkte das Gleichnis. Denn auch die Flamme brannte nicht so lustig, wie ein rechtschaffenes Liebesfeuer soll, sondern hatte wunderliche Anfälle von Kühle und Versuchungen völligen Erlöschens.

So recht ins Lodern geriet sie nur, wenn ich mit dem wundersamen Mädchen unter vier Augen war oder im lichterhellen Saal ihre ganze Schönheit an mir vorüberschwebte. War sie meinen Augen entrückt, so kam sie mir durchaus nicht aus dem Sinn, ja ich mußte nun erst recht an sie denken, dann aber stets mit einer rätselhaften Abneigung, obwohl ich ihr nichts Bestimmtes vorwerfen konnte. War's eine Sünde, mich nicht zu lieben? oder von der Liebe überhaupt noch keinen Hauch gespürt zu haben? Und jener dunkle Grund, der ihr selbst unheimlich war, konnte er sich nicht eines Tages als ein ganz unschuldiger Hintergrund erweisen, auf welchem allerlei lichte Freuden sich desto farbiger und reizender ausnahmen?

Und dennoch, die Tatsache stand fest: ich wünschte, ich hätte das schöne Mädchen nie kennen gelernt, das mich doch immer von neuem zu sich hinzwang und, wenn ich in ihrer Nähe war, meine Sinne in einen magischen Aufruhr brachte.

Nur einmal meinen Mund auf diese durstigen Lippen zu drücken, nur einmal von diesen weichen, schlanken Armen umfangen zu werden – ich bildete mir ein, damit würde der Zauber gebrochen und ich mir selbst zurückgegeben werden.

Die Mutter sah mich kommen und gehen, ohne sich über mein Verhältnis zu ihrem Kinde besondere Gedanken zu machen. Daß ich verliebt war, fand sie nur in der Ordnung, aber ganz ungefährlich bei der Sinnesart des Mädchens, die sie nur zu gut kannte und nicht zu bekämpfen suchte, da sie ihrem bei aller äußerlichen Frömmigkeit weltlich spekulierenden Geist sehr erwünscht war. Sie wollte höher hinaus mit ihrer gefeierten Tochter, als ein schlichter Oberleutnant es ihr bieten konnte, und hoffte von mir vor allem, daß ich durch meine Bekanntschaften ihr den Eintritt in die aristokratischen Kreise erleichtern würde. Dann würde es, kalkulierte sie, auf die Länge an einem gräflichen oder gar morganatischen Schwiegersohn nicht fehlen.

Der Sommer machte zunächst einen Strich durch diese Rechnungen, da die »Gesellschaft« sich zerstreute und aufs Land hinauszog. Auch meine beiden Damen mieteten eine Villa in Tegernsee, zu meinem Leidwesen, da ich sie jetzt nur einmal alle sieben Tage besuchen konnte. Die Entbehrung schürte nun allerdings die Flamme dergestalt, daß ich von Samstag zu Samstag in einer fieberhaften Ungeduld hinlebte, zugleich in steter Angst, während meiner langen Entfernung möchte sich irgend jemand an die einsamen Frauen herandrängen, der den Ansprüchen der Mama genügte und der Tochter nicht unwillkommener als irgendein anderer wäre.

Diese Sorge war überflüssig. Dagegen verfinsterte sich plötzlich die Luft über der ganzen deutschen Welt so drohend, daß alle Einzelgeschicke davon überschattet wurden.

Der französische Krieg brach aus. Ich begrüßte ihn freudig, auch weil er meiner eigenen unerträglichen Situation ein Ende machte. Nur mit genauer Not, indem ich einen nächtlichen Ritt daran setzte, konnte ich die Zeit zu einem Abschiedsbesuch in Tegernsee erschwingen. Ich fand am frühen Morgen das schmerzlich geliebte Mädchen im Garten, da sie mein Kommen nicht erwartet hatte. Sie hatte ein Bad im See genommen, und die Morgenluft schauerte über ihre blasse Haut und das blonde Haar, das ihr wie ein weicher Mantel über den Rücken hinabhing. Als sie hörte, was mich zu so ungewohnter Zeit hinausgeführt, wechselte sie die Farbe keinen Augenblick, nur ihre Augenlider senkten sich, als ob sie einen Vorhang über das niederlassen wollte, was in ihr vorging.

»Nun,« sagte sie, »da wird ja Ihr sehnlichster Wunsch erfüllt. Non più andrai farfallon amoroso – Sie werden Wunder der Tapferkeit verrichten und als ein berühmter Sieger zurückkehren. Ich wünsche Ihnen das beste Glück und werde Ihrer täglich gedenken.«

»Werden Sie das wirklich?« sagte ich. »Und etwas herzlicher als jedes anderen Muttersohns, der seine Brust pro patria den Kugeln der französischen Mitrailleusen aussetzt?«

»Wie können Sie daran zweifeln!« sagte sie und brach eine Blume ab, deren Duft sie wieder mit jenem sehnsüchtigen Ausdruck einsog. »Sie wissen, daß ich Ihnen sehr gut bin. Habe ich Ihnen nicht auch mehr Vertrauen bewiesen, als noch je irgendeinem jungen Mann? Sind Sie damit nicht zufrieden?«

»Nein, Abigail,« sagte ich, »und Sie wissen ja auch sehr gut, warum.« Und nun schüttete ich mein ganzes Herz zum erstenmal – da ich dachte, es sei vielleicht das letztemal – in leidenschaftlicher Erregung vor ihr aus. »Ich weiß,« schloß ich, »Sie empfinden gar nichts ähnliches. Der Blitz, der in mein Herz eingeschlagen, hat Ihnen nicht ein einziges Haar Ihrer Stirnlöckchen versengt. Ich bin auch nicht so verblendet, zu glauben, Sie würden aus bloßem Mitleid, um mich nicht ganz hoffnungslos ins Feld ziehen zu lassen, ein wärmeres Gefühl heucheln. Es mußte mir aber einmal von den Lippen, zu meiner eigenen Erleichterung – und nun empfehlen Sie mich Ihrer Frau Mutter, deren Morgentoilette ich nicht stören will, und bewahren Sie mir ein geneigtes Andenken.«

Da schlug sie die Augen auf und sah mir gerade ins Gesicht, sehr ernsthaft, während ihre sonst immer gleichmäßig gefärbten Wangen eine leichte Röte überflog, die sie sehr verschönte.

»Nein,« sagte sie, »so dürfen Sie denn doch nicht von mir gehen, und Gott weiß, ob man sich je wieder sieht. Ich will Ihnen das Geständnis mit auf den Weg geben, daß ich fest überzeugt bin, wären Sie noch ein paar Wochen oder Monate wie bisher freundlich und gut gegen mich gewesen, so hätte sich der bewußte Eiszapfen in ein frisch grünendes Reis verwandelt und Blüten getrieben – wieder ein hinkendes Bild, aber Sie verstehen mich. Vielleicht denken Sie an dieses Frühlingsmärchen, wenn Sie im kalten Biwak nachts nicht einschlafen können, und erwärmen daran Ihr fröstelndes Herz.«

Ich kann nicht schildern, wie mir bei diesen Worten zu Mute war.

Was ich in dem ersten Schwindel und Taumel aller Gefühle gestammelt habe, mögen die Götter wissen. Nur so viel ist mir erinnerlich, daß ich unter anderm die Zumutung an sie stellte, nun sofort zur Mutter zu gehen, sie um ihren Segen zu bitten und dadurch unser Einverständnis zu einer regelrechten Verlobung zu stempeln.

»Wenn Sie mit meiner eigenen Erklärung nicht zufrieden sind,« sagte sie kaltblütig, »so tut mir's leid; zu mehr aber fühl' ich mich für jetzt nicht aufgelegt – wahrhaftig, aufgelegt,« sagte sie, und sah dabei zum Verrücktwerden reizend und marmorkühl aus. »Wenn wir uns in aller Form verlobten, würde ich keine ruhige Stunde haben, sondern mir immer wie Bürgers Lenore vorkommen. Nicht bloß die ewige Unruhe: bist untreu, Wilhelm, oder tot? fürchte ich, sondern noch etwas viel Schlimmeres. Ich bin nämlich entsetzlich abergläubisch, oder vielmehr, ich glaube steif und fest, daß jene Ballade nicht eine bloße schaurige Fabel ist, sondern so oder anders, aber in der Hauptsache sich wirklich zugetragen hat. Wenn Ihnen etwas Menschliches beggenete, lieber Freund, und Sie hätten ein festes Anrecht auf mich, als auf Ihre feierlich Ihnen angelobte Braut – ich schliefe keine Nacht mehr und weiß bestimmt, daß irgendein Spuk meinem armen Dasein ein Ende machen würde. Also lassen Sie uns das

Weitere der Fügung des Himmels anheimstellen und ziehen Sie ins Feld, von meinen herzlichsten Gedanken überall begleitet.«

Das war nun danach angetan, meine hochgespannte Stimmung unsanft herabzudrücken. Umsonst versuchte ich, mit Ernst und Scherz sie zu rühren, daß sie mir etwas mehr einräumte. Doch nicht einmal das Versprechen, mir zu schreiben, konnte ich ihr abgewinnen und mußte mich endlich mit sehr geteilten Gefühlen von ihr losreißen. Nichts von wahrer, warmer Hingebung hatte ich gespürt in der Umarmung, die sie mehr duldete als erwiderte, und die so lang ersehnten Lippen, die ich flüchtig berühren durfte, waren von einer Kühle, als hätten sie nicht soeben ein freundliches, verheißungsvolles Wort gesprochen.

Gleichviel: als hoffnungsloser Liebhaber war ich gekommen, und als glücklicher, wenn auch noch nicht erklärter Bräutigam ritt ich wieder davon.

Das Glück war nun freilich nicht überschwänglich groß. Es bestand nur darin, daß ich in allen dienstfreien Augenblicken daran denken konnte, welch ein Siegespreis nach Beendigung des damals unabsehlichen Krieges meiner wartete, vorausgesetzt, daß man sich »dazu aufgelegt« fühlen würde, meine Liebe und Treue zu belohnen, und daß ich von Zeit zu Zeit die Versicherung eben dieser Lieb' und Treue nebst Berichten vom Kriegsschauplatz nach Tegernsee, später nach München schicken durfte.

Eine Antwort kam nie.

Anfangs hatte ich kein Arg dabei. War's nicht ganz richtig, daß ein junges Mädchen einem jungen Manne, mit dem sie nicht in aller Form verlobt war, keine zärtlichen Briefe schrieb? Und andere als zärtliche hätten mich doch nicht glücklich gemacht.

Wer weiß auch, ob nicht die puritanische Mama, die ohnehin das Verhältnis nicht billigen mochte, ein entschiedenes Verbot erlassen hatte.

Aber alle Mütter der Welt, alle korrekten Grundsätze hätten ein wahrhaft liebendes Herz nicht abhalten können, dem von Entbehrungen und Gefahren umringten Liebsten ein wenig Trost in die Ferne zukommen zu lassen. Wie beneidete ich meine Kameraden um gewisse Briefchen, mit denen sie sich in irgendeinen stillen Winkel schlichen, um im Genuß einer solchen »Liebesgabe« nicht gestört zu werden. Ich ging immer leer aus, obwohl ich doch meinerseits der Post mehr als mancher Beglücktere zu tun gab. Und eines Tages schämte ich mich der allzu selbstlosen Rolle, die ich spielte. Ich beschloß, keine Zeile mehr zu schreiben, ehe eine Nachfrage nach mir geschehe. Mochte sie mich nun für »untreu oder tot« halten – es war an ihr, zu zeigen, ob mein Leben oder Sterben den geringsten Wert für sie habe.

Wochen und Monate vergingen seit diesem Entschluß – und keine Zeile kam. Doch wenn Sie denken, ich hätte unter diesem völligen Zusammenbruch meiner Hoffnungen schwer gelitten, so irren Sie sich. Ich empfand vielmehr eine Erleichterung und erkannte, daß ich all die Zeit in einer trügerischen Illusion von Glück und Liebe befangen gewesen war, da im Grunde nur meine Sinne mit im Spiel gewesen und vielleicht mehr noch ein geheimer Trotz, diesem unnahbaren Wesen doch endlich näher zu kommen und das Eis zu schmelzen.

Was mir nun geschehen war, gab mir noch zeitig genug eine heilsame Lehre. Das war keine Frau, wie ich sie brauchte. Ein Glück, daß ich noch mit gutem Gewissen zurücktreten und stehen bleiben konnte, wo ich stand, ohne zu erleben, daß sie mir einen Schritt entgegentat.

So ging das Jahr zu Ende; wir hatten weder einen Weihnachts- noch einen Neujahrsgruß ausgetauscht. Im Februar wurde ich verwundet und nach Mainz transportiert. Wie ich in dem Hause, in welchem ich wochenlang die liebevollste Pflege fand, die kennen lernte, die im nächsten Jahr meine Frau wurde, gehört nicht hierher. Das Wort, das unser Schicksal entschied, war noch nicht zwischen uns gesprochen worden, wir wußten nur, daß wir einander fürs Leben gefunden hatten, da kam eines Tages ein Brief Abigails, sie habe in der Zeitung von meiner Verwundung gelesen und frage bei mir an, ob sie und die Mutter kommen sollten, mich zu pflegen. Von bräutlichen Gefühlen keine Spur, ein Brief, dessen Inhalt aus dem unpersönlichsten Gebot allgemeiner Nächstenliebe hervorgegangen sein konnte.

Vielleicht hatte die Mama ihn diktiert. Aber mußte die Tochter so sklavisch nachschreiben?

Ich bat Helene, der ich damals zuerst von meinem nun gelösten Verhältnis erzählte, in meinem Namen für das freundliche Anerbieten zu danken. Es fehle mir nichts, und ich sei in der besten Pflege.

Das war das letzte Lebenszeichen, das ich von meinem angebeteten »Bild ohne Gnade« erhielt. Ein allerletztes, das im Herbst 71 von mir ausging, die Verlobungsanzeige, kam als unbestellbar aus München zurück. Als ich kurz darauf selbst wieder nach Hause kam, erfuhr ich, die Damen seien schon vor dem Einmarsch der siegreichen Truppen fortgezogen, niemand wisse wohin, vielleicht nach Österreich zurück auf ihren Landsitz.

Doch schon im nächsten Jahr drang das Gerücht zu uns, die schöne Abigail habe sich ebenfalls vermählt mit einem hochbejahrten reichen Norddeutschen, der sie in einem Badeorte kennen gelernt. Übrigens ein feiner und überall hochgeachteter Mann, großer Kunstfreund und Besitzer einer ausgewählten Gemäldesammlung neuerer Meister, der das schöne Fräulein wohl mehr als eine Zierde seiner Galerie, ein atmendes plastisches Kunstwerk sich angeeignet habe, da er fünfunddreißig Jahre älter sei und von schweren gichtischen Gebrechen geplagt.

Daß der kalte Fisch, wie man Abigail nannte, sich nicht lange besonnen habe, eine solche Heirat einzugehen, schien niemand zu verwundern.

Seitdem hatte ich nie wieder ein Wort von ihr gehört; der Ort, wo sie lebte, war mir nicht im Gedächtnis geblieben, nur den Namen Windham hatte ich behalten. Und nun las ich ihn in dem Lokalblatt, das ich ahnungslos überflogen hatte, und konnte nicht zweifeln, es war ihr Gatte, von dessen Bildergalerie hier die Rede war.

Ich rief den Kellner und fragte, ob er mir Näheres von dem Besitzer dieser Galerie und seiner Familie sagen könne. Er wußte nicht mehr, als daß Herr Windham vor etlichen Jahren gestorben sei und seine Sammlung der Stadt vermacht habe. Ob er eine Frau gehabt, könne er nicht sagen. Vielleicht wisse es der Wirt. Der sitze aber in seinem Privatzimmer mit ein paar Freunden beim Skat und liebe es nicht, dabei gestört zu werden.

Ich verbat das auch und suchte mir vorzureden, daß ich durchaus kein Interesse daran hätte, ob eine Frau Abigail Windham als Witwe in dieser Stadt lebe, oder etwa mit ihrer Mutter wieder auf dem steirischen Landgut. Was war mir diese alte Flamme? Ein Bild und ein Name. Und vielleicht war auch das Urbild in diesen elf Jahren stark verblichen oder nachgedunkelt, und ein Wiedersehen konnte keinem von uns erwünscht sein.

Lassen Sie mich gestehen, daß auch ein nie ganz unterdrücktes Gefühl eigener Verschuldung sich wieder in mir regte.

Im Grunde, was hatte ich ihr vorzuwerfen? Sie hatte nur nicht gehalten, was sie nie versprochen hatte, was ihrer Natur nun einmal versagt war. Wer weiß, wenn ich mich auf ihr einfaches Wort verlassen und alles der Zukunft anheimgestellt hätte, wäre der zarte Keim einer Neigung zu mir am Ende wirklich kräftig zur Blüte gediehen und ein so langsam erschlossenes Herz hätte doch wohl keinen geringeren Wert gehabt, als eines, das über Nacht sich entscheidet. Nein, es war ein schnöder Wankelmut gewesen, mich plötzlich von ihr abzuwenden. Freilich, ob ich mit ihr so glücklich geworden wäre, wie mit meiner armen Helene –! Aber darauf kam es nicht an. Ich hatte ihr meine Treue gelobt, und war's eine Übereilung gewesen, als Ehrenmann war ich verpflichtet, sie nicht im Stich zu lassen.

Ähnliche Betrachtungen hatte ich im Laufe der letzten Jahre mehr als einmal angestellt und sie immer mit Sophismen zurückzudrängen gesucht. An jenem Abend gewannen sie eine solche Macht über mich, daß ich in sehr trübseliger Stimmung dasaß, einen bitteren Geschmack auf der Zunge, den selbst der edle Wein nicht wegspülen konnte.

Darüber war es spät geworden. Die Spieler hatten das Lokal verlassen, nur eine einzige Schachpartie zog sich hartnäckig in die Länge. Ich brach endlich auf und merkte nun erst, daß schwerer Wein und schwere Gedanken nicht gut zusammen taugen. Denn der Kopf brannte mir, und am Herzen fühlte ich einen lästigen Druck. Das besserte sich aber, als ich in die linde Nachtluft hinaustrat und meinen wohlbekannten Weg nach dem Gasthof einschlug. Keiner Menschenseele begegnete ich, als einem Nachtwächter, der in dieser altertümlichen Stadt noch mit Spieß und Laterne die Runde machte – damals wenigstens. Die Laterne war überflüssig, denn ein zauberhafter Mondschein lag auf Dächern und Gassen und ließ die krausen Ornamente der alten Erker und selbst die Inschriften über den Haustüren taghell hervortreten. Die Nacht war so wundervoll, daß ich noch einen weiten Umweg machte, eh' ich mich entschloß, mein Zimmer aufzusuchen, das über Tag ziemlich schwül gewesen war. Hoffentlich hatte das Zimmermädchen die Fenster offen gelassen.

So erreichte ich das Hotel, fand die Tür noch angelehnt, den Portier aber in seiner Zelle in tiefen Schlaf gesunken. Ich gönnte ihm seine Ruhe, zumal ich den Zimmerschlüssel hatte stecken lassen. Den Weg zur Treppe hinauf konnte ich auch bei dem schläfrigen Gaslicht ohne Führer finden. Ich hoffte einen langen Schlaf zu tun, denn ich fühlte eine bleierne Müdigkeit in allen Gliedern. Als ich aber meine Tür öffnete, sah ich etwas, das plötzlich alle träumerische Dumpfheit von mir nahm und mich mit einem jähen Ausruf der Überraschung an die Schwelle festbannte.

Die beiden Fenster des Zimmers gingen nach einem freien Platz hinaus und ließen das grelle Mondlicht breit hereindringen. Desto dunkler war es in der hinteren Ecke, wo das Bett stand, und gegenüber an der anderen Wand bei dem Sofa. Und doch sah ich deutlich, daß jemand auf dem Sofa saß, eine schwarzgekleidete Frauengestalt, nichts Helles an ihr als das Gesicht. Das sah unbeweglich aus einem schwarzen Schleier hervor, der von der einen Hand unter dem Kinn zusammengehalten wurde, während die andere einen Blumenstrauß gegen das Gesicht hielt. Sie mußte ihn aus dem Glase genommen haben, das auf dem Tisch vor dem Sofa stand, ein paar Rosen und Jasminblüten, die mir die Frau meines Freundes nach Tische in ihrem Garten gepflückt hatte.

Auch bei meinem Eintritt regte sich die verhüllte Gestalt nicht im Mindesten. Erst als ich mich ermannte und dicht an den Tisch trat – die Worte versagten mir, ich traute noch immer meinen Augen nicht – hob die Fremde den Kopf, den sie auf die Lehne des Sofas hatte zurücksinken lassen, und ich sah nun trotz der Dunkelheit ganz deutlich zwei große graue Augen auf mich gerichtet.

Abigail!

Die Gestalt blieb ruhig sitzen. Sie schien durchaus nicht verlegen, an diesem Ort, zu dieser mitternächtigen Stunde sich mir gegenüber zu befinden. Nur die Hand mit den Blumen ließ sie in den Schoß sinken. Dann, nach einer Weile hörte ich sie sagen – die Stimme klang mir unheimlich fremd:

»Kennen Sie mich wirklich noch? War alle Mühe, die Sie sich gegeben haben, mich zu vergessen, umsonst? Nun, das macht Ihnen alle Ehre. Ich sehe, daß ich Sie doch richtig taxiert habe.«

»Abigail!« rief ich wieder. »Ist es denn möglich? Sie hier? Wie kommen Sie in dieses Zimmer, zu so ungewohnter Zeit?«

Ich hatte mich jetzt an das Halbdunkel gewöhnt und sah deutlich, daß ein kalter, lauernder Zug ihren Mund entstellte. Übrigens erschien sie mir schöner, als ich sie im Gedächtnis hatte, nur blasser, und die Brauen zogen sich zuweilen schmerzlich zusammen.

»Wie ich hierher gekommen bin?« erwiderte sie langsam, mit einer etwas heiseren Stimme, wie jemand, der einsam lebt und das Sprechen oft Tage lang nicht mehr übt. »Das ist sehr einfach. Ich hörte, Sie seien hier, auf kurze Zeit. Daß Sie mich nicht aufsuchen würden, wußte ich. Da mußte ich mich wohl entschließen, zu Ihnen zu kommen. Den Weg hier herauf zeigte mir freilich niemand. Der Portier schlief. Aber ich las Ihren Namen auf der schwarzen Tafel unten und dabei die Nummer Ihres Zimmers. Da war ich so frei, mich hier häuslich niederzulassen, um Sie zu erwarten. Ich möchte doch gern, da ich jetzt so einsam bin – mein Mann ist vor drei Jahren gestorben – einen alten Freund einmal wieder begrüßen. Sie wissen, on revient toujours –! Freilich, so ein armer revenant macht eine traurige Figur, aber wenn ich häßlich geworden bin, Sie dürfen mir's nicht vorwerfen, Sie sind ja schuld daran – doch davon wollen wir jetzt nicht reden. Man muß sich das bißchen hübsche Gegenwart nicht durch unliebsame Rückblicke verderben.«

Noch immer fand ich kein Wort. Was ich aus dem ganzen Abenteuer machen sollte, war mir rätselhaft. Abigail, die ich so stolz und zurückhaltend gekannt hatte, jetzt hier um Mitternacht auf meinem stillen Gasthofzimmer, nur um mich wieder zu begrüßen! –

»Es ist so dunkel hier«, stammelte ich endlich. »Erlauben Sie, daß ich Licht mache.«

»Nein, lassen Sie!« fiel sie mir ins Wort. »Es ist hell genug, daß wir unsere Augen sehen können, und weiter bedarf es nichts. Ich bin eitel, müssen Sie wissen. Sie sollen nicht auf meinem Gesicht die Spuren der vielen Jahre sehen, die seit unserm letzten Begegnen verflossen sind. Ich habe die Zeit nicht gerade sehr lustig zugebracht. Wenn Sie mich nicht hätten sitzen lassen, wäre ich vielleicht vergnügt gewesen, und wer sich glücklich fühlt, altert nicht!«

»Gnädige Frau –!« rief ich und wollte ihr sagen, daß ich mich zwar nicht frei von Schuld wisse, sie aber, was geschehen, mitverschuldet habe. Sie ließ mich aber nicht zu Worte kommen.

»Nennen Sie mich mit meinem Mädchennamen, nicht ›gnädige Frau‹!« sagte sie. »Solange mein Mann lebte, mußte ich mir diese Anrede gefallen lassen, die mir doch nicht zukam. Ich war nur die barmherzige Schwester meines guten Mannes, nicht sein Weib. Und noch etwas freilich: sein Modell, daß er vergötterte, anbetete, dessen Schönheit zu preisen er nicht müde wurde. Anfangs machte mir das Vergnügen, bald aber langweilte mich's. Und daß er mich in hundert Stellungen und Lagen zeichnete, erschien mir vollends als eine unausstehliche Frohne. Aber was sollt' ich machen? Es war seine einzige Freude, und die durfte ich ihm nicht stören, er war ein so edler, lieber Mensch, weit besser als Sie. Und doch fühlt' ich mich wie erlöst, als er endlich seinen Leiden erlegen war.«

»Abigail,« sagte ich, »es ist mir lieb, daß ich es einmal vom Herzen wälzen kann, was mich so lange bedrückt hat.« – Und nun sagt' ich ihr alles, meinen Kummer über ihre Kälte, die getäuschte Hoffnung, während des langen Feldzuges werde das Band von ihrem Herzen springen, und daß ich endlich verzweifelt sei, jemals das Eis um ihre Brust zu schmelzen.

»O,« sagte sie, mit einem leisen Zittern in der Stimme, »Sie stellen das sehr zu Ihrem Vorteil dar, mein Herr. Wenn Sie mich wirklich geliebt hätten, wäre Ihnen die Geduld nicht ausgegangen, darauf zu warten, daß ich, da ich die Liebe erst mühsam buchstabieren mußte, endlich bis zum Z gelangte, nachdem ich doch einmal A gesagt hatte. Aber sobald Sie im Felde waren, hörte ich auf, für Sie zu existieren.«

»Wie können Sie das sagen! Alle Briefe, die ich Ihnen schrieb –«

»Ich habe nicht einen einzigen bekommen.«

Wir starrten einander an. Jedem von uns drängte sich derselbe Gedanke auf, daß die Mutter meine Briefe unterschlagen habe. Aber keines brachte das über die Lippen.

»Je nun,« sagte sie endlich, »was hilft es, sich über verlorene Dinge den Kopf oder gar das Herz zu zerbrechen! Sie haben einen hinlänglichen

Ersatz gefunden, und auch ich hätte es viel schlimmer haben können. Am Ende wären wir Zwei nicht einmal glücklich miteinander geworden. Ich gestehe Ihnen ehrlich, ich weiß immer noch nicht, ob ich im Grunde gut oder schlecht bin. Vielleicht bin ich keins von beiden. Vielleicht denkt die Natur, wenn sie einen Menschen besonders schön geschaffen hat, sie habe nun genug für ihn getan und brauche ihm weiter nichts ins Leben mitzugeben. Mein Mann, der ein Kunstenthusiast war, verlangte auch nicht mehr. Sie aber – ich glaube, es hätte Sie bald gelangweilt, meine schönen Schultern und Arme anzugaffen.«

Damit schlug sie den schwarzen Schleier zurück und lag hingegossen in der reizendsten Haltung, mit einem ernsten Blick an sich selbst hinunterschauend. Aber ohne Eitelkeit, nur wie man ein Bild betrachtet. Sie war in der Tat noch schöner geworden mit der größeren Reife, die blassen Arme ein wenig voller und auch jetzt nur oben an der Achsel mit einem schmalen Band umschlungen, das alle Augenblicke herabzurutschen drohte, worauf sie es ruhig wieder in die Höhe schob. Ich sah wieder die drei kleinen Narben am linken Oberarm, und wieder kam mir das Gelüst, meine Lippen darauf zu drücken und von den glatten, weichen Schlangen ihrer Arme meinen Hals umstrickt zu fühlen.

Endlich, als würde sie durch meine zudringlich prüfenden Blicke belästigt, nahm sie die Falten des Schleiers über ihrer Brust wieder zusammen und stand auf.

»Dieses Sträußchen nehm' ich zum Andenken mit«, sagte sie. »Ihr habt viel schönere Blumen als wir, auch duften sie, was unsere nicht tun.«

Sie zog eine Handvoll Immortellen hervor, die sie im tiefen Ausschnitt ihres schwarzen Sammetkleides getragen hatte. »Wollen Sie sie haben? Auch zum Andenken? Wozu soll ich mich auch sonst putzen, als für einen guten Freund? So gut wird mir's nicht alle Tage.«

»Abigail!« rief ich, jetzt vollends hingerissen, da sie in ihrer ganzen Schönheit am mondbeschienenen Fenster vor mir stand, das blonde Haar unter dem Schleier vorleuchtend, – »soll dies unser letztes Begegnen gewesen sein? Sie sind wieder frei, und ich so einsam wie Sie, und daß wir nicht früher zusammenkommen konnten, – wir haben jetzt eingesehen, daß es nicht unsere Schuld war. Liebe Abigail – können Sie sich – kannst du dich jetzt noch entschließen, mein Weib zu werden?«

Ich stürzte auf sie zu und wollte sie in meine Arme ziehen. Sie trat aber einen großen Schritt zurück und streckte beide Hände abwehrend gegen mich aus.

»Nein, mein Herr!« sagte sie, und ein kühler, spöttischer Ausdruck des weißen Gesichts schlug meine Wallung nieder. »Machen wir keine

Dummheit. Sie haben mich darum gebracht, zu erfahren, wie das Leben an der Seite eines geliebten Menschen sein könnte. Das holt man nie wieder nach. Sie würden beständig Vergleiche anstellen zwischen mir und der guten kleinen Frau, die Sie so glücklich gemacht hat und so ganz anders war als ich – oder können Sie leugnen, daß Sie glauben, eine bessere Frau habe nie ein Mensch besessen! – Nun und ich, wenn ich auch gewünscht hätte, mein Mann möchte dreißig Jahre jünger gewesen sein, – wie er mich angebetet, wird mich niemand mehr anbeten. Also einen Strich darunter und ohne Winseln und Wehklagen! Aber ich seh' es Ihnen an, Sie sind jetzt sehr verliebt in mich, nun, und warum sollte ich Sie verschmachten lassen? Ich bin ja jetzt ganz unabhängig und kann über meine Person nach Belieben verfügen. Wenn man's einmal verscherzt hat, sich am Glück satt zu trinken, warum soll man verschmähen, einmal davon zu nippen, um sich wenigstens eine kurze Illusion von Glück zu verschaffen, zumal in einer so schwülen Nacht, wo ein armes Menschenkind eine Erfrischung wohl brauchen kann?«

Ich kann nicht beschreiben, wie wunderlich diese Worte auf mich wirkten. Dies Gemisch von Schwermut und Leichtfertigkeit, von Resignation und Genußsucht war mir so fremd an dem einst so spröden und kühlen Wesen, daß ich mich erst eine Weile fassen mußte, eh' ich etwas gewiß sehr Einfältiges erwidern konnte.

Ich hörte sie auch leise lachen. »Sie wundern sich, daß ich trotz meiner puritanischen Erziehung so wenig prüde bin. Nun, das vergeht einem mit den Jahren, der dunkle Grund dringt immer mehr herauf, vor Wut und Gram über ein verlorenes Leben könnte selbst ein Engel von einem keuschen Weibe zu einer Teufelin werden. Aber Sie brauchen keine Angst zu haben; ich dränge mich Ihnen nicht auf. Ich sagt' es ja schon, ein armer revenant darf nicht große Ansprüche machen. Also leben Sie wohl und gute Nacht!«

Sie hatte das mit so eigentümlich gedämpfter Stimme, wie ergeben in ein trauriges Schicksal, gesprochen, daß mein ganzes Herz ihr wieder entgegenschlug. Ich streckte den Arm aus, sie an meine Brust zu ziehen, aber wieder trat sie zurück.

»Nicht hier!« flüsterte sie. »Was würden die Leute im Hause von mir denken, wenn ich morgen früh die Treppe hinunterginge! Begleiten Sie mich in meine Wohnung, da sind wir ungestört, und kein Hahn kräht danach, wenn ich mir Gesellschaft einlade. Wollen Sie? Nun so kommen Sie und lassen Sie uns keine Zeit mehr verlieren. Die Stunden eilen, und das Glück enteilt mit ihnen.«

Sie wandte sich nach der Türe, und ich sah wieder mit Entzücken ihren leichten, schwebenden Gang, der unhörbar über den Teppich glitt. All meine Sinne fieberten, als ich ihr folgte, die Treppe hinab, wo das Gas jetzt ausgelöscht war, zu dem unverschlossenen Hause hinaus. Draußen wollte ich mich ihres Armes bemächtigen, sie schüttelte aber stumm den Kopf und ging ruhig ihres Weges, doch so dicht neben mir, daß, wenn sie sich zu mir wandte, der kühle Hauch ihres Mundes mich berührte.

Das geschah nicht oft. Meist sah ich nur ihr Profil, und wieder fiel mir der durstige, lechzende Ausdruck ihres Mundes auf, halbgeöffnet, daß die Zähne vorschimmerten, die Oberlippe ein wenig vorgestreckt. Sie hatte den Kopf in den Nacken geworfen, das Haar war aufgegangen und floß unter dem Schleier über ihren Rücken, die nackten Arme lagen übereinander geschlagen unter der entblößten Brust, die sie dem Nachtwind preisgab. »Friert dich nicht?« sagt' ich. Sie schüttelte nur wieder den Kopf. Dann warf sie mir plötzlich einen argwöhnisch lauernden Seitenblick zu.

»Du genierst dich, so mit mir über die Straße zu gehen«, sagte sie. »Aber sei unbesorgt, ich kompromittiere dich nicht. Auch wenn uns jemand begegnete, er würde nicht denken, ich führte dich jetzt zu einer Schäferstunde. Ich habe einen sehr guten Ruf, niemand würde wagen, ihn anzutasten. Man weiß, daß ich ganz ehrbar und abgeschieden wohne und keinen Mann über meine Schwelle lasse, außer dem alten Gärtner, der mir meine Blumen in Ordnung hält. Auch komm' ich gar nicht an die Luft, was hätte ich auch draußen zu suchen? Heute habe ich eine Ausnahme gemacht, um deinetwillen, on revient toujours à ses premiers amours; aber das hab ich dir ja schon einmal gesagt. Ja, siehst du, man wird eintönig, wenn man liebt, was liegt daran? Du wirst mich darum nicht verachten.«

In diesem Augenblick kam uns ein verspäteter Nachtschwärmer entgegen. Er ging aber an uns vorbei, als sähe er nur mich, nicht das schöne, seltsam gekleidete Weib an meiner Seite, dessen prachtvolle Schultern unter dem schwarzen Schleier sichtbar genug hervorschimmerten. Ich hörte sie leise lachen. »Hab' ich dir's nicht gesagt? Der werte Herr war nur so diskret, um mich nicht verlegen zu machen. Meinetwegen könnte er dieses Zartgefühl sparen. Was kümmert mich mein Ruf? Wen geht es was an, wenn ich einem alten Freunde, obwohl er's nicht um mich verdient hat, etwas zu Liebe tun will?«

Während sie sprach, eilte sie so rasch vorwärts – immer so lautlos, als ginge sie auf nackten Füßen –, daß ich kaum Schritt mit ihr halten konnte. So kamen wir vors Tor. Diese Gegend war mir unbekannt. Einige ärmliche Häuser, in denen Arbeiter wohnen mochten, standen rechts und links von der staubigen, mit Pappeln bepflanzten Chaussee, und endlich hörte jede Spur einer Ansiedelung auf. Der Mond war hinter eine helle Wolkenschicht gegangen, ein stärkerer Wind hatte sich aufgemacht und sauste durch die Wipfel über uns. »Sind wir bald am Ziel?« fragte ich, da ein unheimliches Gefühl mehr und mehr meine Brust beengte. »Bald!« flüsterte sie. »Du siehst schon die Mauer meines Gartens, dort zur Linken. Meine Wohnung liegt mitten darin. Bist du aber müde? Willst du umkehren?«

Statt aller Antwort suchte ich sie an mich zu ziehen. Ich fühlte ein brennendes Verlangen, sie auf den weißen Hals zu küssen. Aber wieder entwand sie sich mir und sagte: »Warte nur! Was du wünschest, wird dir früh genug. Und da sind wir schon. Du wirst dich wundern, wie hübsch ich wohne.«

Wir standen vor einem breiten eisernen Gitter, das den Eingang in einen weiten Garten verschloß. Von den Anlagen sah man nichts als eine Allee, die geradeaus sich weit in den Hintergrund erstreckte, aus zypressenartigen Taxussträuchern und Tujabäumchen gebildet, zwischen denen hier und da ein Marmorbild vorleuchtete. Am äußersten Ende ragte ein einstöckiger Bau in die Höhe, mit einem halbrunden Dach; das mußte die Villa sein. Es lag aber ein so bleicher Nebelduft über allem, daß man in solcher Entfernung nichts genau unterscheiden konnte.

»Willst du nicht aufschließen?« fragte ich. »Die Nacht vergeht.«

»O, sie ist noch lang genug«, antwortete sie leise, mit einem höhnischen Ton. »Und ich habe den Schlüssel vergessen. Was fangen wir nun an?«

»Da ist eine Klingel neben der Pforte«, sagte ich. »Sie wird den Gärtner wecken, wenn der schon schlafen sollte.«

»Unterstehe dich nicht, die Glocke zu ziehen! Niemand darf wissen, daß ich dich bei mir einlasse, der alte Mann am wenigsten. Er würde mich verachten und meine Blumen nicht mehr begießen. Aber wir brauchen auch niemand. Wenn wir uns nur ein wenig schmiegen, geht es auch so.«

Indem sie das sagte, sah ich, wie sie durch den Zwischenraum zweier Eisenstäbe hindurchglitt, so leicht, als wäre statt der üppigen Frauengestalt eine Wolke hineingeschwebt.

Nun stand sie drüben, jetzt wieder im hellen Mondschein, und nickte mir zu. »Wer mich lieb hat, folge mir nach!« rief sie, wieder mit ihrem schadenfrohen Lachen. Zugleich aber leuchtete mir nun ihre reife Schönheit voll entgegen, daß ich vor Sehnsucht und Ungeduld aus der Haut zu fahren dachte.

»Spiele nicht so grausam mit mir!« rief ich. »Du siehst wohl, auf diesem Wege kann ich nicht zu dir kommen. Hast du mich so weit gelockt, so vollende nun dein gutes Werk, hole den Schlüssel und laß mich ein!«

»Das könnte dem Herrn wohl gefallen!« höhnte sie durch das Gitter, und ihre Augen blitzten mich an. »Und morgen früh, wenn die Hähne krähen, ginge er auf und davon und ließe mich einsame Witwe ohne alle Gewissensbisse zurück. Denn ich bin nur schön bei Nacht. Wenn die Sonne scheint, darf ich mich nicht sehen lassen. Nein, schöner Herr, es war mir nur um ein sicheres Geleit zu tun, da eine tugendsame Frau um Mitternacht nicht gern allein auf der Straße betroffen wird. Und nun bedanke ich mich für den Ritterdienst und wünsche dem Herrn Major, oder was er sonst sein mag, eine glückliche Reise.«

Sie machte einen tiefen Knix, wobei sich die reizende Gestalt verführerischer als je darstellte, und wandte sich dann langsam ab, um die Allee hinaufzuschreiten.

»Abigail!« rief ich außer mir, »ist es möglich! So unmenschlich kannst du mich behandeln, mir erst alle Himmel offen zeigen und mich dann erbarmungslos in die schadenfrohe Hölle stürzen? Wenn ich es verscherzt habe, dich je die Meine zu nennen, stoß mich wenigstens nicht ohne jeden Trost von dir, gib mir einen Tropfen Liebe zu kosten, daß ich meine durstige Seele damit beschwichtige, nur einen Kuß, Abigail, aber nicht wie damals, als dein Herz nicht auf deinen Lippen war, sondern wie man einen Freund küßt, dem man ein schweres Vergehen verziehen hat!«

Sie war stehen geblieben und drehte sich ruhig wieder nach mir um. »Wenn dem Herrn mit so wenig gedient ist, – Abigail ist nicht grausam, obwohl das Leben ihr selbst grausam mitgespielt hat. Und überdies hätte ich auch wohl einmal Lust zu küssen, wozu ich mein Lebtag nicht recht gekommen bin.«

Sie kehrte um und trat wieder dicht an das Gitter heran. Mit den beiden glatten, weißen Armen griff sie durch die Stäbe hindurch und zog meinen Kopf rasch an ihr Gesicht heran. Ganz nahe sah ich ihre großen grauen Augen, die auch jetzt ohne Liebe und ohne Haß in kaltem Glanze strahlten. Dann fühlte ich, wie ihr Mund sich auf den meinen preßte, und ein seltsamer Schauer, halb Angst, halb Seligkeit, rann mir durch das Blut. Ihre Lippen waren kalt, aber ihr Atem glühte mich an, und mir war, als saugte sie mir die Seele aus dem Leibe. Vor meinen Augen wurde es schwarz, der Atem verging mir, ich suchte angstvoll mich loszumachen, aber ihr kühler, weicher Mund blieb fest auf meinen gedrückt – ich strebte danach, mich der Umstrickung ihrer Arme zu entwinden, – die weichen Schlangen umschnürten meinen Nacken wie stählerne Reifen, und wo war die Kraft meiner Arme geblieben? Wie wenn das Mark in ihnen durch jenen Kuß aufgezehrt würde, sanken sie kraftlos herab, der Todesschweiß trat mir auf die Stirn, wie ein halb ohnmächtiger armer Sünder, der die Folter erleidet, hing ich an dem Gitter, ich wollte schreien, und kein Ton durchbrach den so fest verschlossenen Mund, die Gedanken rasten mir durchs Hirn, wie bei einem ins tiefe Meer Versinkenden, noch zwei Augenblicke in dieser Qual, und es war um mich geschehen – da brach ein Schall wie das Klatschen einer Peitsche in die grauenhafte Stille hinein, sogleich löste sich der Mund drüben von dem meinigen, ein helles Gelächter erscholl zwischen den Stäben, ich verlor die Besinnung und brach zusammen.

Als ich wieder zu mir kam, sah ich meinen Freund, den Doktor, neben mir knien, beschäftigt, mir mit irgendeiner Essenz, die er aus seiner Handapotheke geholt, Stirn und Schläfe zu reiben. Sein Wagen stand dicht dabei in der Allee, ich begriff, daß ich seinem Kutscher die Erlösung von dem Gespenst zu verdanken hatte, da das Knallen der Peitsche es verscheuchte.

»Was Teufel, alter Freund, hast du hier draußen am Friedhof in der Geisterstunde zu suchen?« rief der Arzt, als ich mich ein wenig ermuntert hatte und, von ihm unterstützt, dem Wagen zuwanken konnte. »Du zitterst an allen Gliedern, deine Lippe blutet – wenn du geglaubt hast, daß es eine passende Nachkur nach Wildbad sein möchte, hier im Nachttau auf der kalten Erde zu schlafen, so bist du in einem großen Irrtum.«

Nicht um die Welt hätte ich's übers Herz gebracht, ihm den wahren Zusammenhang mitzuteilen. Der feurige Wein habe mich noch so spät umgetrieben, sagte ich, und so sei ich zuletzt dort am Gitter, wo ich einen Augenblick hätte rasten wollen, von einem Schwindel überrascht und zu Boden geworfen worden.

Das klang nicht unwahrscheinlich. Auch verfiel ich, nachdem mein hilfreicher Freund mich in meinem Gasthofsbette zur Ruhe gebracht, sofort in einen tiefen gesunden Schlaf, den niemand ängstlich zu bewachen brauchte. Als ich am späten Morgen aufstand, durch den Besuch des Doktors ermuntert, schien jede Spur des unheimlichen Nachtbesuches verschwunden.

Dennoch war ich durchaus nicht so tapfer, wie es einem Soldaten geziemte. Als der Abend kam – den Tag hatte ich in beklommenem Brüten auf meinem Zimmer zugebracht –, schrieb ich ein Billet an den Freund, ich müsse noch mit dem Nachtzuge abreisen. Auch jetzt gestand ich den wahren Grund nicht ein. Ein Arzt – ein Skeptiker von Beruf – wie hätte ich denken können, daß er meinem Bericht Glauben geschenkt hätte? Muß ich nicht fürchten, daß ich selbst Ihnen, verehrte Freunde, entweder als ein sonderbarer Schwärmer oder als ein fabulierender Phantast erscheine?

Alle waren verstummt. Endlich sagte die Frau vom Hause:

»Wenn ich ehrlich sein soll – aber ich darf Sie nicht dadurch verstimmen, lieber Herr Oberst – Ihre ganze Spukgeschichte halte ich nur für einen starken, ungewöhnlich hellen und zusammenhängenden Traum, den Sie geträumt haben. Der Portier des Hotels kann Ihnen nicht als Zeuge dienen, da er geschlafen haben soll, als zuerst die Frau und dann Sie selbst die Treppe betraten. Übrigens wenn wirklich der Wein dies ganze Abenteuer in Ihrem Kopfe gedichtet haben sollte, auch diesmal wäre im Weine Wahrheit gewesen – Ihr Gefühl für die verlassene Geliebte und die Nemesis, die sich Ihnen durch die entsetzliche Umarmung des Alps offenbart hätte.«

»Ich war auf diese Erklärung gefaßt«, sagte der Oberst und sah still vor sich hin. »Aber was sagen Sie zu Träumen, die in der Wirklichkeit sichtbare Spuren zurücklassen? Als ich am Morgen an meinen Tisch trat, war der Strauß von Rosen und Jasmin aus dem Glase verschwunden. Auf dem Sofa aber lag ein dürres Sträußchen verblichener Immortellen.«

Friedrich Gerstäcker

Das rote Haus

1

Es war im Herbst des Jahres 1851, als ein dichter Reisewagen durch das Tor der alten Stadt M*** rasselte und in die zum Markt führende Straße einbog. Zwei junge Männer saßen darin, die eben von einem Ausflug in die nicht weit entfernten Gebirge zurückkehrten, und beide schauten, mit ihren Gedanken beschäftigt, auf das Leben und Treiben um sich her. Es waren zwei Maler, die ihre Mappen mit Skizzen gefüllt hatten, um im Winter auszuarbeiten, was ihnen der Sommer mit freigebiger Pracht geboten.

»Sieh dort, Gerhard«, sagte jetzt plötzlich der eine, ein junger, schlanker Mann mit schwarzem Haar und leichtem, gekraustem Bart, mit dunkeln, sprechenden Augen und etwas bleichen, aber belebten Zügen. »Wahrhaftig, da ist sie wieder! Merkwürdig: sooft ich nun auch in das alte M*** hineingegangen oder gefahren bin, jedesmal, wenn ich von einem längeren Ausfluge zurückkehrte, ist mir jenes schöne Mädchenbild da drüben zuerst begegnet. Ich habe in meinem Leben keine tieferen Augen gesehen,« fuhr Werner fort, als die Fremde ihren Blicken entzogen war, »mir ist jedesmal, als ob sie mir Feuer ins Hirn hineinbrennten.«

»Dann nimm dein Herz vor der Glut in acht,« lachte Gerhard, »aber wer ist sie? Hast du es nie erfahren?«

»Nie, und sonderbarerweise habe ich sie auch sonst nie getroffen. Nur wenn ich eine Zeitlang entfernt gewesen, traf ich sie regelmäßig bei meinem ersten Einfahren in die Stadt.«

»Du machst mich neugierig«, lächelte Gerhard. »Ich möchte deine rätselhafte Schöne ebenfalls von Angesicht zu Angesicht kennenlernen. Los denn, je eher, desto besser! Halt, Kutscher!– Wir wollen hier aussteigen,« rief er rasch, indem er die Schulter des Führers auf dem Bock berührte, »fahre langsam zum Grünen Baum und warte auf uns, wir kommen gleich nach.«

»Was willst du tun?« fragte Werner erstaunt.

»Was ich tun will?« lachte Gerhard, indem er aus dem Wagen sprang. »Deiner geheimnisvollen Dame, wenn irgend möglich, begegnen, da man ihrer sonst, wie es scheint, doch nicht habhaft wird.«

Werner folgte, ohne ein Wort weiter zu erwidern, und die beiden jungen Männer schritten Arm in Arm rasch den Weg zurück, den sie eben gekommen waren. Obgleich sie aber beide ihre forschenden Blicke nach rechts und links schweifen ließen, war die Fremde nirgends mehr zu erkennen. Sie mußte irgendwo in ein Haus getreten sein. So schritten sie endlich langsam dem Gasthof zu, vor dem ihr Kutscher sie erwarten sollte.

»Deine schwarze Dame scheint durch eine Versenkung abgegangen zu sein«, sagte Gerhard.

»Möglich, daß sie in der Nähe wohnt,« erwiderte Werner, »aber was hätte uns auch ein zweites Begegnen geholfen? Wir durften sie doch nicht anreden.«

»Für mich wäre es jedenfalls ein *erstes* Begegnen gewesen,« lachte der Freund, »denn trotz deiner Beschreibung habe ich vorher auf dem ganzen Trottoir keine ähnliche Gestalt erkennen können. Nun – vielleicht ein andermal.« – – –

Der Winter verging, und trotzdem Werner manchen Ball besuchte und in den verschiedensten Gesellschaften ein oft und gern gesehener Gast war, traf er unter allen den jungen Mädchen nicht ein einziges Mal seine unbekannte Schöne. Das rege Treiben in der lebensfrohen Stadt brachte für ihn auch zuviel des Neuen und Interessanten, um einer flüchtigen Erscheinung aus früherer Zeit länger als dann und wann einmal mit einem ebenso flüchtigen Gedanken nachzuhängen.

So kam das Frühjahr heran und mit ihm die Zeit, da Werner M*** wieder verlassen wollte. Er hatte eines Tages schon einige Abschiedsbesuche gemacht und den Abend in angenehmer Gesellschaft zugebracht, aus der er ziemlich spät nach Hause zurückkehrte. Die Straßen waren still und öde, die Lampen schon längst ausgelöscht, und nur der Mond, der hell und voll am Himmel stand, warf seinen lichten Schein auf die eine Seite, so daß die andere in desto tieferem Dunkel lag. Werner wohnte in einem ziemlich entlegenen Teile der Stadt, und der Nachtwächter war die letzte Person, der er begegnete, als er plötzlich vor sich, in dem vom Monde nicht beschienenen Teile der Straße, eine weibliche Gestalt bemerkte, die mit raschen Schritten denselben Weg zu verfolgen schien wie er.

Mit seinen eigenen Gedanken beschäftigt, achtete er wenig darauf und hatte eine ziemliche Strecke etwa gleiche Entfernung mit ihr gehalten, als vom anderen Ende der Straße her ihnen lautes Lachen und Singen entgegenschallte und ein Trupp etwas angetrunkener Wirtshausgäste den Weg herunterkam.

Die Gestalt vor ihm blieb zögernd stehen, als ob sie sich fürchte, dem Schwarm allein zu begegnen. Während sie noch in Ungewißheit verharrte, hatte Werner sie eingeholt.

Wenn es ihm auch auffiel, eine Dame zu so später Stunde noch allein auf der Straße zu treffen, ließ es seine Ritterlichkeit doch nicht zu, sie in Verlegenheit zu lassen, und er sagte artig:

»Sie scheinen die lustige Schar zu fürchten. Wenn Sie erlauben, werde ich Sie hindurchgeleiten.«

Die Fremde wandte ihm ihr Antlitz zu, das der Mond in diesem Augenblicke hell und klar beschien, und wie ein Schlag durchzuckte es Werner, als er sich den dunkeln, rätselhaften Augen seiner Unbekannten dicht gegenübersah.

»Ich danke Ihnen,« sagte die Fremde mit leiser, weicher Stimme, die alle Fibern seines Herzens erbeben machte, »ich fürchte allerdings jenen Leuten zu begegnen und nehme Ihre Begleitung an.«

Werner brachte keine Silbe mehr über die Lippen. Kaum wissend, was er tat, bot er der schönen Unbekannten seinen Arm. Diese aber wich der Berührung aus, wickelte sich fester in ihre Mantisse und schritt still und schweigend neben ihm her.

Kein Wort wurde zwischen ihnen gewechselt, bis sie die Trunkenen lange hinter sich hatten. Nur manchmal warf Werner einen scheuen, forschenden Blick auf seine Begleiterin, die mit lautlosem Schritt neben ihm ging. Plötzlich wandte sie sich wieder gegen ihn und sagte freundlich:

»Ich danke Ihnen herzlich; ich habe nichts mehr zu fürchten. Die Straßen sind still und leer, und ich möchte Sie nicht weiter bemühen, denn meine Wohnung liegt noch fern.«

»Um soviel mehr Grund für mich, Sie noch nicht zu verlassen«, sagte Werner, mit Gewalt das Gefühl niederkämpfend, das ihn bis dahin befangen gemacht hatte. »Ein Spaziergang in dieser wunderbar schönen mondhellen Nacht ist an und für sich ein Genuß. Wieviel mehr, wenn –« Er stockte plötzlich, denn die Augen des Mädchens hafteten so ernst auf den seinen, daß er fast erschreckt innehielt, und schweigend wanderten beide wieder eine Strecke nebeneinander hin. Dies Schweigen wurde zuletzt Werner so peinlich, daß er es zu brechen suchte.

»Wahrscheinlich,« begann er, »bin ich Ihnen, mein Fräulein, ein Fremder, den Sie im Leben nicht gesehen zu haben glauben, und doch muß ich Sie fast wie eine alte Bekannte begrüßen. Oft bin ich schon nach M*** gekommen, aber jedesmal, durch welches Tor auch immer ich einfuhr, begegnete ich Ihnen, freilich ohne später, selbst bei dem längsten Aufenthalt in der Stadt, auch nur noch ein einziges Mal Sie wieder anzutreffen. Heute abend ist es das erstemal, daß mir dies Glück zuteil wird.«

»Das Glück?« wiederholte leicht und fast schmerzlich das junge Mädchen.

»Dürfen wir das nicht ein Glück nennen, wenn uns ein Lieblingswunsch endlich erfüllt wird, und noch dazu auf so angenehme Art? Ich gebe Ihnen mein Wort, daß mir nichts in der Welt ein größere Freude machen würde, als Ihnen wirklich einmal einen Dienst zu leisten.«

»Und wenn ich Sie beim Wort nähme,« sagte die Fremde mit traurigem Kopfschütteln, »Sie würden Ihr leichtsinniges Versprechen sicher bereuen.«

»Stellen Sie mich auf die Probe!« rief Werner rasch, und wieder schrak er zusammen, denn wiederum traf ihn jener unsagbare, fast unheimliche Blick.

»Ihr Menschen seid euch doch alle gleich!« sagte sie ruhig, indem sie wieder mit gesenktem Haupte neben ihm herschritt. »Pläne, Hoffnungen, Träume füllen euer Herz, und ihr wißt nie, wie weit eure Kräfte reichen.«

»Und doch,« rief Werner begeistert, »gelingt dem festen Willen des Mannes vieles, was beim ersten Anblick seine Kräfte zu übersteigen scheint.«

Seine Begleiterin antwortete nicht. Sie streckte nur die Hand gegen ein Gebäude auch an dem sie hinschritten, und sagte leise:

»Wir sind am Ziele!« Zugleich ergriff sie einen eisernen Ring, der ziemlich tief neben der gewölbten Tür hing, und zog daran. Im Innern tönte eine lautdröhnende, lang nachhallende Glocke. Die Tür flog wie durch einen Federdruck auf und gestattete einen Blick in den düsteren Vorsaal, in den der Mond, vielleicht durch ein hinteres Fenster, sein mattes, ungewisses Licht warf.

»Ich danke Ihnen«, sagte die junge Dame freundlich gegen Werner.

»Und darf ich Sie nicht wiedersehen?« fragte der junge Mann, dem ein eigenes, schmerzliches Gefühl das Herz durchzuckte.

»Vielleicht, wenn Sie wieder nach M*** kommen«, lächelte sie und verschwand in der Tür, die sich so rasch hinter ihr schloß, als ob sie nie geöffnet gewesen wäre.

Werner stand allein vor dem Haus, wie ein Traum war das Ganze an ihm vorübergegangen. Er hatte die Fremde nach ihrem Namen fragen, er hatte ihr sagen wollen, daß er morgen schon die Stadt verlasse, vielleicht erst nach langer Zeit dahin zurückkehre, alles hatte er in ihrer Nähe vergessen.

Auch die Gegend der Stadt, in der er sich befand, war ihm fremd. Er mußte sich an der äußersten Grenze befinden, wo schon die Gärten begannen; niedere Mauern zogen sich an der anderen Seite der Straße hin, und das Haus, vor dem er stand, – was für ein altes wunderliches Gebäude war es doch!

Oben der Giebel mußte ganz unbewohnt sein, denn der Mondstrahl fiel durch Dach und offene Fenster, und die wettergraue Wand sah in dem düsteren Schatten, wo das Mondlicht sie nicht erreichte, schwarz und drohend aus. Die unteren Fenster waren mit hölzernen Läden geschlossen, zwei ausgenommen, die starke Eisenstäbe schützten, und nur der erste Stock schien bewohnt zu sein oder wenigstens bewohnbar, soweit sich das in der Nacht und Dunkelheit erkennen ließ. Da, im ersten Stock, zeigte sich plötzlich hinter den dichtverhangenen Fenstern Licht. Ein kleiner Balkon führte auf die Straße hinaus. Jetzt verschwand das Licht wieder, und nun blieb alles dunkel.

Der Platz erschien dem jungen Maler noch einmal so öde als zuvor. Kopfschüttelnd und die Arme verschränkt blieb er noch einige Minuten aus der Stelle stehen, wo ihn die Fremde verlassen hatte, als sein Auge plötzlich auf einen blinkenden Gegenstand vor ihm auf dem Trottoir fiel. Er bückte sich, hob ihn auf und fand, daß es ein schmaler goldener Reif sei, den niemand anderes als seine Unbekannte verloren haben konnte. Schon streckte er den Arm nach dem Klingelzuge aus, einen Diener herbeizurufen und ihm das Gefundene einzuhändigen, als ihn der Gedanke durchzuckte, dadurch morgen einen Anknüpfungspunkt mit der Fremden zu haben. Rasch schob er den schmalen Reif in seine Brusttasche, als plötzlich, nur wenige Schritte von ihm entfernt, aus einem der dunkeln vergitterten Fenster ein heiseres Lachen heraustönte und ihn, so wenig er sonst Furcht kannte, wie mit eisigem Schauer durchrieselte.

Erschreckt sah er sich nach den unheimlichen Tönen um; es war ihm fast, als ob er hinter dem Gitter die verzerrten Züge eines menschlichen Angesichts gewahrte. Mehr sah er nicht, denn von einem sonderbaren Grauen getrieben floh er im nächsten Augenblick die Straße, die er vorher gekommen, zurück. Als er den belebteren Teil der Stadt wieder erreichte, schlug es vom nahen Turme eins, und Werner merkte sich jetzt die Richtung, aus der er gekommen, um die Gegend am nächsten Morgen wiederzufinden. Er dachte nicht mehr an seine Abreise, bis er das Rätsel dieses Abends, das ihm Kopf und Herz erfüllte, gelöst hätte.

2

Vergebens suchte Werner die Ruhe auf seinem Lager. Wilde Träume peinigten ihn. Wieder und wieder schritt er mit dem schönen Mädchen durch die stillen mondbeschienenen Straßen. Hörte aufs neue das heisere Lachen aus dem vergitterten dunkeln Raume heraus. Auch das Haus selber betrat er und schritt an der Hand seiner schönen Begleiterin durch hohe, gewölbte Zimmer und weite Säle über weiche Teppiche, auf denen er ihren leichten Gang so wenig hörte, wie draußen auf dem harten Trottoir. Aber im Mondenlichte draußen, wie unter den strahlenden Kronleuchtern hier, konnte er keinen Schatten der Geliebten erkennen, und überall grinste ihm ein Fratzengesicht mit schielendem Blicke, narbenzerrissenen Zügen und wilden, struppigen Haaren entgegen.

Mit pochenden Schläfen und heftigem Kopfschmerz erwachte er endlich und war schon versucht, das Ganze für einen tollen Traum zu halten, als sein Blick auf das auf dem Tische liegende goldene Armband fiel. Rasch sprang er von seinem Lager auf und kleidete sich an, fest entschlossen, noch an diesem Morgen die geheimnisvolle Fremde aufzusuchen.

Während er eben seine Toilette beendete, öffnete Gerhard die Tür und blieb erstaunt auf der Schwelle stehen, als er den offenen Koffer und die ordnungslos umhergestreuten Kleidungsstücke erblickte.

»Was?« rief er aus. »Noch nicht fertig mit Packen? Und in einer halben Stunde fährt der Zug ab!«

»Ich reise nicht, Gerhard,« antwortete Werner und sah dem Freunde fest ins Auge, »ich – ich habe sie gesehen!«

»Sie? – Wen?« fragte dieser erstaunt.

»Erinnerst du dich nicht mehr jener fremden Dame, die uns begegnete, als wir hier einfuhren, und die wir damals nicht wiederfinden konnten?«

»Deine schwarze Dame?« lachte Gerhard. »Und *deshalb* reisest du nicht? – Wo hast du sie denn getroffen, und wann? Wir waren doch bis gegen zwölf Uhr gestern abend zusammen.«

»Gestern abend traf ich sie auf dem Heimwege.«

»Um Mitternacht?« lachte Gerhard.

»Ich kann dir deine Heiterkeit nicht übelnehmen«, sagte Werner. »So unerklärlich, wie es dir scheint, ist mir das Ganze selber noch, obgleich alles mit sehr natürlichen Dingen zuging. Aber höre:«

Und nun gab er jetzt dem Freunde Bericht über die Vorgänge des letzten Abends. Gerhard horchte mit gespannter Aufmerksamkeit, ihm entging die Aufregung nicht, in der sich Werner befand. Als er aber auf das Armband kam, das noch immer auf dem Tische lag, sprang Gerhard auf und sagte:

»Gott sei Dank! Geister haben keine goldenen Armbänder, dein Ideal scheint also doch von Fleisch und Blut zu sein. – Hm, ein ganz einfacher altmodischer Reif, ohne das geringste Zeichen daran, ohne Chiffre oder Namenszug. – Doch – da ist etwas, das einem Buchstaben ähnlich sieht – ein A, wenn ich nicht irre. Sieh – hier gleich neben dem Schlosse. Das freilich kann vieles heißen.«

»Es versteht sich von selbst, daß ich ihr heute morgen meinen Besuch mache und das verlorene Armband wiederbringe.«

»Ich begleite dich,« rief Gerhard entschlossen, »und promeniere indessen in der Straße auf und ab. Nachher habe ich wenigstens den Vorteil, deine Schilderung gleich aus erster Quelle zu erhalten.«

Zehn Minuten später etwa waren die beiden Freunde unterwegs. Die Straße, wo er sich gestern abend zuerst nach der eigentlichen Richtung umgesehen und bei einem Nachtwächter erkundigt hatte, erreichten sie ohne Schwierigkeit. Hier aber mußte Werner sich erst orientieren, und es war schon längst elf Uhr vorbei, als sie endlich den ziemlich breiten, nur mit einzelnen Häusern besetzten und an der einen Seite von niederen Gartenmauern begrenzten Weg erreichten, den er als den richtigen wiedererkannte.

Werner verfolgte mit rascheren Schritten die Richtung, in der er das Ziel wußte. Nach wenigen hundert Schritten kamen sie an eine Mauer, die sich in einem weiten Bogen nach rechts hinüberzog. Da erkannte Werner in der Ferne das alte düstere Gebäude und machte seinen Begleiter darauf aufmerksam.

»In dem alten Steinhaufen wohnt deine Schöne?« lachte dieser. »Das muß ich sagen, im Innern mag es recht hübsch und wohnlich eingerichtet sein, aber von außen sieht es aus, als warte es nur auf eine günstige Gelegenheit, seinen Insassen ohne weitere Warnung über dem Kopfe zusammenzubrechen.«

Werner erwiderte nichts. Ihm selber kam das alte Gebäude gar wüst und verfallen vor.

»Das kann der Ort nicht sein«, nahm Gerhard das Gespräch wieder auf. »Du mußt dich in der Gegend irren.«

»Und ich bin doch recht«, rief Werner, indem er nach vorn deutete. »Ich erkenne jetzt das kleine, viereckige Türmchen wieder; auch der wettermorsche Giebel stimmt und der kleine Balkon –«

Er brach plötzlich ab, und Gerhard fühlte, wie er an seinem Arme zusammenschrak. In demselben Augenblicke riß er seinen Hut ab und grüßte nach dem Hause hinauf. Gerhard tat dasselbe; aber obgleich er mit raschem Blicke sämtliche Fenster der ersten Etage überflog, konnte er kein einziges lebendes Wesen darin erkennen.

»Hast du sie jetzt gesehen?«

»Hast du sie gesehen?« fragte Gerhard.

»Sie stand ja am Fenster.«

»Dann bin ich mit Blindheit geschlagen; ich habe nicht das Mindeste entdeckt. Aber wo willst du denn hin? Ich denke, du wolltest ihr das Armband zurückgeben?«

»Laß uns doch bis zur nächsten Ecke gehen – mir schlägt das Herz wie ein Hammer.«

Schweigend gingen die beiden Freunde noch eine kurze Strecke weiter, kehrten dann um und hatten nun, sich jetzt dicht an die Mauer haltend, das in der Tat entsetzlich verfallene Gebäude wieder erreicht. Werner erfaßte ohne Zögern, nur mit einem scheuen Blick nach den vergitterten Fenstern, den Klingelgriff, den er noch von gestern abend im Gedächtnis behalten hatte, und zog daran – aber der Draht war in der Hülse eingerostet und regte sich nicht, und als er mehr Kraft anwandte, riß das morsche Eisen, und der Ring selber fiel klirrend zu Boden.

Gerhard lachte. »Sieh nur, wie die Tür in ihren Angeln hängt, und in dem Neste sollte jemand wohnen?«

»Aber ich habe sie doch vorhin gesehen! Sie muß hier wohnen«, rief Werner und pochte, fest entschlossen, an die Tür. Der Schall klang hohl im Innern wieder, aber nichts regte sich.

Ein Vorübergehender blieb stehen.

»Sie machen sich vergebene Arbeit«, sagte er. »In dem Hause wohnt niemand mehr, schon seit sechs oder sieben Jahren, und es soll jetzt, wenn sich ein Käufer findet, auf Abbruch verkauft werden.«

»Es wohnt niemand hier?« fragte Werner ungläubig. »Ich habe noch vor wenig Minuten eine Dame dort am Fenster gesehen.«

»Möglich,« erwiderte der Mann, »die ist dann durch die Hintertür und vom Kirchhof heraufgekommen!«

»Vom Kirchhof?« riefen beide Freunde.

»Dies Haus stößt mit seinem Hofe an den Gottesacker,« erklärte der Mann, »und man erzählt sich auch wunderliche Geschichten darüber; aber die Leute sprechen oft mehr, als sie verantworten können. Übrigens sind die letzten Mieter, arme Leute, die den Zins fast umsonst hatten, wirklich nur ausgezogen, weil es ihnen zu unheimlich tu dem alten Neste wurde. Übrigens«, setzte er hinzu, »können Sie das Nähere am besten von dem Totengräber erfahren, der den Schlüssel zu der Hintertür hat.«

Gerhard dankte dem Manne für seine Auskunft und machte dem Freunde den Vorschlag, erst den Kirchhof zu besuchen, ob sie der Fremden vielleicht dort begegneten, oder, wenn nicht, den Totengräber anzusprechen. Von ihm konnten sie dann Näheres erfragen, sich auch vielleicht selber in dem Hause herumführen lassen. Sie brauchten ja nur vorzugeben, daß sie die Absicht hätten, das alte Gemäuer zu kaufen.

Werner stimmte zu, und mit einem Umweg betraten sie den stillen Wohnort der Toten, der, mit tausend Blumen geschmückt, wohl den Namen eines Gottesgartens verdiente. Vergebens aber durchwanderten sie alle Gänge. Sie fanden wohl hier und da einzelne Damen, die der letzten Ruhestätte lieber Menschen die ersten Lenzeskinder brachten, aber die Gesuchte war nicht unter ihnen.

Gerhard erbot sich schließlich, den Totengräber herbeizuholen, während Werner seine Forschung zwischen den Gräbern noch nicht aufgab, und eilte mit raschen Schritten der kleinen, traulich gelegenen Wohnung des Alten zu.

Dieser war gern erbötig, dem Wunsche des Fremden zu willfahren, nahm seinen Schlüsselbund und ging mit ihm den breiten Hauptweg hinauf.

»Sie sind heute morgen wohl schon einmal in Anspruch genommen worden?« sagte Gerhard, der die Gelegenheit benutzen wollte, etwas zu erfahren.

»Heute? Nein,« sagte der Mann, »die Leute reißen sich gerade nicht um den Platz; er liegt weit ab von der eigentlichen Stadt, und dann baut sich auch niemand gern ein Haus dicht an einem Kirchhof.«

»Aber eine Dame hat doch heute morgen den Platz besucht, nicht wahr?«

»Heute? Nein. – Vor acht Tagen war einmal ein Herr mit einer Dame da; die sind aber nicht wiedergekommen.«

»Mir war es fast, als ob ich im Vorübergehen eine Dame im Fenster gesehen hätte«, sagte Gerhard gleichgültig. Aber der Alte schüttelte den Kopf.

»Wenn Sie Spukgeschichten über das ›rote Haus‹ zu hören wünschen, müssen Sie sich an jemand anders wenden.«

»Ich kann sie nirgends finden«, sagte Werner, der in diesem Augenblicke zu ihnen trat. »War sie im Haus?«

»Nein«, erwiderte ihm Gerhard. »Ein Freund von mir,« stellte er ihn dann dem alten Mann vor, »er ist Baumeister, ich bat ihn, sein Gutachten abzugeben.«

Der Alte lachte.

»Dazu hätten Sie keinen Baumeister gebraucht«, sagte er, den freundlichen Gruß Werners erwidernd.

Er schloß eine kleine gewölbte Tür auf, die neben einem der Grabgewölbe hin, als ob sie mit zu diesem gehörte, durch die Mauer führte. Gleich darauf betraten sie den engen Hofraum, der von den beiden Flügeln des ›roten Hauses‹ eingeschlossen wurde.

Schon hier sah es ziemlich wild aus. An den kleinen Gebäuden, die früher zu Ställen und Waschhäusern gedient hatten, waren fast alle Türen, wie das Holzwerk, ausgebrochen, ein Werk, wie der Alte meinte, des letzten Gesindels, das hier gehaust hatte.

»Und wem gehört das Gebäude jetzt?«

Einem Advokaten irgendwo in Preußen, lautete die Antwort. Er, der alte Totengräber, war zum Kastellan dieser Hausleiche bestellt worden.

Der Alte hatte, während er diese Auskunft gab, die morsche Hintertür aufgeschlossen, und die beiden Freunde betraten mit einem eigenen Gefühl des Grauens den düstern öden Raum.

Der Alte schritt langsam die Treppe voran; er warnte, nicht zu fest aufzutreten, und bald erreichten sie den nicht hochliegenden ersten Stock.

Die Unmöglichkeit, daß dieser Platz in den letzten Jahren bewohnt sein konnte, lag auf der Hand. Um so rätselhafter war Werner die Szene des vorigen Abends, fast wie ein Traum, hätte nicht das Armband die Wirklichkeit immer wieder frisch und warm ins Gedächtnis zurückgerufen.

Sie betraten jetzt die Zimmer, die einen traurigen Anblick boten. Schmutz und Gerümpel überall. Keine Spur von Wohnlichkeit. Selbst der mittlere Saal, dessen zerfallene Glastür auf den Balkon führte, glich eher einer ausgeräumten Rumpelkammer, als dem Hauptsalon einer ersten Etage. Und doch verrieten einzelne Spuren, daß in diesen Räumen einst Glanz und Pracht geherrscht und der Reichtum sie bewohnt habe. Ein Zimmer schien früher mit einer gemalten Tapete bekleidet gewesen, und Werner konnte kaum einen Aufschrei unterdrücken, als er aus den weißen Tapetenstreifen heraus ein halbes Menschengesicht auf sich herniederschauen sah. Jenes struppige Haar, das schielende Auge hatte er schon einmal gesehen; krampfhaft faßte er den Arm des Freundes und deutete hinauf.

Der alte Totengräber folgte ebenfalls der angedeuteten Richtung und sagte langsam, mit dem Kopfe nickend:

»Ja, früher muß es einmal prächtig hier gewesen sein. Die Tapete stellte ein großes Turnier vor, und das da oben war wohl eine von den Figuren, die vom Balkon herniederschauten. Wollen Sie vielleicht auch noch den obersten Teil des Hauses ansehen? Dort schaut es aber womöglich noch wüster aus.«

»Ich danke Ihnen«, sagte Gerhard, der zu seinem Schrecken bemerkte, daß Werner totenbleich geworden war.

»Das ist derselbe Kopf, den ich im Traume gesehen«, flüsterte er dem Freunde zu, indem er den Blick nicht von den kaum noch erkennbaren Zügen des alten Tapetenbildes abwenden konnte.

»Unsinn!« sagte Gerhard, dem die Sache anfing unheimlich zu werden, indem er den Arm des Freundes ergriff und ihn der Tür zuzog. »Komm fort aus dem alten verfallenen Gemäuer.«

Unten im Hause verlangte Werner noch jenen Raum aufgeschlossen zu haben, der links von der Haustür lag. Es war derselbe, aus dem heraus er das Lachen gehört zu haben glaubte.

Der Alte willfahrte ihm augenblicklich und schloß die Tür auf. Knarrend drehte sie sich in ihren Angeln, konnte aber nur mit Mühe aufgeschoben werden, da ein Teil der Decke eingestürzt war und sich vor den Eingang gelegt hatte. Keiner von ihnen betrat den dunkeln Raum, aus dem ein feuchter Moderduft herausquoll.

Werner, mit seinen Gedanken beschäftigt, sprach kein Wort weiter, und da der Alte ebenfalls glaubte, seiner Pflicht genügt zu haben, schloß er die Tür wieder zu und trat den Rückweg an.

»Gott sei Dank!« sagte Gerhard und holte tief Atem, als sie aus den düsteren Räumen wieder hinaus in das freie, goldene Sonnenlicht traten.

»Wie sonderbar dies Grabgewölbe hier mit der Tür zusammengebaut ist«, bemerkte Werner, als sie den Gottesacker wieder betraten und der Pförtner die kleine Tür in ihr Schloß zurückdrückte. »Gehörte dies vielleicht mit zu jenem Gebäude?«

»Allerdings«, sagte der Alte. »Früher lag der Kirchhof weit draußen vor der Stadt, und damals soll ein alter Malteserritter dies Haus hierher gebaut haben, ein Gelübde zu erfüllen. Wie er starb, zog seine Schwester hier ein, und mehrere Generationen herrschte Glanz und Reichtum in den jetzt verfallenen Räumen. Nachher geriet die Familie in Verfall, und vor etwa hundert Jahren ist der letzte Nachkomme in der Gruft beigesetzt worden.«

»Wer war das?« fragte Gerhard.

»Ein junges Fräulein,« sagte der Alte, »die in der Blüte ihrer Jahre starb. Hier gleich an der Marmorplatte können Sie die Inschrift noch lesen.«

Auch Werner war rasch zu dem Gitter getreten und las auf dem bezeichneten Steine die Worte:

Agnes von Hochstetten,
geb. den 29. Februar 1728
gest. den 29. Februar 1744.

»War sie denn die Letzte ihres Stammes?« fragte Gerhard. »Das arme Kind hat früh die Erde wieder verlassen müssen.«

»Ich glaube, ja«, erwiderte der Führer. »Von der Zeit an soll wenigstens das ›rote Haus‹ in anderen Händen gewesen sein, und ein alter wunderlicher Kauz, ein weitläufiger Verwandter der Hochstetten – einige sagen der dem Fräulein bestimmt gewesene Bräutigam – soll hier gehaust haben.«

Werner stand noch immer an dem Gitter und starrte auf die alte Marmorplatte mit ihrer einfachen und doch so rührenden Inschrift, bis Gerhard dem alten Mann für seine Bemühung ein Geldstück in die Hand drückte und des Freundes Arm nahm.

»Wunderbar – wunderbar!« flüsterte dieser und schien sich nur gewaltsam von dem alten Grabgewölbe loszureißen, auf das er wie gebannt den Blick geheftet hielt.

Werner folgte, wohin der Freund ihn führte, war aber auffallend still und schweigsam geworden, und Gerhard wußte am Ende selber nicht mehr, was er von der ganzen Sache denken sollte.

»Gut!« sagte er endlich. »Ein Mittel hast du immer noch in der Hand. Laß dein gefundenes Armband in das Morgenblatt rücken und sieh zu, wer sich meldet. Möglich ist's, daß du dadurch auf die rechte Spur kommst.«

3

Werner ließ die Anzeige über das gefundene Armband in das Blatt einrücken und erwartete mit Ungeduld den Augenblick, in dem sich die Eigentümerin melden würde.

Inzwischen konnte es seinen Freunden nicht verborgen bleiben, daß mit ihm eine auffallende Veränderung vorgegangen war. Er sah bleich und überwacht aus; die Augen lagen ihm tief in den Höhlen und hatten etwas Scheues, Wildes bekommen; sein sonst so elastischer Gang war unsicher geworden, und Gerhard besonders riet ihm, einen Arzt zu fragen. Werner dagegen versicherte, daß er sich vollkommen wohl und nur in der Stadt etwas beengt fühle.

Doch ihn peinigte die Erinnerung den ganzen Tag, während in der Nacht wilde Träume seine Ruhe störten. Eine furchtbare Macht hatte Gewalt über seine Phantasie gewonnen und zehrte an seinem Lebensmark. Wenn der Abend kam, trieb es ihn mit geheimnisvoller Kraft jenem Hause zu, als wenn er von dort ein neues Zeichen erwarte. Dann kehrte er nach Hause zurück, im Traume mit seinen unheimlichen Bewohnern sich weiter abzuquälen.

So hatte er eine volle Woche verbracht und auch wieder erst gegen Morgen sein Lager aufgesucht. Schon schien die Sonne in sein Schlafgemach, als er sich noch im Schlaf beunruhigt fühlte. Ihm kam das Gefühl, als ob ihn jemand starr ansähe. Langsam endlich und fast gewaltsam die noch müden Augenlider öffnend, fuhr er mit einem Schrei im Bett empor, denn am Fußende entdeckte er die auf einem Stuhle kauernde Gestalt eines fremden Mannes, der ihn lauernd betrachtete.

Sobald Werners Augen auf ihm hafteten, verzog sich sein Gesicht zu einem freundlichen, fast süßen Lächeln.

»Ich muß tausendmal um Verzeihung bitten, mein hochverehrtester Herr, Sie zu so früher Morgenstunde zu stören.

Ich komme nur mit einer einfachen Frage. Sie haben eine Annonce in die Zeitung rücken lassen, nach der Sie in der Gartenstraße ein goldenes Armband gefunden haben. Ich bin von der Eigentümerin abgesandt, es anzusehen und, wenn Sie eine Belohnung beanspruchen, gegen Zahlung zu reklamieren.«

Werner hatte sich unwillkürlich im Bett emporgerichtet.

»Wie heißt die Dame?« fragte er rasch und errötete dabei zugleich, als er den wie spöttisch lächelnden Blick des Fremden fest auf sich haften sah.

»Der Name tut wohl nichts zur Sache«, meinte dieser mit einer verbindlichen Verbeugung, die aber ebensogut wie Hohn als wie Höflichkeit aussah. »Zuerst möcht' ich den Schmuck sehen, um zu wissen, ob es der richtige ist.«

»Dann bitte ich Sie, sich einen Augenblick in das Nebenzimmer zu verfügen,« sagte Werner, »ich will mich rasch ankleiden und stehe augenblicklich zu Ihren Diensten.«

Der Fremde stand von seinem Stuhl auf und hinkte dem beschriebenen Zimmer zu.

Der junge Mann beendete rasch seine Toilette; gleich darauf betrat er sein kleines Atelier.

Der Fremde hatte indessen ein noch unvollendetes Bild von einer Staffelei genommen und betrachtete es mit dem größten Interesse.

»Mein Herr,« rief Werner, keineswegs erfreut, »dieses Bild –«

»Ist ausgezeichnet,« entgegnete der andere, ohne im mindesten das Unschickliche seines Benehmens zu fühlen; »ganz ausgezeichnet, sage ich Ihnen.«

»Dieses Bild«, sagte Werner, »war keineswegs bestimmt, von irgend –«

»Kann es mir denken« lachte das kleine Ungeheuer«, indem er das Bild vor sich auf die Staffelei stellte und sich vergnügt dabei die Hände rieb. »Sollte jedenfalls eine Überraschung für mich von meiner Braut werden.«

»Von *Ihrer* Braut?« rief der Maler erschreckt, und es war ihm, als ob eine Totenhand an sein Herz griffe.

»Versteht sich, versteht sich!« schmunzelte der Alte, und sein Gesicht verzerrte sich, wie es dem jungen Manne vorkam, fast zur Fratze. »Unendlich zarte Aufmerksamkeit das.«

Werner mußte sich an die Stuhllehne halten, um nicht umzusinken. Der Fremde mußte die Frage nach dem Armband wiederholen, ehe Werner nur hörte, was jener sagte. Mechanisch wickelte er dann den Goldreif aus dem Papier und hielt ihn dem hastig danach Langenden entgegen.

Aber diese Hast des unheimlichen Menschen brachte ihn wieder zu sich selber. Es war ihm, als ob er in *diese* Hände das Heiligtum nicht überliefern dürfte, er zog den Schmuck zurück und sagte:

»Ehe ich Ihnen das Armband übergebe, muß ich wissen, ob Sie bevollmächtigt sind. Es gehört jedenfalls einer Dame, und ich hatte mir vorgenommen, es nur deren eigenen Händen wieder zu übergeben.«

»Unsinn, verehrter Herr, barer Unsinn!« entgegnete der kleine Mann und tat einen vergeblichen Griff nach dem goldenen Bande. Werner wurde immer zurückhaltender.

»Dennoch erlauben Sie mir,« sagte er entschieden, »daß ich bei meinem Vorsatze beharre, ihn der Eigentümerin eigenhändig auszuliefern.«

»Würde das mit Vergnügen tun,« erwiderte der Fremde, indem sich sein Gesicht zu einem süßlichen Lächeln verzog, »aber – die Dame ist gerade verreist und hat mich beauftragt, den Schmuck für sie in Empfang zu nehmen.«

Werner zuckte die Achseln. »Dann behalte ich den Schmuck, bis sich eine Gelegenheit bietet. Sie wissen jetzt, in wessen Händen er ist.«

»Sehr wohl«, sagte mit einem bösen Blick der Lahme. »Ew. Wohlgeboren werden dann schon heut abend dazu Gelegenheit bekommen, da die Dame bis dahin, freilich etwas spät, zurückkehrt. Ich werde sie am Bahnhof erwarten und mir dann das Vergnügen machen, Sie abzuholen. Sind Sie einverstanden?«

»Gern«, sagte Werner. »Zu welcher Stunde darf ich Sie erwarten?«

»Weiß ich noch nichts mein Bester«, erwiderte der Fremde.

»Sie sollen mich bereit finden.«

»*Sehr* schön – aber – was ich noch fragen wollte, wann, in aller Welt, hat Ihnen denn die junge Dame zu dem Bilde gesessen? Ich weiß mich doch keiner Zeit zu erinnern – aber halt – antworten Sie mir nicht,« unterbrach er sich plötzlich wieder mit dem nämlichen süßen, widerlichen Lächeln, »die Frage wäre unter den jetzigen Verhältnissen indiskret. Ich habe die Ehre, mich Ihnen ganz gehorsamst zu empfehlen. Bitte, ich finde meinen Weg schon allein, bin hier bekannt im Hause.«

Er öffnete die Tür und eilte hinaus. Werner ging ihm nach, um ihn an die Treppe zu geleiten, sah ihn aber nicht mehr. Der Bursche, der morgens Werners Kleider reinigte, kam eben die Treppe herauf und mußte ihm begegnet sein.

»Hast du den Herrn gesehen, der in diesem Augenblick die Treppe hinunterging?«

»Den Herrn?« fragte der Bursche und sah erst rückwärts und dann Werner an. »Mir ist niemand begegnet.«

Werner stand betroffen. Dann kehrte er wie im Traume in sein Zimmer zurück. Hier schloß er sich ein und nahm seine Arbeit wieder vor, das Bild der holden, geheimnisvollen Unbekannten aus dem Gedächtnis zu vollenden.

Er arbeitete mit regem Eifer, und das Bild wuchs ihm unter den Händen, er wußte selbst nicht wie.

So verging ihm der Tag, er wußte selber kaum wie rasch. Verschiedene Male klopften Freunde an seine Tür, er antwortete ihnen nicht. Aber wie nun das Bild in größerer Lebensfrische aus der Leinwand sprang, fühlte er, daß sich ihm selber neue Lust und Freude durch die Adern goß. Immer rascher schlugen seine Pulse, seine Stirn brannte, seine Augen glühten, und frischer und lebendiger trat dabei das Ideal vor seine Phantasie. Zug um Zug konnte er erkennen: den feinen Rosenschimmer der zarten Haut, den feuchten Glanz des Auges, das sanfte Wogen selbst ihrer Brust, und jetzt – entsetzt trat er einen Schritt zurück, denn vor ihm, lebend, atmend, stand – nicht mehr nur das Bild seiner erregten Einbildungskraft, nicht mehr ein Schatten, den sich die aufgerührten Sinne aus dunkler Nacht heraufbeschworen, stand die Geliebte selber in all der zauberhaften Schönheit vor ihm da, und leblos brach er an der Staffelei zusammen.

Wie lange er so gelegen, er wußte es nicht. Als er wieder zu sich kam, dämmerte schon der Abend, und vor ihm, auf der Staffelei, stand das *vollendete* Bild der Fremden in fast schreckenerregender Wahrheit und Treue.

Werner konnte sich nicht losreißen von den lieben Zügen, und mit jedem Augenblicke sog er das süße Gift tiefer ein in seine Seele. So rückte der Abend mehr und mehr herauf.

Um neun Uhr endlich klopfte es an die Tür, und als er diese rasch öffnete, stand Gerhard vor ihm, der ihn verwundert vom Kopf bis zu den Füßen betrachtete.

»Du bist es?« fragte Werner.

»Hast du jemand *anders* erwartet?« lachte der Freund, »weshalb so angezogen? – Willst du in Gesellschaft? Aber – um Gottes willen, Werner, du siehst totenbleich aus! Ich will bei dir bleiben.«

»Ich danke dir herzlich«, sagte Werner, verlegen lächelnd. »Nur ein wenig angestrengt gearbeitet habe ich die letzten Tage. Ein paar Tage Zerstreuung in den Bergen macht alles wieder gut.«

»Aber dann geh auch in die Berge«, drängte Gerhard mit herzlicher Bitte. »Du mußt Zerstreuung haben. Ich gehe mit dir.«

Er hielt ihm die Hand hin. Werner legte zögernd die seine hinein.

»Fest kann ich es nicht versprechen,« sagte er, »bald aber, vielleicht schon heute, wird es sich entscheiden, ob ich fort kann, und dann gehen wir zusammen. Ist dir das recht?«

»Es muß ja wohl sein,« sagte der Freund, »mir ist alles recht, wenn ich dich nur fortbringen kann.«

Gerhard blieb noch zögernd stehen. Es war ihm nicht entgangen, daß sich Werner in einer Art Aufregung befand und, während er mit ihm sprach, oft nach einem Geräusch draußen aufhorchte.

»Hast du noch etwas vor heut abend,« fragte er endlich, »oder Lust, mich noch ein Stündchen zu begleiten? Wir treffen uns in Behlers Keller draußen, nicht sehr weit von der Gartenstraße, mit mehreren Bekannten.«

»Heute kann ich nicht,« sagte Werner rasch, »wenigstens jetzt noch nicht. Vielleicht komme ich später nach, ehe ihr auseinander geht.«

»Du erwartest Besuch?«

»Eine Geschäftssache.«

»So will ich dich nicht länger stören. Bis elf oder halb zwölf triffst du uns dort. Guten Abend, Werner!«

»Guten Abend, Gerhard!«

4

Gerhard ging, und Werner schritt in immer peinlicherer Ungeduld in seinem Zimmer auf und ab. Es schlug zehn Uhr, niemand kam, ihn abzuholen. Es schlug elf, er hörte nur die Haustür unten zuschlagen und verschließen; der erwartete Fremde kam nicht, und Werner griff schon nach Hut und Stock, als er draußen Schritte auf der Treppe hörte. Er horchte – die Schritte hielten vor seiner Tür, es klopfte bei ihm an. Werners Herz stand fast still. Er war nicht imstande, »Herein« zu rufen, als sich die Tür langsam öffnete und auf der Schwelle, den Hut in der Hand, mit demselben widerlichen Lächeln, der Fremde stand.

»Ich muß inständigst um Entschuldigung bitten,« sagte der Lahme, indem er ins Zimmer glitt, »aber meine verehrte Braut hatte den ersten Zug versäumt und ist erst vor etwa einer halben Stunde eingetroffen. Wenn es Ihnen jetzt noch beliebt, mein Bester.«

»Aber werden wir die Dame so spät noch stören dürfen?« fragte Werner. »Sie wird von der Reise angegriffen sein.«

»O bewahre! Frisch wie ein Fisch im Wasser«, lachte der Kleine. »Sie haben doch das Armband bei sich?«

»Gewiß«, erwiderte Werner und fühlte nach der Tasche, in der er es trug.

Der kleine Mann folgte der Bewegung mit dem einen Auge und rieb sich vergnügt die Hände: »Vortrefflich, vortrefflich, mein Bester!«

Rasch stieg er die Treppe hinunter, so daß ihm Werner kaum zu folgen vermochte, und erst an der Haustür machte er Halt, die er verschlossen fand.

»Aha,« lachte er, »der würdige Bürger hat seine Zugbrücke schon aufgezogen und sein Schloß für die Nacht verbarrikadiert.«

Werner öffnete schweigend die Tür, die er wieder hinter sich schloß, und lautlos schritten beide die stillen Straßen entlang. Endlich erreichten sie die Gartenstraße und folgten der Mauer, die dem ›roten Hause‹ unmittelbar zuführte. Die einzige Person, die sie noch auf der Straße trafen, war der Nachtwächter, der eben, als es vom Turme zwölf schlug, die Stunde abrief.

»Und wohnt die Dame wirklich in dem ›roten Hause‹?« brach Werner zum erstenmal das Schweigen.

»Im ›roten Hause‹?« fragte der Fremde. »Wir steigen jedesmal hier ab, wenn wir nach M*** kommen. Aber da sind wir schon an Ort und Stelle. Ich werde gleich« – er suchte vergebens nach dem Klingelzuge und stampfte ärgerlich mit dem Fuße: »Da hat die verwünschte Straßenbrut wieder den Glockenzug abgedreht. Ich werde auch morgen Anzeige bei der Polizei machen und mich beschweren.«

Zugleich klopfte er zweimal langsam an die Haustür, während Werner ein paar Schritte von dem Gebäude abtrat, um zu den Fenstern hinaufzusehen. Oben war alles totenstill und öde; kein Lichtstrahl aus den leeren Fenstern verriet ein lebendes Wesen, und in der sternenhellen, aber von keinem Mondstrahl erleuchteten Nacht lag das alte Gebäude finster und unheimlich da.

Wieder knackte das Schloß der Tür wie an jenem ersten Abend, und der Fremde sagte:

»So, mein Bester! Jetzt sind wir am Ziele, und nun möchte ich Sie freundlichst ersuchen näherzutreten. Die Damen werden uns wahrscheinlich schon erwarten.«

»Aber ich begreife nicht,« sagte Werner, »dies öde Gebäude kann doch nicht bewohnt sein?«

»Öde Gebäude?« lachte der Fremde, während er die Tür hinter dem Eingetretenen wieder ins Schloß warf. »Nicht übel! Meinen wohl, mein Verehrtester, weil es noch so dunkel ist? – Werden gleich Licht machen.«

Kaum hatte er dies gesagt, als er auf täuschende Weise den Ruf der kleinen Eule, gewöhnlich der Totenvogel genannt, nachahmte. In demselben Augenblicke wurden oben an der Treppe Schritte laut, Lakaien eilten mit brennenden Trageleuchtern herab, und rechts und links entzündeten sich zu gleicher Zeit weitarmige Wandleuchter, die ein warmes, fast blendendes Licht durch den weiten Raum strömten.

Werner traute seinen Augen kaum, so hatte sich der Platz verwandelt. Von Licht und Glanz durchflossen, fielen die blendenden Strahlen nicht mehr auf kahle Wände und faule Trümmer, sondern zierliche, mit seltener Kunst ausgeschmückte Reliefs, hier und da von Freskomalereien unterbrochen, schmückten die Wände, und weiche Teppiche deckten den Boden.

Sein Führer aber ließ ihm keine Zeit, sich zu besinnen, sondern flüsterte mit dem fatalen, süßlichen Lächeln, indem er sich an ihn drängte:

»Kommen Sie, Liebwertester, kommen Sie! Wir versäumen hier die kostbare Zeit, die uns nur sehr knapp zugemessen ist. Meine Braut erwartet uns in peinlichster Ungeduld.«

Dabei hinkte er, so rasch es ihm der lahme Fuß gestattete, der Treppe zu. Willenlos folgte ihm Werner. Wie auf weichem Moos stieg er die belegten Stufen hinan, in immer neuen Glanz, in neue Pracht hinein.

Überall standen Lakaien in glänzenden Livreen, und oben an der Treppe, während die Flügeltüren des Salons aufgeworfen waren und ein wahres Feuermeer von Glanz und Licht ausströmten, sprudelten kleine Fontänen wohlriechende Wasser aus.

Werner stand wie gebannt. Sein widerlicher Begleiter flüsterte ihm etwas ins Ohr, da ward eine andere Tür plötzlich aufgeworfen, und eine ganze Gesellschaft glänzend gekleideter Damen und Kavaliere wurde sichtbar. Aber Werner hatte nur Sinn für die eine; vor ihm, mit allem Zauber übergossen, und dabei von Diamanten überdeckt, stand in vollendeter Schöne die Geliebte.

Er wollte sprechen, brachte aber kein Wort über die Lippen. Stumm schaute er der Dame in die freundlichen Augen.

»Es ist schön von Ihnen,« sagte diese, und ihre Stimme klang melodisch und leise, »daß Sie mich gleich bei meiner Ankunft hier begrüßen. Ich hatte immer gehofft,« setzte sie dann langsamer und mit leichtem Erröten hinzu, »Sie in der langen Zwischenzeit wieder einmal bei mir zu sehen, aber umsonst, und meine kleine Reise ließ sich auch nicht aufschieben.«

»Mein süßes Leben,« nahm hier plötzlich der Lahme das Wort, indem er sich mit seltsamen Verbeugungen zwischen die beiden jungen Leute drängte, »ich habe hier das unschätzbare Vergnügen, Ihnen den außerordentlich geschickten *Porträtmaler* Werner vorzustellen. Herr Werner, mit Stolz und Freude stelle ich Ihnen Fräulein Agnes von Hochstetten vor, meine verehrte und geliebte Braut, die –«

»Halt! – Nicht so rasch!« rief fast zornig die junge Dame dazwischen, »den Titel verdiene ich noch nicht, Herr Graf.«

»Aber, meine Allerverehrteste –«

»Genug,« lautete der ernste Bescheid, »und nun, mein Freund,« wandte sie sich wieder mit gewinnendem Lächeln an den jungen Mann, indem sie ihm, ohne den Grafen weiter zu beachten, die Hand reichte, »treten Sie ein bei uns und lasten Sie uns ein Stündchen froh verplaudern.«

»Agnes von Hochstetten?« wiederholte Werner wie träumend. »War das nicht der Name jener sechzehnjährigen Jungfrau, die draußen auf dem Kirchhof in ihrem steinernen Sarge schon ein Jahrhundert lang begraben liegt?«

Agnes sah ihm starr und ernst in die Augen, dann aber legte sich wieder das liebe Lächeln um die zarten Lippen, und sie sagte freundlich:

»Pfui doch, lieber Freund, wer wird von dem Grabe sprechen! Uns allen steht es bevor, doch weshalb vor der Zeit diese traurigen Bilder heraufbeschwören? Lieber will ich Sie jetzt einführen.«

»Und jener Graf?« fragte Werner mit angstbeklemmter Stimme. »Ist es wahr – daß er – daß er ein Recht beansprucht auf diese schöne Hand?«

Die Jungfrau warf verächtlich den Kopf zurück und sagte finster:

»Daß er es beansprucht, glaub' ich wohl, und durch einen unglücklichen Zufall wäre ich auch fast in seine Gewalt gegeben. Doch davon nachher! – Hier kommen schon die edeln Herren und Frauen, die sich im Turniersaal versammelt haben und uns erwarten.«

Zugleich betrat sie mit ihm das weite Gemach, das Werner jetzt, dem Übrigen entsprechend, mit fabelhaftem Glanz geschmückt fand. Aber über die Gruppen stattlicher und reich geputzter Herren und Damen hin, die überall aus und ein strömten, flog sein Auge unwillkürlich nach den bunten, reich gestickten seidenen Tapeten, die die Wände deckten und in deren Bildern er auf den ersten Blick das von dem alten Totengräber beschriebene Turnier erkannte. Auf dem sich rings umherziehenden Balkon aber saßen in weiter geschmückter Reihe edle Frauen, und dort – unter Tausenden hätte er die holden Züge wieder erkannt, – war auch ihr liebes Engelsangesicht, während dicht hinter ihr die boshaft schielenden Augen, das struppige Haar jener Teufelsfratze niederstarrte, in der Werner entsetzt das verzerrte Bild des Grafen erkannte.

Fast erschreckt schaute er sich im Saale um. Da begegnete er nicht weit entfernt zwischen zwei der dicht verhangenen Fenster demselben boshaft zu ihm herüberblitzenden Auge, das auch aus dem Bilde der Tapete niedergrinste.

Noch starrte Werner, wie von dem Auge gebannt, hinüber, als plötzlich eine leichte Hand seinen Arm berührte und Agnes flüsterte:

»So ernst, mein Freund? Licht und Glanz scheint dich nicht aufzuheitern – vielleicht vermag es die Musik.«

Sie klatschte zweimal in die Hände, und ein unsichtbares Orchester mit gedämpften Instrumenten begann eine sanfte, wunderschöne Symphonie. Sie selbst aber führte den jungen Mann, der sich an ihrer Hand der Erde entrückt wähnte, in ein kleines, nur von einer düsteren Ampel erhelltes Nebengemach und winkte ihm auf einem Sessel neben ihr Platz zu nehmen.

Werner suchte gewaltsam den Zauber zu bannen, der ihn umdrängte. »Ich fasse nicht,« rief er, »ich begreife nicht, was um mich her vorgeht und wo ich bin. – Atme und lebe ich überhaupt?«

Die Jungfrau schaute ihm lächelnd und fest ins Auge. »Hast du nie gelernt, den *Augenblick* zu genießen? Muß denn immer ein Schreckensgespenst die frohe Stunde des Glückes trüben?«

»Kann es denn anders sein?« rief Werner in leidenschaftlicher, schmerzlicher Aufregung. »Du holdes Bild lebst hier in all dem Glanz, ich bin ein armer heimatloser Wandersmann. Warum ward mir erlaubt, die Hand nach einer Frucht auszustrecken, die dem armen Maler unerreichbar fern liegt?«

Er barg sein Antlitz in den Händen, und die heißen Tränen perlten ihm zwischen den krampfhaft gespannten Fingern durch.

»So *unerreichbar?*« sagte sie mit leiser Stimme, die aber zu den innersten Fasern seines Herzens drang. Rasch und fast erschreckt schaute er zu ihr auf.

»Und wäre es nicht?« rief er, von seinem Sessel aufspringend, und sank, während er des Mädchens Hand ergriff, in schwindelndem Entzücken zu ihren Füßen nieder.

»Nicht so, mein teures Herz«, sagte das wunderschöne Weib. »Ich kann dich nicht vor mir im Staube sehen, wenn ich durch dich selber Licht und Freiheit wiedererhalten soll.«

»Durch mich?« rief Werner und sah erstaunt zu ihr auf.

»So höre denn«, flüsterte die Jungfrau, während sie ihn mit leiser Gewalt vom Boden hob und es willig geschehen ließ, daß er ihre Hand behielt und mit heißen Küssen bedeckte. »Ich bin nicht frei und glücklich; eine fremde Macht hat Gewalt über mich. Nur ein Geschenk aus reinerer Hand enthob mich ihrem Einflüsse, ein einfach goldener Reif, den ich bis jetzt an meinem Arme trug, von Feenkraft geweiht. Sogar die Eule, die dir dort als Graf erschien, mußte sich dem mächtigen Schutze beugen. Da wollte es mein böses Geschick, daß ich an jenem Abende das Kleinod von meinem Arme verlor.«

»Die *Eule?* – Der Graf?« wiederholte Werner in unbegrenztem Erstaunen. »Von Feenkraft geweiht? Ist denn alles, was mich hier umgibt, nur tolles Blendwerk meiner Sinne?«

»Blendwerk?« sagte die Jungfrau lächelnd und schüttelte mit dem Kopfe. »Wirklichkeit? – Wer von allen Sterblichen wäre imstande, das zu unterscheiden?«

»Oh,« sprach Werner und streckte ihr in Todesangst die Arme entgegen, »der Gedanke schon ist Wahnsinn, daß auch du, Himmlische, ein Blendwerk sein und mir entschwinden könntest.«

»Still – still – die Eule naht!« sagte Agnes plötzlich, indem sie warnend den Finger hob. »Das Armband jetzt, ich muß es haben!«

Werner griff in die Tasche, in der er in Papier eingeschlagen das Armband trug, als plötzlich der Lahme, das widerwärtige Gesicht zu einem boshaften Lächeln verzerrt, in der Tür erschien, auf Agnes zuging, sich tief vor ihr verbeugte und dann, ohne ein Wort zu sagen, die beiden langen Arme in die Höhe warf. In demselben Augenblick flogen rechts und links die schwerseidenen Gardinen zurück, und dahinter, Reihe an Reihe gedrängt, standen die Gäste, im Halbkreis um ein kleines altarartiges Gestell, auf dem ein mit schwerem Eisen verschlossenes rot und schwarzes Buch und ein blanker Dolch lagen.

»Sehr verehrte Damen und Herren«, rief der Graf mit scharfer, gellender Stimme, »ich habe Sie heut abend zu uns eingeladen, Zeugen einer feierlichen Handlung zu sein, die mich zu dem glücklichsten Wesen über und unter der Erde, Agnes von Hochstetten aber zu meinem ehrbaren Weibe machen wird.«

»Halt ein, Unglückseliger!« unterbrach ihn die Jungfrau und schleuderte die nach ihr ausgestreckte Hand des Widerlichen in Zorn und Abscheu zurück. »Noch bin ich nicht in deiner Macht, noch hab' ich meine Freiheit, und ich will sie wahren bis zur letzten Stunde des Gerichts. Du vergaßest das Armband, das du selber mir wieder in die Hände liefern mußtest. – Her zu mir jetzt, Helfer in der Not!« rief sie, streckte ihre Arme dem wie in Verzückung stehenden Werner entgegen, »gib mir das Band, mein Retter aus mehr als Todesqual – das Band – das goldene Band.«

Der Lahme sprach kein Wort, regte kein Glied, nur das höhnische Lächeln zuckte über seine Züge, als Werner den goldenen Reifen, den er in der Hand hielt, rasch und mit fieberhafter Angst aus der Papierhülle befreite.

»Hier,« sagte er, »hier nimm, Geliebte.«

»Was ist das?« unterbrach ihn Agnes, indem sie totenbleich zurücktrat und die ausgestreckten Arme jetzt wie abwehrend ihm entgegenhielt. »Unglücklicher – ich bin verloren!«

»Haha!« lachte der Graf, »was haben wir da, Verehrteste, ein goldenes Armband? Das ist ja der Ring von der Straßenklingel, den Ew. Wohlgeboren aus Versehen eingesteckt haben.«

Werner stand wie zu Stein erstarrt.

»Was ist das?« rief er mit vor innerer Angst fast erstickter Stimme. »Wie kommt der Ring in meine Tasche und wo ist der Schmuck, den ich –«

»Der Schmuck?« kreischte der Lahme, »hier ist das Armband – *hier* in *meiner* Hand. Ich habe den Schatz, das *echte* Band, das dich, mein holdes Liebchen, an mich fesselt für die Ewigkeit.«

»Wir gratulieren, wir gratulieren!« riefen die Anwesenden und beugten sich und knicksten und wehten mit den Tüchern, und das lahme Ungeheuer hinkte auf die wie zu Marmor erstarrte Schöne zu, die wie ein gescheuchtes Reh dem Tische zu floh, auf dem das Buch und der Dolch lagen.

»Rette mich vor ihm«, rief sie und brach vor dem Tisch ohnmächtig nieder. Wie elektrisch Feuer schoß der Hilferuf durch Werners Adern.

»Teufel!« schrie er, indem er in wenigen Sätzen an dem Tisch war und den blanken Dolch vom Buch herunterriß, »Taschendieb! Mit deinem Leben hol' ich mir mein Eigentum zurück!« Mit den Worten warf er sich, seiner Sinne kaum noch mächtig, auf den Grafen, der vor der blanken Waffe scheu zurückwich. In wilder Hast folgte er dem entsetzt die Treppe hinabfliehenden Grafen. Von allen Seiten stürzten die Lakaien herbei, alle Türen wurden geöffnet, wilde, entsetzliche Fratzen lachten ihm höhnisch überall entgegen, aber er sah nur ihn, mit wildem Griff krallte sich seine Hand in die Schulter des Flüchtigen und jetzt – jetzt faßte er das Kleinod, das jener eben von sich schleudern wollte.

»Hahaha«, lachte da der Graf, indem er ihm unter den Händen entschwand und als Eule aus der geöffneten Haustür auf die Straße flog. »Was hilft dir der Ring – mein ist sie doch – mein ist sie doch!«

»Nicht dein – nicht dein,« schrie Werner in fast wahnsinniger Wut, indem er, den Dolch wieder gefaßt, hinter dem Tückischen herfloh, »dein Leben ist mir verfallen und ich will – ich muß es haben.« – – –

»Aber, Werner, um Gottes willen, komm zu dir!« rief ihm eine bekannte Stimme ins Ohr, »du bist ja außer dir. Was hast du? Was ist geschehen?«

»Gerhard – dich sendet mir Gott!« rief der Unglückliche. »Ihm nach! – Noch ist es Zeit – er will Agnes zum Altare schleppen. Laßt mich! – Laßt mich los! – Zu Hilfe, Gerhard, zu Hilfe!«

»Aber so komm doch zu dir!« bat dieser in Todesangst. »Was hast du nur, und wo bist du gewesen?«

»Wo er gewesen ist?« sagte da eine tiefe Stimme, die einem der herbeigeeilten Nachtwächter gehörte, »drin im ›roten Haus‹, so wahr ich selig zu werden hoffe, und das bei finsterer Nacht und zwischen zwölf und ein Uhr. Mir könnte einer das Haus mit Gold pflastern, ich sollte die Stunde darin zubringen.«

»Im ›roten Haus‹?« rief der junge Mann erschreckt.

»Er ist fort – er ist fort!« rief Werner, in wildem, herzzerschneidendem Schmerz laut aufschreiend, »verloren, verloren für immer!« Und während er sich mit so gewaltigen Kräften gegen die Arme sträubte, die ihn hielten, daß ihn die vier starken Männer kaum noch bändigen konnten, ließen plötzlich seine Anstrengungen nach, seine Arme sanken, er lehnte den Kopf zurück und lag ohnmächtig an Gerhards Schulter.

Dieser, der eben erst aus dem Weinhaus kam, in dem er eigentlich nur Werner so lange erwartet hatte und durch den Lärm auf der Straße gerufen war, suchte das Nähere von den Nachtwächtern herauszubekommen. Diese wußten aber selbst sehr wenig.

Der in dieser Straße stationierte Wächter erzählte, er habe Lärm und Geschrei gehört. In der Nähe des ›roten Hauses‹ sei er zu seinem Erstaunen inne geworden, daß der Lärm von dort herausschalle, und dann sei plötzlich der Herr hier in voller Wut und Flucht herausgesprungen. Wie er da hineingeraten, wisse er freilich nichts denn bis jetzt sei die Tür stets verschlossen gewesen. –

Gerhard bestärkte die Wächter gern in dem Glauben, daß der Unglückliche »etwas zu viel getrunken«. Mit ihrer Hilfe klopfte er aus einem benachbarten Gebäude ein paar Arbeiter heraus, die den noch immer Ohnmächtigen gegen eine gute Belohnung nach seiner Wohnung trugen.

5

Gerhard blieb, als er Werner wieder zu sich gebracht, die Nacht an seinem Bett, und der Kranke fiel gegen Morgen in einen sanften, ruhigen Schlaf, aus dem er erst nach zehn Uhr erwachte.

Vollkommen ruhig öffnete er die Augen, sah den Freund einige Augenblicke an, und schloß sie wieder. Aber das dauerte nicht lange, und Gerhard glaubte, daß er ihn fragen würde, wie er in sein Zimmer gekommen. Werner dagegen schien alles genau zu wissen, dankte ihm für seine Teilnahme, als er in der Straße halb ohnmächtig zusammengebrochen, und bat ihn dann, auf seinem Tische nachzusehen, ob das gefundene Armband noch dort liege.

Gerhard beruhigte ihn darüber. Er hatte es gestern abend, als sie ihn fanden, in der Hand gehalten, und er selber hatte es an sich genommen. Es lag jetzt auf dem Tischchen neben seinem Bett.

Werner ließ es sich geben, betrachtete es einen Augenblick und dann, auf sein Kissen zurücksinkend, sagte er ruhig:

»Gott sei Dank, der verdammte Lahme hatte es mir unterwegs schlau entwandt und mir dafür den eisernen Klingelring in die Tasche geschoben – aber es ist doch alles vorbei und Agnes auf immer für mich verloren.«

»Aber, Werner«, bat Gerhard, »nimm dich doch zusammen und sei ein Mann.«

»Glaube nicht, daß ich mich täusche«, sagte Werner. »Ich weiß alles, was geschehen, aber zugleich, daß ihr alle mir nie glauben werdet. Jetzt habe ich auch den Schlüssel dazu, daß du jene Fremde, die an uns vorüberging, nicht sahst, daß du sie später nicht am Fenster entdecken konntest. Kein anderer in der Stadt hat sie gesehen, nur *meinem* Auge erschien sie, und – nenn' es Segen oder Fluch – noch immer liegt in *ihren* Händen mein Geschick.«

»Werner«, sagte Gerhard unruhig, »daß du so ruhig über den Unsinn reden kannst! Du mußt alle deine Kräfte zusammennehmen, um über diese tollen Bilder Meister zu werden.«

»Du hast recht,« sagte Werner ruhig, »ich glaube auch, daß es in meiner Macht stände. Was aber hülfe mir ein Leben, das seines Zieles beraubt ist?«

»Werner,« rief Gerhard besorgt, »rede nicht so Entsetzliches! Was willst du denn tun?«

»Aufstehen. Es ist zehn Uhr vorbei, und ich schlafe sonst nie so lange.«

»Aber du bist krank.«

»Nie gesünder gewesen. Aber ich muß aufstehen, denn ich habe einen Besuch abzustatten.«

»Besuch? – Bei wem?«

»Laß das – du würdest mich doch nicht verstehen. Aber sei versichert,« setzte er herzlicher hinzu, »daß ich meinen *Verstand* noch vollständig beisammen habe.«

»Was willst du denn tun?« rief Gerhard besorgt.

»Nichts, was dich beunruhigen könnte«, lachte Werner. »Es ist jetzt heller Tag, und ich glaube nicht, daß ich da etwas von den Geistern zu fürchten habe. Sobald es dämmert, bitte ich dich selber, zu mir zu kommen und die Nacht bei mir zu bleiben. Beruhigt dich das?«

»In etwas, ja; aber doch noch nicht ganz. Darf ich dich nicht begleiten?«

»Als Wächter?« lächelte Werner. »Lieber Freund, ich bin ein halber Fatalist. Was kommen *soll*, das kommt doch.«

Er war indessen aufgestanden und zum Ausgehen völlig gerüstet.

»Darf ich dich wenigstens eine Strecke begleiten?« fragte Gerhard nach einigem Zögern.

»Und warum nicht? Nur störe mich nicht in dem, was ich vorhabe.«

»Du willst das ›rote Haus‹ besuchen?«

»Ja.«

»Und weshalb?« bat Gerhard. »Muß das nicht all deine früheren Phantasien nur noch mehr reizen?«

»Das Gegenteil«, sagte Werner ruhig. »Das helle Tageslicht soll mir helfen, die toten Bilder zu verscheuchen. Ich muß mich selber überzeugen, daß dort nur Schutt und Zerstörung herrschen.«

»So laß mich mit dir gehen.«

»Bis zu dem Haus, ja – aber nicht hinein. Dort muß ich mit mir allein sein«, sagte Werner. »Und noch eins«, setzte er, wie plötzlich sich besinnend, hinzu, »laß mir noch eine halbe Stunde Zeit, einen Brief zu schreiben. Dann holst du mich hier ab.«

»Du gehst nicht ohne mich?«

»Ich gebe dir mein Wort.«

Gerhard ging, und als er nach etwa drei Viertelstunden zurückkehrte, fand er Werner schon in der Tür, ihn erwartend. Langsam schritten die beiden die Straßen entlang, und unaufgefordert erzählte Werner bis in die kleinsten Einzelheiten hinab seinen gestrigen Besuch im ›roten Haus‹.

Er sprach so ruhig, so überlegt und bei vollem Bewußtsein, und widerlegte alle Einwendungen des Freundes in so sicherer Weise, daß diesem zuletzt nichts übrigblieb, als sich zu fügen.

Um vier Uhr versprach Werner, wenn irgend möglich, in einer nicht sehr entfernten Restauration mit Gerhard wieder zusammenzutreffen.

»Und noch eins«, sagte Werner und hielt des Freundes Arm, als dieser, nicht weit vom ›roten Hause‹, Abschied nehmen wollte. »Eins habe ich dir bis jetzt noch verschwiegen. Du erinnerst dich des Namens des jungen Mädchens, das in der Gruft dahinten beigesetzt ist?«

»Agnes von Hochstetten, wenn ich nicht irre –«

»Ganz recht – auch ich heiße Hochstetten«, sagte Werner ruhig.

»Du?« rief Gerhard erstaunt. »Davon hast du mir noch nie ein Wort gesagt.«

»Werner ist der Name, den ich als Künstler angenommen habe«, entgegnete dieser.

»Dann ist dies der unglückseligste Zufall,« rief Gerhard, den Kopf schüttelnd, »den ich mir denken kann.«

»Zufall«, sagte Werner ernst, »ist ein wunderliches Wort. Doch genug. Auf Wiedersehen, Gerhard, auf ein *frohes* Wiedersehen!«

Er drehte sich mit den Worten ab und schritt allein dem ›roten Hause‹ zu, während Gerhard traurig und wirklich ernsthaft um den Freund besorgt die andere Richtung einschlug.

Die Tür des ›roten Hauses‹ war verschlossen, aber ein fester Druck schob das morsche Schloß leicht auseinander, und der junge Mann betrat mit einem eigenen Schauder den düsteren, dumpfigen Raum, der wieder in seiner ganzen Öde um ihn lag. Nur durch die zerbrochenen und erblindeten Scheiben eines Fensters über der Hintertür fielen die Sonnenstrahlen herein und erhellten den Platz hinlänglich, ihm die halbzerfallene Treppe zu zeigen, die er jetzt vorsichtig, aber mit festen Schritten hinanstieg. So betrat er die wüsten Gemächer, die ihm in letzter Nacht einem Feenpalast gleich erschienen waren, und suchend schweifte sein Blick umher, als ob der Raum nicht leer sein könne, und die, die er hier suche, ihm jeden Augenblick entgegentreten müsse. Aber alles lag still und öde wie das Grab, nur ein paar Ratten glitten raschelnd über umherliegendes Gerümpel. Werner stand auf der Schwelle des Saales und lehnte, die Arme verschränkt, am Türpfosten.

»Und wäre denn alles – alles das, was mir mein ganzes Herz erfüllt, wirklich nur ein leerer *Traum* gewesen?« sprach er mit leiser Stimme vor sich hin. »Dort der Balkon, aus dem die Damen saßen, und da – da, wo das Auge auf mich niederschaut –«

Er hatte den Arm nach jenem Kopfe ausgestreckt und stand plötzlich, wie zur Bildsäule geworden, mit fast aus den Höhlen dringenden Augen der Stelle gegenüber, auf der das Bild da oben Leben und Bewegung gewann. Das Auge blinzelte auf und zu, die Züge des halben Gesichts nahmen einen fast teuflischen Ausdruck an.

»Ha, bist du da?« rief Werner, indem er das Armband ergriff und wie einen Talisman der Teufelslarve entgegenhielt, »da, da sieh, hämischer Geist, wie ich deinem Grimm trotze. Deine Macht ist aus, und wie ich dir hier entgegentrete, will ich dich –«

»Halt, nicht weiter«, flüsterte plötzlich, während er mit dem hochgehobenen Armband auf das scheu zurückweichende Haupt zuschreiten wollte, eine leise, süße Stimme. Neben ihm stand Agnes und legte ihre weiße Hand leicht und kaum fühlbar auf seinen Arm.

Nicht mehr in all der Pracht und Herrlichkeit des letzten Abends freilich, sondern wie er sie zuerst gesehen, in jenem einfachen schwarzen Kleide.

»Agnes!« rief Werner, und unwillkürlich beugte er fast das Knie vor der herrlichen Gestalt, der gerade die sanfte Schwermut in den Zügen einen noch viel unwiderstehlicheren Reiz verlieh.

»Nicht doch, mein Freund,« flüsterte fast ängstlich das Mädchen, »nicht mir die Huldigung, die nur Gott gebührt. Ich komme auch nur,« setzte sie hinzu, während ihr liebes Antlitz ein eigener Zug von Wehmut überflog, »Abschied von dir zu nehmen.«

»Abschied?« rief Werner in tiefem Schmerze, »und was habe ich getan, daß du mich meiden willst? Hier ist das Band, das dir die Freiheit gibt. Willst du mir selber jede Hoffnung rauben?«

»Zu deinem eigenen Besten, Freund«, sagte die Jungfrau ernst und doch tief betrübt dabei. »Du kannst nicht leben in der Welt da draußen, und mit uns fortverkehren hier. Wie ein tückischer Wirbel zieht die Geisterwelt alles, was ihr geboten wird, in ihren Kreis hinein. Nein, lebe fort, das Leben beginnt ja erst für dich. Gib mir das Armband und nimm den besten Dank, den ich dir geben kann für deine Lieb' und Treue – den Dank, daß ich mich dir zum letztenmal gezeigt.«

»Nein! nein!« rief Werner, in wilder Angst die Hand ergreifend, die sie ihm entgegenhielt. Du selber hast gesagt, dies Band verleihe dem, der es besitzt, Kraft und Gewalt, dich ihm zu erringen!«

»Weißt du, was du begehrst?« fragte mit warnender Stimme die Jungfrau, »weißt du, daß du, um mir zu gehören, erst der Seligkeit entsagen mußt?«

»Alles ist tot für mich!« rief Werner, in wilder Aufregung und Sehnsucht die Arme der Geliebten entgegenbreitend. »Sei du mein Gott und mein Himmel!«

Da richtete sich die Gestalt der Jungfrau hoch und ernst auf. Alle Milde und Sanftmut war aus dem marmorbleichen Antlitz gewichen.

»So komm, Unglückseliger«, sagte sie. »Wer wie du in wilder Leidenschaft den Himmel und die Erde von sich stößt, der hat auf beide sein Recht verscherzt. Was wir dir bieten können, soll dir werden. Du bist der Unsere – sei uns denn willkommen!«

Gerhard wartete vergebens auf den Freund. Die Unruhe trieb ihn endlich nach Werners Wohnung. Aber Werner war noch nicht zurückgekehrt, und Gerhard nahm sich einen Wagen, um das ›rote Haus‹ noch vor der einbrechenden Dämmerung zu erreichen.

Da er die vordere Tür des alten Gebäudes verschlossen glaubte, hatte er dem Kutscher Befehl gegeben, bei dem Totengräber vorzufahren und diesen mitzunehmen. Aber dort in der Straße standen eine Menge Leute und schauten nach den Fenstern des ›roten Hauses‹ hinauf. Er ließ den Wagen halten und stieg aus; niemand konnte ihm gewissen Bescheid geben. Einige meinten, es spuke da drinnen, andere, das Haus wolle einfallen, weshalb sich niemand näher hineinwage. Ein anderer Wagen fuhr in diesem Augenblicke vor, und ein ihm befreundeter Arzt stieg mit einem Polizeidiener aus und näherte sich dem Eingänge.

Er eilte, sich den beiden anzuschließen, und was er von ihnen hörte, reifte auch seine schlimmste Befürchtung zur Gewißheit.

Der Totengräber hatte, in der Nähe des alten Gebäudes beschäftigt, einen lauten Aufschrei darin gehört, und als er die Räume visitierte, einen jungen Mann tot oder ohnmächtig in einem der oberen Zimmer gefunden. Er hatte augenblicklich nach der Polizei und nach einem Arzt geschickt, und diese trafen gerade ein, die Untersuchung vorzunehmen.

Was Gerhard gefürchtet, war geschehen. Oben in dem einen Zimmer, zwischen Schutt und Trümmern, lag Werner ausgestreckt auf dem Boden – tot, das Antlitz unentstellt und ruhig, den einen Arm von sich gestreckt. Die linke Hand aber hielt ein schmales, goldenes Armband, das Gerhard augenblicklich als das gefundene erkannte.

Gerhard brachte die Leiche nach Werners eigener Wohnung. Hier wurde der Körper untersucht, und das Urteil lautete: »Tod, herbeigeführt durch einen plötzlichen Gehirnschlag!«

Der Brief, den Werner zurückgelassen, war an Gerhard gerichtet und enthielt kurze Verfügungen über seine kleine Hinterlassenschaft. Am Schlusse des Briefes bat er – wofür er eine nicht unbedeutende Summe dem städtischen Armenhause vermachte – in der Gruft der Hochstetten, nahe dem ›roten Haus‹, beigesetzt zu werden.

Sein Wunsch ward erfüllt, und auch das Armband, das die erstarrte Hand noch festgehalten, ruht bei ihm in der Gruft.

Wilhelm Hauff

Die Geschichte von der abgehauenen Hand

Ich bin in Konstantinopel geboren; mein Vater war ein Dragoman (Dolmetscher) bei der Pforte (dem türkischen Hof) und trieb nebenbei einen ziemlich einträglichen Handel mit wohlriechenden Essenzen und seidenen Stoffen. Er gab mir eine gute Erziehung, indem er mich teils selbst unterrichtete, teils von einem unserer Priester mir Unterricht geben ließ. Er bestimmte mich anfangs, seinen Laden einmal zu übernehmen, als ich aber größere Fähigkeiten zeigte, als er erwartet hatte, bestimmte er mich auf das Anraten seiner Freunde zum Arzt; weil ein Arzt, wenn er etwas mehr gelernt hat als die gewöhnlichen Marktschreier, in Konstantinopel sein Glück machen kann. Es kamen viele Franken in unser Haus, und einer davon überredete meinen Vater, mich in sein Vaterland, nach der Stadt Paris, reisen zu lassen, wo man solche Sachen unentgeltlich und am besten lernen könne. Er selbst aber wolle mich, wenn er zurückreise, umsonst mitnehmen. Mein Vater, der in seiner Jugend auch gereist war, schlug ein, und der Franke sagte mir, ich könne mich in drei Monaten bereithalten. Ich war außer mir vor Freude, fremde Länder zu sehen.

Der Franke hatte endlich seine Geschäfte abgemacht und sich zur Reise bereitet; am Vorabend der Reise führte mich mein Vater in sein Schlafkämmerlein. Dort sah ich schöne Kleider und Waffen auf dem Tische liegen. Was meine Blicke aber noch mehr anzog, war ein großer Haufe Goldes, denn ich hatte noch nie so viel beieinander gesehen. Mein Vater umarmte mich und sagte: »Siehe, mein Sohn, ich habe dir Kleider zu der Reise besorgt. Jene Waffen sind dein, es sind die nämlichen, die mir dein Großvater umhing, als ich in die Fremde auszog. Ich weiß, du kannst sie führen; gebrauche sie aber nie, als wenn du angegriffen wirst; dann aber schlage auch tüchtig drauf. Mein Vermögen ist nicht groß; siehe, ich habe es in drei Teile geteilt, einer davon ist dein; einer davon ist mein Unterhalt und Notpfennig, der dritte aber sei mir ein heiliges, unantastbares Gut, er diene dir in der Stunde der Not!« So sprach mein alter Vater, und Tränen hingen ihm im Auge, vielleicht aus Ahnung, denn ich habe ihn nie wiedergesehen.

Die Reise ging gut vonstatten; wir waren bald im Lande der Franken angelangt, und sechs Tagreisen nachher kamen wir in die große Stadt Paris. Hier mietete mir mein fränkischer Freund ein Zimmer und riet mir, mein Geld, das in allem zweitausend Taler betrug, vorsichtig anzuwenden. Ich lebte drei Jahre in dieser Stadt und lernte, was ein tüchtiger Arzt wissen muß; ich müßte aber lügen, wenn ich sagte, daß ich gerne dort gewesen sei; denn die Sitten dieses Volkes gefielen mir nicht; auch hatte ich nur wenige gute Freunde dort, diese aber waren edle, junge Männer.

Die Sehnsucht nach der Heimat wurde endlich mächtig in mir; in der ganzen Zeit hatte ich nichts von meinem Vater gehört, und ich ergriff daher eine günstige Gelegenheit, nach Hause zu kommen.

Es ging nämlich eine Gesandtschaft aus Frankenland nach der Hohen Pforte. Ich verdingte mich als Wundarzt in das Gefolge des Gesandten und kam glücklich wieder nach Stambul. Das Haus meines Vaters aber fand ich verschlossen, und die Nachbarn staunten, als sie mich sahen, und sagten mir, mein Vater sei vor zwei Monaten gestorben. Jener Priester, der mich in meiner Jugend unterrichtet hatte, brachte nur den Schlüssel; allein und verlassen zog ich in das verödete Haus ein. Ich fand noch alles, wie es mein Vater verlassen hatte; nur das Gold, das er mir zu hinterlassen versprach, fehlte. Ich fragte den Priester darüber, und dieser verneigte sich und sprach: »Euer Vater ist als ein heiliger Mann gestorben; denn er hat sein Gold der Kirche vermacht.« Dies war und blieb mir unbegreiflich; doch was wollte ich machen; ich hatte keine Zeugen gegen den Priester und mußte froh sein, daß er nicht auch das Haus und die Waren meines Vaters als Vermächtnis angesehen hatte.

Dies war das erste Unglück, das mich traf. Von jetzt an aber kam es Schlag auf Schlag. Mein Ruf als Arzt wollte sich gar nicht ausbreiten, weil ich mich schämte, den Marktschreier zu machen, und überall fehlte mir die Empfehlung meines Vaters, der mich bei den Reichsten und Vornehmsten eingeführt hätte, die jetzt nicht mehr an den armen Zaleukos dachten. Auch die Waren meines Vaters fanden keinen Abgang; denn die Kunden hatten sich nach seinem Tode verlaufen, und neue bekommt man nur langsam. Als ich einst trostlos über meine Lage nachdachte, fiel mir ein, daß ich oft in Franken Männer meines Volkes gesehen hatte, die das Land durchzogen und ihre Waren auf den Märkten der Städte auslegten; ich erinnerte mich, daß man ihnen gerne abkaufte, weil sie aus der Fremde kamen, und daß man bei solchem Handel das Hundertfache erwerben könne. Sogleich war auch mein Entschluß gefaßt. Ich verkaufte mein väterliches Haus, gab einen Teil des gelösten Geldes einem bewährten Freunde zum Aufbewahren, von dem übrigen aber kaufte ich, was man in Franken selten hat, wie Schals, seidene Zeuge, Salben und Öle, mietete einen Platz auf einem Schiff und trat so meine zweite Reise nach Franken an.

Es schien, als ob das Glück, sobald ich die Schlösser der Dardanellen im Rücken hatte, mir wieder günstig geworden wäre. Unsere Fahrt war kurz und glücklich. Ich durchzog die großen und kleinen Städte der Franken und fand überall willige Käufer meiner Waren. Mein Freund in Stambul sandte mir immer wieder frische Vorräte, und ich wurde von Tag zu Tag wohlhabender. Als ich endlich so viel erspart hatte, daß ich glaubte, ein größeres Unternehmen wagen zu können, zog ich mit meinen Waren nach Italien. Etwas muß ich aber noch gestehen, was mir auch nicht wenig Geld einbrachte: ich nahm auch meine Arzneikunst zu Hilfe. Wenn ich in eine Stadt kam, ließ ich durch Zettel verkünden, daß ein griechischer Arzt da sei, der schon viele geheilt habe; und wahrlich, mein Balsam und meine Arzneien haben mir manche Zechine eingebracht.

So war ich endlich nach der Stadt Florenz in Italien gekommen. Ich nahm mir vor, längere Zeit in dieser Stadt zu bleiben, teils weil sie mir so wohl gefiel, teils auch, weil ich mich von den Strapazen meines Umherziehens erholen wollte. Ich mietete mir ein Gewölbe in dem Stadtviertel St. Croce und nicht weit davon ein paar schöne Zimmer, die auf einen Altan führten, in einem Wirtshaus. Sogleich ließ ich auch meine Zettel umhertragen, die mich als Arzt und Kaufmann ankündigten. Ich hatte kaum mein Gewölbe eröffnet, so strömten auch die Käufer herzu, und ob ich gleich ein wenig hohe Preise hatte, so verkaufte ich doch mehr als andere, weil ich gefällig und freundlich gegen meine Kunden war. Ich hatte schon vier Tage vergnügt in Florenz verlebt, als ich eines Abends, da ich schon mein Gewölbe schließen und nur die Vorräte in meinen Salbenbüchsen nach meiner Gewohnheit noch einmal mustern wollte, in einer kleinen Büchse einen Zettel fand, den ich mich nicht erinnerte, hineingetan zu haben. Ich öffnete den Zettel und fand darin eine Einladung, diese Nacht Punkt zwölf Uhr auf der Brücke, die man Ponte vecchio heißt, mich einzufinden. Ich sann lange darüber nach, wer es wohl sein könnte, der mich dorthin einlud, da ich aber keine Seele in Florenz kannte, dachte ich, man werde mich vielleicht heimlich zu irgendeinem Kranken führen wollen, was schon öfter geschehen war. Ich beschloß also hinzugehen, doch hing ich zur Vorsicht den Säbel um, den mir einst mein Vater geschenkt hatte.

Als es stark gegen Mitternacht ging, machte ich mich auf den Weg und kam bald auf die Ponte vecchio. Ich fand die Brücke verlassen und öde und beschloß zu warten, bis er erscheinen würde, der mich rief. Es war eine kalte Nacht; der Mond schien hell, und ich schaute hinab in die Wellen des Arno, die weithin im Mondlicht schimmerten. Auf den Kirchen der Stadt schlug es jetzt zwölf Uhr; ich richtete mich auf, und vor mir stand ein großer Mann, ganz in einen roten Mantel gehüllt, dessen einen Zipfel er vor das Gesicht hielt.

Ich war von Anfang etwas erschrocken, weil er so plötzlich hinter mir stand, faßte mich aber sogleich wieder und sprach: »Wenn Ihr mich habt hierher bestellt, so sagt an, was steht zu Eurem Befehl?«

Der Rotmantel wandte sich um und sagte langsam: »Folge!« Da ward mir's doch etwas unheimlich zumute, mit diesem Unbekannten allein zu gehen; ich blieb stehen und sprach: »Nicht also, lieber Herr, wollet mir vorerst sagen, wohin; auch könnet Ihr mir Euer Gesicht ein wenig zeigen, daß ich sehe, ob Ihr Gutes mit mir vorhabt.«

Der Rote aber schien sich nicht darum zu kümmern. »Wenn du nicht willst, Zaleukos, so bleibe!« antwortete er und ging weiter.

Da entbrannte mein Zorn. »Meinet Ihr«, rief ich aus, »ein Mann wie ich lasse sich von jedem Narren foppen, und ich werde in dieser kalten Nacht umsonst gewartet haben?« In drei Sprüngen hatte ich ihn erreicht, packte ihn an seinem Mantel und schrie noch lauter, indem ich die andere Hand an den Säbel legte; aber der Mantel blieb mir in der Hand, und der Unbekannte war um die nächste Ecke verschwunden. Mein Zorn legte sich nach und nach; ich hatte doch den Mantel, und dieser sollte mir schon den Schlüssel zu diesem wunderlichen Abenteuer geben.

Ich hing ihn um und ging meinen Weg weiter nach Hause. Als ich kaum noch hundert Schritte davon entfernt war, streifte jemand dicht an mir vorüber und flüsterte in fränkischer Sprache: »Nehmt Euch in acht, Graf, heute nacht ist nichts zu machen.« Ehe ich mich aber umsehen konnte, war dieser Jemand schon vorbei, und ich sah nur noch einen Schatten an den Häusern hinschweben. Daß dieser Zuruf den Mantel und nicht mich anging, sah ich ein; doch gab er mir kein Licht über die Sache. Am anderen Morgen überlegte ich, was zu tun sei. Ich war von Anfang gesonnen, den Mantel ausrufen zu lassen, als hätte ich ihn gefunden; doch da konnte der Unbekannte ihn durch einen Dritten holen lassen, und ich hätte dann keinen Aufschluß über die Sache gehabt. Ich besah, indem ich so nachdachte, den Mantel näher. Er war von schwerem genuesischem Samt, purpurrot, mit astrachanischem Pelz verbrämt und reich mit Gold bestickt. Der prachtvolle Anblick des Mantels brachte mich auf einen Gedanken, den ich auszuführen beschloß.

Ich trug ihn in mein Gewölbe und legte ihn zum Verkauf aus, setzte aber auf ihn einen so hohen Preis, daß ich gewiß war, keinen Käufer zu finden. Mein Zweck dabei war, jeden, der nach dem Pelz fragen würde, scharf ins Auge zu fassen; denn die Gestalt des Unbekannten, die sich mir nach Verlust des Mantels, wenn auch nur flüchtig, doch bestimmt zeigte, wollte ich aus Tausenden erkennen. Es fanden sich viele Kauflustige zu dem Mantel, dessen außerordentliche Schönheit alle Augen auf sich zog; aber keiner glich entfernt dem Unbekannten, keiner wollte den hohen Preis von zweihundert Zechinen dafür bezahlen. Auffallend war mir dabei, daß, wenn ich einen oder den anderen fragte, ob denn sonst kein solcher Mantel in Florenz sei, alle mit »Nein!« antworteten und versicherten, eine so kostbare und geschmackvolle Arbeit nie gesehen zu haben.

Es wollte schon Abend werden, da kam endlich ein junger Mann, der schon oft bei mir gewesen war und auch heute viel auf den Mantel geboten hatte, warf einen Beutel mit Zechinen auf den Tisch und rief: »Bei Gott! Zaleukos, ich muß deinen Mantel haben, und sollte ich zum Bettler darüber werden.« Zugleich begann er, seine Goldstücke aufzuzählen. Ich kam in große Not; ich hatte den Mantel nur ausgehängt, um vielleicht die Blicke meines Unbekannten darauf zu ziehen, und jetzt kam ein junger Tor, um den ungeheuren Preis zu zahlen. Doch was blieb mir übrig; ich gab nach, denn es tat mir auf der anderen Seite der Gedanke wohl, für mein nächtliches Abenteuer so schön entschädigt zu werden. Der Jüngling hing sich den Mantel um und ging; er kehrte aber auf der Schwelle wieder um, indem er ein Papier, das am Mantel befestigt war, losmachte, mir zuwarf und sagte: »Hier, Zaleukos, hängt etwas, das wohl nicht zu dem Mantel gehört.«

Gleichgültig nahm ich den Zettel; aber siehe da, dort stand geschrieben: »Bringe heute nacht um die bewußte Stunde den Mantel auf die Ponte vecchio, vierhundert Zechinen warten deiner.«

Ich stand wie niedergedonnert. So hatte ich also mein Glück selbst verscherzt und meinen Zweck gänzlich verfehlt! Doch ich besann mich nicht lange, raffte die zweihundert Zechinen zusammen, sprang dem, der den Mantel gekauft hatte, nach und sprach: »Nehmt Eure Zechinen wieder, guter Freund, und laßt mir den Mantel, ich kann ihn unmöglich hergeben.« Dieser hielt die Sache von Anfang für Spaß, als er aber merkte, daß es Ernst war, geriet er in Zorn über meine Forderung, schalt mich einen Narren, und so kam es endlich zu Schlägen. Doch ich war so glücklich, im Handgemenge ihm den Mantel zu entreißen, und wollte schon mit ihm davoneilen, als der junge Mann die Polizei zu Hilfe rief und mich mit sich vor Gericht zog. Der Richter war sehr erstaunt über die Anklage und sprach meinem Gegner den Mantel zu. Ich aber bot dem Jünglinge zwanzig, fünfzig, achtzig, ja hundert Zechinen über seine zweihundert, wenn er mir den Mantel ließe. Was meine Bitten nicht vermochten, bewirkte mein Gold. Er nahm meine guten Zechinen, ich aber zog mit dem Mantel triumphierend ab und mußte mir gefallen lassen, daß man mich in ganz Florenz für einen Wahnsinnigen hielt. Doch die Meinung der Leute war mir gleichgültig; ich wußte es ja besser als sie, daß ich an dem Handel noch gewann.

Mit Ungeduld erwartete ich die Nacht. Um dieselbe Zeit wie gestern ging ich, den Mantel unter dem Arm, auf die Ponte vecchio. Mit dem letzten Glockenschlag kam die Gestalt aus der Nacht heraus auf mich zu. Es war unverkennbar der Mann von gestern. »Hast du den Mantel?« wurde ich gefragt.

»Ja, Herr«, antwortete ich, »aber er kostete mich bar hundert Zechinen.«

»Ich weiß es«, entgegnete jener. »Schau auf, hier sind vierhundert.« Er trat mit mir an das breite Geländer der Brücke und zählte die Goldstücke hin. Vierhundert waren es; prächtig blitzten sie im Mondschein, ihr Glanz erfreute mein Herz, ach! Es ahnete nicht, daß es seine letzte Freude sein werde. Ich steckte mein Geld in die Tasche und wollte mir nun auch den gütigen Unbekannten recht betrachten; aber er hatte eine Larve vor dem Gesicht, aus der mich dunkle Augen furchtbar anblitzten.

»Ich danke Euch, Herr, für Eure Güte«, sprach ich zu ihm, »was verlangt Ihr jetzt von mir? Das sage ich Euch aber vorher, daß es nichts Unrechtes sein darf.«

»Unnötige Sorge«, antwortete er, indem er den Mantel um die Schultern legte, »ich bedarf Eurer Hilfe als Arzt; doch nicht für einen Lebenden, sondern für einen Toten.«

»Wie kann das sein?« rief ich voll Verwunderung.

»Ich kam mit meiner Schwester aus fernen Landen«, erzählte er und winkte mir zugleich, ihm zu folgen. »Ich wohnte hier mit ihr bei einem Freund meines Hauses. Meine Schwester starb gestern schnell an einer Krankheit, und die Verwandten wollen sie morgen begraben. Nach einer alten Sitte unserer Familie aber sollen alle in der Gruft der Väter ruhen; viele, die in fremden Landen starben, ruhen dennoch dort einbalsamiert. Meinen Verwandten gönne ich nun ihren Körper; meinem Vater aber muß ich wenigstens den Kopf seiner Tochter bringen, damit er sie noch einmal sehe.« Diese Sitte, die Köpfe geliebter Anverwandten abzuschneiden, kam mir zwar etwas schrecklich vor; doch wagte ich nichts dagegen einzuwenden aus Furcht, den Unbekannten zu beleidigen. Ich sagte ihm daher, daß ich mit dem Einbalsamieren der Toten wohl umgehen könne, und bat ihn, mich zu der Verstorbenen zu führen. Doch konnte ich mich nicht enthalten zu fragen, warum denn dies alles so geheimnisvoll und in der Nacht geschehen müsse. Er antwortete mir, daß seine Anverwandten, die seine Absicht für grausam hielten, bei Tage ihn abhalten würden; sei aber nur erst einmal der Kopf abgenommen, so könnten sie wenig mehr darüber sagen. Er hätte mir zwar den Kopf bringen können; aber ein natürliches Gefühl halte ihn ab, ihn selbst abzunehmen.

Wir waren indes bis an ein großes, prachtvolles Haus gekommen. Mein Begleiter zeigte es mir als das Ziel unseres nächtlichen Spazierganges. Wir gingen an dem Haupttor des Hauses vorbei, traten in eine kleine Pforte, die der Unbekannte sorgfältig hinter sich zumachte, und stiegen nun im Finstern eine enge Wendeltreppe hinan. Sie führte in einen spärlich erleuchteten Gang, aus welchem wir in ein Zimmer gelangten, das eine Lampe, die an der Decke befestigt war, erleuchtete.

In diesem Gemach stand ein Bett, in welchem der Leichnam lag. Der Unbekannte wandte sein Gesicht ab und schien Tränen verbergen zu wollen. Er deutete nach dem Bett, befahl mir, mein Geschäft gut und schnell zu verrichten, und ging wieder zur Türe hinaus.

Ich packte meine Messer, die ich als Arzt immer bei mir führte, aus und näherte mich dem Bett. Nur der Kopf war von der Leiche sichtbar; aber dieser war so schön, daß mich unwillkürlich das innigste Mitleiden ergriff. In langen Flechten hing das dunkle Haar herab, das Gesicht war bleich, die Augen geschlossen. Ich machte zuerst einen Einschnitt in die Haut, nach der Weise der Ärzte, wenn sie ein Glied abschneiden. Sodann nahm ich mein schärfstes Messer und schnitt mit einem Zug die Kehle durch. Aber welcher Schrecken! Die Tote schlug die Augen auf, schloß sie aber gleich wieder, und in einem tiefen Seufzer schien sie jetzt erst ihr Leben auszuhauchen. Zugleich schoß mir ein Strahl heißen Blutes aus der Wunde entgegen. Ich überzeugte mich, daß ich erst die Arme getötet hatte; denn daß sie tot sei, war kein Zweifel, da es von dieser Wunde keine Rettung gab. Ich stand einige Minuten in banger Beklommenheit über das, was geschehen war. Hatte der Rotmantel mich betrogen, oder war die Schwester vielleicht nur scheintot gewesen? Das letztere schien mir wahrscheinlicher. Aber ich durfte dem Bruder der Verstorbenen nicht sagen, daß vielleicht ein weniger rascher Schnitt sie erweckt hätte, ohne sie zu töten, darum wollte ich den Kopf vollends ablösen; aber noch einmal stöhnte die Sterbende, streckt sich in schmerzhafter Bewegung aus und starb. Da übermannte mich der Schrecken, und ich stürzte schaudernd aus dem Gemach. Aber draußen im Gang war es finster; denn die Lampe war verlöscht. Keine Spur von meinem Begleiter war zu entdecken, und ich mußte aufs ungefähr mich im Finstern an der Wand fortbewegen, um an die Wendeltreppe zu gelangen. Ich fand sie endlich und kam halb fallend, halb gleitend hinab. Auch unten war kein Mensch. Die Türe fand ich nur angelehnt, und ich atmete freier, als ich auf der Straße war; denn in dem Hause war mir ganz unheimlich geworden. Von Schrecken gespornt, rannte ich in meine Wohnung und begrub mich in die Polster meines Lagers, um das Schreckliche zu vergessen, das ich getan hatte. Aber der Schlaf floh mich, und erst der Morgen ermahnte mich wieder, mich zu fassen. Es war mir wahrscheinlich, daß der Mann, der mich zu dieser verruchten Tat, wie sie mir jetzt erschien, verführt hatte, mich nicht angeben würde. Ich entschloß mich, gleich in mein Gewölbe an mein Geschäft zu gehen und womöglich eine sorglose Miene anzunehmen. Aber ach! Ein neuer Umstand, den ich jetzt erst bemerkte, vermehrte noch meinen Kummer. Meine Mütze und mein Gürtel wie auch meine Messer fehlten mir, und ich war ungewiß, ob ich sie in dem Zimmer der Getöteten gelassen oder erst auf meiner Flucht verloren hatte. Leider schien das erste wahrscheinlicher, und man konnte mich also als Mörder entdecken.

Ich öffnete zur gewöhnlichen Zeit mein Gewölbe. Mein Nachbar trat zu mir her, wie er alle Morgen zu tun pflegte, denn er war ein gesprächiger Mann. »Ei, was sagt Ihr zu der schrecklichen Geschichte«, hub er an, »die heute nacht vorgefallen ist?« Ich tat, als ob ich nichts wüßte. »Wie, solltet Ihr nicht wissen, von was die ganze Stadt erfüllt ist? Nicht wissen, daß die schönste Blume von Florenz, Bianka, die Tochter des Gouverneurs, in dieser Nacht ermordet wurde? Ach! Ich sah sie gestern noch so heiter durch die Straßen fahren mit ihrem Bräutigam, denn heute hätten sie Hochzeit gehabt.«

Jedes Wort des Nachbarn war mir ein Stich ins Herz. Und wie oft kehrte meine Marter wieder; denn jeder meiner Kunden erzählte mir die Geschichte, immer einer schrecklicher als der andere, und doch konnte keiner so Schreckliches sagen, als ich selbst gesehen hatte. Um Mittag ungefähr trat ein Mann vom Gericht in mein Gewölbe und bat mich, die Leute zu entfernen. »Signore Zaleukos«, sprach er, indem er die Sachen, die ich vermißte, hervorzog, »gehören diese Sachen Euch zu?« Ich besann mich, ob ich sie nicht gänzlich ableugnen sollte; aber als ich durch die halbgeöffnete Tür meinen Wirt und mehrere Bekannte, die wohl gegen mich zeugen konnten, erblickte, beschloß ich, die Sache nicht noch durch eine Lüge zu verschlimmern, und bekannte mich zu den vorgezeigten Dingen. Der Gerichtsmann bat mich, ihm zu folgen, und führte mich in ein großes Gebäude, das ich bald für das Gefängnis erkannte. Dort wies er mir bis auf weiteres ein Gemach an.

Meine Lage war schrecklich, als ich so in der Einsamkeit darüber nachdachte. Der Gedanke, gemordet zu haben, wenn auch ohne Willen, kehrte immer wieder. Auch konnte ich mir nicht verhehlen, daß der Glanz des Goldes meine Sinne befangen gehalten hatte; sonst hätte ich nicht so blindlings in die Falle gehen können. Zwei Stunden nach meiner Verhaftung wurde ich aus meinem Gemach geführt. Mehrere Treppen ging es hinab, dann kam man in einen großen Saal. Um einen langen, schwarzbehängten Tisch saßen dort zwölf Männer, meistens Greise. An den Seiten des Saales zogen sich Bänke herab, angefüllt mit den Vornehmsten von Florenz; auf den Galerien, die in der Höhe angebracht waren, standen dicht gedrängt die Zuschauer. Als ich bis vor den schwarzen Tisch getreten war, erhob sich ein Mann mit finsterer, trauriger Miene; es war der Gouverneur. Er sprach zu den Versammelten, daß er als Vater in dieser Sache nicht richten könne und daß er seine Stelle für diesmal an den ältesten der Senatoren abtrete. Der älteste der Senatoren war ein Greis von wenigstens neunzig Jahren. Er stand gebückt, und seine Schläfen waren mit dünnem, weißem Haar umhängt; aber feurig brannten noch seine Augen, und seine Stimme war stark und sicher. Er hub an, mich zu fragen, ob ich den Mord gestehe. Ich bat ihn um Gehör und erzählte unerschrocken und mit vernehmlichen Stimme, was ich getan hatte und was ich wußte. Ich bemerkte, daß der Gouverneur während meiner Erzählung bald blaß, bald rot wurde, und als ich geschlossen, fuhr er wütend auf: »Wie, Elender!« rief er mir zu, »so willst du ein Verbrechen, das du aus Habgier begangen, noch einem anderen aufbürden?«

Der Senator verwies ihm seine Unterbrechung, da er sich freiwillig seines Rechtes begeben habe; auch sei es gar nicht so erwiesen, daß ich aus Habgier gefrevelt; denn nach seiner eigenen Aussage sei ja der Getöteten nichts gestohlen worden. Ja, er ging noch weiter; er erklärte dem Gouverneur, daß er über das frühere Leben seiner Tochter Rechenschaft geben müsse; denn nur so könne man schließen, ob ich die Wahrheit gesagt habe oder nicht. Zugleich hob er für heute das Gericht auf, um sich, wie er sagte, aus den Papieren der Verstorbenen, die ihm der Gouverneur übergeben werde, Rat zu holen. Ich wurde wieder in mein Gefängnis zurückgeführt, wo ich einen schaurigen Tag verlebte, immer mit dem heißen Wunsch beschäftigt, daß man doch irgendeine Verbindung zwischen der Toten und dem Rotmantel entdecken möchte. Voll Hoffnung trat ich den anderen Tag in den Gerichtssaal. Es lagen mehrere Briefe auf dem Tisch. Der alte Senator fragte mich, ob sie meine Handschrift seien. Ich sah sie an und fand, daß sie von derselben Hand sein müßten wie jene beiden Zettel, die ich erhalten. Ich äußerte dies den Senatoren; aber man schien nicht darauf zu achten und antwortete, daß ich beides geschrieben haben könne und müsse; denn der Namenszug unter den Briefen sei unverkennbar ein Z, der Anfangsbuchstabe meines Namens. Die Briefe aber enthielten Drohungen an die Verstorbene und Warnungen vor der Hochzeit, die sie zu vollziehen im Begriff war.

Der Gouverneur schien sonderbare Aufschlüsse in Hinsicht auf meine Person gegeben zu haben; denn man behandelte mich an diesem Tage mißtrauischer und strenger. Ich berief mich zu meiner Rechtfertigung auf meine Papiere, die sich in meinem Zimmer finden müßten; aber man sagte mir, man habe nachgesucht und nichts gefunden. So schwand mir am Schlusse dieses Gerichts alle Hoffnung, und als ich am dritten Tag wieder in den Saal geführt wurde, las man mir das Urteil vor, daß ich, eines vorsätzlichen Mordes überwiesen, zum Tode verurteilt sei. Dahin also war es mit mir gekommen. Verlassen von allem, was mir auf Erden noch teuer war, fern von meiner Heimat, sollte ich unschuldig in der Blüte meiner Jahre vom Beile sterben.

Ich saß am Abend dieses schrecklichen Tages, der über mein Schicksal entschieden hatte, in meinem einsamen Kerker; meine Hoffnungen waren dahin, meine Gedanken ernsthaft auf den Tod gerichtet. Da tat sich die Türe meines Gefängnisses auf, und ein Mann trat herein, der mich lange schweigend betrachtete. »So finde ich dich wieder, Zaleukos?« sagte er; ich hatte ihn bei dem matten Schein meiner Lampe nicht erkannt, aber der Klang seiner Stimme erweckte alte Erinnerungen in mir, es war Valetty, einer jener wenigen Freunde, die ich in der Stadt Paris während meiner Studien kannte. Er sagte, daß er zufällig nach Florenz gekommen sei, wo sein Vater als angesehener Mann wohne, er habe von meiner Geschichte gehört und sei gekommen, um mich noch einmal zu sehen und von mir selbst zu erfahren, wie ich mich so schwer habe verschulden können. Ich erzählte ihm die ganze Geschichte. Er schien darüber sehr verwundert und beschwor mich, ihm, meinem einzigen Freunde, alles zu sagen, um nicht mit einer Lüge von hinnen zu gehen. Ich schwor ihm mit dem teuersten Eid, daß ich wahr gesprochen und daß keine andere Schuld mich drücke, als daß ich, von dem Glanze des Goldes geblendet, das Unwahrscheinliche der Erzählung des Unbekannten nicht erkannt habe. »So hast du Bianka nicht gekannt?« fragte jener. Ich beteuerte ihm, sie nie gesehen zu haben. Valetty erzählte mir nun, daß ein tiefes Geheimnis auf der Tat liege, daß der Gouverneur meine Verurteilung sehr hastig betrieben habe, und es sei nun ein Gerücht unter die Leute gekommen, daß ich Bianka schon längst gekannt und aus Rache über ihre Heirat mit einem anderen sie ermordet habe. Ich bemerkte ihm, daß dies alles ganz auf den Rotmantel passe, daß ich aber seine Teilnahme an der Tat mit nichts beweisen könne. Valetty umarmte mich weinend und versprach mir, alles zu tun, um wenigstens mein Leben zu retten. Ich hatte wenig Hoffnung; doch wußte ich, daß Valetty ein weiser und der Gesetze kundiger Mann sei und daß er alles tun werde, mich zu retten. Zwei lange Tage war ich in Ungewißheit: Endlich erschien auch Valetty. »Ich bringe Trost, wenn auch einen schmerzlichen. Du wirst leben und frei sein; aber mit Verlust einer Hand.« Gerührt dankte ich meinem Freunde für mein Leben. Er sagte mir, daß der Gouverneur unerbittlich gewesen sei, die Sache noch einmal untersuchen zu lassen; daß er aber endlich, um nicht ungerecht zu erscheinen, bewilligt habe, wenn man in den Büchern der florentinischen Geschichte einen ähnlichen Fall finde, so solle meine Strafe sich nach der Strafe, die dort ausgesprochen sei, richten. Er und sein Vater haben nun Tag und Nacht in den alten Büchern gelesen und endlich einen ganz dem meinigen ähnlichen Fall gefunden. Dort laute die Strafe: Es soll ihm die linke Hand abgehauen, seine Güter eingezogen, er selbst auf ewig verbannt werden. So laute jetzt auch meine Strafe, und ich solle mich jetzt bereiten zu der schmerzhaften Stunde, die meiner warte. Ich will euch nicht diese schreckliche Stunde vor das Auge führen, wo ich auf offenem Markt meine Hand auf den Block legte, wo mein eigenes Blut in weitem Bogen mich überströmte!

Valetty nahm mich in sein Haus auf, bis ich genesen war, dann versah er mich edelmütig mit Reisegeld; denn alles, was ich mir so mühsam erworben, war eine Beute des Gerichts geworden. Ich reiste von Florenz nach Sizilien und von da mit dem ersten Schiff, das ich fand, nach Konstantinopel. Meine Hoffnung war auf die Summe gerichtet, die ich meinem Freunde übergeben hatte, auch bat ich ihn, bei ihm wohnen zu dürfen; aber wie erstaunte ich, als dieser mich fragte, warum ich denn nicht mein Haus beziehe! Er sagte mir, daß ein fremder Mann unter meinem Namen ein Haus in dem Quartier der Griechen gekauft habe; derselbe habe auch den Nachbarn gesagt, daß ich bald selbst kommen werde. Ich ging sogleich mit meinem Freunde dahin und wurde von allen meinen Bekannten freudig empfangen. Ein alter Kaufmann gab mir einen Brief, den der Mann, der für mich gekauft hatte, hiergelassen habe.

Ich las: »Zaleukos! Zwei Hände stehen bereit, rastlos zu schaffen, daß Du nicht fühlest den Verlust der einen. Das Haus, das Du siehest, und alles, was darin ist, ist Dein, und alle Jahre wird man Dir so viel reichen, daß Du zu den Reichen Deines Volkes gehören wirst. Mögest Du dem vergeben, der unglücklicher ist als Du.« Ich konnte ahnen, wer es geschrieben, und der Kaufmann sagte mir auf meine Frage: Es sei ein Mann gewesen, den er für einen Franken gehalten, er habe einen roten Mantel angehabt. Ich wußte genug, um mir zu gestehen, daß der Unbekannte doch nicht ganz von aller edlen Gesinnung entblößt sein müsse. In meinem neuen Haus fand ich alles aufs beste eingerichtet, auch ein Gewölbe mit Waren, schöner als ich sie je gehabt. Zehn Jahre sind seitdem verstrichen; mehr aus alter Gewohnheit, als weil ich es nötig habe, setze ich meine Handelsreisen fort; doch habe ich jenes Land, wo ich so unglücklich wurde, nie mehr gesehen. Jedes Jahr erhielt ich seitdem tausend Goldstücke; aber, wenn es mir auch Freude macht, jenen Unglücklichen edel zu wissen, so kann er mir doch den Kummer meiner Seele nicht abkaufen, denn ewig lebt in mir das grauenvolle Bild der ermordeten Bianka.

A. J. Mordtmann

Der Untergang der Carnatic

Kapitän Clifford, unser Kapitän, war mit seiner Jugendgeliebten Fanny, der er mit leidenschaftlicher Liebe zugetan war, seit zwei Jahren verheiratet, als er, von ihr begleitet, auf seinem damaligen Schiffe, der englischen Bark »Carnatic«, eine Reise von Rio de Janeiro nach Batavia antrat. Das Unglück wollte, daß das Schiff weit aus seinem eigentlichen Kurse nach Süden verschlagen wurde und dem Gürtel des antarktischen Treibeises näher kam als rätlich.

Bald war die Carnatic von Eisbergen und Eisfeldern umgeben, die ihre Fahrt immer gefährlicher gestalteten. Anstatt sich aus dem Eise herauszuarbeiten, geriet sie durch den andauernd ungünstigen Wind immer tiefer hinein; nach einer kalten und stürmischen Nacht war sie zwischen Schollen von fast unabsehbarer Ausdehnung geraten, die sich zusammenpreßten und das Schiff hoben, so daß es, ohne im übrigen Schaden zu nehmen, festsaß; es war, da starker Frost eintrat, bald vollkommen eingefroren.

Ein Bleiben auf dem Schiffe würde nur das Verderben der ganzen Mannschaft im Gefolge gehabt haben; der vom Kapitän zusammenberufene Schiffsrat entschied sich einstimmig für das Verlassen der Bark.

Die beiden Boote wurden mit großer Anstrengung in offenes Wasser gebracht und mit Kompaß, Wasser und Mundvorräten versehen. Dann brach man auf. Das Boot, welches zuerst abfahren sollte, wurde unter den Befehl des Steuermanns gestellt; in ihm sollte die Frau des Kapitäns Aufnahme finden, weil es größer war und mehr Bequemlichkeiten bot als das andere, das der Kapitän in Person führen wollte.

Als die Mannschaft des ersten Bootes fort war, schickte Kapitän Clifford die des zweiten nach und beeilte sich, nachdem er das Schiffsjournal an sich genommen und noch einmal im Raume nachgesehen hatte, ihnen zu folgen, weil von Süden her eine unheimliche weiße Wand heranrückte, einer jener Nebel, die in Polargegenden oft einfallen und so außerordentlich dicht sind, daß man tatsächlich auf drei Schritt Entfernung nichts mehr unterscheiden kann. Als der Kapitän sich über den Bug der Carnatic hinabließ, war es höchste Zeit, denn schon umhüllte ihn der Nebel; er war froh, als er in der undurchdringlichen, lichtlosen Luft sein Boot erreichte und die fünf Mann, die außer ihm die Besatzung ausmachten, beisammen fand. Das andere Boot war schon fort, aber niemand hatte es abfahren sehen.

Man steuerte in dem dichten Nebel nordwärts, immer nach dem größeren Boot auslugend, aber man bekam es nicht wieder zu Gesicht. Den ganzen Tag und die ganze Nacht setzte man die düstere Fahrt fort. Als der Morgen graute, sprang ein heftiger Südost auf, der das Gute hatte, daß er den Nebel vertrieb. Gegen Mittag flaute der Wind ab; bald darauf schimmerte durch die einförmig graue Masse der erste Fetzen blauen Himmels, er dehnte sich immer weiter aus, und nach einer halben Stunde lagen heller Sonnenschein und heitere Himmelsbläue auf den unruhig wogenden und mit leichten Schaumspitzen gekrönten Meeresfluten.

Vom Eise war weit und breit nichts mehr zu sehen, dagegen wurde ein anderer, erfreulicherer Anblick der Bootsmannschaft zu teil: in einer Entfernung von etwa zwei Seemeilen lag eine Brigg unter kleingemachten Segeln bei; sie mußten dort an Bord guten Ausguck halten, denn kaum war das Schiff in Sicht gekommen, als dieses auch schon Manöver einleitete, um sich ihnen zu nähern.

Kapitän Clifford schloß daraus, daß die Brigg das erste größere Boot schon aufgenommen haben müsse und, von diesem benachrichtigt, nach dem zweiten ausgeschaut habe. Das erwies sich als richtig, denn der erste, der Clifford, als er hinaufgeklettert war, auf dem Verdeck entgegentrat, war sein Steuermann.

Aber trotzdem erstarrte dem Kapitän beim Anblick seines Untergebenen das Blut in den Adern, und das Antlitz des Steuermanns war totenbleich, als er mit heiserer Stimme fragte:

»Wo ist denn Ihre Frau, Kapitän? Haben Sie sie nicht bei sich?«

»Ich! Meine Frau? Sie war doch in Ihrem Boot!«

»Allmächtiger Gott – nein!« Die übrigen Matrosen drängten sich mit verworrenen Rufen um Steuermann und Kapitän. Denn die wunderliebliche Frau Fanny Clifford war für sie alle wie ein höheres Wesen gewesen. Man hatte sie das Glück der Carnatic genannt.

Aus dem in abgebrochenen Sätzen gestammelten Bericht des Steuermanns kam rasch die niederschmetternde Wahrheit zutage: die Frau des Kapitäns, der allgemeine Liebling, war an Bord des im Eise eingeschlossenen Schiffes zurückgeblieben, allein, hilflos, einem sicheren Tode preisgegeben.

Der Zusammenhang, so unerklärlich er anfangs schien, war doch im Grunde sehr klar und einfach.

Frau Clifford war mit der Mannschaft des ersten Bootes bis an den Rand des Eises gegangen, wie sie aber abfahren wollten, bemerkte sie den heraufziehenden Nebel, und der erfahrenen Frau des Seemanns war alsbald klar, daß eine Trennung der Boote nicht nur möglich, sondern vollkommen gewiß sei. »Ich bleibe bei meinem Manne!« rief sie entschlossen und sprang wieder auf das Eis zurück. Allen erschien das so natürlich, daß niemand daran dachte, sie zurückzuhalten.

Die Mannschaft des zweiten Bootes war noch nicht eingetroffen; die Frau winkte dem Steuermann zum Abschied zu und rief: »Ich gehe ihnen entgegen! Fahrt ab!« Das Boot stieß denn auch ab und war nach wenigen Sekunden bereits so von Nebel eingehüllt, daß sie das Eis und alles darauf Befindliche aus dem Gesicht verloren.

Das war das Letzte, was man von ihr gesehen hatte. Sie mußte in dem dichten Nebel ihren Weg verfehlt haben und in einiger Entfernung von dem Kapitän und seiner Mannschaft vorbeigekommen sein, ohne sie zu bemerken oder von ihnen bemerkt zu werden.

Den Seelenzustand des unglücklichen Kapitäns kann man sich vorstellen; er war wie wahnsinnig und wollte über Bord springen und den tollen Versuch machen, das Eis schwimmend zu erreichen; nur mit Anwendung von Gewalt gelang es, ihn zurückzuhalten. Der Kapitän der Brigg war von diesem furchtbaren Verhängnis so ergriffen, daß er mehr tat, als er eigentlich seinen Reedern gegenüber verantworten konnte. Er wich von seinem Kurs ab und steuerte südwärts, bis man das Treibeis erreichte; hier kreuzte er zwei Tage, aber ohne Erfolg; die Carnatic wurde nicht gesehen, und der Brigg war es ohne große Gefahr unmöglich, bis zum festen Eise vorzudringen; sie mußte unverrichteter Sache ihren alten Kurs wieder aufnehmen.

Die Verzweiflung Cliffords hatte einem stumpfen Dahinbrüten Platz gemacht. Erst als man sich Kapstadt näherte, trat in diesem Zustande eine Änderung ein; er wurde wieder etwas redseliger, seine umdüsterte Miene nahm einen ruhigen, sinnenden, man möchte sagen fernschauenden Ausdruck an; er hatte das Wesen eines Mannes, der sich zu einem unabänderlichen Entschlusse durchgerungen hat.

In Kapstadt rüstete Clifford einen kleinen Schoner aus, mit dem er auf eigene Faust eine Aufsuchungsreise nach den antarktischen Gewässern unternahm; seine Frau, davon war er unerschütterlich überzeugt, lebte noch. Seine gesamte Mannschaft blieb ihm treu und begleitete ihn. Die Reise war erfolglos, obgleich sie allen Gefahren trotzten, um die mit schwimmendem Eise bedeckten Gewässer nach allen Richtungen zu durchforschen. Man kehrte erst um, als die Proviantvorräte vollständig aufgezehrt waren.

Noch einmal wiederholte Clifford diesen Versuch – abermals vergebens. Dann waren seine Mittel erschöpft, und er mußte das in den Augen jedes Verständigen aussichtslose Unternehmen aufgeben.

Wenn ich sage: jedes Verständigen, so sind darunter die Mannschaften Cliffords nicht mit einbegriffen. Er selbst ist ja unzurechnungsfähig und hat dafür eine vollwichtige Entschuldigung, aber es ist merkwürdig, seine fixe Idee hat auf eine so nüchterne und erfahrene Schar von Leuten wie seine ehemaligen Offiziere und Mannschaften ansteckend gewirkt. Denn, um das hier zu erwähnen, die Leute, die jetzt auf meinem Schiff, der »Lady Godiva«, dienen, sind noch immer dieselben, die auf der Carnatic gewesen sind, und sie alle teilen den unverbrüchlichen Glauben ihres Kapitäns, daß sie eines Tages doch noch die Carnatic und Frau Fanny Clifford wiederfinden werden. Darum nehmen sie nur Dienst auf Schiffen, deren Dienst sie nach den südlichen Teilen des Atlantischen und des Indischen Ozeans führt. Sogar der Steuermann ist geblieben; er hätte längst selbst Kapitän sein können, aber er verläßt seinen alten Vorgesetzten nicht und macht dessen Torheiten mit.

Der Steuermann hat mir diese ganze Geschichte erzählt, und sein fester Glaube an die Illusionen des Kapitäns rührt wohl daher, daß er ein Norweger und, wie viele seiner Landsleute, eine mystisch veranlagte Natur ist. Ole Johannesen hat einen ganzen Abend auf seiner Wache mit mir darüber gesprochen und meinen ursprünglichen Skeptizismus stark erschüttert.

Die Carnatic war, als sie verlassen wurde, noch vollkommen dicht und seetüchtig. Man konnte daher, wenn sie in offenem Wasser trieb, darauf rechnen, daß sie trotz ihres Mangels an jeglicher Besatzung nicht gleich verunglücken würde. Sie war allerdings im Eise eingefroren und daher mancherlei Gefahren ausgesetzt, aber die sind nicht so schlimm, wie man glauben könnte. Das Eisfeld, auf das sie gehoben war, hatte eine große Ausdehnung, so daß ein Zusammenstoß mit Eisbergen eine sehr fernliegende Eventualität war. Vielmehr mußte diese eisige Umklammerung eher als eine Art Schutzwall dienen. Da sie nun bei den verschiedenen Expeditionen nicht aufgefunden worden ist, so ist die Annahme gerechtfertigt, daß sie mit seinem treibenden Eisfelde noch weiter südwärts in den Gürtel des festen Eises geraten und dort vollkommen eingefroren ist. Die letzten Winter sind ungewöhnlich streng, die Sommer kalt und unfreundlich gewesen; ein milderer Winter und ein früherer Sommer werden das feste Eis wegschmelzen und die Carnatic befreien; sie wird ins Wasser sinken und von den vorherrschenden Strömungen nordwärts getrieben werden.

Gegen diese Ausführungen Johannesens hatte ich nicht viel einzuwenden. Ein Bedenken jedoch konnte ich nicht unterdrücken. Ich fragte ihn:

»Nach Ihren Mitteilungen ist der traurige Vorfall vor ungefähr drei Jahren passiert, nicht wahr?«

»Genau drei Jahre und fünf Monate.«

»Wie wird, angenommen, daß alles so verlief, wie Sie sich vorstellen, Frau Clifford sich während dieser langen Zeit ernähren?«

Da kam ich aber schön an! Johannesen lachte gerade hinaus: »Wir hatten für unsere gesamte Mannschaft für ein Jahr Proviant an Bord; davon war höchstens ein Viertel verbraucht, mit dem Reste könnte ein starker Esser über zehn Jahre leben.«

Ich schwieg. Wie ich schon vorhin bemerkte, die Zuversicht dieser wackeren Leute hat mich mit angesteckt. So unterdrückte ich meine Besorgnis, Fanny Clifford könnte der Kälte erlegen sein oder in einem Anfall leicht begreiflicher Verzweiflung Hand an sich selbst gelegt haben. Die Antwort würde lauten: »Das könnte sein, aber es müßte nicht sein.«

Übermorgen fahren wir von hier weiter. Ich bin von derselben unvernünftigen und fieberhaften Spannung ergriffen wie meine Schiffsgenossen; es sollte mich nicht wundern, wenn eines schönen Morgens die Carnatic vor uns auftauchte, eine weiße Gestalt an der Brüstung stehend, die uns zuwinkte! ...

Das Abenteuer des Kapitän Clifford hat ein so hochdramatisches Ende genommen, daß ich noch jetzt nicht ohne die tiefste Erschütterung daran denken kann. Bis in meine Träume hinein verfolgt mich das Erlebnis, und ich fahre in Schweiß gebadet und an allen Gliedern zitternd auf, wenn ich noch einmal sehe und höre, was ich dort sehen und hören mußte. –

Die Eisverhältnisse waren dies Jahr besonders günstig, und man durfte darauf rechnen, daß wir dem Pol näher kommen würden, als sonst möglich war.

Unter diesen Umständen wuchs die Spannung an Bord unserer Lady Godiva mit jeder Stunde, und als eines Mittags der Kapitän ankündigte, wir hätten heute den Breitengrad erreicht, unter dem damals die Carnatic eingefroren war, da ging es durch uns alle wie ein Erschauern.

Noch segelten wir südwärts und diesen Kurs änderten wir erst am nächsten Tage, als wir an das feste Packeis kamen; dann wurde der Bug des Schiffes nach Osten gerichtet, und wir blieben, soweit es ohne Gefahr geschehen konnte, dicht an der Grenze des Eises. Nachts wurden die Segel beschlagen, und wir legten bei, damit wir nicht etwa in der Dunkelheit an der Carnatic vorbeifuhren.

So waren wir drei Tage gesegelt und hatten dabei auch den Längengrad erreicht, unter dem die eingefrorene Carnatic lag. Wir fuhren unmittelbar über den Fleck hinweg, wo sie gelegen haben mußte, und obgleich die Sonne bei heiterer Luft hell schien und weit und breit keine Spur von einem Schiff zu sehen war, hatten wir doch alle ein Gefühl, wie man es haben mag, wenn man die Nähe eines Geistes ahnt. Wir warfen das Blei und hatten mit hundertzwanzig Faden Grund; der Talg am unteren Ende des Bleies brachte Kies und Sand herauf; hier lag kein versunkenes Schiff.

Am nächsten Morgen winkte mir der Steuermann Ole Johannesen zu, um mir heimlich etwas mitzuteilen. Sein Gesicht war aschfahl. »Ich will's dem Alten nicht sagen,« flüsterte er mir zu, indem er auf den Kapitän zeigte, der mit einem Fernrohr den ganzen Horizont absuchte. »Aber Sie sollen es wissen, weil Sie von uns allen der ungläubigste sind. Merken Sie auf meine Worte, und denken Sie daran, wenn Sie wieder zweifeln wollen: heute nachmittag werden wir die Carnatic sichten.«

Ich starrte den Mann mehr erschrocken als ungläubig an.

»Ja, Sie werden es erleben,« fuhr Johannesen fort. »Ich bin heute nacht aufgewacht, und da habe ich es gesehen. Die Carnatic schwimmt noch, und in wenigen Stunden werden ihre Masten am Horizont auftauchen – dort im Nordosten – und dann ...«

»Sie haben geträumt, Mensch,« sagte ich. »Das ist der Alp – da bildet man sich ein, daß man wacht, und in Wirklichkeit schläft man ...«

»Na ja, wie Sie meinen,« erwiderte Johannesen gleichmütig. »Wir werden ja sehen. Passen Sie nur auf, wie's kommt. Ich habe deutlich den Namen Carnatic am Bug gesehen – so nahe war ich heran.«

»Und die Frau des Kapitäns?«

»Davon weiß ich nichts. Das Gesicht erlosch mit dem Augenblick, da wir das Boot aussetzten. Aber aus dem Nebel ist dann noch ein anderes Bild aufgestiegen ...« Er neigte sich zu mir und flüsterte mir etwas ins Ohr, was mich bis an die Lippen erbleichen machte.

Das Mittagessen ging sehr schweigsam vorüber; Clifford war von einer Unruhe erfaßt, als habe er ebenso wie Johannesen eine Ahnung, daß die Erfüllung seiner Wünsche unmittelbar bevorstehe. Kaum hatte er einige Löffel Hühnersuppe gegessen, als er aufstand und wieder auf das Verdeck eilte. Johannesen sah ihm gedankenvoll nach und nickte. »Wir haben noch eine Stunde Zeit«, sagte er. »Lassen Sie uns essen; wer weiß, ob wir nachher noch Appetit haben!«

Trotzdem beeilten auch wir uns nach Möglichkeit und folgten dann dem Kapitän nach oben. Merkwürdig! Die gesamte Mannschaft war von demselben Fieber verzehrender Ungeduld ergriffen und stand vollzählig an Deck, vom Bug und über das Bollwerk hinweg nach Nordosten blickend.

Vier Glasen zum Zeichen der abgelaufenen vollen Stunde schlug der Mann am Steuer an: es war ein Uhr nachmittags. Das Fieber meiner Erwartung war auf einen unerträglichen Grad gestiegen. Noch eine Viertelstunde verging, da ertönte vom Mastkorb herunter der Ruf:

»Ship ahoy!«

Ein Schiff in diesen Breiten! Es konnte kein anderes sein!

Johannesen stand bei mir – stumm sahen wir beide uns an – jedem war der letzte Blutstropfen aus dem Gesichte gewichen.

»Wo?« rief der Kapitän hinauf.

Der Mann wies mit der Hand nach links und vorn, Clifford sprang ans Steuer und drehte selbst das Rad, bis der Bug des Schiffes gerade nach dem Himmelsstriche wies, wo unser Ausguck das Schiff gesichtet hatte.

»So – stetig!« unterwies Clifford den Mann am Steuer. »Nord-Nord-West – 2 West ...«

»Ay, ay,« erwiderte der Matrose.

Der Kapitän nahm nun sein Fernrohr und stieg selbst in den Mastkorb hinauf.

Fünf Minuten sah er unausgesetzt nach der Gegend, wo das fremde Schiff sichtbar war; dann schob er das Fernrohr zusammen und kam langsam herunter.

»Es ist ein Dreimaster,« sagte er. »Und es ist – ich kenne ihn – es ist die Carnatic.«

Und nun zuckte es plötzlich in seinem starren Gesicht, und die Tränen stürzten ihm aus den Augen; er nahm seine Mütze ab und hielt sie, wie betend, in den gefalteten Händen vor das Gesicht. Von den Matrosen wischten sich einige mit dem Ärmel über die Augen, andere starrten unverwandt ins Weite – die Masten knarrten, der Wind pfiff im Tauwerk – sonst war es an Bord der Lady Godiva still wie in einer Kirche.

Das Kielwasser schäumte und gurgelte hinter unserm Heck in schnurgerader Linie, nach einer Viertelstunde konnte man die drei Mastspitzen mit bloßem Auge erkennen – noch eine Viertelstunde weiter, und wir sahen, daß der Fremde segel- und steuerlos in der Dünung schlingerte.

Das Boot wurde hergerichtet, um gleich zu Wasser gelassen zu werden, sobald wir dem verlassenen Schiffe so nahe gekommen sein würden, daß eine weitere Annäherung gefährlich wurde.

Es war fast keine Überraschung mehr für uns, als wir nach Verlauf von anderthalb Stunden den vom Wetter hart mitgenommenen Rumpf so weit unterscheiden konnten, daß sein Zustand das jahrelange Verlassensein des Dreimasters zur Gewißheit machte. Nun drehte sich der Rumpf schwerfällig ein wenig, und der letzte Zweifel schwand: dort stand es in verblichenen goldenen Buchstaben:

Carnatic.

Ein Bild trostloser Öde und Melancholie war das unglückliche Schiff, dessen Planken von Farbe entblößt waren, dessen Segelbruchstücke in kurze Fetzen zerrissen an den Rahen hingen, dessen Taue und Wanten jene Lockerung aufwiesen, die dem Auge des sorgsamen Seemanns ein so widriger Anblick ist. Wir waren so nahe, daß wir das Knarren der Masten und das Knirschen der rostigen Ruderketten hören konnten.

Das Boot wurde bemannt, Kapitän Clifford, Ole Johannesen, ich und sechs Matrosen stiegen ein, und wir ruderten nach dem Schiffe hin. Während der ganzen Fahrt wurde kein Wort gesprochen.

Für einen Nichtseemann wäre es schwierig gewesen, auf das Verdeck des ziemlich hoch aus dem Wasser aufragenden Schiffes zu gelangen, da keine Treppe und kein Tau hinaushing; Johannesen aber und der Kapitän kletterten ohne große Mühe hinan, und der erstere half mir hinauf; als ich fröstelnd und aufgeregt vom Bollwerk auf das Deck sprang, war der Kapitän schon die Kajütentreppe hinuntergeeilt; wir folgten langsamer. Zwei der Matrosen, die ebenfalls an Bord geklettert waren, begaben sich in den Raum und in das vorn gelegene Mannschaftslogis, um auch diese Örtlichkeiten zu durchsuchen.

In der Kajüte fanden wir nichts, auch im Schlafzimmer des Kapitäns nichts; das Suchen der Matrosen blieb ebenfalls erfolglos; stundenlang setzten wir unsere Nachforschungen fort, und wir würden jetzt das Schiff wieder verlassen haben, wenn uns nicht ein eigentümlicher und unheimlicher Umstand zurückgehalten hätte.

Die Luft in der Kajüte und im Mannschaftslogis war dick und muffig, wurde aber, da wir alle Türen und Luken öffneten, bald besser. Und nun merkten wir, daß ein beängstigendes Gefühl, das wir in der Kajüte nicht los werden konnten, nicht, wie wir anfänglich geglaubt hatten, der schlechten Beschaffenheit der Luft, sondern etwas anderm zuzuschreiben war. Während uns auf dem Verdeck und in allen übrigen Räumlichkeiten des Schiffes nichts auffiel, hatten wir in der Kajüte ein beklemmendes Gefühl, vor dem sich mir die Haare sträubten.

»Wie ist Ihnen hier?« fragte mich Johannesen, und ich las in seinen Augen, welche Antwort er erwartete.

»Wie Ihnen, Maat,« erwiderte ich. »Ich sehe niemand, aber ...«

»Es ist außer uns noch jemand da,« vollendete Johannesen den Satz.

Das war es, und wir merkten Clifford an, daß es ihm ebenso gehe wie uns. Darum ließen wir mit Suchen nicht nach und suchten an den unmöglichsten Stellen, auch an solchen, wo wir schon gesucht hatten, immer wieder. Die Sonne stand schon tief am Horizont, als wir endlich, voll müder Traurigkeit, unsere Bemühungen aufgaben. Der Kapitän bedeutete uns, daß er noch einmal in die Kajüte gehen wolle, um nachzusehen, was von dort zu bergen der Mühe wert sei. Wir wußten aber, daß dies nur ein Vorwand sei, und Clifford noch einmal allein und ungestört an dem Orte sein wollte, wo er so lange mit seinem Weibe glücklich gewesen war; wir achteten dies Gefühl und blieben oben an der Treppe stehen.

Zwei Minuten mochten verstrichen sein, da hörten wir einen lauten Schrei und stürzten hinunter. Indem wir in die Kajüte eintraten, sahen wir deutlich, wie die Tür zu einer der Seitenkabinen zugeschoben wurde.

Ein einfacher und doch grauenhafter Umstand! Denn außer uns und dem Kapitän war kein irdisches Wesen im Zimmer.

Doch etwas anderes nahm unsere Aufmerksamkeit zunächst in Anspruch. Der Kapitän saß starr und regungslos auf dem Sofa. Er war tot. In der Hand hielt er einen Fetzen bunten Wollenzeuges, seine offenen Augen trugen den Ausdruck des Entzückens, sein Antlitz war wie zu einem freudigen Lächeln verzogen.

Johannesen und ich drückten uns wortlos die Hand.

Das war es, was wir gefürchtet hatten, seit wir Johannesens Vision kannten. Er hatte nämlich geschaut, wie man die Leiche des Kapitäns nach Seemannsart in das Meer versenkte. Doch waren damit die grauenhaften Umstände noch nicht erschöpft.

Der Schrei, den wir oben gehört hatten, war ein weiblicher gewesen. Und in der Kabine, deren Tür vor unsern Augen zugeschoben worden war, fanden wir, als wir endlich den Mut faßten, einzutreten, eine zur Mumie eingetrocknete weibliche Leiche, die von Johannesen und den Matrosen als Frau Fanny Clifford erkannt wurde. Sie trug ein buntes wollenes Kleid, dem am Ärmel das abgerissene Stück fehlte, das wir in Cliffords Hand gefunden hatten.

Noch eins darf ich nicht unerwähnt lassen; jene Kabine war von uns wie jeder andere Raum des Schiffes vorher genau durchsucht worden, ohne daß wir darin eine Spur von Frau Clifford gefunden hätten.

Wir hatten nur den einen Gedanken, von dem unheimlichen Schiffe so rasch wie möglich fortzukommen. Wir ruderten nach der Lady Godiva zurück, und erst nach geraumer Zeit hatten wir uns so weit überwunden, daß wir noch einmal an Bord der Carnatic zurückkehrten, um den Verstorbenen ein christliches Begräbnis zuteil werden zu lassen.

Wir holten die Leiche des Kapitäns zu uns an Bord und bahrten sie in der Nacht in der Kajüte auf, nachdem wir sie in Segeltuch eingenäht und eine eiserne Kugel an ihren Füßen befestigt hatten.

Meine Anregung, auch die verstorbene Frau des Kapitäns in gleicher Weise für das Begräbnis vorzubereiten, war auf den hartnäckigen Widerstand der Seeleute gestoßen. Keiner wollte, um die Leiche zu holen, an Bord des verfluchten Schiffes zurückkehren. Alle meine Vorstellungen und Bitten waren vergebens; ich nahm mir vor, diese am nächsten Morgen zu wiederholen, aber was in der Nacht geschah, war derartig, daß ich selbst um alle Schätze der Welt nicht auf die Carnatic zurückgekehrt wäre.

Ich war nämlich, wie wir alle, lange wach geblieben; da, kurz vor dem Schlafengehen, wurde ich noch einmal von Johannesen auf das Deck hinaufgerufen, um etwas zu sehen, was die gesamte, auf dem Hinterdeck stehende Mannschaft mit Staunen und Grausen erfüllte. Die Carnatic trug die vorgeschriebenen Lichter, grün an Steuerbord und rot an Backbord, und die Kajütenfenster waren hell erleuchtet. – Ich habe die ganze Nacht kein Auge zugetan.

Und doch sollte auch mit diesem nächtlichen Spuk noch nicht die letzte Szene der furchtbaren Tragödie gekommen sein. Als wir die Leiche des Kapitäns über die Reling in ihr nasses Grab hinabgleiten ließen, erhob sich, unser stilles Gebet unterbrechend, plötzlich ein gemeinsamer Ruf aus allen Kehlen. Die Carnatic, die nur wenige Kabellängen von uns entfernt dahintrieb, krängte ohne ersichtliche Ursache stärker als bisher erst nach Backbord und darauf nach Steuerbord über und schoß dann jählings, mit dem Buge voran, in die Tiefe. Die Wellen liefen in wirbelnden Strudeln über der Stelle ihres Untergangs zusammen, der Schaum spritzte in die Luft, die Lady Godiva schwankte in den von dort herüberkommenden Wogenreihen, die ihren Weg weiter nach Süden fortsetzten, und dann war alles vorbei.

Wir hatten gestern die Carnatic genau untersucht und wußten gewiß, daß sie nur sehr wenig Wasser im Rumpf und nirgends einen Leck hatte.

Der Untergang des gespenstischen Schiffes war ebenso unerklärlich wie alles andere, was mit ihm zusammenhing. – –

Justinus Kerner

Geschichte des Mädchens von Orlach

Nachstehende Geschichte gehört in das Gebiet kakodämonisch-magnetischer Erscheinungen und bildet einen Übergang zu den darauffolgenden, mehr den Besitzungen im Neuen Testamente analogen Tatsachen.

In dem kleinen Orte *Orlach*, Oberamts Hall in Württemberg, lebt die Familie eines allgemein als sehr rechtschaffen anerkannten Bauern (der inzwischen zum Schultheißen seines Ortes erwählt wurde) namens *Grombach*, lutherischer Konfession. In dieser Familie herrscht Gottesfurcht und Rechtschaffenheit, aber keine Frömmelei. Ihre Lebensweise ist *die* einfacher Bauersleute und die Arbeit in Stall und Feld ihre einzige Beschäftigung. *Grombach* hat vier Kinder, die alle aufs eifrigste zum Feldbau angehalten sind. Durch Fleiß zeichnet sich auch besonders dessen zwanzigjährige Tochter, mit Namen *Magdalene*, aus. Dreschen, Hanfbrechen, Mähen ist oft wochenlang von Tagesanbruch an bis in die späte Nacht ihre Beschäftigung. Der Schulunterricht ging ihr nur schwer ein, ob sie gleich zu andern Arbeiten gute Sinne hatte, und so gab sie sich auch später nicht mit Lesen von Büchern ab. Sie ist, ohne zu vollblütig zu sein, stark, frisch, ein gesundes Kind der Natur, war in ihrem ganzen Leben nie krank, hatte selbst nie die geringste Kinderkrankheit, nie Gichter, nie Würmer, nie einen Ausschlag, nie Blutstockungen, und brachte auch deswegen nie das geringste von Arzeneimitteln über den Mund.

Im J. 1831 im Monat Februar geschah es, als *Grombach* eine neue Kuh gekauft hatte, daß man dieses Tier zu wiederholten Malen an einer andern Stelle im Stalle, als an die es gebunden wurde, angebunden fand. Dieses fiel *Grombach* um so mehr auf, als er sich völlig versichert hatte, daß bestimmt keines seiner Leute dieses Spiel mit dem Tiere getrieben.

Darauf fing es auf einmal an, allen dreien Kühen im Stall ihre Schwänze aufs kunstreichste zu flechten[1], so kunstreich, als hätte es der geschickteste Bortenmacher getan, und dann die geflochtenen Schwänze wieder untereinander zu verknüpfen. Machte man die Flechten der Schwänze wieder auseinander, so wurden sie bald wieder von unsichtbarer Hand geflochten, und das mit einer solchen Geschwindigkeit, daß wenn man sie kaum gelöst hatte und sogleich wieder in den menschenleeren Stall zurückgekehrt war, die Schwänze auch bereits wieder allen Kühen auf das kunstreichste und pünktlichste geflochten waren, und dies täglich vier- bis fünfmal. Diese Sonderbarkeit dauerte mehrere Wochen lang tagtäg-

---

1 *Dieses Flechten, besonders auch der Pferdsmähnen, findet man häufig als Geisterspuk. Siehe auch Horsts »Zauberbibliothek«. In einer andern, ganz von dieser unabhängigen Geschichte kommt es ebenfalls als Geisterspuk vor.*

lich fort, und bei der größten Aufmerksamkeit und Begierde, einen Täter zu entdecken, gelang dies doch nie.

In dieser Zeit bekam die Tochter *Magdalene* einmal, als sie bei dem Viehe melkend saß, aus der Luft von unsichtbarer Hand eine so derbe Ohrfeige, daß ihr die Haube vom Kopfe an die Wand flog, wo sie der auf ihren Schrei herbeigesprungene Vater aufhob.

Oft ließ sich im Stalle eine Katze mit weißem Kopfe und schwarzem Leibe sehn, von der man nicht wußte, woher sie kam oder wohin sie bei ihrem Verschwinden ging. Von dieser Katze wurde das Mädchen einmal angefallen und in den Fuß gebissen, so daß man mehrere Zähne dieses Tieres in ihrem Vorderfuße sah.[2] Nie konnte man dieses Tieres habhaft werden. Einmal flog auch aus dem Stall, man wußte nicht, woher er gekommen, da alles verschlossen war, ein unbekannter schwarzer Vogel in Gestalt einer Dohle oder eines Raben.

Unter solchen kleinern und größern Neckereien im Stalle verfloß das Jahr 1831. Den 8. Februar 1832 aber, als das Mädchen gerade mit ihrem Bruder den Stall reinigte, erblickten sie im Hintergrunde desselben ein helles Feuer.

Es wurde nach Wasser gerufen und die Flamme, die schon zum Dache hinausschlug, so daß sie auch die Nachbarn bemerkten, bald mit ein paar Kufen Wasser gelöscht. Die Hausbewohner wurden nun in großen Schrecken versetzt, sie wußten sich nicht zu erklären, woher die Flamme gekommen, und vermuteten nicht anders, als es sei ihnen das Feuer durch böse Menschen gelegt worden.

Dieses Entstehen einer Flamme und wirkliches Brennen in verschiedenen Teilen des Hauses wiederholte sich am 9., 10. und 11. Februar, so daß endlich auf Ansuchen *Grombachs* das Schultheißenamt Tag und Nacht Wächter vor und in dem Hause ausstellen ließ, allein demunerachtet brachen wieder in verschiedenen Teilen des Hauses Flammen aus. Wegen solcher Gefahr sahen sich *Grombachs* genötiget, das Haus völlig zu räumen; aber auch dies fruchtete nichts: denn es brannte dennoch und aller Wachen unerachtet wieder zu verschiedenen Malen bald da, bald dort in dem nun leeren Hause. Als die Tochter *Magdalene* einige Tage nach dem letzten Brande, morgens halb sieben Uhr, wieder in den Stall kam, hörte sie in der Ecke der Mauer (Grombachs Haus hat zum

---

2 *Daß man die Zähne dieses Tieres im Fuße des Mädchens sah, ist kein Beweis, daß diese Bisse von einer wirklichen Katze geschahen. So schreibt der von einem unsichtbaren Wesen verfolgte Superintendent Schupart: »Es hat mich mit Nadeln gestochen, gebissen, daß man utramque seriem dentium gesehen, die zwei großen Zähne stunden da« etc. S. Horst, »Zauberbibliothek«, T. 4, S. 252. Auch dort erscheint das Gespenst in Gestalt einer Dohle.*

Teil eine sehr alte Mauer zum Fundament) das Winseln wie eines Kindes. Sie erzählte es sogleich ihrem Vater, er ging auch in den Stall, aber hörte nichts.

Um halb acht Uhr desselben Tages sah das Mädchen im Hintergrunde des Stalles an der Mauer die graue Schattengestalt einer Frau, die um Kopf und Leib wie einen schwarzen Bund gewickelt hatte. Diese Erscheinung winkte dem Mädchen mit der Hand.

Eine Stunde später, als sie dem Vieh Futter reichte, erschien ihr die gleiche Gestalt wieder und fing zu reden an. Sie sprach zu ihr hin: »Das Haus hinweg! das Haus hinweg! Ist es nicht bis zum 5. März kommenden Jahres abgebrochen, geschieht euch ein Unglück! Vorderhand aber zieht nur in Gottes Namen wieder ein, und das heute noch, es soll bis dahin nichts geschehen. Wäre das Haus abgebrannt, so wäre das nach dem Willen eines Bösen geschehen, ich habe es, euch schätzend, verhindert; aber wird es nicht bis zum 5. März kommenden Jahres abgebrochen, so kann auch ich nicht mehr ein Unglück verhüten und verspreche mir nur, daß es geschieht.«

Das Mädchen gab nun der Erscheinung dieses Versprechen. Vater und Bruder waren zugegen und hörten das Mädchen sprechen, aber sonst sahen und hörten sie nichts.

Nach Aussage des Mädchens war die Stimme der Erscheinung eine weibliche und die Aussprache hochdeutsch.

Am 19. Februar halb neun Uhr abends kam die Erscheinung vor ihr Bett und sagte: »Ich bin wie du von weiblichem Geschlecht und mit dir in einem Datum geboren. Wie lange, lange Jahre schwebe ich hier!! Noch bin ich mit einem Bösen verbunden, der nicht Gott, sondern dem Teufel dient. Du kannst zu meiner Erlösung mithelfen.«

Das Mädchen sagte: »Werde ich einen Schatz erhalten, wenn ich dich erlösen helfe?«

Der Geist antwortete: »Trachte nicht nach irdischen Schätzen, sie helfen nichts!«

Am 25. April mittags zwölf Uhr erschien ihr der Geist wieder im Stall und sprach: »Grüß dich Gott, liebe Schwester! Ich bin auch von *Orlach* gebürtig, und mein Name hieß Anna Maria. Ich bin geboren den 12. September 1412 (das Mädchen ist den 12. September 1812 geboren). Im zwölften Jahre meines Alters bin ich mit Hader und Zank ins Kloster gekommen, ich habe niemals ins Kloster gewollt.«

Das Mädchen fragte: »Was hast du denn verbrochen?« Der Geist antwortete: »Das kann ich dir noch nicht eröffnen.«

Sooft nun der Geist zu dem Mädchen kam, sprach er gegen sie nur religiöse Worte, meistens Stellen aus der Bibel, die sonst dem Mädchen gar nicht im Gedächtnisse waren.[3] Dabei sagte er: »Man wird meinen, weil ich eine Nonne gewesen, wisse ich nichts von der Bibel, aber ich weiß bald alles in ihr.« Er betete meistens den 116. Psalmen.

Einmal sagte das Mädchen zum Geist: »Vor nicht langer Zeit war ein Geistlicher bei mir, der gab mir auf, dich zu fragen, ob du nicht auch andern erscheinen könntest, man würde dann eher glauben, daß du nicht bloß ein Trug meines Gehirnes seiest.« Darauf antwortete der Geist: »Kommt wieder ein Geistlicher, so sage ihm, er werde wohl das, was in den vier Evangelien stehe, auch nicht glauben, weil er es nicht mit Augen gesehen. Es sagte auch ein anderer Geistlicher zu dir (das war wirklich so), du sollst sagen, wie ich (der Geist) beschaffen sei. Spricht einer wieder so, so sage ihm, *er solle einen Tag in die Sonne sehen, und dann soll er sagen, wie die Sonne beschaffen sei.*«

Das Mädchen sagte: »Aber die Leute würden es doch eher glauben, würdest du auch andern erscheinen!« Auf dies sprach der Geist seufzend: »O Gott! wann werd ich erlöset doch werden«, wurde sehr traurig und verschwand.

Das Mädchen sagt, sie dürfe die Fragen an den Geist nur denken, dann erhalte sie schon die Antwort. Bei etwas, das sie einmal nur gedacht und nicht habe aussprechen wollen, habe der Geist gesagt: »Ich weiß es schon, du hast nicht nötig, es auszusprechen, damit ich es weiß, doch spreche es nur aus.«[4]

Oft fragte das Mädchen den Geist, warum er so leide, auf welche Art er denn mit einem bösen Geiste noch verbunden sei, warum das Haus weg solle, allein hier gab die Erscheinung immer nur ausweichende Antworten, oder seufzte sie.

Vom Monat Februar bis Mai erschien dieser Geist dem Mädchen zu verschiedenen Tagen, sprach immer religiöse Worte und deutete oft mit Jammer auf seine Verbindung mit einem schwarzen Geiste hin. Einsmal sagte er, daß er nun auf längere Zeit nicht mehr kommen könne, dagegen werde das Mädchen durch jenen schwarzen Geist Anfechtungen erleiden,

---

3 *Herr Pfarrer Gerber schreibt von diesem Mädchen: »Das Mädchen selbst zeichnete sich in der Schule durch ihre guten Sitten und ihre Gutmütigkeit aus, hatte aber wenig Anlage zum Lernen und verließ daher die Schule mit ganz geringen Kenntnissen. Das Lob eines sittlichen Wandels erhielt sie auch nach der Schule und entzog sich zwar den Lustbarkeiten der jungen Leute des Dorfes nicht, war aber doch die erste, welche sich wieder zurückzog.*

4 *So war es bekanntlich auch bei der Seherin von Prevorst.*

sie solle nur standhaft bleiben und ihm doch ja nie eine Antwort erteilen. Mehrmals sagte er ihr auch Dinge voraus, die dann eintrafen, z. E. daß die oder jene Person am andern Tage zu ihr kommen werde.

Als am 24. Juni, am Johannistage, da alles in der Kirche war, das Mädchen allein zu Hause blieb, um das Mittagessen zu besorgen, und gerade am Feuerherde in der Küche stund, hörte sie auf einmal einen heftigen Knall im Stalle. Sie wollte nachsehen, was geschehen sei; als sie aber vom Herde gehen wollte, so erblickte sie einen ganzen Haufen sonderbarer gelber Frösche auf dem Herde. Sie erschrak zwar, dachte aber: ich sollte doch einige dieser Tiere in meinen Schurz fassen, um meinen Eltern bei ihrer Heimkunft zu zeigen, was das für eine neue Art von Fröschen ist, aber als sie im Begriff war, einige derselben mit ihrer Schürze aufzufassen, rief jemand vom Boden herab (es schien ihr die Stimme jener weiblichen Erscheinung zu sein): »Magdalene! laß *die* Frösche gehen!« Und sie verschwanden.

Am 2. Juli ging der Vater mit seiner Tochter morgens zwei Uhr auf die Wiese zu mähen. Als sie gegen sechzig Schritte vom Hause entfernt waren, sagte die Tochter: »Da schreit ja des Nachbars Knecht: ›Halt, Magdalene! Ich will auch mitgehen!‹« Der Vater konnte es nicht hören, aber der Tochter hörbar, schrie es noch einmal dasselbe und lachte ganz höhnisch dazu. Sie sagte: »Jetzt kommt er!« Da war es aber eine schwarze Katze. Sie gingen weiter, da sagte die Tochter: »Jetzt ist es ein Hund.« Sie gingen bis an die Wiese, da war es eine schwarze Fohle, aber der Vater und die andern Leute sahen es nicht, der Tochter aber blieb es von 2 bis 7 Uhr sichtbar, da wurde ihr das Mähen sehr mühsam.

Als sie am 5. Juli morgens drei Uhr wieder zum Mähen ging, rief ihr eine Stimme zu: »Magdalene! was ist denn das für eine, die als zu dir kommt?«, und lachte recht höhnisch dazu.

Auf einmal sagte die Tochter zum Vater: »Jetzt kommt etwas!« Da kam ein schwarzes Pferd ohne Kopf, sprang bald hinter ihr, bald vor ihr. Oft war es, als wäre der Kopf wie frisch abgeschnitten, daß man das Fleisch sah, oft war die Stelle am Halse vom Felle überzogen.

Mittags zwölf Uhr kam beim Heuwenden auf der Wiese ein schwarzer Mann zu ihr, ging mit ihr die Wiese auf und ab und sagte: »Das ist eine rechte Schachtelgret, die als zu dir kommt, was will denn diese? Dieser mußt du gar nichts antworten, das ist ein schlechtes Mensch, aber antworte du mir, dann geh ich dir den Schlüssel zum Keller unter deinem Hause. Da liegen noch acht Eimer vom ältesten Wein und viele, viele köstliche Dinge. An dem Weine könnte dein Alter noch lange bürsten, das ist auch was wert.« Dann lachte er höhnisch und verschwand.

Am 4. Juli morgens drei Uhr, als sie zum Mähen ging, kam ein schwarzer Mann ohne Kopf zu ihr und sagte: »Magdalene! hilf mir heute mähen, ich gebe dir für jeden Mahden einen Laubtaler. Wenn du sehen würdest, wie schön meine Taler sind, du würdest mir gewiß mähen helfen! Kennst du mich denn nicht? Ich bin ja des Wirts Sohn. Wenn ich wieder in den Bierkeller gehe, so gebe ich dir noch Bier dazu, wenn du mir mähen hilfst.« Immer lachte der Schwarze höhnisch zu solchen Worten. Er blieb eine Viertelstunde und sprach im Weggehen: »Du bist auch eine solche Schachtelgret wie jene (die weiße Geistin), die als zu dir kommt!«

Fünf Uhr kam er wieder als ein schwarzer Mann, trug eine Sense und sagte: »Dieses Stück will ich dir auch heruntermähen helfen, damit ihr eher fertig werdet, und sind wir fertig, dann gehest du mit mir, dann wollen wir zu der Schachtelgret, da gibt's recht zu fressen und zu saufen, aber freundlich mußt du mir sein, und eine Antwort mußt du mir geben. Gib mir jetzt nur deine Sense her, auf daß ich sie dir wetze! So! jetzt muß sie recht schneiden! Das Moos muß sie aus der Erde hauen und dazu viele schöne blanke Taler, wenn du mir antwortest.« Er blieb bis sieben Uhr um sie. Sie hatte diesen ganzen Tag nicht nötig, ihre Sense zu wetzen, sie blieb unverwüstlich scharf.

Mittags zwölf Uhr war der Schwarze wieder auf der Wiese mit einem Rechen in der Hand und sagte: »Ein rechter Taglöhner stellt sich mittags gleich ein.« Er wendete das Heu hinter der Magdalena nach und sagte immer unter die Arbeit hinein: »Gib mir doch Antwort, du Dumme! Dann hast du Geld genug; jede Antwort bezahle ich dir mit Schätzen, ich bin reich. Eine Messe, Magdalene! mußt du lesen lassen, damit es schön Wetter bleibt, es nützt dich alles nichts, eine Messe mußt du lesen lassen!« Dann lachte er wieder höhnisch und verschwand.

Das Mädchen ist, wie schon angeführt, lutherischer, nicht katholischer Konfession, es befinden sich auch keine Katholiken zu *Orlach*.

Das Gewand des Schwarzen kam ihr wie die Kutte eines Mönchs vor, wie er auch später erklärte, daß er im Leben ein Mönch gewesen. Am 5. Juli morgens, als die Tochter wieder auf der Wiese war, rief es mit der Stimme ihres Nachbars hinter ihr: »Magdalene! hast du keinen Wetzstein mitgenommen? Bin heute verkehrt ausgegangen; ich habe meinen Wetzstein daheim gelassen!« Die Tochter wandte sich um, doch ohne Antwort zu geben (was sie immer auf das standhafteste vermied, selbst jetzt, wann sie sicher zu sein glaubte, daß eine wirklich menschliche Stimme von ihr Antwort begehre), da stund der schwarze Mönch da und sagte weiter: »Nicht wahr, das ist doch schön, wenn man jedesmal wieder dahin darf, wo man gewesen ist? Ich glaube, du kennst die Leute nicht mehr. Das bedeutet deinen Tod, wenn du die Leute nicht mehr kennst. Siehe recht, ich bin ja dein Nachbar. Sage, was wollte denn dein Vater mit dem Buche machen, das er heute mitnehmen wollte? – Wollte er eine Messe lesen?« Und dann lachte er spöttisch. (Man hatte dem Vater den Rat gegeben, das Neue Testament mitzunehmen und, sobald die Erscheinung sich zeige, ihr diese Heilige Schrift hinzuhalten, aber es unterblieb des Regens wegen.) »Magdalene«, fuhr er fort, »du wetzest deine Sense nicht recht! Sieh! so auf den Boden muß man sich setzen und die Sense in den Schoß nehmen. Setze dich! Sieh, so wetze sie und antworte mir und sei freundlich, dann wirst du mit *der* Sense das Moos aus der Erde heraushauen und noch viele blanke Taler dazu. Halt, Magdalene! die Fliegen stechen dich (es war so), ich will dir die Fliegen wehren!« (Er wehrte ihr wirklich die Fliegen, und diesen ganzen Tag kamen keine mehr an sie, wie auch den ganzen Tag wieder ihre Sense, ohne daß man sie wetzte, schnitt.) Dann sagte er ferner: »Aber Magdalene! du mußt deinem Vater sagen, er soll mit dir nach *Braunsbach* gehen (einem katholischen Orte in der Nähe), da wollen wir dann eine Messe lesen lassen, daß das Wetter schön bleibt – aber antworten mußt du mir!«

Mittags halb zwölf Uhr an diesem Tage war der schwarze Mönch bei ihr schon wieder auf der Wiese. Er hatte einen Ranzen auf dem Rücken und trug in der Hand eine Sense, fing zu mähen an und sagte: »Magdalene! das ist eine Schande vor den Nachbarsleuten, wenn ihr so unsauber mähet. Sage, willst du nicht mit mir handeln? Gibst du mir nicht deine Sense, ich gebe dir da die meinige dafür? Sieh! dann gebe ich dir auch den Ranzen, den ich da auf meinem Rücken habe, der ist voll schöner blanker Taler, wie du noch keine gesehen. Die geh ich dir all noch dazu, aber antworten mußt du mir, und deinem Alten (dem Vater) darfst du nicht gleich sagen, daß ich da bin, sonst gehe ich sogleich wieder heim.«

Auf diese Rede sagte die Tochter sogleich dem Vater, daß der Mönch wieder da sei. Da ging dieser augenblicklich und rief noch im Gehen höhnisch zurück: »Geh auch mit mir heim, ich will Messe lesen lassen, daß das Wetter schön bleibt.«

Am 6. Juli morgens halb drei Uhr rief hinter ihr auf dem Felde die Stimme ihrer Magd: »Magdalene! du sollst schnell auf die Wiese zum Vater kommen! Wo gehst du hin? He! antworte!« Als die Tochter um sich sah, sah sie keine Magd, aber ein schwarzes Kalb, das sagte: »Gelt! diesmal hätte ich dich fast gefangen? Mit der Bibel kann mich dein Alter nicht fortschicken, das soll er sich von den Leuten nicht bereden lassen! Was Bibel! Narrheit! Die Mess' ist besser, ist vornehmer! Komm, Magdalene, mit mir nach *Braunsbach*, wir wollen Messe lesen lassen, daß das Wetter schön bleibt!«

Am 8. Juli morgens fünf Uhr kam er auf den obern Boden zu ihr, gerade als sie das Bett machte, und sprach hinter ihr mit der Stimme der Magd des Wirts im Ort: »Guten Morgen, Magdalene! Mein Herr und meine Frau schicken mich zu dir, du sollst mit nach *Braunsbach* gehen, sie wollen eine Messe lesen lassen, wie der Mönch geraten, damit das Wetter schön bleibt, und zwar eine um einen Gulden: denn diese ist besser als eine um achtundvierzig Kreuzer. Du sollst deinem Vater zureden, daß er auch eine um einen Gulden lesen läßt. Es ist auch viel wert, wenn man das Heu gut heimbringt, nicht wahr?« Sie war schon im Begriff, Antwort zu geben, als sie während der Rede das Betten einstellte und um sich sah und den schwarzen Mönch erkannte. Dieser lachte nun hell auf und sagte: »Hab ich dich nicht gefangen, so werd ich dich doch noch fangen. Sage deinem Alten, ich wolle ihm eine Messe um achtundvierzig Kreuzer lesen, die ebenso gut sein soll als die um einen Gulden.« Dann lachte er wieder und verschwand.

Um diese Zeit fand ihre Schwester und sie im Stalle auf einem Balken ein kleines Säckchen, das beim Herunterfallen klingelte. Sie öffneten es und fanden darin einige große Taler nebst Münzen, im ganzen elf Gulden. Es war unerklärlich, wie dieses Geld an jenen Ort gekommen: denn den Leuten im Hause fehlte es nicht, und kein anderer Mensch wollte sich dazu melden. Da kam der schwarze Mönch und sagte: »Das gehört dein, Magdalene, und ist für die Ohrfeige, die ich dir einmal im Stalle gegeben. Das Geld habe ich von einem Herrn in H. genommen, der an diesem Tage um sechs Caroline betrogen hat. Magdalene, bedanke dich dafür!« Aber auch das konnte das Mädchen nicht zum Reden mit ihm bringen, und abends erschien ihr die weiße Gestalt und sagte: »Es ist gut, daß du ihm auf sein Gerede nicht antwortetest, und auch das Geld sollst du nicht behalten, sondern es den Armen geben.« (Man gab nun auch davon ein Drittel in das Waisenhaus nach Stuttgart, ein Drittel in die Armenpflege nach Hall und ein Drittel in den Schulfonds des Orts.)

Weiter sagte die weiße Gestalt: »Wenn du nächstens nach *Hall* kommst, so wandle in der Stadt fort, bis dich jemand ruft, der wird dir ein Geschenk an Geld geben, und dafür kaufe dir ein Gesangbuch.« Sie kam nun auch wirklich bald nach Hall, und als sie da durch eine Straße lief, ließ sie ein Kaufmann in seinen Laden rufen, fragte sie, ob sie jenes Mädchen von Orlach sei, worauf er sich ihre Geschichten erzählen ließ und ihr dann einen Gulden schenkte, um den sie sich dann auch sogleich ein Gesangbuch kaufte.

Am 10., als sie an einem abgelegenen Waldbrunnen das Vieh tränkte, kam der schwarze Mönch wieder zu ihr und sagte mit der Stimme ihres Nachbar *Hansels*: »›Diesmal hast keinen Boten bei dir, Hansel!‹ sagte dein Vater zu mir, ›sei doch so gut und gehe du meiner Magdalene nach, sie ist allein mit dem Vieh an dem Waldbrunnen, da könnte der schwarze

Mönch zu ihr kommen und sie zu einer Antwort zwingen, und das könnte dem Mädchen großes Unglück bringen.‹ Da komm ich nun zu dir; nicht wahr, der Mönch ist nicht bei dir? Und nun will ich dir auch etwas sagen – bist du begierig was? – Gestern, als ich in deinem Hause war – nicht wahr, es war gestern? oder war es vorgestern? – und du meinen Buben auf den Arm genommen und in den Garten gingest, da hat dein Vater, als wir allein waren, recht über dich geschimpft und hat gesagt: ›Die Magdalene, die behalte ich nimmer daheim, die muß fort. Entweder muß sie in ein Nonnenkloster‹ – ist das nicht kurios von deinem Vater? –, ›Oder muß sie heiraten.‹ Das sagte dein Vater, aber ich konnte ihm nicht ganz unrecht geben. Was sagst du zu dem Nonnenkloster? Als ich Soldat war, war ich auch einmal in einem Nonnenkloster, da ist's nicht so übel, wie man meint. Ich will dir nur sagen, deine Freundin, des Wirts Tochter, will jetzt auch in ein Nonnenkloster. Willst du aber lieber heiraten? Rede! Willst du heiraten, so weiß ich dir einen rechten Kerl, wen meinst du? – Dann kannst du schaffen, was du willst. Willst du aber in das Nonnenkloster, so darfst du gar nichts schaffen; darum will des Wirts Catharine in das Nonnenkloster, die mag gar nicht schaffen. Heiratest du oder gehst du ins Nonnenkloster, so darfst du keine Garben mehr aufgeben. Diesen Abend will ich auch ein wenig kommen und euch Garben aufgeben. Seid ihr mit euren Garben fertig? He!« – Das Mädchen gab ihm keine Antwort: denn er konnte wohl seine Stimme verstellen, aber seine Gestalt nicht so, daß sie nicht den schwarzen Mönch in ihm erkannte, der nun auch wieder verschwand. Wie er aber gesagt, so half Nachbar Hansel (in wirklicher Person) ihr noch an diesem Abend Garben aufgeben, ohne zu wissen, daß sich der Schwarze nachmittags für seine Person am Waldbrunnen ausgegeben und jenes Versprechen in seinem Namen gemacht.

Am 12. Juli ein Viertel auf eilf Uhr erschien ihr wieder die weiße Frauengestalt. Sie fing zu beten an: »O Jesu, wann soll ich erlöset doch werden!« Dann sagte sie: »Du vermehrest meine Unruhe! Halte dich standhaft gegen die Anfechtungen des Bösen! Antworte ihm doch ja nie! Hättest du ihm eine Antwort gegeben, nur ein Ja gesagt, wäre das Haus plötzlich in Flammen gestanden: denn er ist es, der es schon mehrmals durch Feuer verdorben hätte, hätte nicht ich entgegengestrebt. Er wird dich immer mehr ängstigen, aber antworte ihm nie, spreche gegen ihn nie ein Wort!« – Sie sagte ihr hierauf auch, sie wolle ihr die Stelle zeigen, wo vormals das Nonnenkloster gestanden. Sie führte sie nun eine Strecke durch das Dorf und gab ihr da die Stelle an.

Am 15. Juli morgens, als sie ganz allein in der Stube war, kam der Schwarze zu ihr in Gestalt eines Bären und sagte: »Nun hab ich's getroffen, daß ich dich allein habe! Gib mir Antwort! Geld gebe ich dir genug! Warum gabst du jener (der Geistin) sogleich Antwort und die versprach dir kein Geld? Was hast du denn bei deinem erbärmlichen Leben? Nichts hast als Müh und Last vom frühsten Morgen bis in die späte Nacht, Stallkehren, Viehmelken, Mähen, Dreschen. Nur eine Antwort, und du bist reich und darfst dich um all den Plunder dein Leben lang nicht mehr kümmern! Nur eine Antwort, und ich plage dich nicht mehr, und jene Schachtelgret, die dir doch nur vorlügt und nichts gibt, kommt auch nicht mehr. Aber antwortest du mir nicht, so sollst du sehen, wie ich dich noch plage.«

Von jetzt an erschien ihr der Schwarze meistens in der drohenden Gestalt eines scheußlichen Tiers, eines Bären, einer Schlange, eines Krokodils, nicht mehr in Menschengestalt, versprach ihr bald Geld, bald drohte er ihr mit Martern. In ihrem Jammer hielt sie ihm mehrmals die Bibel entgegen, worauf er sogleich verschwand.

Am 21. August erschien ihr der Geist in Gestalt eines monströsen Tieres, das mitten am Leibe einen Hals hatte. Sie saß gerade auf der Bank und strickte. Man hörte von ihr nichts, als daß sie in Unmacht fiel und nur noch die Worte herausbrachte: »Der Schwarze!« Mehrere Stunden lang lag sie bewußtlos da, und diese Anfälle wiederholten sich selbst noch den ganzen andern Tag hindurch. Sie schlug nach allem, was sich ihr näherte, mit dem linken Arme und dem linken Fuße, *besonders wurde dieses Wüten der linken Seite heftig, wenn man die Bibel gegen dieselbe brachte.*

Die Eltern ließen einen Geistlichen und einen Arzt rufen, weil ihnen dieser Zustand unerklärlich war. Fragte sie der Arzt: »Hast du Krämpfe?«, antwortete sie: »Nein!« »Bist du sonst krank?« »Nein!« »Was ist es denn?« »Der Schwarze!« war die Antwort. »Wo ist er?« »Da!« Dabei schlug sie mit der rechten Hand auf die linke Seite.

Man ließ ihr zu Ader, setzte ihr Blutegel. Sie war in einem magnetischen, schlafwachen Zustand und sagte in ihm: »Das nützt alles nichts, ich bin nicht krank, man gibt sich vergebliche Mühe, mir kann kein Arzt helfen.« Man fragte: »Wer kann dir denn helfen?« Da erwachte sie auf einmal und sagte freudig: »Mir ist geholfen!« Man fragte: »Wer hat geholfen?« Sie sagte: »Das Fräulein hat geholfen« (die weiße Geistin).

Sie erzählte nun, daß vor ihrem Fall der schwarze Geist in jener scheußlichen Gestalt auf sie losgegangen, sie niedergedrückt und sie zu erwürgen gedroht habe, wenn sie ihm diesmal nicht antworte, nun müsse es sein. Da seie aber, wie sie schon fast am Tode gewesen, die weiße Geistin erschienen, die habe sich zu ihrer Rechten gestellt, der schwarze Geist seie zu ihrer Linken gewesen. Beide Geister hätten, wie es ihr geschienen, miteinander gestritten, aber in einer *ihr ganz fremden Sprache*, aber ihr vernehmbar, laut, und endlich sei der weißen Gestalt die schwarze gewichen und sie wieder zu sich gekommen. Von den Fragen, die man während ihres Zustandes an sie gemacht hatte, wußte sie nichts.

Sie weinte nun sehr über ihren unglücklichen Zustand, besonders da ihr die Leute sagten, sie seie mit Gichtern behaftet.

Als sie darob am 23. August sehr traurig war, erschien ihr die weiße Geistin und sagte: »Grüß Gott, Magdalene! Kümmre dich nicht, du bist nicht krank. Die Leute können nicht darüber urteilen. Wenn du noch so oft hinfällst, ich schütze dich, daß es dir keinen Schaden bringt, und den Ungläubigen soll es ein Beispiel sein. Wohl sagen auch die Leute: Warum kommt so ein Geist zu einer so Unwissenden? Die hat nichts gelernt, die weiß nichts, die gilt nichts, und der Geist war eine Nonne, und Nonnen wissen auch nichts als von der Marie und vom Kreuzlein. Die aber wissen nicht, daß geschrieben stehet: ›Und ich, lieben Brüder, da ich zu euch kam, kam ich nicht mit hohen Worten oder hoher Weisheit, euch zu verkündigen die göttliche Predigt, denn ich hielt mich nicht dafür, daß ich etwas wüßte unter euch, ohne allein Jesum Christum den Gekreuzigten. Und ich war bei euch mit Schwachheit und mit Furcht, und mit großem Zittern. Und mein Wort und meine Predigt war nicht in vernünftigen Reden menschlicher Weisheit, sondern in Beweisung des Geistes und der Kraft. Auf daß euer Glaube bestehe, nicht auf Menschenweisheit, sondern auf Gottes Kraft.‹ Wenn auch Doktoren und sonst gelehrte Leute kommen und sehen dich, so werden sie alle nichts wissen. Etliche werden sprechen: Die ist verrückt! Andere: Die ist in einem Schlafzustande! Andere: Die hat die fallende Sucht! Dich aber, Magdalene, soll dies alles nicht kümmern: denn es ist keins von all dem, und dein Leiden hat am fünften März kommenden Jahres ein Ende, halte du nur dein Versprechen, daß das Haus abgebrochen wird.« Hierauf betete die Geistin den 116. Psalmen und verschwand dann wieder.

Von da an traf der Vater des Mädchens nun auch alle Anstalten zum Abbruche seines Hauses und zum Aufbau eines neuen, so wunderlich dies auch manchem erschien.

Bei einem abermaligen Erscheinen des weißen Geistes sagte ihr dieser neben trostreichen Sprüchen aus der Heiligen Schrift, es werde wohl nun dahin kommen, daß der Schwarze sich ihres Leibes völlig bemächtige, sie solle aber nur getrost sein, sie werde jedesmal dann mit ihrem Geiste aus dem vom Schwarzen besessenen Leibe gehen und ihn in Sicherheit bringen.

Es wurden auch vom 25. August an ihre Anfechtungen durch den schwarzen Geist immer heftiger, er hielt sich nun nicht länger mehr, sich verstellend, außer ihr auf, sondern bemächtigte sich von nun an bei seinem Erscheinen sogleich ihres ganzen Innern, er ging in sie selbst hinein und sprach nun aus ihr mit dämonischer Rede.

Vom 24. August an erscheint ihr der schwarze Mönch nun immer so. Sie sieht, wenn sie auch mitten in einem Geschäft ist, ihn in menschlicher Gestalt (eine Mannsgestalt in einer Kutte, wie aus schwarzem Nebel, das Gesicht kann sie nie bestimmt angeben) auf sich zugehen. Dann hört sie, wie er nur ein paar kurze Worte zu ihr spricht, namentlich meistens: »Willst du mir als noch keine Antwort geben? Hab acht, wie ich dich plage!« und dergleichen. Da sie standhaft darauf beharrt, ihm nicht zu antworten (natürlich ohne ein Wort zu reden), so spricht er immer: »Nun, so gehe ich nun dir zum Trotz in dich hinein!« Hierauf sieht sie ihn immer auf ihre linke Seite treten und fühlt, wie er ihr mit *fünf* Fingern einer kalten Hand in den Nacken greift und mit diesem Griff in sie hineinfährt. Mit *diesem* verschwindet ihre Besinnung und eigentlich ihre Individualität. Sie ist nun nicht mehr in ihrem Körper, dagegen spricht eine rohe Baßstimme nicht in ihrer Person, sondern in der des Mönchs, aus ihr heraus, aber mit der Bewegung ihres Mundes und mit ihren, aber dämonisch verzerrten, Gesichtszügen.

Was nun während eines solchen Zustandes der schwarze Geist aus ihr spricht, sind Reden ganz eines verruchten Dämons würdig, Dinge, die gar nicht in diesem ganz rechtschaffenen Mädchen liegen. Es sind Verwünschungen der Heiligen Schrift, des Erlösers, alles Heiligen, und Schimpfreden und Lästerungen über das Mädchen selbst, die er nie anders als »Sau« benennt. Den gleichen Schimpfnamen und die gleichen Lästerungen erteilt er auch der weißen Geistin.

Das Mädchen hat dabei den Kopf auf die linke Seite gesenkt und die Augen immer fest geschlossen. Eröffnet man sie gewaltsam, sieht man die Augensterne nach oben gekehrt. Der linke Fuß bewegt sich immer heftig hin und her, die Sohle hart auf dem Boden. Das Hinundherbewegen des Fußes dauert während des ganzen Anfalles (der oft vier bis fünf Stunden währt) fort, so daß die Bretter des Bodens mit dem nackten Fuße (man zieht ihr gewöhnlich Schuhe und Strümpfe zur Schonung aus) ganz abgerieben werden und hie und da aus der Fußsohle endlich Blut kommt. Wäscht man aber nach dem Anfalle das Blut ab, so bemerkt man auf der Haut nicht die mindeste Aufschirfung, die Sohle ist wie der ganze Fuß eiskalt, und das Mädchen fühlt auch nicht das mindeste an ihr, so daß sie sogleich nach dem Erwachen wieder rasch stundenweit von dannen läuft. Der rechte Fuß bleibt warm. Ihr Erwachen ist wie das aus einem magnetischen Schlafe. Es geht ihm gleichsam ein Streiten der rechten mit der linken Seite (des Guten mit dem Bösen) voran. Der Kopf bewegt sich bald zur rechten, bald wieder zur linken Seite, bis er endlich auf die rechte Seite fällt, mit welcher Bewegung der schwarze Geist gleichsam wieder aus ihr herausfährt und ihr Geist wieder in ihren Körper zurücktritt. Sie erwacht und hat keine Ahnung von dem, was inzwischen in ihrem Körper vorgegangen und was der schwarze Geist aus ihm gesprochen. Gemeiniglich ist es ihr nach dem Erwachen, als seie sie in der Kirche gewesen und habe mit der Gemeinde gesungen oder gebetet, während doch die teuflischen Reden durch ihren Mund gegangen waren. Aber das ist es, was der weiße Geist ihr mit ihrem Geiste zu tun versprach, während der schwarze Geist sich ihres Körpers bemächtige. Der schwarze Geist in ihr antwortet auf Fragen. Heilige Namen aus der Bibel, selbst das Wort »heilig«, ist er nicht auszusprechen fähig. Nähert man dem Mädchen die Bibel, sucht sie gegen dieselbe zu spucken, der Mund ist aber in diesem Zustande so trocken, daß er nicht den mindesten Speichel hervorzubringen fähig ist, es ist nur das Zischen einer Schlange.

Von Gott spricht er mit einer Art Ängstlichkeit. »Das ist das Verhaßte«, sagte er einst, »daß mein Herr auch einen Herrn hat.«

Oft leuchtete aus seinen Worten der Wunsch und sogar die Hoffnung hindurch, vielleicht doch noch bekehrt zu werden, und nicht sowohl der böse Wille als vielmehr der Zweifel an die Möglichkeit, noch begnadigt und selig zu werden, schien ihn von der Bekehrung abzuhalten.[5]

Es war nicht zu verwundern, daß Ärzte diesen Zustand des Mädchens für eine natürliche Krankheit erklärten. Sie konnten daher unmöglich der in den Anfällen ausgesprochenen Behauptung des Mädchens, daß es von einem guten weißen Geiste eine wirkliche Erscheinung habe und von einem bösen schwarzen Geiste besessen sei, Glauben schenken, wenngleich wieder andere, wenigere nicht leugnen mochten, daß einerseits in den evangelischen Geschichten dergleichen Ereignisse, welche nur durch eine verkünstelte Exegese umzugestalten sind, als sich von selbst verstehende Dinge erzählt werden und daß sie anderseits die Tatsachen, über deren Wahrhaftigkeit ihnen selbst nicht der mindeste Zweifel blieb, mit ihren Doktrinen schlechthin nicht zu erklären vermochten. Denn wenn sie gleich, dieselben generalisierend, den Krankheitszustand des Mädchens zu den Nervenkrankheiten und, sie spezialisierend, zu einer Art von Epilepsie zählen zu dürfen glaubten, so schien es ihnen selber doch auch wieder unmöglich, in den Zufällen eine Analogie mit irgendeiner bestimmten Art von Epilepsie zu finden und zu rechtfertigen. Denn es ging diesem Zustande auch nicht die mindeste körperliche Störung voran, das Mädchen war in keiner Hinsicht je krank gewesen (litt nicht und hatte nie an Ausschlägen, nie an Menstruationsstörungen usw. gelitten), sie war gleich nach den heftigsten Krämpfen frisch und gesund, kräftig, tätig, heiter. Sie erwachte (wie schon bemerkt) nach den Anfällen, als hätte es ihr von erbaulichen Liedern geträumt, die sie in einer Kirche

---

5 *Eine bei Sündern und Missetätern nicht seltene Erscheinung, daher die einzige Bekehrungskraft des Evangeliums. Vergl. Waltersdorf, »Schächer am Kreuz«.*

singen zu hören glaubte, während doch der schwarze Dämon durch ihren Mund mit fremdartiger Stimme die schändlichsten Blasphemien ausstieß. Die rechte Seite blieb während der tobendsten Anfälle warm und ruhig, indessen das linke Bein eiskalt vier volle Stunden hindurch ununterbrochen mit unglaublicher Gewalt auf und nieder flog und den Boden schlug und sich dennoch weder Geifer vor dem Munde noch eingeschlagene Daumen an den Händen wahrnehmen ließen; war auch einmal der Daumen der linken Hand eingeschlagen, so reichte ein Wort hin, um ihn in seine natürliche Lage zu bringen.

Dennoch! die Mehrzahl stimmte immer für Dämonomanie aus körperlich-krankhafter Ursache, für Epilepsie, die in partiellen Wahnsinn übergehe, und der eine wohl bereits schon eingetretene Desorganisation des Rückenmarkes, besonders der linken Partie desselben, zugrunde liege. Es wurden schulgerecht dagegen Gaben von bella donna, Zinkblumen usw., Einreibungen von Brechweinsteinsalbe, ja sogar das Brenneisen, zu schleunigstem Gebrauche angeraten – aber zum Glücke ließ der schlichte, natürliche Sinn der Eltern solche rationelle Anratungen nicht zur Ausführung kommen, sie vertrauten in ihrem Glauben, der sich durch keine Herren wankend machen ließ, der guten weißen Erscheinung, die immer fest versicherte, dieser jammervolle Zustand ihres Kindes werde bis auf den fünften März kommenden Jahres gewiß enden, sei nur bis dahin das Haus abgebrochen, und in diesem Glauben machten sie auch alle Zurüstung zur Niederreißung des alten Hauses und zur Erbauung eines neuen.

Ich, dem sie das Mädchen auf Bitten, nachdem ihr Zustand mehr als fünf Monate schon so gedauert hatte, auf mehrere Wochen zur Beobachtung ins Haus brachten, unterstützte ihren Glauben an ein dämonisches Besessensein ihres Kindes *nicht im mindesten*, hauptsächlich des Mädchens wegen, um sie alsdann auch einer desto reinern Beobachtung unterwerfen zu können, sondern erklärte den Zustand nur für ein Leiden, gegen das keine gewöhnlichen Arzneimittel fruchten würden, weswegen sie auch mit Recht noch bis jetzt die Hülfe aller Arzeneiflaschen, Pillenschachteln und Salbenhäfen bei ihrer Tochter zurückgewiesen hätten. – Dem Mädchen empfahl ich auch kein anderes Heilmittel als Gebet und schmale Kost an. Die Wirkung magnetischer Striche, die ich über sie nur ein paarmal versuchsweise machte, suchte der Dämon immer sogleich wieder durch Gegenstriche, die er mit den Händen des Mädchens machte, zu neutralisieren. So unterblieb auch dieses und überhaupt alle Heilmittel ohne alle Besorgnis von meiner Seite, weil ich in jedem Falle in diesem Zustand des Mädchens einen dämonisch-magnetischen erkannte und der Divination des bessern Geistes, der ihr ihre Genesung bis zum 5. März zusagte, wohl vertraute. In diesem Glauben ließ ich sie unbesorgt, und zwar in dem Zustand, wie sie mir gebracht worden war, wieder nach *Orlach* in ihr elterliches Haus zurückkehren, nachdem ich mich durch genaue und lange Beobachtung fest überzeugt hatte, daß hier nicht die mindeste Verstellung, nicht das mindeste geflissentliche Hinzutun von Seite des Mädchens zu ihren Anfällen stattfand. Ihren Eltern empfahl ich aufs angelegentlichste, aus dem Zustande ihrer Tochter kein Schauspiel zu machen, ihre Anfälle soviel als möglich geheimzuhalten, keine Fremde in solchen zu ihr zu lassen und keine Fragen an den Dämon zu richten, was ich selbst während ihres hiesigen Aufenthaltes aus Sorge für ihre Gesundheit nur wenig tat.

Nicht durch die Schuld der Eltern, denen dieser Zustand ihres Kindes nur Kummer machte und die sein Ende immer sehnlichst wünschten, sondern durch die Zudringlichkeit der Menge geschah es, daß meinen Warnungen nicht Folge geleistet wurde; viele Neugierige strömten dem sonst unbekannt gewesenen *Orlach* zu, um das Wundermädchen in seinen Paroxismen zu sehen und zu hören, was vielleicht doch *den* Vorteil hatte, daß sich auch manche andere außer mir von der Eigenheit dieses Zustandes überzeugten. Ein Berufener unter den vielen Unberufenen war auch Herr Pfarrer *Gerber*, der das Mädchen in ihrem letzten Anfalle sah und in einem Aufsatze in der Didaskalia seine Beobachtung niederschrieb, auf den wir hier bald wieder zurückkommen werden.'

Am 4. März, morgens sechs Uhr, als sich das Mädchen noch allein in seiner Schlafkammer im alten elterlichen Hause befand, zu dessen Abbruch man aber schon Veranstaltung getroffen hatte, erschien ihr auf einmal die weiße Geistin. Sie war von einem so strahlenden Glanze, daß das Mädchen sie nicht lange ansehen konnte. Ihr Gesicht und Kopf waren von einem glänzend weißen Schleier bedeckt. Ihre Kleidung war ein langes, glänzendes, weißes Faltengewand, das selbst die Füße bedeckte. Sie sprach zum Mädchen: »Ein Mensch kann keinen Geist durch Erlösung in den Himmel bringen, dazu ist der Erlöser in die Welt gekommen und hat für alle gelitten, aber genommen kann mir durch dich das Irdische werden, das mich noch so da unten hielt, dadurch daß ich die Untaten, die auf mir lasteten, durch deinen Mund der Welt sagen kann. O möchte doch niemand bis nach dem Ende warten, sondern seine Schuld immer noch vor seinem Hinscheiden der Welt bekennen! In meinem zweiundzwanzigsten Jahre wurde ich, als Koch verkleidet, von jenem Mönch, dem Schwarzen, vom Nonnenkloster ins Mönchskloster gebracht. Zwei Kinder erhielt ich von ihm, die er jedesmal gleich nach der Geburt ermordete. Vier Jahre lang dauerte unser unseliger Bund, währenddessen er auch drei Mönche ermordete. Ich verriet sein Verbrechen, doch nicht vollständig – da ermordete er auch mich. O möchte doch (wiederholte sie noch einmal) niemand bis nach dem Ende warten, sondern seine Schuld immer noch vor seinem Hinscheiden der Welt bekennen!« Sie streckte nun ihre weiße Hand gegen das Mädchen hin. Das Mädchen hatte nicht den Mut, diese Hand mit bloßer Hand zu berühren, sondern wagte dies bloß vermittelst des Schnupftuches, das sie in die Hand nahm. Da fühlte sie ein Ziehen an diesem Tuche und sah es glimmen. Nun dankte die Geistin dem Mädchen, daß sie alles befolgt habe, und versicherte sie, daß sie nun von allem Irdischen frei sei. Hierauf betete sie: »Jesus nimmt die Sünder an« usw. Das Mädchen hörte sie noch beten, als sie sie schon nicht mehr sah.

Während die Geistin so dagestanden war, sah das Mädchen immer einen schwarzen Hund vor ihr, der auf die Geistin Feuer spie, das aber die Geistin nicht zu berühren schien. Dieser verschwand mit der Geistin. In das Sacktuch des Mädchens aber war ein großes Loch gebrannt, wie das Innere einer Hand und ob diesem Loche noch fünf kleinere Löcher wie von fünf Fingern. Es geben die Brandstellen gar keinen Geruch von sich, und auch im Momente des Glimmens bemerkte das Mädchen keinen Geruch.[6]

Vom Schrecken fast gelähmt wurde das Mädchen von den Ihrigen in der Kammer angetroffen und sogleich in das Haus des Bauern Bernhard *Fischer* gebracht, weil *Grombach* den Abbruch seiner Wohnung jetzt beschleunigen wollte.

Kaum dort angelangt, erschien der Magdalene der schwarze Geist. Er hatte jetzt etwas Weißes auf dem Kopfe, gleich einer Quaste, da er sonst ganz schwarz war. Er sprach: »Nicht wahr, ich bin auch da? Du wirst recht weinen, weil es das letzte Mal ist! Du siehest nun doch auch etwas Weißes an mir.« Als er dieses gesprochen, ging er auf sie zu, griff ihr mit kalter Hand in den Nacken, sie verlor ihr Bewußtsein, und er war nun in ihr. Ihr Aussehen (berichtet ein Augenzeuge) war nun blaß, die Augen fest geschlossen. Wenn man den Augendeckel öffnete, fand man den Augapfel ganz gegen die Nase zu hinaufgetrieben und sah vom Lichten des Auges nur wenig. Das Auge schien auch wie eingesunken zu sein. Der Puls schlug wie gewöhnlich. Der linke Fuß war in beständiger Bewegung. Die linke Seite war auffallend kälter als die rechte.

Von Sonntag nachts bis Dienstag mittags nahm das Mädchen keine Speise mehr zu sich. Ebenso unterblieben während dieser Zeit alle Sekretionen bei ihr. Sie blieb nun unausgesetzt vom schwarzen Geiste bis zum andern Tage mittags besessen. Zuerst kündigte der Dämon an, daß er nicht vor halb zwölf Uhr am andern Tage (was auch so eintraf) gehen könne. Dann sprach er: »Wäre ich dem, was bei Petrus steht, nachgefolgt,

---

6 *Auch hier die bekannte Äußerung eines elektrischen Feuers, das mit dem magnetischen Nervenfluidum (dem Nervengeist), diesem Seelenvehikel, identisch oder eine seiner verschiedenen Darstellungen ist.*

so müßte ich nicht mehr hier sein.« Hierauf sprach er die Verse Petr. 1, 2. Kap., Vers 21 bis 25, her: »Denn dazu seid Ihr berufen, sintemal auch Christus gelitten hat für uns und uns ein Vorbild gelassen, daß ihr sollt nachfolgen seinen Fußstapfen; welcher keine Sünde getan hat, ist auch kein Betrug in seinem Munde erfunden worden, welcher nicht wieder schalt, da er gescholten ward, nicht drohte, da er litt, er stellte es aber dem heim, der da recht richtet, welcher unsre Sünden selbst geopfert hat an seinem Leibe auf dem Holze, auf daß wir der Sünde abgestorben, der Gerechtigkeit leben, durch welches Wunden ihr seid heil worden: denn ihr waret wie die irrenden Schafe, aber ihr seid nun bekehrt zu dem Hirten und Bischof eurer Seelen.«

Während des Tages kam eine ungeheure Menschenmenge in *Orlach* zusammen, um das Mädchen zu sehen und Fragen an den Dämon zu richten. Genügend und nach der Erklärung der Frager richtig, äußerte er sich besonders über Klöster und Schlösser und überhaupt über Altertümer der Umgegend; andere vorwitzige Frager wies er mit Spott oder Witz ab.

Nachts, als sich auf polizeiliche Anordnung der Andrang der Gaffer verloren, erklärte der Dämon, gebetet zu haben, und äußerte mit Freude, er könne nun den Namen Jesus, Bibel, Himmel, Kirche aussprechen, er könne beten und läuten hören. Wenn er sich doch nur schon im Sommer gewendet hätte, dann wäre es besser gewesen! –

Seine Schuld gab er nun auch so an: »Mein Vater war ein Edler von *Geislingen*, eine Stunde von *Orlach*. Da hatte er ein Raubschloß auf dem Löwenbuk bei Geislingen zwischen dem Kocher und der Bühler, man muß seine Mauern noch finden. Ich hatte noch zwei Brüder. Der älteste, der nicht weiter kam, als wo ich auch bin, bekam das Schloß, der andere kam im Kriege um. Ich wurde zum geistlichen Stande bestimmt. Ich kam ins Kloster nach *Orlach*, wo ich bald der Obere wurde. Der Mord von mehreren meiner Klosterbrüder, von Nonnen und von Kindern, die ich mit ihnen erzeugte, lastet auf mir. Die Nonnen brachte ich in männlicher Kleidung in das Kloster, und fand ich an ihnen keinen Gefallen mehr, ermordete ich sie. Ebenso ermordete ich die Kinder, die sie geboren, sogleich nach der Geburt. Als ich die ersten drei meiner Klosterbrüder ermordet hatte, verriet mich die, die du die Weiße nennest. Aber in der Untersuchung wußte ich mir dadurch zu helfen, daß ich meine Richter bestach. Ich ließ die Bauern während der Heuernte zusammenkommen und erklärte ihnen, keine Messe mehr zu lesen, würden sie mir nicht ihre schriftlichen Dokumente ausliefern, dann würde zur Heuernte es immer regnen, ich würde Fluch über ihre Felder beten.[7] Sie gaben ihre

---

[7] Daher wohl auch sein anfängliches Erscheinen bei dem Mädchen hauptsächlich zur Heuernte und seine Reden von Messe lesen, daß das Wetter schön bleibe.

Dokumente, die die Gerechtsame *Orlachs* enthielten, und die lieferte ich meinem Inquisitor aus. Wieder ins Kloster zurückgelassen, ermordete ich meine Verräterin, darauf noch drei meiner Klosterbrüder und nach vier Wochen, im Jahre 1438, mich selbst. Als Oberer wußte ich meine Opfer ins Verborgene zu locken und erstach sie da. Die Leichen warf ich in ein gemauertes Loch zusammen. Mein Glaube war: Mit den Menschen ist es nach dem Tode wie mit dem Vieh, wenn es geschlachtet ist, wie der Baum fällt, bleibt er liegen. Aber – aber, es ist ganz anders, es ist eine Vergeltung nach dem Tode.«

Am andern Tage morgens äußerte sich der Dämon noch gegen Umstehende über die ehmaligen Klöster zu Crailsheim ganz richtig. Dann verfiel er wieder in Zweifel, ob er wohl in Gnaden angenommen werde, wenn er jetzt für immer diesen Raum und das Mädchen verlassen müsse. »Heute abend«, sprach er, »muß ich zum zweiten Mal ins Gericht, und zwar mit jener.« Er verstand darunter die weiße Geistin.

Es war vor halb zwölf Uhr mittags. Die Leute, welche das Haus abbrachen, waren an den letzten Rest eines Stücks der Mauer gekommen, welche das Eck des Hauses bildete und von ganz anderer Beschaffenheit als der übrige Teil war. Während die andern Mauern nur von Leim aufgeführt waren, so war dieses Stück mit ganz besonderem Kalk und fester verbunden, so daß es wirklich scheint, diese Mauer stamme von einem sehr alten Gebäude her. Mit dem Sinken dieses Teils des Gebäudes auch (was das Mädchen nicht sehen konnte), es war jetzt halb zwölf Uhr, und zwar mit dem Abbruch des letzten Steins desselben, trat bei dem Mädchen ein dreimaliges Neigen des Kopfes auf die rechte Seite ein, ihre Augen schlugen sich auf. Der Dämon war aus ihr gewichen, und ihr natürliches Leben war wieder da. Herr Pfarrer *Gerber* beschreibt als Augenzeuge den Moment, nachdem der letzte Stein jener Mauer gefallen war, also: »In diesem Moment wendete sich ihr Haupt auf die rechte Seite, und sie schlug die Augen auf, die nun hell und voll Verwunderung über die vielen Personen, welche sie umgaben, um sich schauten. Auf einmal fiel es ihr ein, was mit ihr vorgegangen war, sie deckte beschämt mit beiden Händen das Gesicht – fing an zu weinen, erhob sich, noch halb taumelnd, wie ein Mensch, der aus einem schweren Schlaf erwacht – und eilte fort. Ich sah nach der Uhr – es war – halb zwölf! Nie werde ich das Überraschende dieses Anblicks vergessen, nie den wunderbaren Übergang von den entstellten dämonischen Gesichtzügen der, wie soll ich sie nennen – Kranken, zu dem rein menschlichen, freundlichen Antlitz der Erwachten; von der widrigen, hohlen Geisterstimme zu dem gewohnten Klange der Mädchenstimme, von der verborgenen, teils gelähmten, teils rastlos bewegten Stellung des Körpers zu der schönen Gestalt, die wie mit einem Zauberschlage vor uns stund. Alles freute sich, alles wünschte dem

Mädchen, wünschte den Eltern Glück: denn die guten Menschen waren fest überzeugt, daß nun der schwarze Geist zum letzten Male dagewesen sei.

Der Vater zeigte mir hierauf das verbrannte Tuch, das seine Tochter gestern in der Hand hatte, als der weiße Geist von ihr Abschied nahm. Es war ganz deutlich zu sehen, daß die Löcher, welche darin waren, durch Feuer entstanden waren.

Ich ging auf den Bauplatz. Das alte Haus war bis auf eine kleine Mauer, mit welcher man in wenigen Stunden fertig werden konnte, schon abgebrochen.« –

Bei Wegräumung des Schuttes in den späteren Tagen fand man ein brunnenähnliches, ungefähr zehn Schuh im Durchmesser haltendes Loch, das zwanzig Schuh tief ausgegraben wurde. In diesem und sonst im Schutte des Hauses wurden Überreste von menschlichen Knochen, auch die von Kindern, gefunden. Das Mädchen blieb von jener Stunde an durchaus gesund, und nie mehr kehrten bei ihr die früheren Erscheinungen zurück.

Selbst in der Krankheit, die sie infolge einer Erkältung ein Jahr später erlitt und die in Hemmung des Schlingens und in Stimmlosigkeit bestand, aber sich bald wieder hob,[8] zeigte sich keine Spur des früheren dämonisch-magnetischen Zustandes mehr.

---

8 *Es brachen Geschwürchen am Kehlkopfe auf.*

E.T.A. Hoffmann

Der Sandmann

Nathanael an Lothar

Gewiß seid Ihr alle voll Unruhe, daß ich so lange – lange nicht geschrieben. Mutter zürnt wohl, und Clara mag glauben, ich lebe hier in Saus und Braus und vergesse mein holdes Engelsbild, so tief mir in Herz und Sinn eingeprägt, ganz und gar. Dem ist aber nicht so; täglich und stündlich gedenke ich Eurer aller und in süßen Träumen geht meines holden Clärchens freundliche Gestalt vorüber und lächelt mich mit ihren hellen Augen so anmutig an, wie sie wohl pflegte, wenn ich zu Euch hineintrat. Ach wie vermochte ich denn Euch zu schreiben, in der zerrissenen Stimmung des Geistes, die mir bisher alle Gedanken verstörte! Etwas Entsetzliches ist in mein Leben getreten! Dunkle Ahnungen eines gräßlichen mir drohenden Geschicks breiten sich wie schwarze Wolkenschatten über mich aus, undurchdringlich jedem freundlichen Sonnenstrahl. Nun soll ich Dir sagen, was mir widerfuhr. Ich muß es, das sehe ich ein, aber nur es denkend, lacht es wie toll aus mir heraus. Ach mein herzlieber Lothar! wie fange ich es denn an, Dich nur einigermaßen empfinden zu lassen, daß das, was mir vor einigen Tagen geschah, denn wirklich mein Leben so feindlich zerstören konnte! Wärst Du nur hier, so könntest Du selbst schauen; aber jetzt hältst Du mich gewiß für einen aberwitzigen Geisterseher. Kurz und gut, das Entsetzliche, was mir geschah, dessen tödlichen Eindruck zu vermeiden ich mich vergebens bemühe, besteht in nichts anderm, als daß vor einigen Tagen, nämlich am 30.Oktober mittags um 12Uhr, ein Wetterglashändler in meine Stube trat und mir seine Ware anbot. Ich kaufte nichts und drohte, ihn die Treppe herabzuwerfen, worauf er aber von selbst fortging.

Du ahnst, daß nur ganz eigne, tief in mein Leben eingreifende Beziehungen diesem Vorfall Bedeutung geben können, ja, daß wohl die Person jenes unglückseligen Krämers gar feindlich auf mich wirken muß. So ist es in der Tat. Mit aller Kraft fasse ich mich zusammen, um ruhig und geduldig Dir aus meiner frühern Jugendzeit so viel zu erzählen, daß Deinem regen Sinn alles klar und deutlich in leuchtenden Bildern aufgehen wird. Indem ich anfangen will, höre ich Dich lachen und Clara sagen: »Das sind ja rechte Kindereien!« Lacht, ich bitte Euch, lacht mich recht herzlich aus! ich bitt Euch sehr! Aber Gott im Himmel! die Haare sträuben sich mir und es ist, als flehe ich Euch an, mich auszulachen, in wahnsinniger Verzweiflung, wie Franz Moor den Daniel. Nun fort zur Sache!

Außer dem Mittagsessen sahen wir, ich und mein Geschwister, tagüber den Vater wenig. Er mochte mit seinem Dienst viel beschäftigt sein. Nach dem Abendessen, das alter Sitte gemäß schon um sieben Uhr aufgetragen wurde, gingen wir alle, die Mutter mit uns, in des Vaters Arbeitszimmer und setzten uns um einen runden Tisch. Der Vater rauchte Tabak und trank ein großes Glas Bier dazu. Oft erzählte er uns viele wunderbare Geschichten und geriet darüber so in Eifer, daß ihm die Pfeife immer ausging, die ich, ihm brennend Papier hinhaltend, wieder anzünden mußte, welches mir denn ein Hauptspaß war. Oft gab er uns aber Bilderbücher in die Hände, saß stumm und starr in seinem Lehnstuhl und blies starke Dampfwolken von sich, daß wir alle wie im Nebel schwammen. An solchen Abenden war die Mutter sehr traurig und kaum schlug die Uhr neun, so sprach sie: »Nun Kinder! zu Bette! zu Bette! der Sandmann kommt, ich merk es schon.« Wirklich hörte ich dann jedesmal etwas schweren langsamen Tritts die Treppe heraufpoltern; das mußte der Sandmann sein. Einmal war mir jenes dumpfe Treten und Poltern besonders graulich; ich frug die Mutter, indem sie uns fortführte: »Ei Mama! wer ist denn der böse Sandmann, der uns immer von Papa forttreibt? wie sieht er denn aus?« »Es gibt keinen Sandmann, mein liebes Kind«, erwiderte die Mutter: »wenn ich sage, der Sandmann kommt, so will das nur heißen, ihr seid schläfrig und könnt die Augen nicht offen behalten, als hätte man euch Sand hineingestreut.« Der Mutter Antwort befriedigte mich nicht, ja in meinem kindischen Gemüt entfaltete sich deutlich der Gedanke, daß die Mutter den Sandmann nur verleugne, damit wir uns vor ihm nicht fürchten sollten, ich hörte ihn ja immer die Treppe heraufkommen. Voll Neugierde, Näheres von diesem Sandmann und seiner Beziehung auf uns Kinder zu erfahren, frug ich endlich die alte Frau, die meine jüngste Schwester wartete: was denn das für ein Mann sei, der Sandmann? »Ei Thanelchen«, erwiderte diese, »weißt du das noch nicht? Das ist ein böser Mann, der kommt zu den Kindern, wenn sie nicht zu Bett gehen wollen und wirft ihnen Händevoll Sand in die Augen, daß sie blutig zum Kopf herausspringen, die wirft er dann in den Sack und trägt sie in den Halbmond zur Atzung für seine Kinderchen; die sitzen dort im Nest und haben krumme Schnäbel, wie die Eulen, damit picken sie der unartigen Menschenkindlein Augen auf.« Gräßlich malte sich nun im Innern mir das Bild des grausamen Sandmanns aus; sowie es abends die Treppe heraufpolterte, zitterte ich vor Angst und Entsetzen. Nichts als den unter Tränen hergestotterten Ruf. »Der Sandmann! der Sandmann!« konnte die Mutter aus mir herausbringen. Ich lief darauf in das Schlafzimmer, und wohl die ganze Nacht über quälte mich die fürchterliche Erscheinung des Sandmanns. Schon alt genug war ich geworden, um einzusehen, daß das mit dem Sandmann und seinem Kindernest im Halbmonde, so wie es mir die Wartefrau erzählt hatte, wohl nicht ganz seine Richtigkeit haben könne; indessen blieb mir der Sandmann ein fürchterliches Gespenst, und Grauen Entsetzen ergriff mich, wenn ich ihn nicht allein die Treppe heraufkommen, sondern auch meines Vaters Stubentür heftig aufreißen und hineintreten hörte. Manchmal blieb er lange weg, dann kam er öfter hintereinander. Jahrelang dauerte das, und nicht gewöhnen konnte ich mich an den unheimlichen Spuk, nicht bleicher wurde in mir das Bild des grausigen Sandmanns. Sein Umgang mit dem Vater fing an meine Fantasie immer mehr und mehr zu beschäftigen: den Vater darum zu befragen hielt mich eine unüberwindliche Scheu zurück, aber selbst – selbst das Geheimnis zu erforschen, den fabelhaften Sandmann zu sehen, dazu keimte mit den Jahren immer mehr die Lust in mir empor. Der Sandmann hatte mich auf die Bahn des Wunderbaren, Abenteuerlichen gebracht, das so schon leicht im kindlichen Gemüt sich einnistet. Nichts war mir lieber, als schauerliche Geschichten von Kobolten, Hexen, Däumlingen usw. zu hören oder zu lesen; aber obenan stand immer der Sandmann, den ich in den seltsamsten, abscheulichsten Gestalten überall auf Tische, Schränke und Wände mit Kreide, Kohle, hinzeichnete. Als ich zehn Jahre alt geworden, wies mich die Mutter aus der Kinderstube in ein Kämmerchen, das auf dem Korridor unfern von meines Vaters Zimmer lag. Noch immer mußten wir uns, wenn auf den Schlag neun Uhr sich jener Unbekannte im Hause hören ließ, schnell entfernen. In meinem Kämmerchen vernahm ich, wie er bei dem Vater hineintrat und bald darauf war es mir dann, als verbreite sich im Hause ein feiner seltsam riechender Dampf. Immer höher mit der Neugierde wuchs der Mut, auf irgend eine Weise des Sandmanns Bekanntschaft zu machen. Oft schlich ich schnell aus dem Kämmerchen auf den Korridor, wenn die Mutter vorübergegangen, aber nichts konnte ich erlauschen, denn immer war der Sandmann schon zur Türe hinein, wenn ich den Platz erreicht hatte, wo er mir sichtbar werden mußte. Endlich von unwiderstehlichem Drange getrieben, beschloß ich, im Zimmer des Vaters selbst mich zu verbergen und den Sandmann zu erwarten.

An des Vaters Schweigen, an der Mutter Traurigkeit merkte ich eines Abends, daß der Sandmann kommen werde; ich schützte daher große Müdigkeit vor, verließ schon vor neun Uhr das Zimmer und verbarg mich dicht neben der Türe in einen Schlupfwinkel. Die Haustür knarrte, durch den Flur ging es, langsamen, schweren, dröhnenden Schrittes nach der Treppe. Die Mutter eilte mit dem Geschwister mir vorüber. Leise – leise öffnete ich des Vaters Stubentür. Er saß, wie gewöhnlich, stumm und starr den Rücken der Türe zugekehrt, er bemerkte mich nicht, schnell war ich hinein und hinter der Gardine, die einem gleich neben der Türe stehenden offnen Schrank, worin meines Vaters Kleider hingen, vorgezogen war. Näher immer näher dröhnten die Tritte es hustete und scharrte und brummte seltsam draußen. Das Herz bebte mir vor Angst und Erwartung. Dicht, dicht vor der Türe ein scharfer Tritt ein heftiger Schlag auf die Klinke, die Tür springt rasselnd auf! Mit Gewalt mich ermannend gucke ich behutsam hervor. Der Sandmann steht mitten in der Stube vor meinem Vater, der helle Schein der Lichter brennt ihm ins Gesicht! Der Sandmann, der fürchterliche Sandmann ist der alte Advokat Coppelius, der manchmal bei uns zu Mittage ißt!

Aber die gräßlichste Gestalt hätte mir nicht tieferes Entsetzen erregen können, als eben dieser Coppelius. Denke Dir einen großen breitschultrigen Mann mit einem unförmlich dicken Kopf, erdgelbem Gesicht, buschigten grauen Augenbrauen, unter denen ein Paar grünliche Katzenaugen stechend hervorfunkeln, großer, starker über die Oberlippe gezogener Nase. Das schiefe Maul verzieht sich oft zum hämischen Lachen; dann werden auf den Backen ein paar dunkelrote Flecke sichtbar und ein seltsam zischender Ton fährt durch die zusammengekniffenen Zähne. Coppelius erschien immer in einem altmodisch zugeschnittenen aschgrauen Rocke, eben solcher Weste und gleichen Beinkleidern, aber dazu schwarze Strümpfe und Schuhe mit kleinen Steinschnallen. Die kleine Perücke reichte kaum bis über den Kopfwirbel heraus, die Kleblocken standen hoch über den großen roten Ohren und ein breiter verschlossener Haarbeutel starrte von dem Nacken weg, so daß man die silberne Schnalle sah, die die gefältelte Halsbinde schloß. Die ganze Figur war überhaupt widrig und abscheulich; aber vor allem waren uns Kindern seine großen knotigten, haarigten Fäuste zuwider, so daß wir, was er damit berührte, nicht mehr mochten. Das hatte er bemerkt und nun war es seine Freude, irgend ein Stückchen Kuchen, oder eine süße Frucht, die uns die gute Mutter heimlich auf den Teller gelegt, unter diesem, oder jenem Vorwande zu berühren, daß wir, helle Tränen in den Augen, die Näscherei, der wir uns erfreuen sollten, nicht mehr genießen mochten vor Ekel und Abscheu. Ebenso machte er es, wenn uns an Feiertagen der Vater ein klein Gläschen süßen Weins eingeschenkt hatte. Dann fuhr er schnell mit der Faust herüber, oder brachte wohl gar das Glas an die blauen Lippen und lachte recht teuflisch, wenn wir unsern Ärger nur leise schluchzend äußern durften. Er pflegte uns nur immer die kleinen Bestien zu nennen; wir durften, war er zugegen, keinen Laut von uns geben und verwünschten den häßlichen, feindlichen Mann, der uns recht mit Bedacht und Absicht auch die kleinste Freude verdarb. Die Mutter schien ebenso, wie wir, den widerwärtigen Coppelius zu hassen; denn so wie er sich zeigte, war ihr Frohsinn, ihr heiteres unbefangenes Wesen umgewandelt in traurigen, düstern Ernst. Der Vater betrug sich gegen ihn, als sei er ein höheres Wesen, dessen Unarten man dulden und das man auf jede Weise bei guter Laune erhalten müsse. Er durfte nur leise andeuten und Lieblingsgerichte wurden gekocht und seltene Weine kredenzt.

Als ich nun diesen Coppelius sah, ging es grausig und entsetzlich in meiner Seele auf, daß ja niemand anders, als er, der Sandmann sein könne, aber der Sandmann war mir nicht mehr jener Popanz aus dem Ammenmärchen, der dem Eulennest im Halbmonde Kinderaugen zur Atzung holt nein! ein häßlicher gespenstischer Unhold, der überall, wo er einschreitet, Jammer Not zeitliches, ewiges Verderben bringt.

Ich war fest gezaubert. Auf die Gefahr entdeckt, und, wie ich deutlich dachte, hart gestraft zu werden, blieb ich stehen, den Kopf lauschend durch die Gardine hervorgestreckt. Mein Vater empfing den Coppelius feierlich. »Auf! zum Werk«, rief dieser mit heiserer, schnurrender Stimme und warf den Rock ab. Der Vater zog still und finster seinen Schlafrock aus und beide kleideten sich in lange schwarze Kittel. Wo sie die hernahmen, hatte ich übersehen. Der Vater öffnete die Flügeltür eines Wandschranks; aber ich sah, daß das, was ich solange dafür gehalten, kein Wandschrank, sondern vielmehr eine schwarze Höhlung war, in der ein kleiner Herd stand. Coppelius trat hinzu und eine blaue Flamme knisterte auf dem Herde empor. Allerlei seltsames Geräte stand umher. Ach Gott! wie sich nun mein alter Vater zum Feuer herabbückte, da sah er ganz anders aus. Ein gräßlicher krampfhafter Schmerz schien seine sanften ehrlichen Züge zum häßlichen widerwärtigen Teufelsbilde verzogen zu haben. Er sah dem Coppelius ähnlich. Dieser schwang die glutrote Zange und holte damit hellblinkende Massen aus dem dicken Qualm, die er dann emsig hämmerte. Mir war es als würden Menschengesichter ringsumher sichtbar, aber ohne Augen scheußliche, tiefe schwarze Höhlen statt ihrer. »Augen her, Augen her!« rief Coppelius mit dumpfer dröhnender Stimme. Ich kreischte auf von wildem Entsetzen gewaltig erfaßt und stürzte aus meinem Versteck heraus auf den Boden. Da ergriff mich Coppelius, »kleine Bestie! kleine Bestie!« meckerte er zähnfletschend! riß mich auf und warf mich auf den Herd, daß die Flamme mein Haar zu sengen begann: »Nun haben wir Augen – Augen – ein schön Paar Kinderaugen.« So flüsterte Coppelius, und griff mit den Fäusten glutrote Körner aus der Flamme, die er mir in die Augen streuen wollte. Da hob mein Vater flehend die Hände empor und rief. »Meister! Meister! laß meinem Nathanael die Augen laß sie ihm!« Coppelius lachte gellend auf und rief. »Mag denn der Junge die Augen behalten und sein Pensum flennen in der Welt; aber nun wollen wir doch den Mechanismus der Hände und der Füße recht observieren.« Und damit faßte er mich gewaltig, daß die Gelenke knackten, und schrob mir die Hände ab und die Füße und setzte sie bald hier, bald dort wieder ein. »'s steht doch überall nicht recht! 's gut so wie es war! Der Alte hat's verstanden!« So zischte und lispelte Coppelius; aber alles um mich her wurde schwarz und finster, ein jäher Krampf durchzuckte Nerv und Gebein ich fühlte nichts mehr. Ein sanfter warmer

Hauch glitt über mein Gesicht, ich erwachte wie aus dem Todesschlaf, die Mutter hatte sich über mich hingebeugt. »Ist der Sandmann noch da?« stammelte ich. »Nein, mein liebes Kind, der ist lange, lange fort, der tut dir keinen Schaden!« So sprach die Mutter und küßte und herzte den wiedergewonnenen Liebling.

Was soll ich Dich ermüden, mein herzlieber Lothar! was soll ich so weitläufig einzelnes hererzählen, da noch so vieles zu sagen übrig bleibt? Genug! ich war bei der Lauscherei entdeckt, und von Coppelius gemißhandelt worden. Angst und Schrecken hatten mir ein hitziges Fieber zugezogen, an dem ich mehrere Wochen krank lag. »Ist der Sandmann noch da?« Das war mein erstes gesundes Wort und das Zeichen meiner Genesung, meiner Rettung. Nur noch den schrecklichsten Moment meiner Jugendjahre darf ich Dir erzählen; dann wirst Du überzeugt sein, daß es nicht meiner Augen Blödigkeit ist, wenn mir nun alles farblos erscheint, sondern, daß ein dunkles Verhängnis wirklich einen trüben Wolkenschleier über mein Leben gehängt hat, den ich vielleicht nur sterbend zerreiße.

Coppelius ließ sich nicht mehr sehen, es hieß, er habe die Stadt verlassen.

Ein Jahr mochte vergangen sein, als wir der alten unveränderten Sitte gemäß abends an dem runden Tische saßen. Der Vater war sehr heiter und erzählte viel Ergötzliches von den Reisen, die er in seiner Jugend gemacht. Da hörten wir, als es neune schlug, plötzlich die Haustür in den Angeln knarren und langsame eisenschwere Schritte dröhnten durch den Hausflur die Treppe herauf. »Das ist Coppelius«, sagte meine Mutter erblassend. »Ja! es ist Coppelius«, wiederholte der Vater mit matter gebrochener Stimme. Die Tränen stürzten der Mutter aus den Augen. »Aber Vater, Vater!« rief sie, »muß es denn so sein?« »Zum letzten Male!« erwiderte dieser, »zum letzten Male kommt er zu mir, ich verspreche es dir. Geh nur, geh mit den Kindern! Geht – geht zu Bette! Gute Nacht!«

Mir war es, als sei ich in schweren kalten Stein eingepreßt mein Atem stockte! Die Mutter ergriff mich beim Arm als ich unbeweglich stehen blieb: »Komm Nathanael, komme nur!« Ich ließ mich fortführen, ich trat in meine Kammer. »Sei ruhig, sei ruhig, lege dich ins Bette! schlafe – schlafe«, rief mir die Mutter nach; aber von unbeschreiblicher innerer Angst und Unruhe gequält, konnte ich kein Auge zutun. Der verhaßte abscheuliche Coppelius stand vor mir mit funkelnden Augen und lachte mich hämisch an, vergebens trachtete ich sein Bild los zu werden. Es mochte wohl schon Mitternacht sein, als ein entsetzlicher Schlag geschah, wie wenn ein Geschütz losgefeuert würde. Das ganze Haus erdröhnte, es rasselte und rauschte bei meiner Türe vorüber, die Haustüre wurde klirrend zugeworfen. »Das ist Coppelius!« rief ich entsetzt und sprang aus dem Bette. Da kreischte es auf in schneidendem trostlosen Jammer, fort stürzte ich nach des Vaters Zimmer, die Türe stand offen, erstickender Dampf quoll mir entgegen, das Dienstmädchen schrie: »Ach, der Herr! der Herr!« Vor dem dampfenden Herde auf dem Boden lag mein Vater tot mit schwarz verbranntem gräßlich verzerrtem Gesicht, um ihn herum heulten und winselten die Schwestern die Mutter ohnmächtig daneben! »Coppelius, verruchter Satan, du hast den Vater erschlagen!« So schrie ich auf, mir vergingen die Sinne. Als man zwei Tage darauf meinen Vater in den Sarg legte, waren seine Gesichtszüge wieder mild und sanft geworden, wie sie im Leben waren. Tröstend ging es in meiner Seele auf, daß sein Bund mit dem teuflischen Coppelius ihn nicht ins ewige Verderben gestürzt haben könne.

Die Explosion hatte die Nachbarn geweckt, der Vorfall wurde ruchbar und kam vor die Obrigkeit, welche den Coppelius zur Verantwortung vorfordern wollte. Der war aber spurlos vom Orte verschwunden.

Wenn ich Dir nun sage, mein herzlieber Freund! daß jener Wetterglashändler eben der verruchte Coppelius war, so wirst Du mir es nicht verargen, daß ich die feindliche Erscheinung als schweres Unheil bringend deute. Er war anders gekleidet, aber Coppelius' Figur und Gesichtszüge sind zu tief in mein Innerstes eingeprägt, als daß hier ein Irrtum möglich sein sollte. Zudem hat Coppelius nicht einmal seinen Namen geändert. Er gibt sich hier, wie ich höre, für einen piemontesischen Mechanikus aus, und nennt sich Giuseppe Coppola.

Ich bin entschlossen es mit ihm aufzunehmen und des Vaters Tod zu rächen, mag es denn nun gehen wie es will.

Der Mutter erzähle nichts von dem Erscheinen des gräßlichen Unholds Grüße meine liebe holde Clara, ich schreibe ihr in ruhigerer Gemütsstimmung. Lebe wohl etc. etc.

Clara an Nathanael

Wahr ist es, daß Du recht lange mir nicht geschrieben hast, aber dennoch glaube ich, daß Du mich in Sinn und Gedanken trägst. Denn meiner gedachtest Du wohl recht lebhaft, als Du Deinen letzten Brief an Bruder Lothar absenden wolltest und die Aufschrift, statt an ihn an mich richtetest. Freudig erbrach ich den Brief und wurde den Irrtum erst bei den Worten inne: »Ach mein herzlieber Lothar!« Nun hätte ich nicht weiter lesen, sondern den Brief dem Bruder geben sollen. Aber, hast Du mir auch sonst manchmal in kindischer Neckerei vorgeworfen, ich hätte solch ruhiges, weiblich besonnenes Gemüt, daß ich wie jene Frau, drohe das Haus den Einsturz, noch vor schneller Flucht ganz geschwinde einen falschen Kniff in der Fenstergardine glattstreichen würde, so darf ich doch wohl kaum versichern, daß Deines Briefes Anfang mich tief erschütterte. Ich konnte kaum atmen, es flimmerte mir vor den Augen. Ach, mein herzgeliebter Nathanael! was konnte so Entsetzliches in Dein Leben getreten sein! Trennung von Dir, Dich niemals wiedersehen, der Gedanke durchfuhr meine Brust wie ein glühender Dolchstich. Ich las und las! Deine Schilderung des widerwärtigen Coppelius ist gräßlich. Erst jetzt vernahm ich, wie Dein guter alter Vater solch entsetzlichen, gewaltsamen Todes starb. Bruder Lothar, dem ich sein Eigentum zustellte, suchte mich zu beruhigen, aber es gelang ihm schlecht. Der fatale Wetterglashändler Giuseppe Coppola verfolgte mich auf Schritt und Tritt und beinahe schäme ich mich, es zu gestehen, daß er selbst meinen gesunden, sonst so ruhigen Schlaf in allerlei wunderlichen Traumgebilden zerstören konnte. Doch bald, schon den andern Tag, hatte sich alles anders in mir gestaltet. Sei mir nur nicht böse, mein Inniggeliebter, wenn Lothar Dir etwa sagen möchte, daß ich trotz Deiner seltsamen Ahnung, Coppelius werde Dir etwas Böses antun, ganz heitern unbefangenen Sinnes bin, wie immer.

Geradeheraus will ich es Dir nur gestehen, daß, wie ich meine, alles Entsetzliche und Schreckliche, wovon Du sprichst, nur in Deinem Innern vorging, die wahre wirkliche Außenwelt aber daran wohl wenig teilhatte. Widerwärtig genug mag der alte Coppelius gewesen sein, aber daß er Kinder haßte, das brachte in Euch Kindern wahren Abscheu gegen ihn hervor.

Natürlich verknüpfte sich nun in Deinem kindischen Gemüt der schreckliche Sandmann aus dem Ammenmärchen mit dem alten Coppelius, der Dir, glaubtest Du auch nicht an den Sandmann, ein gespenstischer, Kindern vorzüglich gefährlicher, Unhold blieb. Das unheimliche Treiben mit Deinem Vater zur Nachtzeit war wohl nichts anders, als daß beide insgeheim alchymistische Versuche machten, womit die Mutter nicht zufrieden sein konnte, da gewiß viel Geld unnütz verschleudert und obendrein, wie es immer mit solchen Laboranten der Fall sein soll, des Vaters Gemüt ganz von dem trügerischen Drange nach hoher Weisheit erfüllt, der Familie abwendig gemacht wurde. Der Vater hat wohl gewiß durch eigne Unvorsichtigkeit seinen Tod herbeigeführt, und Coppelius ist nicht schuld daran: Glaubst Du, daß ich den erfahrnen Nachbar Apotheker gestern frug, ob wohl bei chemischen Versuchen eine solche augenblicklich tötende Explosion möglich sei? Der sagte: »Ei allerdings« und beschrieb mir nach seiner Art gar weitläufig und umständlich, wie das zugehen könne, und nannte dabei so viel sonderbar klingende Namen, die ich gar nicht zu behalten vermochte. Nun wirst Du wohl unwillig werden über Deine Clara, Du wirst sagen: »In dies kalte Gemüt dringt kein Strahl des Geheimnisvollen, das den Menschen oft mit unsichtbaren Armen umfaßt; sie erschaut nur die bunte Oberfläche der Welt und freut sich, wie das kindische Kind über die goldgleißende Frucht, in deren Innern tödliches Gift verborgen.«

Ach mein herzgeliebter Nathanael! glaubst Du denn nicht, daß auch in heitern unbefangenen sorglosen Gemütern die Ahnung wohnen könne von einer dunklen Macht, die feindlich uns in unserm eignen Selbst zu verderben strebt? Aber verzeih es mir, wenn ich einfältig Mädchen mich unterfange, auf irgend eine Weise Dir anzudeuten, was ich eigentlich von solchem Kampfe im Innern glaube. Ich finde wohl gar am Ende nicht die rechten Worte und Du lachst mich aus, nicht, weil ich was Dummes meine, sondern weil ich mich so ungeschickt anstelle, es zu sagen.

Gibt es eine dunkle Macht, die so recht feindlich und verräterisch einen Faden in unser Inneres legt, woran sie uns dann festpackt und fortzieht auf einem gefahrvollen verderblichen Wege, den wir sonst nicht betreten haben würden gibt es eine solche Macht, so muß sie in uns sich, wie wir selbst gestalten, ja unser Selbst werden; denn nur *so* glauben wir an sie und räumen ihr den Platz ein, dessen sie bedarf, um jenes geheime Werk zu vollbringen. Haben wir festen, durch das heitre Leben gestärkten, Sinn genug, um fremdes feindliches Einwirken als solches stets zu erkennen und den Weg, in den uns Neigung und Beruf geschoben, ruhigen Schrittes zu verfolgen, so geht wohl jene unheimliche Macht unter in dem vergeblichen Ringen nach der Gestaltung, die unser eignes Spiegelbild sein sollte. Es ist auch gewiß, fügt Lothar hinzu, daß die dunkle psychische Macht, haben wir uns durch uns selbst ihr hingegeben, oft fremde Gestalten, die die Außenwelt uns in den Weg wirft, in unser Inneres hineinzieht, so, daß wir selbst nur den Geist entzünden, der, wie wir in wunderlicher Täuschung glauben, aus jener Gestalt spricht. Es ist das Phantom unseres eigenen Ichs, dessen innige Verwandtschaft und dessen tiefe Einwirkung auf unser Gemüt uns in die Hölle wirft, oder in den Himmel verzückt. Du merkst, mein herzlieber Nathanael! daß wir, ich und Bruder Lothar uns recht über die Materie von dunklen Mächten und Gewalten ausgesprochen haben, die mir nun, nachdem ich nicht ohne Mühe das Hauptsächlichste aufgeschrieben, ordentlich tiefsinnig vorkommt. Lothars letzte Worte verstehe ich nicht ganz, ich ahne nur, was er meint, und doch ist es mir, als sei alles sehr wahr. Ich bitte Dich, schlage Dir den häßlichen Advokaten Coppelius und den Wetterglasmann Giuseppe Coppola ganz aus dem Sinn. Sei überzeugt, daß diese fremden Gestalten nichts über Dich vermögen; nur der Glaube an ihre feindliche Gewalt kann sie Dir in der Tat feindlich machen. Spräche nicht aus jeder Zeile Deines Briefes die tiefste Aufregung Deines Gemüts, schmerzte mich nicht Dein Zustand recht in innerster Seele, wahrhaftig, ich könnte über den Advokaten Sandmann und den Wetterglashändler Coppelius scherzen. Sei heiter – heiter! Ich habe mir vorgenommen, bei Dir zu erscheinen, wie Dein Schutzgeist, und den häßlichen Coppola, sollte er es sich etwa beikommen lassen, Dir im Traum beschwerlich zu fallen, mit lautem Lachen fortzubannen. Ganz und gar nicht fürchte ich mich vor ihm und vor seinen garstigen Fäusten, er soll mir weder als Advokat eine Näscherei, noch als Sandmann die Augen verderben.

Ewig, mein herzinnigstgeliebter Nathanael etc. etc. etc.

Nathanael an Lothar

Sehr unlieb ist es mir, daß Clara neulich den Brief an Dich aus, freilich durch meine Zerstreutheit veranlagtem, Irrtum erbrach und las. Sie hat mir einen sehr tiefsinnigen philosophischen Brief geschrieben, worin sie ausführlich beweiset, daß Coppelius und Coppola nur in meinem Innern existieren und Phantome meines Ichs sind, die augenblicklich zerstäuben, wenn ich sie als solche erkenne. In der Tat, man sollte gar nicht glauben, daß der Geist, der aus solch hellen holdlächelnden Kindesaugen, oft wie ein lieblicher süßer Traum, hervorleuchtet, so gar verständig, so magistermäßig distinguieren könne. Sie beruft sich auf Dich. Ihr habt über mich gesprochen. Du liesest ihr wohl logische Kollegia, damit sie alles fein sichten und sondern lerne. Laß das bleiben! Übrigens ist es wohl gewiß, daß der Wetterglashändler Giuseppe Coppola keinesweges der alte Advokat Coppelius ist. Ich höre bei dem erst neuerdings angekommenen Professor der Physik, der, wie jener berühmte Naturforscher, Spalanzani heißt und italienischer Abkunft ist, Kollegia. Der kennt den Coppola schon seit vielen Jahren und überdem hört man es auch seiner Aussprache an, daß er wirklich Piemonteser ist. Coppelius war ein Deutscher, aber wie mich dünkt, kein ehrlicher. Ganz beruhigt bin ich nicht. Haltet Ihr, Du und Clara, mich immerhin für einen düstern Träumer, aber nicht los kann ich den Eindruck werden, den Coppelius' verfluchtes Gesicht auf mich macht. Ich bin froh, daß er fort ist aus der Stadt, wie mir Spalanzani sagt. Dieser Professor ist ein wunderlicher Kauz. Ein kleiner rundlicher Mann, das Gesicht mit starken Backenknochen, feiner Nase, aufgeworfenen Lippen, kleinen stechenden Augen. Doch besser, als in jeder Beschreibung, siehst Du ihn, wenn Du den Cagliostro, wie er von Chodowiecki in irgend einem Berlinischen Taschenkalender steht, anschauest. So sieht Spalanzani aus. Neulich steige ich die Treppe herauf und nehme wahr, daß die sonst einer Glastüre dicht vorgezogene Gardine zur Seite einen kleinen Spalt läßt. Selbst weiß ich nicht, wie ich dazu kam, neugierig durchzublicken. Ein hohes, sehr schlank im reinsten Ebenmaß gewachsenes, herrlich gekleidetes Frauenzimmer saß im Zimmer vor einem kleinen Tisch, auf den sie beide Arme, die Hände zusammengefaltet, gelegt hatte. Sie saß der Türe gegenüber, so, daß ich ihr engelschönes Gesicht ganz erblickte. Sie schien mich nicht zu bemerken, und überhaupt hatten ihre Augen etwas Starres, beinahe möcht ich sagen, keine Sehkraft, es war mir so, als schliefe sie mit offnen Augen. Mir wurde ganz unheimlich und deshalb schlich ich leise fort ins Auditorium, das daneben gelegen. Nachher erfuhr ich, daß die Gestalt, die ich gesehen, Spalanzanis Tochter, Olimpia war, die er sonderbarer und schlechter Weise einsperrt, so, daß durchaus kein Mensch in ihre Nähe kommen darf. Am Ende hat es eine Bewandtnis mit ihr, sie ist vielleicht blödsinnig oder sonst. Weshalb schreibe ich Dir aber das alles? Besser und ausführlicher hätte ich Dir das mündlich erzählen können. Wisse nämlich, daß ich über vierzehn Tage bei Euch bin. Ich muß mein süßes liebes Engelsbild, meine Clara, wiedersehen. Weggehaucht wird dann die Verstimmung sein, die sich (ich muß das gestehen) nach dem fatalen verständigen Briefe meiner bemeistern wollte. Deshalb schreibe ich auch heute nicht an sie.

Tausend Grüße etc. etc. etc.

Seltsamer und wunderlicher kann nichts erfunden werden, als dasjenige ist, was sich mit meinem armen Freunde, dem jungen Studenten Nathanael, zugetragen, und was ich dir, günstiger Leser! zu erzählen unternommen. Hast du, Geneigtester! wohl jemals etwas erlebt, das deine Brust, Sinn und Gedanken ganz und gar erfüllte, alles andere daraus verdrängend? Es gärte und kochte in dir, zur siedenden Glut entzündet sprang das Blut durch die Adern und färbte höher deine Wangen. Dein Blick war so seltsam als wolle er Gestalten, keinem andern Auge sichtbar, im leeren Raum erfassen und die Rede zerfloß in dunkle Seufzer. Da frugen dich die Freunde: »Wie ist Ihnen, Verehrter? Was haben Sie, Teurer?« Und nun wolltest du das innere Gebilde mit allen glühenden Farben und Schatten und Lichtern aussprechen und mühtest dich ab, Worte zu finden, um nur anzufangen. Aber es war dir, als müßtest du nun gleich im ersten Wort alles Wunderbare, Herrliche, Entsetzliche, Lustige, Grauenhafte, das sich zugetragen, recht zusammengreifen, so daß es, wie ein elektrischer Schlag, alle treffe. Doch jedes Wort, alles was Rede vermag, schien dir farblos und frostig und tot. Du suchst und suchst, und stotterst und stammelst, und die nüchternen Fragen der Freunde schlagen, wie eisige Windeshauche, hinein in deine innere Glut, bis sie verlöschen will. Hattest du aber, wie ein kecker Maler, erst mit einigen verwegenen Strichen, den Umriß deines innern Bildes hingeworfen, so trugst du mit leichter Mühe immer glühender und glühender die Farben auf und das lebendige Gewühl mannigfacher Gestalten riß die Freunde fort und sie sahen, wie du, sich selbst mitten im Bilde, das aus deinem Gemüt hervorgegangen! Mich hat, wie ich es dir, geneigter Leser! gestehen muß, eigentlich niemand nach der Geschichte des jungen Nathanael gefragt; du weißt ja aber wohl, daß ich zu dem wunderlichen Geschlechte der Autoren gehöre, denen, tragen sie etwas so in sich, wie ich es vorhin beschrieben, so zumute wird, als frage jeder, der in ihre Nähe kommt und nebenher auch wohl noch die ganze Welt: »Was ist es denn? Erzählen Sie Liebster?« So trieb es mich denn gar gewaltig, von Nathanaels verhängnisvollem Leben zu dir zu sprechen. Das Wunderbare, Seltsame davon erfüllte meine ganze Seele, aber eben deshalb und weil ich dich, o mein Leser! gleich geneigt machen mußte, Wunderliches zu ertragen, welches nichts Geringes ist, quälte ich mich ab, Nathanaels Geschichte, bedeutend originell, ergreifend, anzufangen: »Es war einmal« der schönste Anfang jeder Erzählung, zu nüchtern! »In der kleinen Provinzialstadt S. lebte« etwas besser, wenigstens ausholend zum Klimax. Oder gleich medias in res: »Scher er sich zum Teufel, rief, Wut und Entsetzen im wilden Blick, der Student Nathanael, als der Wetterglashändler Giuseppe Coppola« Das hatte ich in der Tat schon aufgeschrieben, als ich in dem wilden Blick des Studenten Nathanael etwas Possierliches zu verspüren glaubte; die Geschichte ist aber gar nicht spaßhaft. Mir kam keine Rede in den Sinn, die nur im mindesten etwas von dem Farbenglanz des innern Bildes abzuspiegeln schien. Ich beschloß gar nicht anzufangen. Nimm, geneigter Leser! die drei Briefe, welche Freund Lothar mir gütigst mitteilte, für den Umriß des Gebildes, in das ich nun erzählend immer mehr und mehr Farbe hineinzutragen mich bemühen werde. Vielleicht gelingt es mir, manche Gestalt, wie ein guter Porträtmaler, so aufzufassen, daß du es ähnlich findest, ohne das Original zu kennen, ja daß es dir ist, als hättest du die Person recht oft schon mit leibhaftigen Augen gesehen. Vielleicht wirst du, o mein Leser! dann glauben, daß nichts wunderlicher und toller sei, als das wirkliche Leben und daß dieses der Dichter doch nur, wie in eines matt geschliffnen Spiegels dunklem Widerschein, auffassen könne.

Damit klarer werde, was gleich anfangs zu wissen nötig, ist jenen Briefen noch hinzuzufügen, daß bald darauf, als Nathanaels Vater gestorben, Clara und Lothar, Kinder eines weitläuftigen Verwandten, der ebenfalls gestorben und sie verwaist nachgelassen, von Nathanaels Mutter ins Haus genommen wurden. Clara und Nathanael faßten eine heftige Zuneigung zueinander, wogegen kein Mensch auf Erden etwas einzuwenden hatte; sie waren daher Verlobte, als Nathanael den Ort verließ um seine Studien in G. fortzusetzen. Da ist er nun in seinem letzten Brief und hört Kollegia bei dem berühmten Professor Physices, Spalanzani.

Nun könnte ich getrost in der Erzählung fortfahren; aber in dem Augenblick steht Claras Bild so lebendig mir vor Augen, daß ich nicht wegschauen kann, so wie es immer geschah, wenn sie mich holdlächelnd anblickte. Für schön konnte Clara keinesweges gelten; das meinten alle, die sich von Amtswegen auf Schönheit verstehen. Doch lobten die Architekten die reinen Verhältnisse ihres Wuchses, die Maler fanden Nacken, Schultern und Brust beinahe zu keusch geformt, verliebten sich dagegen sämtlich in das wunderbare Magdalenenhaar und faselten überhaupt viel von Battonischem Kolorit. Einer von ihnen, ein wirklicher Phantast, verglich aber höchstseltsamer Weise Claras Augen mit einem See von Ruisdael, in dem sich des wolkenlosen Himmels reines Azur, Wald- und Blumenflur, der reichen Landschaft ganzes buntes, heitres Leben spiegelt. Dichter und Meister gingen aber weiter und sprachen: »Was See was Spiegel! Können wir denn das Mädchen anschauen, ohne daß uns aus ihrem Blick wunderbare himmlische Gesänge und Klänge entgegenstrahlen, die in unser Innerstes dringen, daß da alles wach und rege wird? Singen wir selbst dann nichts wahrhaft Gescheutes, so ist überhaupt nicht viel an uns und das lesen wir denn auch deutlich in dem um Claras Lippen schwebenden feinen Lächeln, wenn wir uns unterfangen, ihr etwas vorzuquinkelieren, das so tun will als sei es Gesang, unerachtet nur einzelne Töne verworren durcheinander springen.« Es war dem so. Clara hatte die lebenskräftige Fantasie des heitern unbefangenen, kindischen Kindes, ein tiefes weiblich zartes Gemüt, einen gar hellen scharf sichtenden Verstand. Die Nebler und Schwebler hatten bei ihr böses Spiel; denn ohne zu viel zu reden, was überhaupt in Claras schweigsamer Natur nicht lag, sagte ihnen der helle Blick, und jenes feine ironische Lächeln: Lieben Freunde! wie möget ihr mir denn zumuten, daß ich eure verfließende Schattengebilde für wahre Gestalten ansehen soll, mit Leben und Regung? Clara wurde deshalb von vielen kalt, gefühllos, prosaisch gescholten; aber andere, die das Leben in klarer Tiefe aufgefaßt, liebten ungemein das gemütvolle, verständige, kindliche Mädchen, doch keiner so sehr, als Nathanael, der sich in Wissenschaft und Kunst kräftig und heiter bewegte. Clara hing an dem Geliebten mit ganzer Seele; die ersten Wolkenschatten zogen durch ihr Leben, als er sich von ihr trennte. Mit welchem Entzücken flog sie in seine Arme, als er nun, wie er im letzten Briefe an Lothar es verheißen, wirklich in seiner Vaterstadt ins Zimmer der Mutter eintrat. Es geschah so wie Nathanael geglaubt; denn in dem Augenblick, als er Clara wiedersah, dachte er weder an den Advokaten Coppelius, noch an Claras verständigen Brief, jede Verstimmung war verschwunden.

Recht hatte aber Nathanael doch, als er seinem Freunde Lothar schrieb, daß des widerwärtigen Wetterglashändlers Coppola Gestalt recht feindlich in sein Leben getreten sei. Alle fühlten das, da Nathanael gleich in den ersten Tagen in seinem ganzen Wesen durchaus verändert sich zeigte. Er versank in düstre Träumereien, und trieb es bald so seltsam, wie man es niemals von ihm gewohnt gewesen. Alles, das ganze Leben war ihm Traum und Ahnung geworden; immer sprach er davon, wie jeder Mensch, sich frei wähnend, nur dunklen Mächten zum grausamen Spiel diene, vergeblich lehne man sich dagegen auf, demütig müsse man sich dem fügen, was das Schicksal verhängt habe. Er ging so weit, zu behaupten, daß es töricht sei, wenn man glaube, in Kunst und Wissenschaft nach selbsttätiger Willkür zu schaffen; denn die Begeisterung, in der man nur zu schaffen fähig sei, komme nicht aus dem eignen Innern, sondern sei das Einwirken irgend eines außer uns selbst liegenden höheren Prinzips.

Der verständigen Clara war diese mystische Schwärmerei im höchsten Grade zuwider, doch schien es vergebens, sich auf Widerlegung einzulassen. Nur dann, wenn Nathanael bewies, daß Coppelius das böse Prinzip sei, was ihn in dem Augenblick erfaßt habe, als er hinter dem Vorhange lauschte, und daß dieser widerwärtige *Dämon* auf entsetzliche Weise ihr Liebesglück stören werde, da wurde Clara sehr ernst und sprach: »Ja Nathanael! du hast recht, Coppelius ist ein böses feindliches Prinzip, er kann Entsetzliches wirken, wie eine teuflische Macht, die sichtbarlich in das Leben trat, aber nur dann, wenn du ihn nicht aus Sinn und Gedanken verbannst. Solange du an ihn glaubst, *ist* er auch und wirkt, nur dein Glaube ist seine Macht.« Nathanael, ganz erzürnt, daß Clara die Existenz des *Dämons* nur in seinem eignen Innern statuiere, wollte dann hervorrücken mit der ganzen mystischen Lehre von Teufeln und grausen Mächten, Clara brach aber verdrüßlich ab, indem sie irgend etwas Gleichgültiges dazwischen schob, zu Nathanaels nicht geringem Ärger. *Der* dachte, kalten unempfänglichen Gemütern verschließen sich solche tiefe Geheimnisse, ohne sich deutlich bewußt zu sein, daß er Clara eben zu solchen untergeordneten Naturen zähle, weshalb er nicht abließ mit Versuchen, sie in jene Geheimnisse einzuweihen. Am frühen Morgen, wenn Clara das Frühstück bereiten half, stand er bei ihr und las ihr aus allerlei mystischen Büchern vor, daß Clara bat: »Aber lieber Nathanael, wenn ich *dich* nun das böse Prinzip schelten wollte, das feindlich auf meinen Kaffee wirkt? Denn, wenn ich, wie du es willst, alles stehen und liegen lassen und dir, indem du liesest, in die Augen schauen soll, so läuft mir der Kaffee ins Feuer und ihr bekommt alle kein Frühstück!« Nathanael klappte das Buch heftig zu und rannte voll Unmut fort in sein Zimmer. Sonst hatte er eine besondere Stärke in anmutigen, lebendigen Erzählungen, die er aufschrieb, und die Clara mit dem innigsten Vergnügen anhörte, jetzt waren seine Dichtungen düster, unverständlich, gestaltlos, so daß, wenn Clara schonend es auch nicht sagte, er doch wohl fühlte, wie wenig sie davon angesprochen wurde. Nichts war für Clara tötender, als das Langweilige; in Blick und Rede sprach sich dann ihre nicht zu besiegende geistige Schläfrigkeit aus. Nathanaels Dichtungen waren in der Tat sehr langweilig. Sein Verdruß über Claras kaltes prosaisches Gemüt stieg höher, Clara konnte ihren Unmut über Nathanaels dunkle, düstere, langweilige Mystik nicht überwinden, und so entfernten beide im Innern sich immer mehr voneinander, ohne es selbst zu bemerken. Die Gestalt des häßlichen Coppelius war, wie Nathanael selbst es sich gestehen mußte, in seiner Fantasie erbleicht und es kostete ihm oft Mühe, ihn in seinen Dichtungen, wo er als grauser Schicksalspopanz auftrat, recht lebendig zu kolorieren. Es kam ihm endlich ein, jene düstre Ahnung, daß Coppelius sein Liebesglück stören werde, zum Gegenstande eines Gedichts zu machen. Er stellte sich und Clara dar, in treuer Liebe verbunden, aber dann und wann war es, als griffe eine schwarze Faust in ihr Leben und risse irgend eine Freude heraus, die ihnen aufgegangen. Endlich, als sie schon am Traualtar stehen, erscheint der entsetzliche Coppelius und berührt Claras holde Augen; die springen in Nathanaels Brust wie blutige Funken sengend und brennend, Coppelius faßt ihn und wirft ihn in einen flammenden Feuerkreis, der sich dreht mit der Schnelligkeit des Sturmes und ihn sausend und brausend fortreißt. Es ist ein Tosen, als wenn der Orkan grimmig hineinpeitscht in die schäumenden Meereswellen, die sich wie schwarze, weißhauptige Riesen emporbäumen in wütendem Kampfe. Aber durch dies wilde Tosen hört er Claras Stimme: »Kannst du mich denn nicht erschauen? Coppelius hat dich getäuscht, das waren ja nicht meine Augen, die so in deiner Brust brannten, das waren ja glühende Tropfen deines eignen Herzbluts ich habe ja meine Augen, sieh mich doch nur an!« Nathanael denkt: Das ist Clara, und ich bin ihr eigen ewiglich. Da ist es, als faßt der Gedanke gewaltig in den Feuerkreis hinein, daß er stehen bleibt, und im schwarzen Abgrund verrauscht dumpf das Getöse. Nathanael blickt in Claras Augen; aber es ist der Tod, der mit Claras Augen ihn freundlich anschaut.

Während Nathanael dies dichtete, war er sehr ruhig und besonnen, er feilte und besserte an jeder Zeile und da er sich dem metrischen Zwange unterworfen, ruhte er nicht, bis alles rein und wohlklingend sich fügte. Als er jedoch nun endlich fertig worden, und das Gedicht für sich laut las, da faßte ihn Grausen und wildes Entsetzen und er schrie auf. »Wessen grauenvolle Stimme ist das?« Bald schien ihm jedoch das Ganze wieder nur eine sehr gelungene Dichtung, und es war ihm, als müsse Claras kaltes Gemüt dadurch entzündet werden, wiewohl er nicht deutlich dachte, wozu denn Clara entzündet, und wozu es denn nun eigentlich führen solle, sie mit den grauenvollen Bildern zu ängstigen, die ein entsetzliches, ihre Liebe zerstörendes Geschick weissagten. Sie, Nathanael und Clara, saßen in der Mutter kleinem Garten, Clara war sehr heiter, weil Nathanael sie seit drei Tagen, in denen er an jener Dichtung schrieb, nicht mit seinen Träumen und Ahnungen geplagt hatte. Auch Nathanael sprach lebhaft und froh von lustigen Dingen wie sonst, so, daß Clara sagte: »Nun erst habe ich dich ganz wieder, siehst du es wohl, wie wir den häßlichen Coppelius vertrieben haben?« Da fiel dem Nathanael erst ein, daß er ja die Dichtung in der Tasche trage, die er habe vorlesen wollen. Er zog auch sogleich die Blätter hervor und fing an zu lesen: Clara, etwas Langweiliges wie gewöhnlich vermutend und sich darein ergebend, fing an, ruhig zu stricken. Aber so wie immer schwärzer und schwärzer das düstre Gewölk aufstieg, ließ sie den Strickstrumpf sinken und blickte starr dem Nathanael ins Auge. Den riß seine Dichtung unaufhaltsam fort, hochrot färbte seine Wangen die innere Glut, Tränen quollen ihm aus den Augen. Endlich hatte er geschlossen, er stöhnte in tiefer Ermattung er faßte Claras Hand und seufzte wie aufgelöst in trostlosem Jammer: »Ach! – Clara – Clara!« Clara drückte ihn sanft an ihren Busen und sagte leise, aber sehr langsam und ernst: »Nathanael mein herzlieber Nathanael! wirf das tolle unsinnige wahnsinnige Märchen ins Feuer.« Da sprang Nathanael entrüstet auf und rief, Clara von sich stoßend: »Du lebloses, verdammtes Automat!« Er rannte fort, bittre Tränen vergoß die tief verletzte Clara: »Ach er hat mich niemals geliebt, denn er versteht mich nicht«, schluchzte sie laut. Lothar trat in die Laube; Clara mußte ihm erzählen was vorgefallen; er liebte seine Schwester mit ganzer Seele, jedes Wort ihrer Anklage fiel wie ein Funke in sein Inneres, so, daß der Unmut, den er wider den träumerischen Nathanael lange im Herzen getragen, sich entzündete zum wilden Zorn. Er lief zu Nathanael, er warf ihm das unsinnige Betragen gegen die geliebte Schwester in harten Worten vor, die der aufbrausende Nathanael ebenso erwiderte. Ein fantastischer, wahnsinniger Geck wurde mit einem miserablen, gemeinen Alltagsmenschen erwidert. Der Zweikampf war unvermeidlich. Sie beschlossen, sich am folgenden Morgen hinter dem Garten nach dortiger akademischer Sitte mit scharfgeschliffenen Stoßrapieren zu schlagen. Stumm und finster schlichen sie umher, Clara hatte den heftigen Streit gehört und gesehen, daß der Fechtmeister in der Dämmerung die Rapiere brachte. Sie ahnte was geschehen sollte. Auf dem Kampfplatz angekommen hatten Lothar und Nathanael soeben düsterschweigend die Röcke abgeworfen, blutdürstige Kampflust im brennenden Auge wollten sie gegeneinander ausfallen, als Clara durch die Gartentür herbeistürzte. Schluchzend rief sie laut: »Ihr wilden entsetzlichen Menschen! stoßt mich nur gleich nieder, ehe ihr euch anfallt; denn wie soll ich denn länger leben auf der Welt, wenn der Geliebte den Bruder, oder wenn der Bruder den Geliebten ermordet hat!« Lothar ließ die Waffe sinken und sah schweigend zur Erde nieder, aber in Nathanaels Innern ging in herzzerreißender Wehmut alle Liebe wieder auf, wie er sie jemals in der herrlichen Jugendzeit schönsten Tagen für die holde Clara empfunden. Das Mordgewehr entfiel seiner Hand, er stürzte zu Claras Füßen. »Kannst du mir denn jemals verzeihen, du meine einzige, meine herzgeliebte Clara! Kannst du mir verzeihen, mein herzlieber Bruder Lothar!« Lothar wurde gerührt von des Freundes tiefem Schmerz; unter tausend Tränen umarmten sich die drei versöhnten Menschen und schwuren, nicht voneinander zu lassen in steter Liebe und Treue.

Dem Nathanael war es zumute, als sei eine schwere Last, die ihn zu Boden gedrückt, von ihm abgewälzt, ja als habe er, Widerstand leistend der finstern Macht, die ihn befangen, sein ganzes Sein, dem Vernichtung drohte, gerettet. Noch drei selige Tage verlebte er bei den Lieben, dann kehrte er zurück nach G., wo er noch ein Jahr zu bleiben, dann aber auf immer nach seiner Vaterstadt zurückzukehren gedachte.

Der Mutter war alles, was sich auf Coppelius bezog, verschwiegen worden; denn man wußte, daß sie nicht ohne Entsetzen an ihn denken konnte, weil sie, wie Nathanael, ihm den Tod ihres Mannes schuld gab.

Wie erstaunte Nathanael, als er in seine Wohnung wollte und sah, daß das ganze Haus niedergebrannt war, so daß aus dem Schutthaufen nur die nackten Feuermauern hervorragten. Unerachtet das Feuer in dem Laboratorium des Apothekers, der im untern Stocke wohnte, ausgebrochen war, das Haus daher von unten herauf gebrannt hatte, so war es doch den kühnen, rüstigen Freunden gelungen, noch zu rechter Zeit in Nathanaels im obern Stock gelegenes Zimmer zu dringen, und Bücher, Manuskripte, Instrumente zu retten. Alles hatten sie unversehrt in ein anderes Haus getragen, und dort ein Zimmer in Beschlag genommen, welches Nathanael nun sogleich bezog. Nicht sonderlich achtete er darauf, daß er dem Professor Spalanzani gegenüber wohnte, und ebensowenig schien es ihm etwas Besonderes, als er bemerkte, daß er aus seinem Fenster gerade hinein in das Zimmer blickte, wo oft Olimpia einsam saß, so, daß er ihre Figur deutlich erkennen konnte, wiewohl die Züge des Gesichts undeutlich und verworren blieben. Wohl fiel es ihm endlich auf, daß Olimpia oft stundenlang in derselben Stellung, wie er sie einst durch die Glastüre entdeckte, ohne irgend eine Beschäftigung an einem kleinen Tische saß und daß sie offenbar unverwandten Blickes nach ihm herüberschaute; er mußte sich auch selbst gestehen, daß er nie einen schöneren Wuchs gesehen; indessen, Clara im Herzen, blieb ihm die steife, starre Olimpia höchst gleichgültig und nur zuweilen sah er flüchtig über sein Kompendium herüber nach der schönen Bildsäule, das war alles. Eben schrieb er an Clara, als es leise an die Türe klopfte; sie öffnete sich auf seinen Zuruf und Coppolas widerwärtiges Gesicht sah hinein. Nathanael fühlte sich im Innersten erbeben; eingedenk dessen, was ihm Spalanzani über den Landsmann Coppola gesagt und was er auch rücksichts des Sandmanns Coppelius der Geliebten so heilig versprochen, schämte er sich aber selbst seiner kindischen Gespensterfurcht, nahm sich mit aller Gewalt zusammen und sprach so sanft und gelassen, als möglich: »Ich kaufe kein Wetterglas, mein lieber Freund! gehen Sie nur!« Da trat aber Coppola vollends in die Stube und sprach mit heiserem Ton, indem sich das weite Maul zum häßlichen Lachen verzog und die kleinen Augen unter den grauen langen Wimpern stechend hervorfunkelten: »Ei, nix Wetterglas, nix Wetterglas! – hab auch sköne Oke – sköne Oke!« Entsetzt rief Nathanael: »Toller Mensch, wie kannst du Augen haben? – Augen – Augen?« Aber in dem Augenblick hatte Coppola seine Wettergläser beiseite gesetzt, griff in die weiten Rocktaschen und holte Lorgnetten und Brillen heraus, die er auf den Tisch legte. – »Nu – Nu – Brill – Brill auf der Nas su setze, das sein meine Oke – sköne Oke!« – Und damit holte er immer mehr und mehr Brillen heraus, so, daß es auf dem ganzen Tisch seltsam zu flimmern und zu funkeln begann. Tausend Augen blickten und zuckten krampfhaft und starrten auf zum Nathanael; aber er konnte nicht wegschauen von dem Tisch, und immer mehr Brillen legte Coppola hin, und immer wilder und wilder sprangen flammende Blicke durcheinander und schossen ihre blutrote Strahlen in Nathanaels Brust. Übermannt von tollem Entsetzen schrie er auf: »Halt ein! halt ein, fürchterlicher Mensch!« Er hatte Coppola, der eben in die Tasche griff, um noch mehr Brillen herauszubringen, unerachtet schon der ganze Tisch überdeckt war, beim Arm festgepackt. Coppola machte sich mit heiserem widrigen Lachen sanft los und mit den Worten: »Ah! nix für Sie aber hier sköne Glas« hatte er alle Brillen zusammengerafft, eingesteckt und aus der Seitentasche des Rocks eine Menge großer und kleiner Perspektive hervorgeholt. Sowie die Brillen fort waren, wurde Nathanael ganz ruhig und an Clara denkend sah er wohl ein, daß der entsetzliche Spuk nur aus seinem Innern hervorgegangen, sowie daß Coppola ein höchst ehrlicher Mechanikus und Optikus, keineswegs aber Coppelii verfluchter Doppeltgänger und Revenant sein könne. Zudem hatten alle Gläser, die Coppola nun auf den Tisch gelegt, gar nichts Besonderes, am wenigsten so etwas Gespenstisches wie die Brillen und, um alles wieder gutzumachen, beschloß Nathanael dem Coppola jetzt wirklich etwas abzukaufen. Er ergriff ein kleines sehr sauber gearbeitetes Taschenperspektiv und sah, um es zu prüfen, durch das Fenster. Noch im Leben war ihm kein Glas vorgekommen, das die Gegenstände so rein, scharf und deutlich dicht vor die Augen rückte. Unwillkürlich sah er hinein in Spalanzanis Zimmer; Olimpia saß, wie gewöhnlich, vor dem kleinen Tisch, die Arme darauf gelegt, die Hände gefaltet. Nun erschaute Nathanael erst Olimpias wunderschön geformtes Gesicht. Nur die Augen schienen ihm gar seltsam starr und tot. Doch wie er immer schärfer und schärfer durch das Glas hinschaute, war es, als gingen in Olimpias Augen feuchte Mondesstrahlen auf. Es schien, als wenn nun erst die Sehkraft entzündet würde; immer lebendiger und lebendiger flammten die Blicke. Nathanael lag wie festgezaubert im Fenster, immer fort und fort die himmlisch-schöne Olimpia betrachtend. Ein Räuspern und Scharren weckte ihn, wie aus tiefem Traum. Coppola stand hinter ihm: »Tre Zechini drei Dukat« Nathanael hatte den Optikus rein vergessen, rasch zahlte er das Verlangte. »Nick so? sköne Glas sköne Glas!« frug Coppola mit seiner widerwärtigen heisern Stimme und dem hämischen Lächeln. »Ja – ja, ja!« erwiderte Nathanael verdrießlich. »Adieu, lieber Freund!« Coppola verließ nicht ohne viele seltsame Seitenblicke auf Nathanael, das Zimmer. Er hörte ihn auf der Treppe laut lachen. »Nun ja«, meinte Nathanael, »er lacht mich aus, weil ich ihm das kleine Perspektiv gewiß viel zu teuer bezahlt habe zu teuer bezahlt!« Indem er diese Worte leise sprach, war es, als halle ein tiefer Todesseufzer grauenvoll durch das Zimmer, Nathanaels Atem stockte vor innerer Angst. Er hatte ja aber selbst so aufgeseufzt, das merkte er wohl. »Clara«, sprach er zu sich selber, »hat wohl recht, daß sie mich für einen abgeschmackten Geisterseher hält; aber närrisch ist es doch ach wohl mehr, als närrisch, daß mich der dumme Gedanke, ich hätte das Glas dem Coppola zu teuer bezahlt, noch jetzt so sonderbar ängstigt; den Grund davon sehe ich gar nicht ein.« Jetzt setzte er sich hin, um den Brief an Clara zu enden, aber ein Blick durchs Fenster überzeugte ihn, daß Olimpia noch dasäße und im Augenblick, wie von unwiderstehlicher Gewalt getrieben, sprang er auf, ergriff Coppolas Perspektiv und konnte nicht los von Olimpias verführerischem Anblick, bis ihn Freund und Bruder Siegmund abrief ins Kollegium bei dem Professor Spalanzani. Die Gardine vor dem verhängnisvollen Zimmer war dicht zugezogen, er konnte Olimpia ebensowenig hier, als die beiden folgenden Tage hindurch in ihrem Zimmer, entdecken, unerachtet er kaum das Fenster verließ und fortwährend durch Coppolas Perspektiv hinüberschaute. Am dritten Tage wurden sogar die Fenster verhängt. Ganz verzweifelt und getrieben von Sehnsucht und glühendem Verlangen lief er hinaus vors Tor. Olimpias Gestalt schwebte vor ihm her in den Lüften und trat aus dem Gebüsch, und guckte ihn an mit großen strahlenden Augen, aus dem hellen Bach. Claras Bild war ganz aus seinem Innern gewichen, er dachte nichts, als Olimpia und klagte ganz laut und weinerlich: »Ach du mein hoher herrlicher Liebesstern, bist du mir denn nur aufgegangen, um gleich wieder zu verschwinden, und mich zu lassen in finstrer hoffnungsloser Nacht?«

Als er zurückkehren wollte in seine Wohnung, wurde er in Spalanzanis Hause ein geräuschvolles Treiben gewahr. Die Türen standen offen, man trug allerlei Geräte hinein, die Fenster des ersten Stocks waren ausgehoben, geschäftige Mägde kehrten und stäubten mit großen Haarbesen hin- und herfahrend, inwendig klopften und hämmerten Tischler und Tapezierer. Nathanael blieb in vollem Erstaunen auf der Straße stehen; da trat Siegmund lachend zu ihm und sprach: »Nun, was sagst du zu unserem alten Spalanzani?« Nathanael versicherte, daß er gar nichts sagen könne, da er durchaus nichts vom Professor wisse, vielmehr mit großer Verwunderung wahrnehme, wie in dem stillen düstern Hause ein tolles Treiben und Wirtschaften losgegangen; da erfuhr er denn von Siegmund, daß Spalanzani morgen ein großes Fest geben wolle, Konzert und Ball, und daß die halbe Universität eingeladen sei. Allgemein verbreite man, daß Spalanzani seine Tochter Olimpia, die er so lange jedem menschlichen Auge recht ängstlich entzogen, zum erstenmal erscheinen lassen werde.

Nathanael fand eine Einladungskarte und ging mit hochklopfendem Herzen zur bestimmten Stunde, als schon die Wagen rollten und die Lichter in den geschmückten Sälen schimmerten, zum Professor. Die Gesellschaft war zahlreich und glänzend. Olimpia erschien sehr reich und geschmackvoll gekleidet. Man mußte ihr schöngeformtes Gesicht, ihren Wuchs bewundern. Der etwas seltsam eingebogene Rücken, die wespenartige Dünne des Leibes schien von zu starkem Einschnüren bewirkt zu sein. In Schritt und Stellung hatte sie etwas Abgemessenes und Steifes, das manchem unangenehm auffiel; man schrieb es dem Zwange zu, den ihr die Gesellschaft auflegte. Das Konzert begann. Olimpia spielte den Flügel mit großer Fertigkeit und trug ebenso eine Bravour-Arie mit heller, beinahe schneidender Glasglockenstimme vor. Nathanael war ganz entzückt; er stand in der hintersten Reihe und konnte im blendenden Kerzenlicht Olimpias Züge nicht ganz erkennen. Ganz unvermerkt nahm er deshalb Coppolas Glas hervor und schaute hin nach der schönen Olimpia. Ach! da wurde er gewahr, wie sie voll Sehnsucht nach ihm herübersah, wie jeder Ton erst deutlich aufging in dem Liebesblick, der zündend sein Inneres durchdrang. Die künstlichen Rouladen schienen dem Nathanael das Himmelsjauchzen des in Liebe verklärten Gemüts, und als nun endlich nach der Kadenz der lange Trillo recht schmetternd durch den Saal gellte, konnte er wie von glühenden Armen plötzlich erfaßt sich nicht mehr halten, er mußte vor Schmerz und Entzücken laut aufschreien: »Olimpia!« Alle sahen sich um nach ihm, manche lachten. Der Domorganist schnitt aber noch ein finsteres Gesicht, als vorher und sagte bloß: »Nun – nun!« – Das Konzert war zu Ende, der Ball fing an. »Mit ihr zu tanzen! – mit ihr!« – das war nun dem Nathanael das Ziel aller Wünsche, alles Strebens; aber wie sich erheben zu dem Mut, sie, die Königin des Festes, aufzufordern? Doch! er selbst wußte nicht wie es geschah, daß er, als schon der Tanz angefangen, dicht neben Olimpia stand, die noch nicht aufgefordert worden, und daß er, kaum vermögend einige Worte zu stammeln, ihre Hand ergriff. Eiskalt war Olimpias Hand, er fühlte sich durchbebt von grausigem Todesfrost, er starrte Olimpia ins Auge, das strahlte ihm voll Liebe und Sehnsucht entgegen und in dem Augenblick war es auch, als fingen an in der kalten Hand Pulse zu schlagen und des Lebensblutes Ströme zu glühen. Und auch in Nathanaels Innerm glühte höher auf die Liebeslust, er umschlang die schöne Olimpia und durchflog mit ihr die Reihen. Er glaubte sonst recht taktmäßig getanzt zu haben, aber an der ganz eignen rhythmischen Festigkeit, womit Olimpia tanzte und die ihn oft ordentlich aus der Haltung brachte, merkte er bald, wie sehr ihm der Takt gemangelt. Er wollte jedoch mit keinem andern Frauenzimmer mehr tanzen und hätte jeden, der sich Olimpia näherte, um sie aufzufordern, nur gleich ermorden mögen. Doch nur zweimal geschah dies, zu seinem Erstaunen blieb darauf Olimpia bei jedem Tanze sitzen und er ermangelte nicht, immer wieder sie aufzuziehen. Hätte Nathanael außer der schönen Olimpia noch etwas andres zu sehen vermocht, so wäre allerlei fataler Zank und Streit unvermeidlich gewesen; denn offenbar ging das halbleise, mühsam unterdrückte Gelächter, was sich in diesem und jenem Winkel unter den jungen Leuten erhob, auf die schöne Olimpia, die sie mit ganz kuriosen Blicken verfolgten, man konnte gar nicht wissen, warum? Durch den Tanz und durch den reichlich genossenen Wein erhitzt, hatte Nathanael alle ihm sonst eigne Scheu abgelegt. Er saß neben Olimpia, ihre Hand in der seinigen und sprach hochentflammt und begeistert von seiner Liebe in Worten, die keiner verstand, weder er, noch Olimpia. Doch diese vielleicht; denn sie sah ihm unverrückt ins Auge und seufzte einmal übers andere: »Ach – Ach – Ach!« worauf denn Nathanael also sprach: »O du herrliche, himmlische Frau! du Strahl aus dem verheißenen Jenseits der Liebe du tiefes Gemüt, in dem sich mein ganzes Sein spiegelt« und noch mehr dergleichen, aber Olimpia seufzte bloß immer wieder: »Ach, Ach!« Der Professor Spalanzani ging einigemal bei den Glücklichen vorüber und lächelte sie ganz seltsam zufrieden an. Dem Nathanael schien es, unerachtet er sich in einer ganz andern Welt befand, mit einemmal, als würd es hienieden beim Professor Spalanzani merklich finster; er schaute um sich und wurde zu seinem nicht geringen Schreck gewahr, daß eben die zwei letzten Lichter in dem leeren Saal herniederbrennen und ausgehen wollten. Längst hatten Musik und Tanz aufgehört. »Trennung, Trennung«, schrie er ganz wild und verzweifelt, er küßte Olimpias Hand, er neigte sich zu ihrem Munde, eiskalte Lippen begegneten seinen glühenden! So wie, als er Olimpias kalte Hand berührte, fühlte er sich von innerem Grausen erfaßt, die Legende von der toten Braut ging ihm plötzlich durch den Sinn; aber fest hatte ihn Olimpia an sich gedrückt, und in dem Kuß schienen die Lippen zum Leben zu erwärmen. Der Professor Spalanzani schritt langsam durch den leeren Saal, seine Schritte klangen hohl wieder und seine Figur, von flackernden Schlagschatten umspielt, hatte ein grauliches gespenstisches Ansehen. »Liebst du mich liebst du mich Olimpia? Nur dies Wort! Liebst du mich?« So flüsterte Nathanael, aber Olimpia seufzte, indem sie aufstand, nur: »Ach – Ach!« – »Ja du mein holder, herrlicher Liebesstern«, sprach Nathanael, »bist mir aufgegangen und wirst leuchten, wirst verklären mein Inneres immerdar!« »Ach, ach!« replizierte Olimpia fortschreitend. Nathanael folgte ihr, sie standen vor dem Professor. »Sie haben sich außerordentlich lebhaft mit meiner Tochter unterhalten«, sprach dieser lächelnd: »Nun, nun, lieber Herr Nathanael, finden Sie Geschmack daran, mit dem blöden Mädchen zu konvergieren, so sollen mir Ihre Besuche willkommen sein.« Einen ganzen hellen strahlenden Himmel in der Brust schied Nathanael von dannen. Spalanzanis Fest war der Gegenstand des Gesprächs in den folgenden Tagen. Unerachtet der Professor alles getan hatte, recht splendid zu erscheinen, so wußten doch die lustigen Köpfe von allerlei Unschicklichem und Sonderbarem zu erzählen, das sich begeben, und vorzüglich fiel man über die todstarre, stumme Olimpia her, der man, ihres schönen Äußern unerachtet, totalen Stumpfsinn andichten und darin die Ursache finden wollte, warum Spalanzani sie so lange verborgen gehalten. Nathanael vernahm das nicht ohne innern Grimm, indessen schwieg er; denn, dachte er, würde es wohl verlohnen, diesen Burschen zu beweisen, daß eben ihr eigner Stumpfsinn es ist, der sie Olimpias tiefes herrliches Gemüt zu erkennen hindert? »Tu mir den Gefallen, Bruder«, sprach eines Tages Siegmund, »tu mir den Gefallen und sage, wie es dir gescheuten Kerl möglich war, dich in das Wachsgesicht, in die Holzpuppe da drüben zu vergaffen?« Nathanael wollte zornig auffahren, doch schnell besann er sich und erwiderte: »Sage *du* mir Siegmund, wie deinem, sonst alles Schöne klar auffassenden Blick, deinem regen Sinn, Olimpias himmlischer Liebreiz entgehen konnte? Doch eben deshalb habe ich, Dank sei es dem Geschick, dich nicht zum Nebenbuhler; denn sonst müßte einer von uns blutend fallen.« Siegmund merkte wohl, wie es mit dem Freunde stand, lenkte geschickt ein, und fügte, nachdem er geäußert, daß in der Liebe niemals über den Gegenstand zu richten sei, hinzu: »Wunderlich ist es doch, daß viele von uns über Olimpia ziemlich gleich urteilen. Sie ist uns nimm es nicht übel, Bruder! auf seltsame Weise starr und seelenlos erschienen. Ihr Wuchs ist regelmäßig, so wie ihr Gesicht, das ist wahr! Sie könnte für schön gelten, wenn ihr Blick nicht so ganz ohne Lebensstrahl, ich möchte sagen, ohne Sehkraft wäre. Ihr Schritt ist sonderbar abgemessen, jede Bewegung scheint durch den Gang eines aufgezogenen Räderwerks bedingt. Ihr Spiel, ihr Singen hat den unangenehm richtigen geistlosen Takt der singenden Maschine und ebenso ist ihr Tanz. Uns ist diese Olimpia ganz unheimlich geworden, wir mochten nichts mit ihr zu schaffen haben, es war uns als tue sie nur so wie ein lebendiges Wesen und doch habe es mit ihr eine eigne Bewandtnis.« Nathanael gab sich dem bittern Gefühl, das ihn bei diesen Worten Siegmunds ergreifen wollte, durchaus nicht hin, er wurde Herr seines Unmuts und sagte bloß sehr ernst: »Wohl mag euch, ihr kalten prosaischen Menschen, Olimpia unheimlich sein. Nur dem poetischen Gemüt entfaltet sich das gleich organisierte! Nur *mir* ging ihr Liebesblick auf und durchstrahlte Sinn und Gedanken, nur in Olimpias Liebe finde ich mein Selbst wieder. Euch mag es nicht recht sein, daß sie nicht in platter Konversation faselt, wie die andern flachen Gemüter. Sie spricht wenig Worte, das ist wahr; aber diese wenigen Worte erscheinen als echte Hieroglyphe der innern Welt voll Liebe und hoher Erkenntnis des geistigen Lebens in der Anschauung des ewigen Jenseits. Doch für alles das habt ihr keinen Sinn und alles sind verlorne Worte.« »Behüte dich Gott, Herr Bruder«, sagte Siegmund sehr sanft, beinahe wehmütig, »aber mir scheint es, du seist auf bösem Wege. Auf mich kannst du rechnen, wenn alles Nein, ich mag nichts weiter sagen!« Dem Nathanael war es plötzlich, als meine der kalte prosaische Siegmund es sehr treu mit ihm, er schüttelte daher die ihm dargebotene Hand recht herzlich.

Nathanael hatte rein vergessen, daß es eine Clara in der Welt gebe, die er sonst geliebt; die Mutter Lothar alle waren aus seinem Gedächtnis entschwunden, er lebte nur für Olimpia, bei der er täglich stundenlang saß und von seiner Liebe, von zum Leben erglühter Sympathie, von psychischer Wahlverwandtschaft fantasierte, welches alles Olimpia mit großer Andacht anhörte. Aus dem tiefsten Grunde des Schreibpults holte Nathanael alles hervor, was er jemals geschrieben. Gedichte, Fantasien, Visionen, Romane, Erzählungen, das wurde täglich vermehrt mit allerlei ins Blaue fliegenden Sonetten, Stanzen, Kanzonen, und das alles las er der Olimpia stundenlang hintereinander vor, ohne zu ermüden. Aber auch noch nie hatte er eine solche herrliche Zuhörerin gehabt. Sie stickte und strickte nicht, sie sah nicht durchs Fenster, sie fütterte keinen Vogel, sie spielte mit keinem Schoßhündchen, mit keiner Lieblingskatze, sie drehte keine Papierschnitzchen, oder sonst etwas in der Hand, sie durfte kein Gähnen durch einen leisen erzwungenen Husten bezwingen kurz! stundenlang sah sie mit starrem Blick unverwandt dem Geliebten ins Auge, ohne sich zu rücken und zu bewegen und immer glühender, immer lebendiger wurde dieser Blick. Nur wenn Nathanael endlich aufstand und ihr die Hand, auch wohl den Mund küßte, sagte sie: »Ach, Ach!« dann aber: »Gute Nacht, mein Lieber!« »O du herrliches, du tiefes Gemüt«, rief Nathanael auf seiner Stube: »nur von dir, von dir allein werd ich ganz verstanden.« Er erbebte vor innerm Entzücken, wenn er bedachte, welch wunderbarer Zusammenklang sich in seinem und Olimpias Gemüt täglich mehr offenbare; denn es schien ihm, als habe Olimpia über seine

Werke, über seine Dichtergabe überhaupt recht tief aus seinem Innern gesprochen, ja als habe die Stimme aus seinem Innern selbst herausgetönt. Das mußte denn wohl auch sein; denn mehr Worte als vorhin erwähnt, sprach Olimpia niemals. Erinnerte sich aber auch Nathanael in hellen nüchternen Augenblicken, z.B. morgens gleich nach dem Erwachen, wirklich an Olimpias gänzliche Passivität und Wortkargheit, so sprach er doch: »Was sind Worte – Worte! – Der Blick ihres himmlischen Auges sagt mehr als jede Sprache hienieden. Vermag denn überhaupt ein Kind des Himmels sich einzuschichten in den engen Kreis, den ein klägliches irdisches Bedürfnis gezogen?« Professor Spalanzani schien hocherfreut über das Verhältnis seiner Tochter mit Nathanael; er gab diesem allerlei unzweideutige Zeichen seines Wohlwollens und als es Nathanael endlich wagte von ferne auf eine Verbindung mit Olimpia anzuspielen, lächelte dieser mit dem ganzen Gesicht und meinte: er werde seiner Tochter völlig freie Wahl lassen. Ermutigt durch diese Worte, brennendes Verlangen im Herzen, beschloß Nathanael, gleich am folgenden Tage Olimpia anzusehen, daß sie das unumwunden in deutlichen Worten ausspreche, was längst ihr holder Liebesblick ihm gesagt, daß sie sein eigen immerdar sein wolle. Er suchte nach dem Ringe, den ihm beim Abschiede die Mutter geschenkt, um ihn Olimpia als Symbol seiner Hingebung, seines mit ihr aufkeimenden, blühenden Lebens darzureichen. Claras, Lothars Briefe fielen ihm dabei in die Hände; gleichgültig warf er sie beiseite, fand den Ring, steckte ihn ein und rannte herüber zu Olimpia. Schon auf der Treppe, auf dem Flur, vernahm er ein wunderliches Getöse; es schien aus Spalanzanis Studierzimmer herauszuschallen. Ein Stampfen – ein Klirren – ein Stoßen – Schlagen gegen die Tür, dazwischen Flüche und Verwünschungen. Laß los – laß los – Infamer Verruchter! – Darum Leib und Leben daran gesetzt? – ha ha ha ha! – so haben wir nicht gewettet ich, ich hab die Augen gemacht – ich das Räderwerk – dummer Teufel mit deinem Räderwerk – verfluchter Hund von einfältigem Uhrmacher – fort mit dir Satan – halt Peipendreher – teuflische Bestie! – halt – fort – laß los! – Es waren Spalanzanis und des gräßlichen Coppelius Stimmen, die so durcheinander schwirrten und tobten. Hinein stürzte Nathanael von namenloser Angst ergriffen. Der Professor hatte eine weibliche Figur bei den Schultern gepackt, der Italiener Coppola bei den Füßen, die zerrten und zogen sie hin und her, streitend in voller Wut um den Besitz. Voll tiefen Entsetzens prallte Nathanael zurück, als er die Figur für Olimpia erkannte; aufflammend in wildem Zorn wollte er den Wütenden die Geliebte entreißen, aber in dem Augenblick wand Coppola sich mit Riesenkraft drehend die Figur dem Professor aus den Händen und versetzte ihm mit der Figur selbst einen fürchterlichen Schlag, daß er rücklings über den Tisch, auf dem Phiolen, Retorten, Flaschen, gläserne Zylinder standen, taumelte und hinstürzte; alles Gerät klirrte in tausend Scherben zusammen. Nun warf Coppola die Figur über die Schulter und rannte mit fürchterlich gellendem Gelächter rasch fort die Treppe herab, so daß die häßlich herunterhängenden Füße der Figur auf den Stufen hölzern klapperten und dröhnten. Erstarrt stand Nathanael nur zu deutlich hatte er gesehen, Olimpias toderbleichtes Wachsgesicht hatte keine Augen, statt ihrer schwarze Höhlen; sie war eine leblose Puppe. Spalanzani wälzte sich auf der Erde, Glasscherben hatten ihm Kopf, Brust und Arm zerschnitten, wie aus Springquellen strömte das Blut empor. Aber er raffte seine Kräfte zusammen. »Ihm nach ihm nach, was zauderst du? – Coppelius – Coppelius, mein bestes Automat hat er mir geraubt – Zwanzig Jahre daran gearbeitet – Leib und Leben daran gesetzt – das Räderwerk – Sprache – Gang – mein – die Augen – die Augen – dir gestohlen. Verdammter – Verfluchter – ihm nach hol mir Olimpia – da hast du die Augen!« Nun sah Nathanael, wie ein Paar blutige Augen auf dem Boden liegend ihn anstarrten, die ergriff Spalanzani mit der unverletzten Hand und warf sie nach ihm, daß sie seine Brust trafen. – Da packte ihn der Wahnsinn mit glühenden Krallen und fuhr in sein Inneres hinein Sinn und Gedanken zerreißend. »Hui – hui – hui! *Feuerkreis – Feuerkreis!* – dreh dich *Feuerkreis* – lustig – lustig! – Holzpüppchen hui – schön Holzpüppchen dreh dich« damit warf er sich auf den Professor und drückte ihm die Kehle zu. Er hätte ihn erwürgt, aber das Getöse hatte viele Menschen herbeigelockt, die drangen ein, rissen den wütenden Nathanael auf und retteten so den Professor, der gleich verbunden wurde. Siegmund, so stark er war, vermochte nicht den Rasenden zu bändigen; der schrie mit fürchterlicher Stimme immerfort: »Holzpüppchen dreh dich« und schlug um sich mit geballten Fäusten. Endlich gelang es der vereinten Kraft mehrerer, ihn zu überwältigen, indem sie ihn zu Boden warfen und banden. Seine Worte gingen unter in entsetzlichem tierischen Gebrüll. So in gräßlicher Raserei tobend wurde er nach dem Tollhause gebracht.

Ehe ich, günstiger Leser! dir zu erzählen fortfahre, was sich weiter mit dem unglücklichen Nathanael zugetragen, kann ich dir, solltest du einigen Anteil an dem geschickten Mechanikus und Automat-Fabrikanten Spalanzani nehmen, versichern, daß er von seinen Wunden völlig geheilt wurde. Er mußte indes die Universität verlassen, weil Nathanaels Geschichte Aufsehen erregt hatte und es allgemein für gänzlich unerlaubten Betrug gehalten wurde, vernünftigen Teezirkeln (Olimpia hatte sie mit Glück besucht) statt der lebendigen Person eine Holzpuppe einzuschwärzen. Juristen nannten es sogar einen feinen und um so härter zu bestrafenden Betrug, als er gegen das Publikum gerichtet und so schlau angelegt worden, daß kein Mensch (ganz kluge Studenten ausgenommen) es gemerkt habe, unerachtet jetzt alle weise tun und sich auf allerlei Tatsachen berufen wollten, die ihnen verdächtig vorgekommen. Diese letzteren brachten aber eigentlich nichts Gescheutes zutage. Denn konnte z.B. wohl irgend jemanden verdächtig vorgekommen sein, daß nach der Aussage eines eleganten Teeisten Olimpia gegen alle Sitte öfter genieset, als gegähnt hatte? Ersteres, meinte der Elegant, sei das Selbstaufziehen des verborgenen Triebwerks gewesen, merklich habe es dabei geknarrt usw. Der Professor der Poesie und Beredsamkeit nahm eine Prise, klappte die Dose zu, räusperte sich und sprach feierlich: »Hochzuverehrende Herren und Damen! merken Sie denn nicht, wo der Hase im Pfeffer liegt? Das Ganze ist eine Allegorie eine fortgeführte Metapher! Sie verstehen mich! Sapienti sat!« Aber viele hochzuverehrende Herren beruhigten sich nicht dabei; die Geschichte mit dem Automat hatte tief in ihrer Seele Wurzel gefaßt und es schlich sich in der Tat abscheuliches Mißtrauen gegen menschliche Figuren ein. Um nun ganz überzeugt zu werden, daß man keine Holzpuppe liebe, wurde von mehrern Liebhabern verlangt, daß die Geliebte etwas taktlos singe und tanze, daß sie beim Vorlesen sticke, stricke, mit dem Möpschen spiele usw. vor allen Dingen aber, daß sie nicht bloß höre, sondern auch manchmal in der Art spreche, daß dies Sprechen wirklich ein Denken und Empfinden voraussetze. Das Liebesbündnis vieler wurde fester und dabei anmutiger, andere dagegen gingen leise auseinander. »Man kann wahrhaftig nicht dafür stehen«, sagte dieser und jener. In den Tees wurde unglaublich gegähnt und niemals genieset, um jedem Verdacht zu begegnen. Spalanzani mußte, wie gesagt, fort, um der Kriminaluntersuchung wegen [des] der menschlichen Gesellschaft betrüglicherweise eingeschobenen Automats zu entgehen. Coppola war auch verschwunden.

Nathanael erwachte wie aus schwerem, fürchterlichem Traum, er schlug die Augen auf und fühlte wie ein unbeschreibliches Wonnegefühl mit sanfter himmlischer Wärme ihn durchströmte. Er lag in seinem Zimmer in des Vaters Hause auf dem Bette, Clara hatte sich über ihn hingebeugt und unfern standen die Mutter und Lothar. »Endlich, endlich, o mein herzlieber Nathanael nun bist du genesen von schwerer Krankheit nun bist du wieder mein!« So sprach Clara recht aus tiefer Seele und faßte den Nathanael in ihre Arme. Aber dem quollen vor lauter Wehmut und Entzücken die hellen glühenden Tränen aus den Augen und er stöhnte tief auf. »Meine – meine Clara!« – Siegmund, der getreulich ausgeharrt bei dem Freunde in großer Not, trat herein. Nathanael reichte ihm die Hand: »Du treuer Bruder hast mich doch nicht verlassen.« Jede Spur des Wahnsinns war verschwunden, bald erkräftigte sich Nathanael in der sorglichen Pflege der Mutter, der Geliebten, der Freunde. Das Glück war unterdessen in das Haus eingekehrt; denn ein alter karger Oheim, von dem niemand etwas gehofft, war gestorben und hatte der Mutter nebst einem nicht unbedeutenden Vermögen ein Gütchen in einer angenehmen

Gegend unfern der Stadt hinterlassen. Dort wollten sie hinziehen, die Mutter, Nathanael mit seiner Clara, die er nun zu heiraten gedachte, und Lothar. Nathanael war milder, kindlicher geworden, als er je gewesen und erkannte nun erst recht Claras himmlisch reines, herrliches Gemüt. Niemand erinnerte ihn auch nur durch den leisesten Anklang an die Vergangenheit. Nur, als Siegmund von ihm schied, sprach Nathanael: »Bei Gott Bruder! ich war auf schlimmen Wege, aber zu rechter Zeit leitete mich ein Engel auf den lichten Pfad! Ach es war ja Clara!« Siegmund ließ ihn nicht weiter reden, aus Besorgnis, tief verletzende Erinnerungen möchten ihm zu hell und flammend aufgehen. Es war an der Zeit, daß die vier glücklichen Menschen nach dem Gütchen ziehen wollten. Zur Mittagsstunde gingen sie durch die Straßen der Stadt. Sie hatten manches eingekauft, der hohe Ratsturm warf seinen Riesenschatten über den Markt. »Ei!« sagte Clara: »steigen wir doch noch einmal herauf und schauen in das ferne Gebirge hinein!« Gesagt, getan! Beide, Nathanael und Clara, stiegen herauf, die Mutter ging mit der Dienstmagd nach Hause, und Lothar, nicht geneigt, die vielen Stufen zu erklettern, wollte unten warten. Da standen die beiden Liebenden Arm in Arm auf der höchsten Galerie des Turmes und schauten hinein in die duftigen Waldungen, hinter denen das blaue Gebirge, wie eine Riesenstadt, sich erhob.

»Sieh doch den sonderbaren kleinen grauen Busch, der ordentlich auf uns los zu schreiten scheint«, frug Clara. Nathanael faßte mechanisch nach der Seitentasche; er fand Coppolas Perspektiv, er schaute seitwärts Clara stand vor dem Glase! Da zuckte es krampfhaft in seinen Pulsen und Adern totenbleich starrte er Clara an, aber bald glühten und sprühten Feuerströme durch die rollenden Augen, gräßlich brüllte er auf, wie ein gehetztes Tier; dann sprang er hoch in die Lüfte und grausig dazwischen lachend schrie er in schneidendem Ton: »Holzpüppchen dreh dich Holzpüppchen dreh dich« und mit gewaltiger Kraft faßte er Clara und wollte sie herabschleudern, aber Clara krallte sich in verzweifelnder Todesangst fest an das Geländer. Lothar hörte den Rasenden toben, er hörte Claras Angstgeschrei, gräßliche Ahnung durchflog ihn, er rannte herauf, die Tür der zweiten Treppe war verschlossen stärker hallte Claras Jammergeschrei. Unsinnig vor Wut und Angst stieß er gegen die Tür, die endlich aufsprang Matter und matter wurden nun Claras Laute: »Hülfe – rettet – rettet« – so erstarb die Stimme in den Lüften. »Sie ist hin – ermordet von dem Rasenden«, so schrie Lothar. Auch die Tür zur Galerie war zugeschlagen. Die Verzweiflung gab ihm Riesenkraft, er sprengte die Tür aus den Angeln. Gott im Himmel Clara schwebte von dem rasenden Nathanael erfaßt über der Galerie in den Lüften nur mit einer Hand hatte sie noch die Eisenstäbe umklammert. Rasch wie der Blitz erfaßte Lothar die Schwester, zog sie hinein, und schlug im demselben Augenblick mit geballter Faust dem Wütenden ins Gesicht, daß er zurückprallte und die Todesbeute fallen ließ.

Lothar rannte herab, die ohnmächtige Schwester in den Armen. – Sie war gerettet. – Nun raste Nathanael herum auf der Galerie und sprang hoch in die Lüfte und schrie »*Feuerkreis* dreh dich – *Feuerkreis* dreh dich« – Die Menschen liefen auf das wilde Geschrei zusammen; unter ihnen ragte riesengroß der Advokat Coppelius hervor, der eben in die Stadt gekommen und gerades Weges nach dem Markt geschritten war. Man wollte herauf, um sich des Rasenden zu bemächtigen, da lachte Coppelius sprechend: »Ha ha – wartet nur, der kommt schon herunter von selbst«, und schaute wie die übrigen hinauf. Nathanael blieb plötzlich wie erstarrt stehen, er bückte sich herab, wurde den Coppelius gewahr und mit dem gellenden Schrei: »Ha! Sköne Oke – Sköne Oke«, sprang er über das Geländer.

Als Nathanael mit zerschmettertem Kopf auf dem Steinpflaster lag, war Coppelius im Gewühl verschwunden.

*

Nach mehreren Jahren will man in einer entfernten Gegend Clara gesehen haben, wie sie mit einem freundlichen Mann, Hand in Hand vor der Türe eines schönen Landhauses saß und vor ihr zwei muntre Knaben spielten. Es wäre daraus zu schließen, daß Clara das ruhige häusliche Glück noch fand, das ihrem heitern lebenslustigen Sinn zusagte und das ihr der im Innern zerrissene Nathanael niemals hätte gewähren können.

Georg von der Gabelentz

Das weisse Tier

Ein Nachtstück

Wissen Sie, was es ist, wenn einen das Grausen packt? Es ist etwas ganz anderes als Angst. Man kann Angst haben bei einer Gefahr, vor drohenden Schmerzen, vor Krankheit oder vor dem Tode, doch ein Mann wird über solche Dinge hinwegkommen. In jener Nacht aber war es etwas tausendmal Schrecklicheres, vor dem ich gezittert habe, obgleich ich seine Nähe nur fühlte, nur ahnte. Da lernte ich, was es heißt, Grausen empfinden, feiges, nerventötendes Grausen.

Ich hatte mich als Arzt unweit der russischen Grenze niedergelassen. Mein Beruf führte mich bis in die einzelnen, abgelegenen Güter und Höfe der Umgegend, und ich unternahm oft stundenlange Ritte.

Als ich eines Tages von einem solchen nach meiner Wohnung zurückkehrte, traf ich vor dem Hause einen Reiter, er stieg aus dem Sattel und schritt auf meine Tür zu.

Ich rief ihn an, da zog er einen Brief aus der Brusttasche und überreichte ihn mir. Das Schreiben lautete:

>»Herr Doktor, folgen Sie sofort meinem Boten, der Sie zu mir führen wird. Ich bin verloren, wenn Sie nicht kommen. Sorgen Sie, bitte, daß niemand von dem Besuche erfährt.
>
> Ihr ergebener
>
> *Wilhelm Rosen.*«

Ich fragte den Boten, der die gelockerten Sattelgurte seines Pferdes schon wieder anzog, nach dem Befinden und dem Leiden seines Herrn. Er zuckte die Achseln und entgegnete:

»Ich weiß es nicht.«

Dabei verzog er seinen Mund zu einem Grinsen, zwinkerte mit den Augen und wies mit der Hand auf seine Stirn:

»Was ist Ihr Herr?«

»Ich weiß es nicht. Er bleibt sonst niemals am dritten Oktober zu Hause, denn er fürchtet sich, das weiße Tier könnte an dem Tage kommen.«

Damit wandte er sich um und saß auf, wenige Augenblicke später trabten wir nebeneinander davon.

Nach mehrstündigem Ritt bog mein Führer auf schmalem Wege in ein mir unbekanntes Waldtal ein, alte Föhren schlossen ihre Kronen über dem verwahrlosten Pfad zusammen und wölbten hohe Tore.

Bei Einbruch der Dämmerung standen wir vor einem einstöckigen Hause inmitten dieses Waldes, der Wohnung Rosens. Mein Begleiter nahm mir das Pferd ab, ich betrat das geräumige, einen Gutshof abschließende Gebäude. Im Flur, dessen Wände allerlei Beutestücke eines Jägers, Elchköpfe und Hirschgeweihe schmückten, erwartete mich ein älterer Diener und begleitete mich durch mehrere Zimmer nach dem Wohnraum des Besitzers. Dann zog er sich schweigend zurück.

Ein hagerer Herr erhob sich mühelos aus einem bequemen Stuhl, der neben einem auffallend großen Kamin stand, und reichte mir mit starkem Druck die Hand. Freudiges Lächeln glitt über seine nicht unschönen Züge. Er lud mich zum Sitzen ein und dankte mir für mein rasches Eintreffen. Dann sagte er:

»Ich fühlte mich vor einer Weile nicht ganz wohl, aber jetzt geht es mir schon besser.«

Nach diesen Worten ging er an die beiden Türen des Zimmers, von denen die eine nach dem Ende des Flurs führte, verschloß sie von innen und steckte die Schlüssel in die Tasche. Dann erst nahm er mir gegenüber Platz.

Ich sah meinen Patienten forschend an, er schien mir nicht leidend zu sein, seine Gestalt war trotz der sechzig Jahre, die ich ihm gab, hoch und kräftig, seine Bewegungen hatten nichts Krankes oder Schlaffes. Auch für geistig gestört konnte ich ihn nicht halten. Er sprach, ohne auf seinen Brief anzuspielen, in ruhigem Ton über die verschiedensten Dinge, über Politik und dergleichen. Seine Krankheit zu berühren, schien ihm peinlich zu sein, und so vermied zunächst auch ich es, danach zu fragen.

Mittlerweile war die Nacht gekommen. Der Wind hatte sich schlafen gelegt, nur manchmal regte er sich ganz leise mit einem seufzenden Ton in der Ferne der Wälder. Im Zimmer war es still, denn unsere Unterhaltung wurde, ich weiß nicht warum, wie auf gemeinsame Verabredung halblaut geführt, nur die alte Uhr auf dem Kamin tickte eintönig, mit dumpfem, metallenem Klang.

Rosen erhob sich, steckte alle Lichter und Lampen im Zimmer an und verteilte sie so, daß sie es bis in die entlegensten Ecken erhellten. Dann setzte er sich wieder zu mir.

Wir plauderten über die Freiheiten der Bauern und deren Nutzen oder Schaden für die Entwicklung des benachbarten russischen Staates, und mein Patient zeigte eine Sachkenntnis und einen Scharfblick, wie man sie bei einem wirklich geisteskranken Menschen sicher nicht gefunden hätte.

Da begann die Standuhr auf dem Kamin eine Stunde zu schlagen. Ich achtete nicht weiter darauf, folgte ich doch gerade den Ausführungen meines Gegenüber.

Rosen aber unterbrach sich mitten in seiner Rede, warf einen raschen Blick auf den Zeiger und zählte die Schläge der Glocke. Es waren acht. Da lehnte er sich in den Stuhl zurück und brummte vor sich hin:

»Erst acht Uhr. Es kommt noch nicht.«

Dann griff er den Faden der Unterhaltung wieder auf, wo er ihn fallen gelassen hatte, ohne sein Tun zu entschuldigen oder zu erklären. Meine Frage, ob er noch irgendeine Nachricht oder einen Besuch heute abend erwarte, schien er mit Absicht zu überhören, denn er fuhr fort, über Politik und soziale Verhältnisse zu sprechen.

Eine Stunde darauf wiederholte sich dasselbe Schauspiel. Als die Uhr zu schlagen begann, langsam und keuchend, als wolle ihr der Atem ausgehen, hielt Rosen in seiner Rede inne. Er ließ die brennende Zigarre aus der Hand in den Aschenbecher fallen, heftete den Blick auf das Zifferblatt und zählte die einzelnen neun Glockenschläge. Dann erhob er sich, ging noch einmal durch das Zimmer, versicherte sich von neuem, daß die Türen und Fenster fest verschlossen seien, und raunte, indem er wieder zu mir trat:

»Noch nicht. Wir müssen warten.«

Aus seinen Worten und seinem Tun sprach heimliche Angst. Er rückte seinen Stuhl näher an den meinen, doch noch immer gab er keine Erklärung seines Benehmens. Nun aber machte ich Miene, mich zurückzuziehen, denn ich war rechtschaffen müde geworden und hatte nicht Lust, mit diesem Manne die ganze Nacht zuzubringen, um alle Augenblicke Zeuge der Angewohnheiten eines Sonderlings zu sein und irgendein Ereignis abzuwarten, das ich nicht einmal ahnte, und das jener mir trotz meiner Andeutungen augenscheinlich auch nicht mitteilen wollte. Kaum aber hatte ich mich erhoben, als mich Rosen am Arm erfaßte und mit einer Kraft in den Stuhl zurückdrückte, die mich in Erstaunen setzte.

»Bleiben Sie, ich beschwöre Sie! Ich habe nur darum heute das Haus nicht verlassen, das mich in dieser Nacht sonst nie in seinen Mauern sieht, um einen Versuch zu machen. Ich bin nicht krank. Was ich Ihnen schrieb, ist nicht wahr. Ich wollte nur Ihres Kommens sicher sein. Sie erweisen mir damit einen Dienst, dessen Größe Sie jetzt nicht im entferntesten schätzen können. Mein Benehmen muß Ihnen sonderbar erscheinen. Ich sehe es Ihnen an, daß Sie an meinem ruhigen Verstand zweifeln. Aber ich bin mir leider nur zu klar über alles, ich bin nicht überspannt, nicht im geringsten. Ich will nur versuchen, ob Ihre Nähe, die Anwesenheit eines ganz nüchternen, unbeeinflußten Mannes jenes Entsetzliche vertreiben kann, vor dem ich mich fürchte, und das –«

Rosen schnellte vom Stuhl empor und griff nach einem jener haarscharfen, türkischen Säbel, Jatagan genannt, die eine gefährliche Waffe in der Faust eines Mannes bilden. Er hielt die Hand ans Ohr und lauschte. Ein Zittern ging durch seinen Körper. Auch ich stand unwillkürlich auf und horchte.

Ein unbestimmtes Geräusch, etwa wie das regellose Hin- und Herhuschen einer Ratte über Holzdielen, ließ sich vernehmen. Die Augen Rosens irrten suchend im Zimmer umher und blieben auf der Tür nach dem Flur haften, von dem die Laute zu kommen schienen.

»Hören Sie nicht?« flüsterte er und umklammerte mein Handgelenk.

Aber die leichten Schritte waren schon wieder verklungen.

Ich mußte den Erregten beruhigen.

»Ich höre nichts, absolut nichts,« log ich. »Ich glaube, Sie sind nur einem Irrtum unterworfen gewesen. Erklären Sie mir nur endlich, was Sie fürchten.«

Rosen setzte sich wieder und legte den Säbel dicht neben sich auf einen Tisch, auf dem allerlei Rauchgerätschaften standen. Er bot mir eine Zigarre an, und auch ich nahm von neuem Platz.

»Wie sonderbar,« sagte er. »Ich hätte darauf geschworen, daß ich es gehen hörte. Aber freilich, wenn Sie meinen. Und Sie haben nichts gehört? Sind Sie dessen sicher?«

»Gewiß,« erwiderte ich, »vollkommen. Sie können ruhig sein, es war nichts.«

Mein Wirt prüfte mit den Fingerspitzen die Schärfe des Stahles.

»Glauben Sie,« rief er plötzlich ganz unvermittelt und ließ die Klinge pfeifend durch die Luft schwirren, »glauben Sie, daß man damit einem Menschen die Hand abhauen kann?«

»Gewiß, mit Leichtigkeit.«

Rosen sah mit einem sonderbaren, harten Blick auf die blitzende Waffe und wog sie in der Hand.

»Ja, ja, mit einem Schlage, mit einem einzigen Schlage bringt man das fertig! Und ein kurzer Stoß ins Herz genügt auch, einen Menschen aus der Welt zu schaffen. Aber, ich glaube, es gibt Wesen, die sind auch damit nicht zu töten. Glauben Sie nicht?«

Rosens Augen ruhten gespannt auf meinen Lippen.

Ich hätte die Waffe lieber in der Hand eines andern gesehen als in der dieses aufgeregten Kranken.

»Ich? Ja, mein Gott, das kommt ganz darauf an, was Sie töten wollen. Aber ich sollte meinen –«

Ich wurde jäh unterbrochen.

»Still! Hören Sie das Tasten dort, dort am Fenster? Um Gottes willen, hören Sie das nicht, wie es ans Fenster greift?«

Mein Gegenüber war wieder von seinem Sitz emporgefahren. Sein Antlitz war blaß geworden, seine Augen hatten sich unnatürlich erweitert und starrten nach den dunklen Scheiben. Wirklich vernahm auch ich von Zeit zu Zeit einen leisen Ton, als klopfe jemand von außen an das Glas der Fenster, als taste etwas suchend an ihm herum.

»Ich meine, es muß wohl der Wind sein, der welke Blätter aus Ihrem Garten an die Scheiben wirbelt,« bemerkte ich endlich. »Oder es sind die äußersten Ästchen der Linde, die vor dem Hause steht, und die gegen das Glas reiben. Wer sollte sich auch sonst an Ihren Fenstern zu schaffen machen?«

In diesem Augenblick schlug die Uhr. Rosen zählte, ohne den Blick vom Fenster abzulenken. Es waren zehn Schläge. Da setzte er sich in seinen Stuhl zurück.

»Meinen Sie wirklich, die Äste der Linde? Nun, Sie mögen recht haben. Es war nur der Wind. Es ist ja auch erst zehn Uhr. Es kommt noch nicht. Aber man kann ja nicht wissen.«

Wir schwiegen lange Zeit. Mich beschlich in der Nähe des Kranken allmählich ein unbestimmtes Gefühl von dumpfer Furcht, das ich nicht mehr loswerden konnte, so sehr ich mir auch Mühe gab, dagegen anzukämpfen. Eine schwüle, fast unnatürliche Ruhe lag über dem Raume, die vielen Lampen und Kerzen erhitzten die Luft. Wohl erhellten sie jeden Winkel, es war nichts Ungewöhnliches zu sehen, und trotzdem fühlten wir beide, daß sich etwas in unserer Nähe vorbereitete. Wenn ich nur gewußt hätte, was ich erwartete, welches das Wesen sei, das seit einer Stunde von uns gefürchtet, lauernd um unser Zimmer schlich, das uns drinnen gefangen hielt. Keiner von uns hätte jetzt mehr gewagt, die Türen oder eines der Fenster zu öffnen. Wir wußten, dann sprang es herein.

Was hätte ich darum gegeben, wenn ich das Haus erst wieder verlassen gehabt hätte. Mehr und mehr fühlte ich mich selbst in Rosens merkwürdige Wahnideen verstrickt, von der Aufregung meines Patienten angesteckt, und doch war es nur eine Ratte, waren es nur trockene Blätter, Ästchen, ein verirrter Nachtvogel vielleicht, die jene sonderbaren Geräusche hervorgebracht hatten. Ich wollte mich zwingen, an eine natürliche Erklärung zu glauben. Aber was ich mir auch einreden mochte, ich hielt jetzt diese Ruhe, dieses unverständliche Warten nicht mehr länger aus. Mein Gegenüber blickte sich fortwährend um, immer die Hand am Säbel, bald nach der Tür, bald nach dem Fenster horchend.

Es war draußen totenstill geworden, der Wind hatte sich gelegt. Lautlos zuckten blaue und gelbe Flämmchen vom erlöschenden Feuer des Kamins. Sobald das glühende Holz einmal knackte, fuhren wir beide zusammen.

»Soll ich nicht nach Ihren Leuten klingeln?« fragte ich. Ich sehnte mich danach, andere Menschen um mich zu sehen.

»Um Gottes willen, nein! Nein! Die dürfen ja nichts wissen, ich kann es doch jenen da nicht erklären, nicht sagen! Bleiben Sie sitzen.«

»Dann sagen Sie mir aber endlich, was Sie eigentlich so fürchten, was Sie mit jedem Glockenschlag erwarten!«

Ich wußte, ich würde aus dem Munde dieses Kranken etwas ganz Unsinniges hören; aber alles, auch das Schrecklichste, war mir in diesem Augenblick lieber als diese Unsicherheit.

Da begann er hastig:

»Sie sollen mir helfen. Sie wissen aus okkultistischen Schriften sicher so viel, daß der Einfluß eines willensstarken Menschen, eines Skeptikers die unheilvolle Verbindung zwischen dem Medium und seinem Meister zu zerreißen vermag. Sie sind Arzt, Sie allein können dies tun, können mich von jenem erretten. Heute ist die Nacht wiedergekehrt, in der ich ihn erwarte. Heute will ich ihm mit Ihrer Hilfe entgegentreten, um ihn vollends zu vernichten. Ich wollte Ihnen nichts sagen, um Ihnen Ruhe und Unbefangenheit nicht zu nehmen, doch Sie zwingen mich zu sprechen, und ich sehe ja, auch Sie ahnen seine Nähe.«

»Ja, aber um des Himmels willen, wer ist denn jener Entsetzliche, der Sie so peinigt,« fragte ich. »Lebt er in Ihrer Umgebung?«

»Das kann ich Ihnen nicht beantworten er ist *tot*, lange tot.«

»Tot?« fragte ich. »Aber beim Teufel –«

»Ja, tot!« unterbrach mich Rosen. »Das weiß ich gewiß. Ein buckliger, kleiner, elender Schuft war's. Ich lebte damals in Genf. Ich verkehrte in einem spiritistischen Klub, da war er dabei, und er lief mir nach, er drängte sich an mich, verfolgte mich förmlich, zwang mich zu allem, was er wollte, wenn er mir mit der langen, weißen Hand über den Arm strich. Sie, wissen Sie, er hat mich zum Dieb gemacht! Sagte er mir: Sie werden morgen das und das tun, das und das für mich stehlen, dann tat ich's, dann stahl ich, ohne zu überlegen, machtlos. Umsonst versuchte ich gegen ihn anzukämpfen. Da floh ich eines Tages fort. Ich versteckte mich vor Bekannten, Freunden, vor aller Welt, um ihm und seinem Einfluß zu entgehen. Ich nahm sogar einen andern Namen an, kaufte dies einsame Gut mitten im Wald und verließ es nicht mehr, aus Angst, ich könnte ihm draußen irgendwo begegnen.

Und – ich bin ihm doch noch einmal begegnet.«

Er brach ab, sprang auf, blickte sich um, durchmaß das Zimmer, die Waffe in der Rechten, blieb plötzlich horchend stehen, legte das Ohr an die Tür, suchte mit funkelnden Augen unter jedem Möbel umher und flüchtete dann endlich wieder an meine Seite, indem er sich mit der Hand über die Stirn wischte.

Nun wurde mir noch unheimlicher in der Nähe des Mannes, der in seinen Wahngebilden die Rückkehr eines längst Verstorbenen fürchtete. Sagte ich mir auch, daß ich es mit einem Irrsinnigen zu tun hätte, so teilte ich doch merkwürdigerweise die Angst jenes Unglücklichen. Trotzdem zwang ich mich, in gleichgültigstem Ton zu bemerken:

»Ich werde Ihnen helfen. Erklären Sie mir nur, ob Sie sich wirklich vor dem Toten fürchten. Wollen Sie etwa an Spuk glauben?«

»Nicht ihn selbst fürchte ich, den Toten, nur seine Hand, seine fürchterliche Hand! Den Buckligen, den schwachen Zwerg brauche ich nicht mehr zu fürchten. Aber diese Hand! Schwören Sie mir zu schweigen?«

Ich nickte.

»So hören Sie. Ich bin der Welt gegenüber verloren, wenn Sie etwas sagen, die Leute würden mich dann für einen Verrückten oder einen Verbrecher halten. Aber es ist vielleicht alles gleich. Horchen Sie! Dort ist es schon wieder, das weiße Tier! Jetzt ist's im Kamin, ganz bestimmt im Kamin.

Bei diesen Worten stürzte sich Rosen an den Holzkorb und warf mit fieberhafter Hast ein Kiefernscheit nach dem andern in die von neuem auflodernde Glut. Ich hörte nichts anderes als das Knacken und Prasseln des frischen Holzes und das Zischen der Flammen. Die unheimliche Geschäftigkeit des Unglücklichen steckte an. Ich half ihm, und wir warfen den ganzen Inhalt des Korbes ins Feuer, so daß die Flammen hoch aufsprühten.

Jetzt hatte Rosen zum erstenmal selbst das weiße Tier erwähnt, von dem schon seine Diener gesprochen. Was mochte das sein? Wie kam es in den Vorstellungskreis seines kranken Hirnes, dies gespenstische Tier, dessen Name ihn erzittern machte, das sogar durch die Flammen zu ihm dringen wollte, und das er nun in einem Anfall sinnloser Wut zu verbrennen bemüht war.

Wieder horchten wir zusammen nach irgendwelchen Lauten, gespannt wie eine Schildwache, die in der Nacht das Heranschleichen eines Feindes erwartet. Bei Gott, hätten aus dem Kamin Schreie geklungen, Heulen, Winseln eines verbrennenden Tiers, ich hätte mich nicht gewundert.

»Wie das lodert! Wie das brennt!« frohlockte Rosen grimmig. »Ob es dem widerstehen kann?«

Er hatte vor dem Kamin gekniet, nun stand er auf. Mit hastig hervorgestoßenen Worten, immer wieder sich unterbrechend und um sich spähend, berichtete er kurz:

»Ich floh aus Genf, reiste hin und her, versteckte mich endlich hier. Mehrere Jahre vergingen, schon glaubte ich mich vom Buckligen befreit zu haben, kannte doch keiner meiner Freunde mein Versteck. Da eines Abends, es sind heute gerade siebzehn Jahre her, packt mich plötzlich eine seltsame Unruhe. Ich höre jemand kommen, die Tür öffnet sich, ich wende mich um, der Bucklige steht hinter mir. Allein, unangemeldet war er ins Zimmer gelangt. Ich ahnte vorher, daß er kommen würde, ich fühlte durch Stunden sein Nahen am magnetischen Einfluß. Seine Augen, sein triumphierendes Lachen verrieten mir, daß er mich abermals zu irgendeinem verbrecherischen Plan benutzen wollte. Darum streckte er auch wieder die Hand nach mir aus, mich von neuem in die Gewalt seines Willens zu bringen.

Da springe ich auf und flüchte hinter den Tisch und stoße diesen gegen den Eindringling. Ich konnte meine Leute nicht zu Hilfe rufen, sie waren alle zufällig an jenem Abend, es war Sonntag, zum Tanz in den Krug gegangen. Der Bucklige hatte es sicher so abgepaßt, um mich allein anzutreffen.

Das Scheusal sprang behend wie eine Katze hinter dem Tisch hervor und faßte mit seinen Affenfingern nach meinem Arm.

»Nehmen Sie sich in acht,« schrie er, »Sie sind mein, diesmal lasse ich Sie nicht wieder los!«

Da reiße ich die Waffe von der Wand und haue mit aller Kraft nach dieser Hand. Der Unhold fuhr mit einem Schrei zurück. Ich hatte, ohne es zu wollen, mit einem Hiebe die Hand vom Arm getrennt. Als ich das Blut sah, die vor Wut und Schmerz verzerrte abscheuliche Fratze, da warf ich mich in jäher Verzweiflung vollends auf ihn und stieß ihm, ehe er ausweichen konnte, den Stahl in den Leib. Dann riß ich den Buckligen empor, packte ihn und warf ihn mitten in die hoch auflodernden Flammen des Kamins. Rasch häufte ich alles Holz auf den Leichnam.

Ich kniete vor dem Feuer nieder und ruhte nicht eher, als bis der letzte Rest dieses fürchterlichen Menschen verbrannt war, der mich jahrelang gequält, der mich ruhelos umhergetrieben und nun zum Mörder gemacht hatte. Reue empfinde ich nicht über meine Tat. Ihm ist nur recht geschehen, er hatte sein Ende hundertfach verdient.

Als das Feuer niedergebrannt war, sammelte ich sorgfältig alle Knochenreste, um sie in einer Kiste zu bergen und zu vernichten. Ich fand sie alle, alle, es war eine schreckliche Arbeit. Nur die rechte Hand fehlte. Ich wandte mich um, suchte im Zimmer, sie war verschwunden. Ich mußte sie also auch ins Feuer geworfen haben und hatte das vielleicht in der Aufregung dieser Minuten vergessen. Noch einmal durchsuchte ich den ganzen Kamin, jedes Aschenhäufchen, nichts! Immer nichts! Da faßte ich mich an die Stirn und meinte wahnsinnig zu werden.«

Der Kranke beugte sich zu mir und starrte mir ins Auge.

»Sehen Sie, jene Hand, jene furchtbare Hand ist also nicht mit verbrannt. Sie ist heimlich, geräuschlos fortgekrochen, während ich am Kamin beschäftigt war. Sie ist flüchtend in irgendeine Ecke gerannt, vielleicht dort zu jenem Fenster hinausgeklettert, denn das Fenster stand offen. Ich habe alle Möbel von der Wand gerückt, zitternd unter jeden Schrank, jeden Stuhl geleuchtet. Ich bin wie ein Irrer noch einmal auf die schauderhafte Kiste losgestürzt, die die schwarzgebrannten Knochen enthielt. Ich habe sie einzeln herausgenommen, sie alle nebeneinander gelegt, bis das ganze Gerippe vor mir auf der Diele lag. Ich wischte mir hundertmal die Augen, immer fehlte die rechte Hand.

Dann die Asche des Kamins. Ich habe sie trotz der sengenden Hitze in kleinen Teilen durch meine Finger gleiten lassen, umsonst alles, umsonst. Die Hand fehlte.

Wie soll ich Ihnen schildern, was ich damals ausgestanden habe?

Niemand hatte den Buckligen bei mir eintreten sehen. Niemand hat sein Verschwinden bemerkt oder nach ihm geforscht. Dieser Mord blieb unentdeckt und ungesühnt.

Da erfand ich ein Märchen, um es meinen Leuten wahrscheinlich zu machen, daß ich einen Spuk fürchtete und seinetwegen nicht mehr in der Nacht der Tat hier im Hause bleiben wolle. Ein Wegziehen von hier ich habe wohl daran gedacht aber was hätte es mir geholfen? Ich hätte mich verdächtig gemacht, und jene Hand hätte mich doch zu finden gewußt. Meine Leute bangen vor dem weißen Tier, das keiner je gesehen hat. Auch ich, es ist lächerlich, ich habe es nicht gesehen, es ist eine Ausgeburt meiner Einbildungskraft, nicht wahr? Was soll es sonst sein, und doch fürchte ich, weiß ich, daß es einmal kommen wird. Mit Ihrer Hilfe will ich ihm heute entgegentreten, ich muß auch den letzten Rest jenes toten Unholds vernichten, der mir mein Leben zerstört hat.«

»Aber,« fragte ich, »wie können Sie an einer so unmöglichen Einbildung leiden? Nehmen wir an, es hat sich wirklich alles so begeben, wie Sie's erzählt haben, wie kann eine verschwundene Hand, die Hand eines Toten, Ihnen gefährlich werden?«

Ich gestehe, daß ich mich mit solchen Worten selbst beruhigen wollte. Rosen entgegnete rasch:

»Wie ich daran leiden kann? Haben Sie nicht selbst gefühlt, daß gerade diese Nacht etwas Besonderes hat? Es ist heute ganz anders, als es sonst in der Nacht zu sein pflegt, ganz anders. Oh, es gibt Nächte, in denen es hier draußen wunderbar schön und friedlich ist. Ich liebe diese Einsamkeit, diesen Wald, diese Wiesen. Aber heute, die Totenstille rings um das Haus, selbst den Bach hört man nicht plätschern wie sonst. Dieses Tappen und Tasten außen am Fenster, an den Türen, diese leisen Schrittchen vorhin. Dies Trippeln und Rascheln auf dem Gang. Sie glaubten, es seien Ratten. O nein, das ist das weiße Tier! Ich ahne, ja ich weiß, daß es heute wieder in der Nähe ist, daß es in dieser Nacht auf mich lauert, daß es ums Haus schleicht, daß es von irgend woher plötzlich auf mich zuspringen wird!«

Der Kranke sank im Stuhl zusammen, wie erdrückt von der Erinnerung an seine grausige Tat. Er sprach nicht mehr, stützte die beiden Hände auf den Säbel, den er vor sich hielt, und seine Augen suchten im Zimmer umher.

In der Stille glaubte ich das Klopfen unserer Herzen zu hören. Wir horchten und warteten. Ich wagte nicht, nach der glühenden Öffnung des Kamins zu blicken, in der Furcht, den toten Buckligen darin zu sehen.

Die Uhr schlug langsam elf Schläge. Rosen zählte sie einzeln nach.

»Elf Uhr. Hören Sie, es ist elf Uhr!« schrie er und sprang empor. »Wie damals elf Uhr! Jetzt muß es kommen!«

Der Unglückliche begann im Zimmer auf und ab zu rennen, den blitzenden Stahl in der geballten Faust schwingend und dabei von neuem angstvoll auf den Boden, unter die Möbel, in alle Ecken spähend.

Plötzlich blieb er mitten im Zimmer stehen, den Oberkörper weit vorgebeugt, wie ein Fechter, alle Muskeln am Körper gestrafft, den Blick fest auf die Tür gerichtet. Schweiß perlte in Tropfen auf seiner Stirn.

Auch ich war aufgesprungen. Der Wahnsinnige mit der geschwungenen Waffe flößte mir aber jetzt weniger Grauen ein als ein Geräusch, das immer deutlicher wurde und sich auf den Holzdielen des Hausflurs hören ließ. Man näherte sich der Tür. Aber das waren weder die ruhigen Schritte eines Menschen noch die eines Tieres, es schien mir das Kratzen von Fingernägeln zu sein.

Ich fühlte, wie es mich vom Kopf bis zu den Füßen kalt überlief. Umsonst sah ich mich nach einer Waffe um, obgleich ich wußte, daß sie mir nichts helfen würde. Im nächsten Augenblick mußte es hereinkommen, sich auf uns stürzen, dies gespenstische, weiße Tier. Ich rief laut, wiederholt schrie ich:

»Es ist nichts! Es ist bestimmt nichts, bleiben Sie um Gottes willen ruhig!«

Aber so sehr ich mir auch selbst immer wieder einreden wollte, daß es nichts anderes sei als der nächtliche Traum eines Fieberkranken, es wollte mir nicht gelingen.

»Es kommt!« keuchte Rosen.

Seine in sinnloser Furcht erweiterten Augen folgten einem unsichtbaren Wesen, das sich ihm auf der Diele kriechend nähern mußte, denn sie waren mit schauerlichem Entsetzen nach dem Boden gerichtet. Langsam hob er die bewaffnete Hand, hoch über seinem Haupt zum Hieb ausholend, seine Brust atmete schwer, seine grauen Haare sträubten sich.

Ich wußte, da war etwas. Hörte ich's doch über den Boden näherkommen, scharrende Fingernägel. Doch ich sah nichts, so sehr ich meine Blicke anstrengte. Aber ich fühlte, oh, ich fühlte es deutlich, daß wir beide nicht mehr allein im Zimmer waren. Diese Augenblicke vergesse ich nie mehr in Meinem Leben. Das Grausen schüttelte mich. Ich mußte mich am Tisch festhalten, mir versagte der Atem. Ich war nahe daran, umzusinken, meine Sinne waren angespannt gleich einer Bogensehne, die zu reißen droht.

Plötzlich fuhr die Waffe Rosens wie ein Blitz herab, aber schon im nächsten Augenblick stieß er einen gellenden, gräßlichen Schrei aus, taumelte rückwärts, als sei ihm etwas gegen die Brust gesprungen, und stürzte zu Boden. Seine Finger ließen den Säbel los, mit beiden Händen faßte er in die Luft nach irgend etwas, das auf seiner Brust zu hocken schien. Er zerrte und riß an einem unsichtbaren Gegner, sein Schreien ging rasch in Röcheln über.

Ich war nicht imstande, mich zu bewegen, meine Glieder waren wie mit Blei ausgegossen. Ich sah diesen fürchterlichen Kampf an, ohne retten oder auch nur helfen zu können.

Nach einigen Sekunden fielen Rosens Arme schlaff längs des Körpers herab. Bald war alles ruhig. Er bewegte sich nicht mehr. Da beugte ich mich über ihn. Seine Augen waren weit aus ihren Hohlen getreten und verglast, der Mund war geöffnet wie bei einem Erstickten.

Nun ermannte ich mich, mehr und mehr schwand das bedrückende Gefühl der Abhängigkeit von einer außer mir liegenden, stärkeren Kraft.

Ich rannte an die Klingel und stemmte mich mit aller Gewalt gegen die verschlossene Tür. Auch von außen half jemand. Sie sprang auf, der alte Diener stürzte herbei. Er half mir den Regungslosen aufheben und nach dem Bett tragen, auf das wir ihn niederlegten. Rosen war tot. Der untröstliche Diener versicherte immer wieder, daß sein Herr niemals krank gewesen sei, niemals über irgendwelche Schmerzen geklagt hätte.

Auch die anderen Dienstboten liefen zusammen. Ich erzählte ihnen, was sich zugetragen, sie standen gleich mir vor einem Rätsel. Wir öffneten alle Fenster, die dumpfe und heiße Luft des Zimmers weichen zu lassen. Die Leute sahen auf mich mit entsetzten Mienen. Sie behaupteten später, ich hätte im Gesicht schlohweiß ausgesehen wie eine Kalkwand.

Ich zog mich in ein Nebenzimmer zurück und verließ die jammernde und schwatzende Dienerschaft, mir noch einmal das Erlebnis in allen seinen Einzelheiten zu vergegenwärtigen und eine Erklärung zu finden. Noch niemals hatte ich einen ganz gesunden Menschen in so rätselhafter Weise enden sehen.

Es vergingen mehrere Stunden, der Tag war angebrochen, in den Räumen, die nachts einen so unheimlichen Eindruck gemacht, webte helles, freundliches Licht.

Da öffnete sich die Tür nach meinem Zimmer, der alte Diener rannte herein und stieß zitternd die Worte hervor:

»Ich bitte Sie, Herr Doktor, kommen Sie herüber! Sehen Sie, was geschehen ist.«

Ich folgte dem Alten nach Rosens Schlafgemach. Wir traten an das Bett.

Auf dem Halse des Unglücklichen zeigte sich deutlich die Gestalt einer großen, mageren, eng um die Kehle des Toten gekrallten Hand.

Gustav Meyrink

Die Pflanzen des Dr. Cinderella

Siehst du, dort die kleine schwarze Bronze zwischen den Leuchtern ist die Ursache aller meiner sonderbaren Erlebnisse in den letzten Jahren.

Wie Kettenglieder hängen diese gespenstischen Beunruhigungen, die mir die Lebenskraft aussaugen, zusammen, und verfolge ich die Kette zurück in die Vergangenheit, immer ist der Ausgangspunkt derselbe: Die Bronze.

Lüge ich mir auch andere Ursachen vor, immer wieder taucht sie auf wie der Meilenstein am Wege.

Und wohin dieser Weg führen mag, ob zum Licht der Erkenntnis, ob weiter zu immer wachsendem Entsetzen, ich will es nicht wissen und mich nur an die kurzen Rasttage klammern, die mir mein Verhängnis frei läßt bis zur nächsten Erschütterung.

In Theben habe ich sie aus dem Wüstensande gegraben, die Statuette, so ganz zufällig mit dem Stock, und von dem ersten Augenblick an, wo ich sie genauer betrachtete, war ich von der krankhaften Neugier befallen, zu ergründen, was sie denn eigentlich bedeute. Ich bin doch sonst nie so wissensdurstig gewesen!

Anfangs fragte ich alle möglichen Forscher, aber ohne Erfolg.

Nur ein alter arabischer Sammler schien zu ahnen, um was es sich handle.

»Die Nachbildung einer ägyptischen Hieroglyphe«, meinte er; und die sonderbare Armstellung der Figur müsse irgendeinen unbekannten ekstatischen Zustand bedeuten.

Ich nahm die Bronze mit nach Europa, und fast kein Abend verging, an dem ich mich nicht sinnend über ihre geheimnisvolle Bedeutung in die seltsamsten Gedankengänge verloren hätte.

Ein unheimliches Gefühl überkam mich oft dabei: ich grüble da an etwas Giftigem Bösartigem, das sich mit hämischem Behagen von mir aus dem Banne der Leblosigkeit losschälen lasse, um sich später wie eine unheilbare Krankheit an mir festzusaugen und der dunkle Tyrann meines Lebens zu bleiben. Und eines Tages bei einer ganz nebensächlichen Handlung schoß mir der Gedanke, der mir das Rätsel löste, mit solcher Wucht und so unerwartet durch den Kopf, daß ich zusammenfuhr.

Solch blitzartige Einfälle sind wie Meteorsteine in unserem Innenleben. Wir kennen nicht ihr Woher, wir sehen nur ihr Weißglühen und ihren Fall.

Fast ist es wie ein Furchtgefühl und dann ein leises so so, als sei jemand Fremder Was wollte ich doch nur sagen?! Verzeih, ich werde manchmal so seltsam geistesabwesend, seitdem ich mein linkes Bein gelähmt nachziehen muß; ja, also die Antwort auf mein Grübeln lag plötzlich nackt vor mir: *Nachahmen!*

Und als hätte dieses Wort eine Wand eingedrückt, so schossen die Sturzwellen der Erkenntnis in mir auf, daß *das* allein der Schlüssel ist zu allen Rätseln unseres Daseins.

Ein heimliches automatisches Nachahmen, ein unbewußtes, rastloses, der verborgene Lenker aller Wesen!!

Ein allmächtiger geheimnisvoller Lenker, ein Lotse mit einer Maske vor dem Gesicht, der schweigend bei Morgengrauen das Schiff des Lebens betritt. Der aus jenen Abgründen stammt, dahin unsere Seele wandern mag, wenn der Tiefschlaf die Tore des Tages verschlossen! Und vielleicht steht tief dort unten in den Schluchten des körperlosen Seins das Erzbild eines Dämons errichtet, der da will, daß wir ihm gleich seien und sein Ebenbild werden Und dieses Wort »nachahmen!« dieser kurze Zuruf von »irgendwoher« wurde mir ein Weg, den ich augenblicklich betrat. Ich stellte mich hin, hob beide Arme über den Kopf, so wie die Statue, und senkte die Finger, bis ich mit den Nägeln meinen Scheitel berührte.

Doch nichts geschah.

Keine Veränderung innen und außen.

Um keinen Fehler in der Stellung zu machen, sah ich die Figur genauer an und bemerkte, daß ihre Augen geschlossen und wie schlafend waren.

Da wußte ich genug, brach die Übung ab und wartete, bis es Nacht wurde. Stellte dann die tickenden Uhren ab und legte mich nieder, die Arm- und Handstellungen wiederholend.

Einige Minuten verstrichen so, aber ich kann nicht glauben, daß ich eingeschlafen wäre.

Plötzlich war mir, als käme ein hallendes Geräusch aus meinem Inneren empor, wie wenn ein großer Stein in die Tiefe rollt.

Und als ob mein Bewußtsein ihm nach eine ungeheure Treppe hinabfiele zwei, vier, acht, immer mehr und mehr Stufen überspringend, so verfiel ruckweise meine Erinnerung an das Leben, und das Gespenst des Scheintodes legte sich über mich.

Was dann eintrat, das werde ich nicht sagen, das sagt keiner.

Wohl lacht man darüber, daß die Ägypter und Chaldäer ein magisches Geheimnis gehabt haben sollen, behütet von Uräusschlangen, das unter Tausenden Eingeweihter auch nicht ein einziger je verraten hätte.

Es gibt keine Eide, meinen wir, die so fest binden!

Auch ich dachte einst so, in jenem Augenblick aber begriff ich alles.

Es ist kein Vorkommnis aus menschlicher Erfahrung, in dem die Wahrnehmungen *hinter*einander liegen, und kein Eid bindet die Zunge, nur der bloße Gedanke einer Andeutung dieser Dinge hier – hier im Diesseits und schon zielen die Vipern des Lebens nach deinem Herzen.

Darum wird das große Geheimnis verschwiegen, weil es sich selbst verschweigt, und wird ein Geheimnis bleiben, solange die Welt steht.

Aber all das hängt nur nebensächlich zusammen mit dem versengenden Schlag, von dem ich nie mehr gesunden kann. Auch das äußere Schicksal eines Menschen gerät in andere Bahnen, durchbricht sein Bewußtsein nur einen Augenblick die Schranken irdischer Erkenntnis.

Eine Tatsache, für die ich ein lebendes Beispiel bin.

Seit jener Nacht, in der ich aus meinem Körper trat, ich kann es kaum anders nennen, hat sich die Flugbahn meines Lebens geändert, und mein früher so gemächliches Dasein kreist jetzt von einem rätselhaften, grauenerregenden Erlebnis zum andern irgendeinem dunklen, unbekannten Ziele zu.

Es ist, als ob eine teuflische Hand mir in immer kürzer werdenden Pausen immer weniger Erholung zumißt und Schreckbilder in den Lebensweg schiebt, die von Fall zu Fall an Furchtbarkeit wachsen. Wie um eine neue, unbekannte Art Wahnsinn in mir zu erzeugen langsam und mit äußerster Vorsicht eine Wahnsinnsform, die kein Außenstehender merken und ahnen kann, und deren sich nur ein von ihr Befallener in namenloser Qual bewußt ist. In den nächsten Tagen schon nach jenem Versuch mit der Hieroglyphe traten Wahrnehmungen bei mir auf, die ich anfangs für Sinnestäuschungen hielt. Seltsam sausende oder schrillende Nebentöne hörte ich den Lärm des Alltags durchqueren, sah schimmernde Farben, die ich nie gekannt. Rätselhafte Wesen tauchten vor mir auf, ungehört und ungefühlt von den Menschen, und vollführten in schemenhaftem Dämmer unbegreifliche und planlose Handlungen. So konnten sie ihre Form ändern und plötzlich wie tot daliegen; glitschten dann wieder wie lange Schleimseile an den Regenrinnen herab oder hockten wie ermattet in blödsinniger Stumpfheit in dunklen Hausfluren.

Dieser Zustand von Überwachsein bei mir hält nicht an, er wächst und schwindet wie der Mond.

Der stetige Verfall jedoch des Interesses an der Menschheit, deren Wünschen und Hoffen nur noch wie aus weiter Ferne zu mir dringt, sagt mir, daß meine Seele beständig auf einer dunklen Reise ist fort, weit fort vom Menschentum. Anfangs ließ ich mich von den flüsternden Ahnungen *leiten*, die mich erfüllten, jetzt bin ich wie ein angeschirrtes Pferd und *muß* die Wege gehen, auf die es mich zwingt. Und siehst du, eines Nachts, da riß es mich wieder auf und trieb mich, planlos durch die stillen Gassen der Kleinseite zu gehen um des phantastischen Eindruckes willen, den die altertümlichen Häuser erzeugen.

Es ist unheimlich in diesem Stadtviertel wie nirgends auf der Welt.

Nie ist Helle und nie ganz Nacht.

Irgend ein matter, trüber Schein kommt von irgendwo, wie phosphoreszierender Dunst sickert es vom Hradschin auf die Dächer herab.

Man biegt in eine Gasse und sieht nur totes Dunkel, da sticht aus einer Fensterritze ein gespenstischer Lichtstrahl plötzlich wie eine lange boshafte Nadel einem in die Pupillen.

Aus dem Nebel taucht ein Haus, – mit abgebrochenen Schultern und zurückweichender Stirn und glotzt besinnungslos aus leeren Dachluken zum Nachthimmel auf wie ein verendetes Tier.

Daneben eines reckt sich, gierig mit glimmernden Fenstern auf den Grund des Brunnens da unten zu schielen, ob das Kind des Goldschmiedes noch drinnen, das vor hundert Jahren ertrank. Und geht man weiter über die buckligen Pflastersteine und sieht sich plötzlich um, da möchte man wetten, es habe einem ein schwammiges, fahles Gesicht aus der Ecke nachgestarrt, nicht in Schulterhöhe nein, ganz tief unten, wo nur große Hunde die Köpfe haben könnten.

Kein Mensch ging auf den Straßen.

Totenstille.

Die uralten Haustore bissen schweigend ihre Lippen zusammen. Ich bog in die Thunsche Gasse, wo das Palais der Gräfin Morzin steht.

Da kauerte im Dunst ein schmales Haus, nur zwei Fenster breit, ein hektisches, bösartiges Gemäuer; dort hielt es mich fest, und ich fühlte den gewissen überwachen Zustand kommen.

In solchen Fällen handle ich blitzschnell wie unter fremdem Willen und weiß kaum, was mir die nächste Sekunde befiehlt.

So drückte ich hier gegen die nur angelehnte Türe und schritt durch einen Gang eine Treppe in den Keller hinab, als ob ich in das Haus gehöre.

Unten ließ der unsichtbare Zügel, der mich führt wie ein unfreies Tier, wieder nach, und ich stand da in der Finsternis mit dem quälenden Bewußtsein einer Handlung vollbracht ohne Zweck.

Warum war ich hinuntergegangen, warum hatte ich nicht einmal den Gedanken gefaßt, solch sinnlosen Einfällen Einhalt zu gebieten?! Ich war krank, offenbar krank, und ich freute mich, daß nichts anderes, nicht die unheimliche rätselhafte Hand im Spiele war.

Doch im nächsten Moment wurde mir klar, daß ich die Türe geöffnet, das Haus betreten hatte, die Treppe hinabgestiegen war, ohne nur ein einziges Mal anzustoßen, ganz wie jemand, der Schritt und Tritt genau kennt, und meine Hoffnung war schnell zu Ende.

Allmählich gewöhnte sich mein Auge an die Finsternis, und ich blickte umher.

Dort auf einer Stufe der Kellertreppe saß jemand. Daß ich ihn nicht gestreift hatte im Vorbeigehen?!

Ich sah die zusammengekrümmte Gestalt ganz verschwommen im Dunkel.

Einen schwarzen Bart über einer entblößten Brust. Auch die Arme waren nackt.

Nur die Beine schienen in Hosen oder einem Tuch zu stecken.

Die Hände hatten etwas Schreckhaftes in ihrer Lage; sie waren so merkwürdig abgebogen, fast rechtwinklig zu den Gelenken.

Lange starrte ich den Mann an.

Er war so leichenhaft unbeweglich, daß mir war, als hätten sich seine Umrisse in den dunklen Hintergrund eingefressen, und als müßten sie so bleiben bis zum Verfall des Hauses.

Mir wurde kalt vor Grauen, und ich schlich den Gang weiter, seiner Krümmung entlang.

Einmal faßte ich nach der Mauer und griff dabei in ein splittriges Holzgitter, wie man es verwendet, um Schlingpflanzen zu ziehen. Es schienen auch solche in großer Menge daran zu wachsen, denn ich blieb fast hängen in einem Netz stengelartigen Geranks.

Das Unbegreifliche war nur, daß sich diese Pflanzen, oder was es sonst sein mochte, blutwarm und strotzend anfühlten und überhaupt einen ganz animalischen Eindruck auf den Tastsinn machten.

Ich griff noch einmal hinein, um erschreckt zurückzufahren: ich hatte diesmal einen kugeligen, nußgroßen Gegenstand berührt, der sich kalt anfühlte und sofort wegschnellte. War es ein Käfer?

In diesem Moment flackerte ein Licht irgendwo auf und erhellte eine Sekunde lang die Wand vor mir.

Was ich je an Furcht und Grauen empfunden, war nichts gegen diesen Augenblick.

Jede Fiber meines Körpers brüllte auf in unbeschreiblichem Entsetzen.

Ein stummer Schrei bei gelähmten Stimmbändern, der durch den ganzen Menschen fährt wie Eiseskälte.

Mit einem Rankennetz blutroter Adern, aus dem wie Beeren Hunderte von glotzenden Augen hervorquollen, war die Mauer bis zur Decke überzogen. Das eine, in das ich soeben gegriffen, schnellte noch in zuckender Bewegung hin und her und schielte mich bösartig an.

Ich fühlte, daß ich zusammenbrechen werde, und stürzte zwei, drei Schritte in die Finsternis hinein; eine Wolke von Gerüchen, die etwas Feistes, Humusartiges wie von Schwämmen und Ailanthus hatten, drang mir entgegen.

Meine Knie wankten, und ich schlug wild um mich. Da glomm es vor mir auf wie ein kleiner glühender Ring: der erlöschende Docht einer Öllampe, die im nächsten Augenblick noch einmal aufblakte.

Ich sprang darauf zu und schraubte den Docht mit bebenden Fingern hoch, so daß ich ein kleines rußendes Flämmchen noch retten konnte.

Dann mit einem Ruck drehte ich mich um, wie zum Schutz die Lampe vorstreckend.

Der Raum war leer.

Auf dem Tisch, auf dem Lampe gestanden, lag ein länglicher, blitzender Gegenstand.

Meine Hand fuhr danach wie nach einer Waffe.

Doch war es bloß ein leichtes, rauhes Ding, das ich faßte. Nichts rührte sich, und ich stöhnte erleichtert auf. Vorsichtig, die Flamme nicht zu verlöschen, leuchtete ich die Mauern entlang.

Überall dieselben Holzspaliere und, wie ich jetzt deutlich sah, durchrankt von offenbar zusammengestückelten Adern, in denen Blut pulsierte.

Grausig glitzerten dazwischen zahllose Augäpfel, die in Abwechslung mit scheußlichen, brombeerartigen Knollen hervorsproßten und mir langsam mit den Blicken folgten, wie ich vorbeiging. Augen aller Größe und Farben. Von der klarschimmernden Iris bis zum hellblauen toten Pferdeauge, das unbeweglich aufwärts steht. Manche, runzelig und schwarz geworden, glichen verdorbenen Tollkirschen. Die Hauptstämme der Adern rankten sich aus blutgefüllten Phiolen empor, aus ihnen kraft eines unbekannten Prozesses ihren Saft ziehend.

Ich stieß auf Schalen gefüllt mit weißlichen Fettbrocken, aus denen Fliegenpilze, mit einer glasigen Haut überzogen, emporwuchsen. – Pilze aus rotem Fleisch, die bei jeder Berührung zusammenzuckten.

Und alles schienen Teile, aus lebenden Körpern entnommen, mit unbegreiflicher Kunst zusammengefügt, ihrer menschlichen Beseelung beraubt, und auf rein vegetatives Wachstum heruntergedrückt.

Daß Leben in ihnen war, erkannte ich deutlich, wenn ich die Augen näher beleuchtete und sah, wie sich sofort die Pupillen zusammenzogen. Wer mochte der teuflische Gärtner sein, der diese grauenhafte Zucht angelegt!

Ich erinnerte mich des Menschen auf der Kellerstiege.

Instinktiv griff ich in die Tasche nach irgendeiner Waffe, da fühlte ich den riesigen Gegenstand, den ich vorhin eingesteckt. Er glitzerte trüb und schuppig, ein Tannenzapfen aus rosigen Menschennägeln!

Schaudernd ließ ich ihn fallen und biß die Zähne zusammen: nur hinaus, hinaus, und wenn der Mensch auf der Treppe aufwachen und über mich herfallen sollte!

Und schon war ich bei ihm und wollte mich auf ihn stürzen, da sah ich, daß er tot war, wachsgelb.

Aus den verrenkten Händen die Nägel ausgerissen. Kleine Messerschnitte an Brust und Schläfen zeigten, daß er seziert worden war.

Ich wollte an ihm vorbei und habe ihn, glaube ich, mit der Hand gestreift. – Im selben Augenblick schien er zwei Stufen herunter auf mich zuzurutschen, stand plötzlich aufrecht da, die Arme nach oben gebogen, die Hände zum Scheitel.

Wie die ägyptische Hieroglyphe, dieselbe Stellung dieselbe Stellung!

Ich weiß nur noch, daß die Lampe zerschellte, daß ich die Haustür aufwarf und fühlte, wie der Dämon des Starrkrampfes mein zuckendes Herz zwischen seine kalten Finger nahm.

Dann machte ich mir hellwach irgend etwas klar – – der Mann müsse mit den Ellenbogen an Stricken aufgehängt gewesen sein, nur durch

Herabrutschen von den Stufen hatte sein Körper in die aufrechte Stellung geraten können und dann – dann rüttelte mich jemand: »Sie sollen zum Herrn Kommissär.«

Und ich kam in eine schlecht beleuchtete Stube, Tabakspfeifen lehnten an der Wand, ein Beamtenmantel hing an einem Ständer. Es war ein Polizeizimmer.

Ein Schutzmann stützte mich.

Der Kommissär saß vor einem Tisch und sah immer von mir weg er murmelte: »Haben Sie sein Nationale aufgeschrieben?«

»Er hatte Visitenkarten bei sich, wir haben sie ihm abgenommen«, hörte ich den Schutzmann antworten.

»Was wollten Sie in der Thunschen Gasse vor einem offenen Haustor?«

Lange Pause.

»Sie!« mahnte der Schutzmann und stieß mich an.

Ich lallte etwas von einem Mord im Keller in der Thunschen Gasse. – –

Darauf ging der Wachmann hinaus.

Der Kommissär sah immer von mir weg und sprach einen langen Satz.

Ich hörte nur: »Was denken Sie denn, der Doktor Cinderella ist ein großer Gelehrter Ägyptologe und er zieht viel neuartige, fleischfressende Pflanzen, Nepenthen, Droserien oder so, glaube ich, ich weiß nicht, Sie sollten nachts zu Hause bleiben.«

Da ging eine Tür hinter mir, ich drehte mich um, und dort stand ein langer Mensch mit einem Reiherschnabel ein ägyptischer Anubis.

Mir wurde schwarz vor den Augen, und der Anubis machte eine Verbeugung vor dem Kommissär, ging zu ihm hin und flüsterte mir zu: »Doktor Cinderella.«

Doktor Cinderella!

Und da fiel mir etwas Wichtiges aus der Vergangenheit ein, – das ich sogleich wieder vergaß.

Wie ich den Anubis abermals ansah, war er ein Schreiber geworden und hatte nur einen Vogeltypus und gab mir meine eigenen Visitenkarten, darauf stand: Doktor Cinderella.

Der Kommissar sah mich plötzlich an, und ich hörte, wie er sagte: »Sie sind es ja selbst. Sie sollten nachts zu Hause bleiben.«

Und der Schreiber führte mich hinaus, und im Vorbeigehen streifte ich den Beamtenmantel an der Wand.

Der fiel langsam herunter und blieb mit den Ärmeln hängen.

Sein Schatten an der kalkweißen Mauer hob die Arme nach oben über den Kopf, und ich sah, wie er unbeholfen die Stellung der ägyptischen Statuette nachahmen wollte.

Siehst du, das war mein letztes Erlebnis vor drei Wochen. Ich aber bin seitdem gelähmt: habe zwei verschiedene Gesichtshälften jetzt und schleppe das linke Bein nach.

Das schmale hektische Haus habe ich vergeblich gesucht, und auf dem Kommissariat weiß niemand etwas von jener Nacht.

Heinrich Zschokke

Die Nacht in Brczwezmcisl

1
Fahrt nach Brczwezmcisl

Ich zweifle gar nicht, das Jahr 1796 mag wohl manche schreckliche Nacht gehabt haben, zumal die Italiener und Deutschen. Es war das erste Siegesjahr Napoléon Bonapartes und die Zeit von Moreaus Rückzug. Damals hatte ich in meiner Vaterstadt auf der Universität die akademischen Studien beendigt; war Doktor beider Rechte, und hätte mich wohl unterstanden, den Prozeß sämtlicher europäischer Kaiser und Könige mit der damaligen französischen Republik zu schlichten, wenn man mich nur zum Schiedsrichter verlangt hätte.

Ich war indessen bloß zum Justizkommissar einer kleinen Stadt des neuen Ostpreußens ausersehen. Viel Ehre für mich. Mit dem einen Fuß schon im Amte, mit dem andern fast noch im akademischen Hörsaale, heißt seltenes Glück. Das dankte ich der Eroberung oder Schöpfung eines neuen Ostpreußens und dem Falle Kosciuszkos. Man macht es zwar dem hochseligen Könige wir andere Christen sterben nur schlechtweg selig, und die Bettler vermutlich nur tiefselig; man sagt, im Tode sind wir einander alle gleich, ich beweise im Vorbeigehen das Gegenteil! also man macht ihm zwar zum Vorwurf, an einer schreienden Ungerechtigkeit teilgenommen zu haben, da er ein selbständiges Volk verschlingen half; aber ohne diese kleine Ungerechtigkeit, ich möchte sie gar nicht schreiend nennen, wären tausend preußische Musensöhne ohne Anstellung geblieben. In der Natur wird eines Tod das Leben des andern; der Hering ist für den Magen des Walfisches, und das gesamte Tier- und Pflanzenreich, auch das Steinreich, wenn es nicht zuweilen unverdaulich wäre, für den Magen des Menschen da. Übrigens läßt sich sehr gut beweisen, daß ein Mädchen, welches seine Ehre, und ein Volk, welches seine Selbständigkeit überlebt, an ihrem eigenen Unglücke schuld sind. Denn wer sterben kann, ist unbezwingbar, und eben der Tod ist der feste Stützpunkt eines großen, ruhmreichen Lebens.

Meine Mutter gab mir ihren besten Segen, nebst Wäsche und Reisegeld; und so reiste ich meiner glänzenden Bestimmung nach Neu-Ostpreußen entgegen, von dem die heutigen Geographen nichts mehr wissen, ungeachtet es doch kein Zauber- und Feenland war, das auf den Wink eines Oberon entsteht und verschwindet. Ich will meine Leser mit keiner langen Reisebeschreibung ermüden. Flaches Land, flache Menschen, schlechte Postwagen, grobe Postbeamte, elende Straßen, elender Verkehr, und nebenbei jedermann auf seinen Misthaufen stolz, wie ein Perser-Schah auf seinen Thron. Es ist einer der vortrefflichsten Gedanken der Natur, daß sie jedem ihrer Wesen ein eigenes Element anwies, worin es sich mit Behaglichkeit bewegen kann. Der Fisch verschmachtet in der Luft, der polnische Jude in einem prunkvollen Damengemache.

Also kurz und gut, ich kam eines Abends vor Sonnenuntergang nach, ich glaube, es hieß Brczwezmcisl, einem freundlichen Städtchen; freundlich, obgleich die Häuser rußig, schwarz, die Straßen ungepflastert, kotig, die Menschen nicht säuberlich waren. Aber ein Kohlenbrenner kann in seiner Art so freundlich aussehen, wie eine Operntänzerin, deren Fußtriller von Kennern beklatscht werden.

Ich hatte mir das Brczwezmcisl, meinen Berufsort, viel schrecklicher vorgestellt; vermutlich fand ich's gerade deswegen freundlicher. Der Name des Orts, als ich ihn zum ersten Male aussprechen wollte, hatte mir fast einen Kinnbackenkrampf zugezogen. Daher mochte meine heimliche Furcht vor der Stadt selbst stammen. Der Name hat immer bedeutenden Einfluß auf unsere Vorstellung von den Dingen. Und weil das Gute und Böse in der Welt weniger in den Dingen selbst, als in unserer Vorstellung von ihnen liegt, ist Veredlung der Namen eine wahre Verschönerung des Lebens.

Zur Vergrößerung meiner Furcht vor der neuostpreußischen Bühne meiner Rechtskunst mochte auch nicht wenig der Umstand beigetragen haben, daß ich bisher im Leben noch nicht weiter von meinem Geburtsorte gekommen war, als man etwa dessen Turmspitze sehen konnte. Ungeachtet ich wohl aus den Lehrbüchern der Erdbeschreibung wußte, daß die Menschenfresser ziemlich entfernt wohnten, erregte es doch zuweilen mein billiges Erstaunen, daß man mich unterwegs nicht ein paarmal totschlug, wo Ort und Zeit dazu gelegen waren, und weder Hund noch Hahn um mein plötzliches Verschwinden vom Erdball gekräht haben würden. Wahrhaftig, man gewinnt erst Vertrauen auf die Menschheit, wenn man sich ihr, als Fremdling und Gast, auf Gnade und Ungnade überläßt! Menschenfeinde sind die vollendetsten, enghezigsten Selbstsüchtlinge; Selbstsucht ist eine Seelenkrankheit, die aus der Stetigkeit des Aufenthalts entspringt. Wer Egoisten heilen will, muß sie auf Reisen schicken. Luftveränderung tut dem Gemüte so wohl als dem Leibe.

Als ich mein Brczwezmcisl vom Postwagen hinab zum ersten Male erblickte – es schien in der Ferne ein aus der Ebene steigender Kothaufen zu sein; aber Berlin und Paris stellen sich mit ihren Palästen dem, der in den Wolken schifft, wohl auch nicht prächtiger dar klopfte mir das Herz gewaltig. Dort also war das Ziel meiner Reise, der Anfang meiner öffentlichen Laufbahn, vielleicht auch das Ende derselben, wenn mich etwa die in Neuostpreußen verwandelten Polacken, als Söldner ihrer

Unterdrücker, bei einem Aufruhr niederzumachen Lust bekommen haben würden. Ich kannte dort keine Seele, als einen ehemaligen Universitätsfreund namens Burkhardt, der zu Brczwezmcisl als Obersteuereinnehmer, aber auch erst seit kurzem, angestellt war. Er wußte von meiner Ankunft; er hatte mir vorläufig eine Wohnung gemietet und das Nötige zu meinem Empfange angeordnet, weil ich ihn darum gebeten. Dieser Burkhardt, der mir vorzeiten ein ganz gleichgültiger Mensch gewesen, mit dem ich auf der Universität wenig Umgang gehabt, den ich sogar auf Anraten meiner Mutter gemieden hatte, weil er unter den Studenten als Säufer, Spieler und Raufer berüchtigt war, gewann in meiner Hochachtung und Freundschaft, je näher ich an Brczwezmcisl kam. Ich schwor ihm unterwegs Liebe und Treue bis in den Tod. Er war ja der einzige von meinen Bekannten in der wildfremden polnischen Stadt; gleichsam der Mitschiffbrüchige, welcher sich auf dem Brette aus den Wellen an die wüste Insel gerettet hatte.

Ich bin eigentlich gar nicht abergläubisch; aber doch kann ich mich nicht enthalten, dann und wann auf Vorbedeutungen zu halten. Wenn keine erscheinen wollen, mache ich mir sie. Ich glaube, man tut dergleichen im Müßiggang des Geistes; es ist ein Spiel, das für den Augenblick unterhaltend sein kann. So nahm ich mir vor, auf die erste Person acht zu haben, die mir aus dem Tore der Stadt entgegenkommen würde. Ich setzte fest, ein junges Mädchen sollte mir zum glücklichen, ein Mann zum üblen Vorzeichen dienen. Ich war noch nicht mit der Anordnung der verschiedenen möglichen Zeichen fertig, als ich schon das Tor vor mir sah, aus welchem eine, wie es schien, sehr wohlgebaute junge Brczwezmcislerin hervortrat. Vortrefflich! Ich hätte mit meinen von dem preußischen Postwagen pflichtmäßig zerstoßenen und zermalmten Gliedern hinabfliegen und die polnische Grazie anbeten mögen. Ich faßte sie scharf ins Auge, um mir ihre Züge tief einzuprägen, und wischte meine Lorgnette denn ich bin etwas kurzsichtig vom letzten Sonnenstäubchen rein.

Als wir aber einander näher waren, bemerkte ich bald, die Venus von Brczwezmcisl sei etwas häßlicher Natur, zwar schlank, aber schlank wie eine Schwindsüchtige, dürr, eingebogen, mit platter Brust. Auch das Gesicht war platt, nämlich ohne Nase, die durch irgendeinen traurigen Unfall verloren gegangen sein mochte. Ich hätte geschworen, es wäre ein Totenkopf, wenn nicht seltsamerweise zwischen den Zähnen ein Stück Fleisch hervorgehangen hätte. Ich traute meinen Augen kaum. Als ich's jedoch näher durch die Brille betrachtete, merkte ich wohl, die patriotische Polin streckte vor mir zum Zeichen des Abscheus die Zunge heraus. Ich zog geschwind den Hut ab und dankte höflich für das Kompliment. Das meinige war der Polin vermutlich so unerwartet, als mir das ihrige. Sie nahm die Zunge zurück und lachte so unmäßig, daß sie fast am Husten erstickte.

Unter diesen scherzhaften Umständen kam ich in die Stadt. Der Wagen hielt vor dem Posthause. Der preußische Adler über der Tür, ganz neu gemalt, war, vermutlich von patriotischen Gassenbuben, mit frischen Kotflecken beworfen. Die Klauen des königlichen Vogels lagen ganz unter Unrat begraben, entweder weil das vielgepriesene Raubtier mit den Klauen ebensoviel als mit dem Schnabel zu sündigen pflegt; oder weil die Polen zu verstehen geben wollten, Preußen habe am Nordostpreußischen so viel erwischt, als der gemalte Adler zwischen den Pfoten trage.

2

Die alte Starostei

Ich fragte den Herrn Postmeister sehr höflich nach der Wohnung des Herrn Obersteuereinnehmers Burkhardt. Der Mann schien nicht gut zu hören, denn er gab keine Antwort. Da er sich aber bald darauf doch mit dem Briefträger unterhielt, so schloß ich aus seiner Stummheit, er wollte mich durch die weltbekannte Postgrobheit überzeugen, daß ich in der Tat nirgendwo anders, als an einem der wohleingerichtetsten Postbureaus sei. Nach der sechsten Anfrage fuhr er mich heftig an, was ich wolle? Ich fragte zum siebenten Male dasselbe, und zwar mit der verbindlichsten Berliner oder Leipziger Artigkeit.

»In der alten Starostei!« schnauzte er mich an.

»Um Vergebung, wenn ich fragen darf, wollen Sie mir nicht gefälligst sagen, wo ich die alte Starostei finde?«

»Ich habe keine Zeit. Peter, führe ihn hin!«

Peter führte mich. Der Postmeister, der zum Antworten keine Zeit hatte, sah, die Pfeife rauchend, zum Fenster hinaus, auf der Straße mir nach. Vermutlich Neugier. Bei aller mir angeborenen Höflichkeit war ich doch im Herzen ergrimmt über die unanständige Behandlung. Ich ballte in meiner Rocktasche drohend die Faust und dachte: »Nur Geduld, Herr Postmeister, fällt Er einmal der Justiz in die Klauen, deren wohlbestallter königlicher Kommissar ich zu sein die Ehre habe, so werde ich Ihm seine Flegelhaftigkeit auf die allerzierlichste Weise einpfeffern! Der Herr Postmeister sollen zeitlebens meiner Rechtskniffe gedenken.«

Peter, ein zerlumpter Polack, der mich führte, verstand und sprach das Deutsche nur sehr gebrochen. Mein Gespräch mit ihm war daher so verworren und schauderhaft, daß ich es in meinem Leben nicht vergessen werde. Der Kerl sah dazu abscheulich aus mit seinem gelben, spitznasigen Gesicht und dem schwarzen, struppigen Haar, ungefähr wie es unsere nord- und süddeutschen Zierbengel zu tragen pflegten, wenn sie schön tun wollten. Statt des Tituskopfes zeigten sie uns gewöhnlich die Nachbildung eines struppigen Weichselzopfes.

»Lieber Freund!« sprach ich, während wir langsam im tiefen Kote wateten, »will Er mir doch wohl sagen, ob Er den Herrn Burkhardt kennt?«

– Die alte Starostei! antwortete Peter.

»Ganz recht, bester Freund! Er weiß doch, daß ich zum Herrn Obereinnehmer will?«

– Die alte Starostei!

»Gut! Was soll ich aber in Seiner alten Starostei?«

– Sterben!

»Das hole der Teufel! Das kommt mir nicht in den Sinn.«

– Mausetot! sterben!

»Warum? Was habe ich verbrochen?«

– Preuße! Kein Polack!

»Ich bin ein Preuße!«

– Weiß gut!

»Warum denn sterben? Wie meint Er's?«

– So und so und so! – Der Kerl stieß, als hätte er einen Dolch in der Faust. Dann zeigte er auf sein Herz, ächzte und verdrehte gräßlich die Augen. Mir ward bei der Unterredung ganz übel. Denn verrückt konnte Peter nicht sein, er sah mir ziemlich verständig aus, und Wahnsinnige hat man doch nicht leicht zu Handlangern auf der Post.

»Wir verstehen uns vielleicht nicht vollkommen, scharmanter Freund!« sing ich endlich wieder an. »Was will Er mit dem Sterben sagen?«

– Totmachen! Dabei sah er mich wild von der Seite an.

»Was? Tot?«

– Wenn Nacht ist!

»Nacht? Die nächste Nacht? Er ist wohl nicht bei Trost?«

– Gar wohl Polack, aber Preuße nicht!

Ich schüttelte den Kopf und schwieg. Offenbar verstanden wir beide einander nicht! Und doch lag in den Reden des trotzigen Kerls etwas Fürchterliches. Denn der Haß der Polen gegen die Deutschen, oder was dasselbe sagen wollte, gegen die Preußen, war mir bekannt. Es hatte schon hin und wieder Unglück gegeben. Wie, wenn der Kerl mich warnen wollte? Oder wenn der dumme Tölpel durch seinen Übermut eine allen Preußen bevorstehende Mordnacht verraten hätte? Ich ward nachdenkend und beschloß, meinem Freunde und Landsmann Burkhardt das Gespräch mitzuteilen, als wir vor der sogenannten Starostei ankamen. Es war ein altes, hohes, steinernes Haus in einer stillen, abgelegenen Straße. Schon ehe wir dahin kamen, bemerkte ich, daß die, welche vor dem Hause vorübergingen, scheue, verstohlene Blicke auf das grauschwarze Gebäude warfen. Ebenso tat mein Führer. Der sagte nun kein Wort mehr, sondern zeigte mit dem Finger auf die Haustür und machte sich ohne Gruß und Lebewohl davon.

Allerdings war mein Eintritt und Empfang in Brczwezmcisl nicht gar anmutig und einladend gewesen. Die ersten Personen, welche mich hier begrüßten, die unhöfliche Dame unter dem Tor, der grobe, neuostpreußische Postmeister und der kauderwelsche, verpreußte Polack hatten mir Lust und Liebe sowohl zu meinem neuen Aufenthaltsorte als zu meinem Justizkommissariat verbittert. Ich pries mich glücklich, endlich zu einem Menschen zu gelangen, der wenigstens mit mir schon einmal dieselbe Luft geatmet. Zwar hatte Herr Burkhardt bei uns zu Lande nicht den besten Ruf genossen; allein was ändert sich nicht im Menschen mit dem Wechsel der Umstände? Ist die Gemütsart etwas anderes, als das Werk der Umgebungen? Der Schwache wird in der Angst zum Riesen; der Feige in der Schlachtgefahr zum Helden; Herkules unter Weibern zum Flachsspinner. Und gesetzt, mein Obereinnehmer hätte bisher für seinen König alles eingenommen, für sich selbst aber keine bessern Grundsätze angenommen gehabt: noch besser immer ein gutmütiger Zecher, als das schwindsüchtige, nasenlose Gerippe mit der Zunge; besser ein leichtsinniger Spieler, als ein grober Postmeister; besser ein tapferer Raufer und Schläger, als ein mißvergnügter Polacke. Burkhardts letztgenannte Untugend gereichte ihm vielmehr in meinen Augen zum größten Verdienst; denn unter uns gesagt mein sanfter, bescheidener, schüchterner Charakter, den Mama oft hochgepriesen, konnte mir unter den Polen beim ersten Aufstande zum schmählichsten Verderben gereichen. Es gibt Tugenden, die an ihrem Orte zur Sünde, und Sünden, die zur Tugend werden können. Es ist nicht alles zu allen Zeiten das gleiche, ungeachtet es das gleiche geblieben.

Als ich durch die hohe Pforte in die sogenannte alte Starostei eintrat, geriet ich in Verlegenheit, wo mein alter, lieber Freund Burkhardt zu finden sei. Das Haus war groß. Das Kreischen der verrosteten Türangeln hallte im ganzen Gebäude wieder; doch veranlaßte das niemanden, nachzusehen, wer da sei? Ich stieg die breiten Steintreppen mutig hinauf.

Weil ich links eine Stubentür bemerkte, pochte ich fein höflich an. Kein Mensch entgegnete mit freundlichem »Herein!« Ich pochte stärker. Alles stumm. Mein Klopfen weckte den Widerhall im zweiten und dritten Stocke des Hauses. Ich ward ungeduldig. Ich sehnte mich, endlich dem lieben Seelenfreunde Burkhardt ans Herz zu sinken, ihn in meine Arme zu schließen. Ich öffnete die Stubentür, trat hinein und sah mitten im Zimmer einen Sarg. Der Tote, der darin lag, konnte mir freilich kein freundliches Herein zurufen.

Ich bin von Natur gegen die Lebendigen sehr höflich, noch weit mehr gegen die Toten. So leise als möglich wollte ich mich zurückziehen, als ich plötzlich bemerkte, der Schläfer im Sarge sei kein anderer, denn der Obersteuereinnehmer Burkhardt, von welchem nun selbst der Tod die letzte Steuer eingezogen. Da lag er, unbekümmert um Weinglas und Karten, so ernst und feierlich, daß ich mich kaum verstand, an seine Lieblingsfreuden zu denken. In seiner Miene lag etwas dem menschlichen Leben so Fremdes, als hätte er nie mit demselben zu schaffen gehabt. Ich glaube wohl, wenn eine unbekannte allmächtige Hand den Schleier des Jenseits lüpft, das äußere Auge bricht und das innere hellsehend wird, da mag das irdische Leben winzig genug erscheinen, und alle Aufmerksamkeit nur dorthin streben.

Betroffen schlich ich aus der Totenstube, in den finstern, einsamen Hausgang zurück. Jetzt erst überfiel mich ein solches Grausen vor dem Toten, daß ich kaum begreifen konnte, woher ich den Mut genommen, dem Leichnam so lange ins Antlitz zu schauen. Zu gleicher Zeit erschrak ich vor meiner eigenen Verlassenheit, in der ich nun lebte. Denn da stand ich hundert Meilen weit von meiner teuern Vaterstadt, vom mütterlichen Hause, in einer Stadt, deren Namen ich nie gehört hatte, bis ich ihr Justizkommissar werden sollte, um sie zu entpolacken. Mein einziger Bekannter und kaum erst von mir adoptierter Herzensfreund hatte sich im vollen Sinne des Wortes aus dem Staube gemacht, und mich ohne Rat und Trost mir selbst überlassen. Die Frage war: wohin soll ich mein Haupt legen? wo hat mir der Tote die Wohnung bestellt?

Indem kreischten die rostigen Türangeln der Hauspforte so durchdringend, daß mir der Klang fast alle Nerven zerriß. Ein windiger, flüchtiger Kerl in Bedientenlivree sprang die Treppe herauf, gaffte mich verwundert an und richtete endlich das Wort an mich. Mir zitterten die Knie. Ich ließ den Kerl nach Herzenslust reden; aber der Schreck hatte mir in den ersten Minuten zum Antworten die Sprache genommen. Ohnehin hatte ich auch schon vorher die Sprache nicht gekonnt, die dieser Bursche redete, denn es war die polnische.

Als er mich ohne Zeichen der Erwiderung vor sich stehen sah, und sich nun ins Deutsche übersetzte, welches er so geläufig wie ein Berliner sprach, gewann ich Kraft, nannte meinen Namen, Stand, Beruf und alle Abenteuer seit meinem Einzüge in die verwünschte Stadt, an deren Namen ich noch immer erstickte. Plötzlich ward er freundlich, zog den Hut ab und erzählte mir mit vielen Umständen, was hiernach in löblicher Kürze folgt:

Nämlich er, der Erzähler, heiße Lebrecht; sei des seligen Herrn Obersteuereinnehmers Dolmetsch und treuester Diener gewesen bis gestern Nacht, da es dem Himmel gefallen, den vortrefflichen Herrn Obersteuereinnehmer aus dieser Zeitlichkeit in ein besseres Sein zu befördern. Die Beförderung wäre freilich ganz gegen die Neigung des Seligen gewesen, der lieber bei seinem Einnehmerposten geblieben wäre. Allein als er sich gestern mit einigen polnischen Edelleuten ins Spiel eingelassen, und beim Glase Wein in ihm der preußische Stolz und in den Polen der sarmatische Patriotismus wach geworden, hätte es anfangs einen lebhaften Wort-, dann Ohrfeigenwechsel gesetzt, worauf einer der Sarmaten dem seligen Herrn drei bis vier Messerstiche ins Herz gegeben, ungeachtet schon einer derselben zum Tode hinreichend gewesen wäre. Um allen Verdrießlichkeiten der neuostpreußischen Justiz auszuweichen, hätten sich die Sieger noch in derselben Nacht, man wisse nicht wohin, entfernt. Der Selige habe noch kurz vor seinem Hintritt in die bessere Welt für den erwarteten Justizkommissar, nämlich für mich, einige Zimmer gemietet, eingerichtet, Hausrat aller Art gekauft, sogar eine wohlerfahrene deutsche Köchin gedungen, die jeden Augenblick in den Dienst eintreten könne, so daß ich wohl versorgt sei. Beiläufig bemerkte der Erzähler Lebrecht, daß die Polen geschworene Feinde der Preußen wären, und ich daher an Kleinigkeiten mich gewöhnen müsse, wie diejenige gewesen, welche mir die stumme Beredsamkeit der Dame unterm Tor ausgedrückt habe. Er erklärte zwar den Peter für einen albernen Tropf, der mir ohne Zweifel nur den Tod des Herrn Obersteuereinnehmers habe anzeigen wollen, wofür ihm ein hinlänglicher Vorrat an Worten gefehlt; daher möge ein beiderseitiges Mißverständnis entstanden sein; doch wolle er, der Erzähler, mir nichtsdestoweniger geraten haben, vorsichtig zu sein, weil die Polen in einer wahrhaft stillen Wut wären. Er selber, der Lebrecht, sei fest entschlossen, sich sogleich nach Beerdigung seines unglücklichen Herrn aus der Stadt zu entfernen.

Nach diesem Berichte führte er mich die breite steinerne Treppe hinab, um mir meine neue Wohnung anzuweisen. Durch eine Reihe großer, hoher, oder Zimmer brachte er mich in einen geräumigen Saal; darin stand ein aufgeschlagenes Bett, von gelben damastenen alten Umhängen beschattet; ein alter Tisch mit halbvergoldeten Füßen; ein halbes Dutzend staubiger Sessel. Ein ungeheurer, mit goldenem Schnörkelwerk umzogener blinder Spiegel hing an der Wand, deren gewirkte, bunte Tapeten, auf welchen die schönsten Geschichten des Alten Testamentes prangten, halbvermodert, an manchen Stellen nur noch in Fetzen herabhingen. König Salomo auf dem Throne, um zu richten, hatte den Kopf verloren, und dem lüsternen Greise in Susannens Bade waren die verbrecherischen Hände abgefault.

Es schien mir in dieser Einöde durchaus nicht heimisch. Ich hätte lieber ein Wirtshaus zum Aufenthalt gewählt, und hätte ich's nur getan! Aber teils aus Schüchternheit, teils um zu zeigen, daß ich mich vor der Nähe des Toten nicht fürchtete, schwieg ich. Denn ich zweifelte nicht daran, daß Lebrecht und wahrscheinlich auch die wohlerfahrene Köchin mir die Nacht Gesellschaft leisten würden. Lebrecht zündete behende zwei Kerzen an, die auf dem goldfüßigen Tische bereit standen; schon fing es an zu dunkeln. Dann empfahl er sich, um mir kalte Küche zum Nachtessen, Wein und andere Bedürfnisse herbeizuschaffen, meinen Koffer vom Posthause holen zu lassen und der wohlerfahrenen Köchin von meiner Ankunft und ihren Pflichten Anzeige zu machen. Der Koffer kam, das Nachtessen desgleichen. Lebrecht aber, sobald er sein ausgelegtes Geld von mir empfangen, wünschte mir gute Nacht und ging.

Ich verstand ihn erst, als er verschwunden war, so schnell machte sich der Kerl nach eingestrichener Zahlung davon. Ich sprang erschrocken auf, ihm nachzugehen, ihn zu bitten, mich nicht zu verlassen. Aber Scham hielt mich wieder zurück. Sollte ich den elenden Menschen zum Zeugen meiner Furchtsamkeit machen? Ich zweifelte nicht, daß er in irgend einem Zimmer seines ermordeten Herrn übernachten werde. Aber da hörte ich die Angeln der Hauspforte kreischen. Es drang mir durch Mark und Bein. Ich eilte ans Fenster und sah den Burschen über die Gasse fliegen, als verfolgte ihn der Tod. Bald war er im Finstern verschwunden; ich war mit dem Leichnam in der alten Starostei allein.

3
DIE SCHILDWACHE

Ich glaube an keine Gespenster; des Nachts aber fürchte ich sie. Sehr natürlich. Wer wollte auch alles mögliche glauben? Aber man hofft und fürchtet leicht alles mögliche.

Die Totenstille, die alten, zerlumpten Tapeten in dem großen Saal, das Unheimliche und Fremde, der Tote über meinem Haupte der Nationalhaß der Polacken alles trug dazu bei, mich zu verstimmen. Ich mochte nicht essen, ungeachtet mich hungerte; ich mochte nicht schlafen, so ermüdet ich auch war. Ich ging ans Fenster, um zu versuchen, ob ich im Notfälle auf diesem Wege die Straße gewinnen könne; denn ich fürchtete, mich in dem gewaltigen Hause und in dem Labyrinth von Gängen und Zimmern zu verirren, ehe ich den Hausflur erreichte. Allein starke Eisenstäbe verrammelten den Ausweg.

In dem Augenblicke ward alles in der Starostei lebendig; ich hörte Türen auf- und zugehen, Tritte nah und fern schallen, Stimmen dumpf ertönen. Ich begriff nicht, woher plötzlich dies rege Leben und Treiben. Aber eben das Unbegreifliche versteht man immer am schnellsten. Eine innere Stimme warnte mich und sprach: »Es gilt dir! Der dumme Peter hatte die Mordanschläge der Polacken verraten rette dich!« Ein kalter Fieberschauer ergoß sich durch meine Nerven. Ich sah die Blutdürstigen, wie sie untereinander die Art meines Todes verabredeten. Ich hörte sie näher und näher kommen. Ich hörte sie schon in den Vorzimmern, die zu meinem Saale führten. Ihre Stimmen flüsterten leiser. Ich sprang auf, verriegelte die Tür, und in demselben Augenblicke versuchte man, die Tür von außen zu öffnen. Ich wagte kaum zu atmen, um mich nicht durch das Geräusch meines Atemzuges zu verraten. An der Sprache der Flüsternden vernahm ich, daß es Polen waren. Zum Unglück hatte ich gleich nach Empfang meiner Berufung zum Justizkommissariat so viel polnische Worte gelernt, daß ich ungefähr auch verstand, man spreche von Blut, Tod und Preußen. Meine Knie bebten; kalter Schweiß rann mir von der Stirn. Noch einmal ward von außen der Versuch gemacht, die Tür meines Saals zu öffnen, aber es schien, als fürchte man, Geräusche zu machen. Ich hörte die Menschen sich wieder entfernen, oder vielmehr davon schleichen.

Sei es, daß die Polacken es auf mein Leben, oder nur auf mein Geld abgesehen hatten; sei es, daß sie ihre Anschläge ohne Lärmen ausführen, oder den Versuch auf andere Weise erneuern wollten; ich beschloß sogleich, mein Licht auszulöschen, damit sie es nicht von der Straße erblicken und mich daran erkennen möchten. Wer stand mir gut dafür, daß nicht einer der Kerle, wenn er mich wahrnahm, durchs Fenster schoß?

Die Nacht ist keines Menschen Freundin, darum ist der Mensch ein angeborner Feind der Finsternis, und selbst Kinder, die noch nie von Geistererscheinungen und Gespenstern gehört haben, scheuen sich im Dunkeln vor etwas, was sie nicht kennen. Kaum saß ich im Finstern da, die ferneren Schicksale dieser Nacht einsam erwartend, so stiegen vor meiner erschrockenen Einbildung die abscheulichsten Möglichkeiten auf. Ein Feind oder ein Unglück, das man sehen kann, sind nicht halb so entsetzlich, als solche, denen man sich blindlings überliefern muß, ohne sie zu kennen. Umsonst suchte ich mich zu zerstreuen; umsonst beschloß ich, mich auf das Bett zu werfen und den Schlaf zu suchen. Ich konnte nirgends ausdauern. Das Bett hatte den widerlichen Geruch von Leichenmoder; und saß ich im Zimmer, so erschreckte mich von Zeit zu Zeit ein Knistern in meiner Nähe, wie von einem lebenden Wesen. Am meisten schwebte mir die Gestalt des ermordeten Obersteuereinnehmers vor. Seine kalten, steifen Gesichtszüge erschienen mir so grausenhaft beredt, daß ich endlich alle meine beweglichen Güter darum gegeben hätte, wäre ich nur im Freien, oder bei guten, freundlichen Leuten gewesen.

Die Geisterstunde schlug. Jeder Schlag der Turmuhr erschütterte mich bis ins Innerste. Zwar schalt ich mich selbst einen abergläubischen Narren, einen furchtsamen Hasen, aber mein Schelten besserte mich nicht. Endlich, sei es aus Verzweiflung oder Heroismus, denn diesen qualvollen Zustand konnte ich nicht länger ertragen, sprang ich auf, tappte durch die Finsternis den Saal entlang zur Tür, riegelte sie auf, und war entschlossen, sollte es auch mein Leben kosten, ins Freie zu gelangen.

Als die Tür aber aufging Himmel, welch ein Anblick! Ich taumelte erschrocken zurück, denn solch eine Schildwache hatte ich da nicht erwartet.

4
Die Todesangst

Beim dunkeln Scheine einer alten Lampe, die seitwärts auf einem Tischchen stand, sah ich mitten im Vorzimmer den ermordeten Obersteuereinnehmer im Sarge, wie ich ihn den Abend vorher oben gesehen hatte; und diesmal noch dazu deutlich mit den Blutflecken im Hemde, die das erste Mal von einem Leichentuche verdeckt gewesen waren. Ich suchte mich zu fassen; mir einzureden, diese Erscheinung sei Gaukelei meiner Phantasie; ich trat näher. Aber als mein Fuß an den Sarg am Boden stieß, daß es dumpf tönte, und es schien, als rege sich die Leiche, als versuche sie, die Augen aufzuschlagen, da schwand mir fast alles Bewußtsein. Ich floh mit Entsetzen in meinen Saal zurück und stürzte rücklings auf das Bett nieder.

Indem entstand am Sarge ein lautes Gepolter. Ich mußte beinahe glauben, der Obersteuereinnehmer sei vom Tode erwacht; denn es war ein Geräusch eines sich mühsam Erhebenden. Ich vernahm ein dumpfes Stöhnen. Ich sah bald darauf im Dunkeln die Gestalt des Ermordeten mitten in der Tür meines Saales stehen, sich an den Pfosten haltend, langsam in den Saal hineinschwanken oder taumeln, und im Dunkeln verschwinden. Während mein Unglaube noch einmal versuchte, alles zu leugnen, was ich gehört und gesehen hatte, widerlegte ihn das Gespenst, oder der Tote, oder Lebendiggewordene schauderhaft genug. Denn dieser, so lang, breit und schwer er war, lagerte sich auf mein Bett, und zwar über meinen Leib, mit seinem kalten Rücken über mein Gesicht, so daß mir kaum Luft genug zum Atmen blieb.

Ich begreife noch zur Stunde nicht, wie ich mit dem Leben davon kam. Denn mein Schreck war wohl ein tödlicher zu nennen. Auch muß ich in einer langen Ohnmacht gelegen haben. Denn als ich unter meiner fürchterlichen Last wieder die Glocke schlagen hörte und meinte, es werde ein Uhr sein, das erwünschte Ende der Geisterstunde, der Augenblick meiner Erlösung da war es zwei Uhr.

Jeder denke sich meine gräßliche Lage. Rings um mich Moderduft, und der Leichnam auf mir atmend, erwärmt, röchelnd, wie zu einem zweiten Sterben; ich selbst halb erstarrt, teils vor Schrecken und Entkräftung, teils unter der zentnerschweren Last. Alles Elend in Dantes Hölle ist Kleinigkeit gegen einen Zustand, wie diesen. Ich hatte nicht die Kraft, mich unter dem Leichnam hervorzuarbeiten, der zum andern Male auf mir sterben wollte; und hätte ich die Kraft gehabt, vielleicht hätte mir der Mut gefehlt, es zu tun, denn ich spürte deutlich, daß der Unglückliche, welcher nach der ersten Verblutung seiner Wunden vermutlich nur eine schwere Ohnmacht bekommen hatte, dann für tot gehalten und auf gut polnisch in einen Sarg geworfen worden war, erst jetzt mit dem wahren Tode rang. Er schien sich nicht ermannen, nicht leben, nicht sterben zu können. Und das mußte ich auf mir selbst geschehen lassen! ich mußte das Sterbekissen des Steuereinnehmers sein!

Manchmal war ich geneigt, alles seit meiner Ankunft in Brczwezmcisl Vorgefallene für einen Teufelstraum zu halten, wenn ich mir meiner Not in ihrer großen Mannigfaltigkeit nur nicht allzu deutlich bewußt gewesen wäre. Und doch würde ich mich zuletzt überredet haben, die ganze Schreckensnacht mit ihren Erscheinungen sei Traum und nichts als Traum, wenn nicht ein neues Ereignis, ein empfindlicheres, als jedes der vorhergehenden, mich von der Wahrheit meines vollen Wachens überzeugt hätte.

5
TAGESLICHT

Es war nämlich schon Tag ich konnte es zwar nicht sehen, denn der sterbende Freund drückte mir mit seinen Schulterblättern die Augen fest zu aber ich konnte es am Geräusche der Gehenden und Fahrenden auf der Straße erraten da hörte ich Menschentritte und Menschenstimmen in dem Zimmer. Ich verstand nicht, was man redete; denn es war polnisch. Aber ich bemerkte wohl, daß man sich mit dem Sarge beschäftigte. »Ohne Zweifel«, dachte ich, »werden sie den Toten suchen und mich erlösen.« So geschah es auch, aber auf eine Weise, die ich nicht vermuten konnte.

Einer der Suchenden schlug nämlich mit einem spanischen Rohr so unbarmherzig auf den Verstorbenen oder Sterbenden los, daß derselbe plötzlich aufsprang und auf geraden Beinen vor dem Bette stand. Auch auf meine Wenigkeit waren vom Übermaß des spanischen Rohrs so viel Hiebe abgefallen, daß ich mich nicht enthalten konnte, laut aufzuschreien und schnurgerade hinter dem Toten zu stehen. Diese altpolnische und neuostpreußische Methode, Leute vom Tode aufzuerwecken, war zwar bewährt dagegen ließ sich nichts einwenden, denn die Erfahrung sprach laut dafür; allein auch so derb, daß man fast das Sterben dem Leben vorgezogen hätte.

Als ich mich aber beim Tageslicht recht umsah, bemerkte ich, daß das Zimmer voll Menschen war, meistens Polen. Die Hiebe hatte ein Polizeikommissar ausgeteilt, der beauftragt war, die Leiche des Fremdlings beerdigen zu lassen. Der Steuereinnehmer lag noch immer tot im Sarge, und zwar im Vorzimmer, wohin ihn die betrunkenen Polacken gestellt hatten, weil es ihnen befohlen worden war, den Sarg in das ehemalige Pförtnerstübchen zu tragen. Sie hatten aber mein Vorzimmer anstatt des Pförtnerstübchens gewählt, und einen ihrer betrunkenen Kameraden als Wache bei der Leiche gelassen, der vermutlich eingeschlafen, von meinem Geräusch in der Nacht erweckt, instinktmäßig zu meinem Bett gekommen war und da seinen Branntweinrausch ausgeschlafen hatte.

Mich hatte die gottlose Geschichte so arg mitgenommen, daß ich in ein hitziges Fieber verfiel, in welchem ich die Geschichte der einzigen schrecklichen Nacht sieben Wochen lang träumte. Noch jetzt Dank sei der polnischen Insurrektion! ich bin nicht mehr Justizkommissar von Brczwezmcisl kann ich an das neuostpreußische Abenteuer kaum ohne Schaudern denken. Doch erzähle ich's gern; teils mag es manchen vergnügen, teils manchen belehren. Es ist nicht gut, daß man das fürchtet, was man doch nicht glaubt.

Sigmund Freud

Das Unheimliche

I

Der Psychoanalytiker verspürt nur selten den Antrieb zu ästhetischen Untersuchungen, auch dann nicht, wenn man die Ästhetik nicht auf die Lehre vom Schönen einengt, sondern sie als Lehre von den Qualitäten unseres Fühlens beschreibt. Er arbeitet in anderen Schichten des Seelenlebens und hat mit den zielgehemmten, gedämpften, von so vielen begleitenden Konstellationen abhängigen Gefühlsregungen, die zumeist der Stoff der Ästhetik sind, wenig zu tun. Hie und da trifft es sich doch, daß er sich für ein bestimmtes Gebiet der Ästhetik interessieren muß, und dann ist dies gewöhnlich ein abseits liegendes, von der ästhetischen Fachliteratur vernachlässigtes.

Ein solches ist das »Unheimliche«. Kein Zweifel, daß es zum Schreckhaften, Angst- und Grauenerregenden gehört, und ebenso sicher ist es, daß dies Wort nicht immer in einem scharf zu bestimmenden Sinne gebraucht wird, so daß es eben meist mit dem Angsterregenden überhaupt zusammenfällt. Aber man darf doch erwarten, daß ein besonderer Kern vorhanden ist, der die Verwendung eines besonderen Begriffswortes rechtfertigt. Man möchte wissen, was dieser gemeinsame Kern ist, der etwa gestattet, innerhalb des Ängstlichen ein »Unheimliches« zu unterscheiden.

Darüber findet man nun so viel wie nichts in den ausführlichen Darstellungen der Ästhetik, die sich überhaupt lieber mit den schönen, großartigen, anziehenden, also mit den positiven Gefühlsarten, ihren Bedingungen und den Gegenständen, die sie hervorrufen, als mit den gegensätzlichen, abstoßenden, peinlichen beschäftigen. Von Seiten der ärztlich-psychologischen Literatur kenne ich nur die eine, inhaltsreiche, aber nicht erschöpfende Abhandlung von E. Jentsch[9]. Allerdings muß ich gestehen, daß aus leicht zu erratenden, in der Zeit liegenden Gründen die Literatur zu diesem kleinen Beitrag, insbesondere die fremdsprachige, nicht gründlich herausgesucht wurde, weshalb er denn auch ohne jeden Anspruch auf Priorität vor den Leser tritt. Als Schwierigkeit beim Studium des Unheimlichen betont Jentsch mit vollem Recht, daß die Empfindlichkeit für diese Gefühlsqualität bei verschiedenen Menschen so sehr verschieden angetroffen wird. Ja, der Autor dieser neuen Unternehmung muß sich einer besonderen Stumpfheit in dieser Sache anklagen, wo große Feinfühligkeit eher am Platze wäre. Er hat schon lange nichts erlebt oder kennengelernt, was ihm den Eindruck des Unheimlichen gemacht hätte,

---
9 ›Zur Psychologie des Unheimlichen‹ (1906).

muß sich erst in das Gefühl hineinversetzen, die Möglichkeit desselben in sich wachrufen. Indes sind Schwierigkeiten dieser Art auch auf vielen anderen Gebieten der Ästhetik mächtig; man braucht darum die Erwartung nicht aufzugeben, daß sich die Fälle werden herausheben lassen, in denen der fragliche Charakter von den meisten widerspruchslos anerkannt wird.

Man kann nun zwei Wege einschlagen: nachsuchen, welche Bedeutung die Sprachentwicklung in dem Worte »unheimlich« niedergelegt hat, oder zusammentragen, was an Personen und Dingen, Sinneseindrücken, Erlebnissen und Situationen das Gefühl des Unheimlichen in uns wachruft, und den verhüllten Charakter des Unheimlichen aus einem allen Fällen Gemeinsamen erschließen. Ich will gleich verraten, daß beide Wege zum nämlichen Ergebnis führen, das Unheimliche sei jene Art des Schreckhaften, welche auf das Altbekannte, Längstvertraute zurückgeht. Wie das möglich ist, unter welchen Bedingungen das Vertraute unheimlich, schreckhaft werden kann, das wird aus dem Weiteren ersichtlich werden. Ich bemerke noch, daß diese Untersuchung in Wirklichkeit den Weg über eine Sammlung von Einzelfällen genommen und erst später die Bestätigung durch die Aussage des Sprachgebrauches gefunden hat. In dieser Darstellung werde ich aber den umgekehrten Weg gehen.

Das deutsche Wort »unheimlich« ist offenbar der Gegensatz zu heimlich, heimisch, vertraut, und der Schluß liegt nahe, es sei etwas eben darum schreckhaft, weil es *nicht* bekannt und vertraut ist. Natürlich ist aber nicht alles schreckhaft, was neu und nicht vertraut ist; die Beziehung ist *nicht* umkehrbar. Man kann nur sagen, was neuartig ist, wird leicht schreckhaft und unheimlich; einiges Neuartige ist schreckhaft, durchaus nicht alles. Zum Neuen und Nichtvertrauten muß erst etwas hinzukommen, was es zum Unheimlichen macht.

Jentsch ist im ganzen bei dieser Beziehung des Unheimlichen zum Neuartigen, Nichtvertrauten, stehengeblieben. Er findet die wesentliche Bedingung für das Zustandekommen des unheimlichen Gefühls in der intellektuellen Unsicherheit. Das Unheimliche wäre eigentlich immer etwas, worin man sich sozusagen nicht auskennt. Je besser ein Mensch in der Umwelt orientiert ist, desto weniger leicht wird er von den Dingen oder Vorfällen in ihr den Eindruck der Unheimlichkeit empfangen.

Wir haben es leicht zu urteilen, daß diese Kennzeichnung nicht erschöpfend ist, und versuchen darum, über die Gleichung unheimlich= nichtvertraut hinauszugehen. Wir wenden uns zunächst an andere Sprachen. Aber die Wörterbücher, in denen wir nachschlagen, sagen uns nichts Neues, vielleicht nur darum nicht, weil wir selbst Fremdsprachige sind. Ja, wir gewinnen den Eindruck, daß vielen Sprachen ein Wort für diese besondere Nuance des Schreckhaften abgeht[10].

Lateinisch (nach K. E. Georges, *Kl. Deutschlatein. Wörterbuch* 1898): ein unheimlicher Ort *locus suspectus*; in unheimlicher Nachtzeit *intempesta nocte*.

Griechisch (Wörterbücher von Rost und von Schenkl): also fremd, fremdartig.

Englisch (aus den Wörterbüchern von Lucas, Bellows, Flügel, Muret-Sanders): *uncomfortable, uneasy, gloomy, dismal, uncanny, ghastly,* von einem Hause: *haunted,* von einem Menschen: *a repulsive fellow.*

Französisch (Sachs-Villatte): *inquiétant, sinistre, lugubre, mal à son aise.*

Spanisch (Tollhausen 1889): *sospechoso, de mal agüero, lúgubre, siniestro.*

Das Italienische und Portugiesische scheinen sich mit Worten zu begnügen, die wir als Umschreibungen bezeichnen würden. Im Arabischen und Hebräischen fällt unheimlich mit dämonisch, schaurig zusammen.

Kehren wir darum zur deutschen Sprache zurück.

In Daniel Sanders' *Wörterbuch der Deutschen Sprache* 1860 finden sich folgende Angaben zum Worte *heimlich*, die ich hier ungekürzt abschreiben und aus denen ich die eine und die andere Stelle durch Unterstreichung hervorheben will (Bd.1, S.729):

Heimlich, a. (-keit, f. -en): 1. auch Heimelich, heimelig, zum Hause gehörig, nicht fremd, vertraut, zahm, traut und traulich, anheimelnd etc. (*a*) (veralt.) zum Haus, zur Familie gehörig oder: wie dazu gehörig betrachtet, vgl. lat. familiaris, vertraut: Die Heimlichen, die Hausgenossen; Der heimliche Rath. 1.Mos. 41,45; 2.Sam. 23,23. 1Chr. 12,25. Weish. 8,4., wofür jetzt: Geheimer (s. *d* 1.) Rath üblich ist, s. Heimlicher (*b*) von Thieren zahm, sich den Menschen traulich anschließend. Ggstz. wild, z.B.: Thier, die weder wild noch heimlich sind, etc. Eppendorf. 88; Wilde Thier ... so man sie h. und gewohnsam um die Leute aufzeucht. 92. So diese Thierle von Jugend bei den Menschen erzogen, werden sie ganz h., freundlich etc., Stumpf 608 a etc. So noch: So h. ist's (das Lamm) und frißt aus meiner Hand. Hölty; Ein schöner, heimelicher (s. *c*) Vogel bleibt der Storch immerhin. Linck, Schi. 146. s. Häuslich 1. etc. (*c*) traut, traulich anheimelnd; das Wohlgefühl stiller Befriedigung etc., behaglicher

---

10 *Für die nachstehenden Auszüge bin ich Herrn Dr. Th. Reik zu Dank verpflichtet.*

Ruhe u. sichern Schutzes, wie das umschlossne, wohnliche Haus erregend (vgl. Geheuer): Ist dir's h. noch im Lande, wo die Fremden deine Wälder roden? Alexis H. 1, 1, 289; Es war ihr nicht allzu h. bei ihm. Brentano Wehm. 92; Auf einem hohen h-en Schattenpfade ..., längs dem rieselnden rauschenden und plätschernden Waldbach. Forster B.1, 417. Die H-keit der Heimath zerstören. Gervinus Lit. 5, 375. So vertraulich und h. habe ich nicht leicht ein Plätzchen gefunden. G[oethe], 14, 14; Wir dachten es uns so bequem, so artig, so gemüthlich und h. 15, 9; In stiller H-keit, umzielt von engen Schranken. Haller; Einer sorglichen Hausfrau, die mit dem Wenigsten eine vergnügliche H-keit (Häuslichkeit) zu schaffen versteht. Hartmann Unst. 1, 188; Desto h-er kam ihm jetzt der ihm erst kurz noch so fremde Mann vor. Kerner 540; Die protestantischen Besitzer fühlen sich ... nicht h. unter ihren katholischen Unterthanen. Kohl. Irl. 1, 172; Wenns h. wird und leise/ die Abendstille nur an deiner Zelle lauscht. Tiedge 2,39; Still und lieb und h., als sie sich/ zum Ruhen einen Platz nur wünschen möchten. W[ieland], 11,144; Es war ihm garnicht h. dabei 27.170, etc. Auch: Der Platz war so still, so einsam, so schatten-h. Scherr Pilg. 1,170; Die ab- und zuströmenden Fluthwellen, träumend und wiegenlied-h. Körner, Sch. 3,320, etc. Vgl. namentl. Un-h. Namentl. bei schwäb., schwzr. Schriftst. oft dreisilbig: Wie 'heimelich' war es dann Ivo Abends wieder, als er zu Hause lag. Auerbach, D. 1,249; In dem Haus ist mir's so heimelig gewesen. 4.307; Die warme Stube, der heimelige Nachmittag. Gotthelf, Sch. 127,148; Das ist das wahre Heimelig, wenn der Mensch so von Herzen fühlt, wie wenig er ist, wie groß der Herr ist. 147; Wurde man nach und nach recht gemüthlich und heimelig mit einander. U. 1, 297; Die trauliche Heimeligkeit. 380, 2, 86; Heimelicher wird es mir wohl nirgends werden als hier. 327; Pestalozzi 4,240; Was von ferne herkommt ... lebt gw. nicht ganz heimelig (heimatlich, freundnachbarlich) mit den Leuten. 325; Die Hütte, wo/ er sonst so heimelig, so froh/ ... im Kreis der Seinen oft gesessen. Reithard 20; Da klingt das Horn des Wächters so heimelig vom Thurm/ da ladet seine Stimme so gastlich. 49; Es schläft sich da so lind und warm/ so wunderheim'lig ein. 23, etc. *Diese Weise verdiente allgemein zu werden, um das gute Wort vor dem Veralten wegen nahe liegender Verwechslung mit 2 zu bewahren, vgl.:* 'Die Zecks sind alle h. (2)' H.? .. Was verstehen sie unter h.? .. – 'Nun ... *es kommt mir mit ihnen vor, wie mit einem zugegrabenen Brunnen oder einem ausgetrockneten Teich. Man kann nicht darüber gehen, ohne daß es Einem immer ist, als könnte da wieder einmal Wasser zum Vorschein kommen.' Wir nennen das un-h.; Sie nennen's h. Worin finden Sie denn, daß diese Familie etwas Verstecktes und Unzuverlässiges hat?* etc. Gutzkow R. 2, 61[11]. (*d*) (s. *c*) namentl. schles.: fröhlich, heiter, auch vom Wetter, s. Adelung und Weinhold.

---

11 Sperrdruck (auch im folgenden) vom Referenten.

2. versteckt, verborgen gehalten, so daß man Andre nicht davon oder darum wissen lassen, es ihnen verbergen will, vgl. Geheim (2.), von welchem erst nhd. Ew. es doch zumal in der älteren Sprache, z.B. in der Bibel, wie Hiob 11,6; 15,8; Weish. 2,22; 1.Kor. 2,7 etc., und so auch H-keit statt Geheimnis. Matth. 13,35 etc., nicht immer genau geschieden wird: H. (hinter Jemandes Rücken) Etwas thun, treiben; Sich h. davon schleichen; H-e Zusammenkünfte, Verabredungen; Mit h-er Schadenfreude zusehen; H. seufzen, weinen; H. thun, als ob man etwas zu verbergen hätte; H-e Liebschaft, Liebe, Sünde; H-e Orte (die der Wohlstand zu verhüllen gebietet). 1.Sam. 5,6; Das h-e Gemach (Abtritt). 2.Kön. 10,27; W[ieland], 5,256 etc., auch: Der h-e Stuhl. Zinkgräf 1,249; In Graben, in H-keiten werfen. 3,75; Rollenhagen Fr. 83 etc. Führte h. vor Laomedon/ die Stuten vor. B[ürger], 161b etc. Ebenso versteckt, h., hinterlistig und boshaft gegen grausame Herren ... wie offen, frei, theilnehmend und dienstwillig gegen den leidenden Freund. Burmeister gB 2,157; Du sollst mein h. Heiligstes noch wissen. Chamisso 4,56; Die h-e Kunst (der Zauberei). 3,224; Wo die öffentliche Ventilation aufhören muß, fängt die h-e Machination an. Forster, Br. 2, 135; Freiheit ist die leise Parole h. Verschworener, das laute Feldgeschrei der öffentlich Umwälzenden. G[oethe], 4,222; Ein heilig, h. Wirken. 15; Ich habe Wurzeln/ die sind gar h.,/ im tiefen Boden/ bin ich gegründet. 2,109; Meine h-e Tücke (vgl. Heimtücke). 30,344; Empfängt er es nicht offenbar und gewissenhaft, so mag er es h. und gewissenlos ergreifen. 39,33; Ließ h. und geheimnisvoll achromatische Fernröhre zusammensetzen. 375; Von nun an, will ich, sei nichts H-es/ mehr unter uns. Sch[iller], 369b. Jemandes H-keiten entdecken, offenbaren, verrathen; H-keiten hinter meinem Rücken zu brauen. Alexis. H. 2, 3, 168; Zu meiner Zeit/ befliß man sich der H-keit. Hagedorn 3,92; Die H-keit und das Gepuschele unter der Hand. Immermann, M. 3,289; Der H-keit (des verborgnen Golds) unmächtigen Bann / kann nur die Hand der Einsicht lösen. Novalis. 1,69; / Sag' an, wo du sie ... verbirgst, in welches Ortes verschwiegener H. Sch[iller], 495b; Ihr Bienen, die ihr knetet/ der H-keiten Schloß (Wachs zum Siegeln). Tieck, Cymb. 3,2; Erfahren in seltnen H-keiten (Zauberkünsten). Schlegel Sh. 6,102 etc., vgl. Geheimnis L[essing], 10:291ff.

Zsstzg. s. 1 c, so auch nam. der Ggstz.: Un-: unbehagliches, banges Grauen erregend: Der schier ihm un-h., gespenstisch erschien. Chamisso 3,238; Der Nacht un-h., bange Stunden. 4,148; Mir war schon lang' un-h., ja graulich zu Muthe. 242; Nun fängts mir an, un-h. zu werden. G[oethe], 6,330; ... Empfindet ein u-es Grauen. Heine, Verm. 1,51; Un-h. und starr wie ein Steinbild. Reis, 1,10; Den u-en Nebel, Haarrauch geheißen. Immermann M., 3,299; Diese blassen Jungen sind un-h. und brauen Gott weiß was Schlimmes. Laube, Band. 1,119; *Un-h. nennt man Alles, was im Geheimnis, im Verborgnen ... bleiben sollte und hervorgetreten ist.* Schelling, 2, 2, 649 etc. Das Göttliche zu verhüllen, mit einer gewissen U-keit zu umgeben 658, etc. Unüblich als Ggstz. von (2), wie es Campe ohne Beleg anführt.

Aus diesem langen Zitat ist für uns am interessantesten, daß das Wörtchen heimlich unter den mehrfachen Nuancen seiner Bedeutung auch eine zeigt, in der es mit seinem Gegensatz unheimlich zusammenfällt. Das Heimliche wird dann zum Unheimlichen; vgl. das Beispiel von Gutzkow: »Wir nennen das unheimlich, Sie nennen's heimlich.« Wir werden überhaupt daran gemahnt, daß dies Wort heimlich nicht eindeutig ist, sondern zwei Vorstellungskreisen zugehört, die, ohne gegensätzlich zu sein, einander doch recht fremd sind, dem des Vertrauten, Behaglichen und dem des Versteckten, Verborgengehaltenen. Unheimlich sei nur als Gegensatz zur ersten Bedeutung; nicht auch zur zweiten gebräuchlich. Wir erfahren bei Sanders nichts darüber, ob nicht doch eine genetische Beziehung zwischen diesen zwei Bedeutungen anzunehmen ist. Hingegen werden wir auf eine Bemerkung von Schelling aufmerksam, die vom Inhalt des Begriffes Unheimlich etwas ganz Neues aussagt, auf das unsere Erwartung gewiß nicht eingestellt war. Unheimlich sei alles, was ein Geheimnis, im Verborgenen bleiben sollte und hervorgetreten ist.

Ein Teil der so angeregten Zweifel wird durch die Angaben in Jacob und Wilhelm Grimm: *Deutsches Wörterbuch*, Leipzig 1877 (Bd.4, 2.Teil, 873ff.) geklärt:

Heimlich; adj. und adv. *vernaculus, occultus;* mhd. heimelich, heimlich.

S. 874: In etwas anderem sinne: es ist mir heimlich, wohl, frei von furcht ...

[3] *b)* heimlich ist auch der von gespensterhaften freie ort ...

S. 875: â) vertraut; freundlich, zutraulich.

4. aus dem heimatlichen, häuslichen entwickelt sich weiter der begriff des fremden augen entzogenen, verborgenen, geheimen, eben auch in mehrfacher beziehung ausgebildet ...

S. 876:

»links am see
liegt eine matte heimlich im gehölz.«
Schiller, *Tell* I, 4.

... frei und für den modernen Sprachgebrauch ungewöhnlich ... heimlich ist zu einem verbum des verbergens gestellt: er verbirgt mich heimlich in seinem gezelt. ps. 27, 5. (... heimliche orte am menschlichen Körper, pudenda ... welche leute nicht stürben, die wurden geschlagen an heimlichen orten. 1Samuel 5,12 ...)

c) beamtete, die wichtige und geheim zu haltende ratschlage in Staatssachen ertheilen, heiszen heimliche räthe, das adjektiv nach heutigem Sprachgebrauch durch geheim (s.d.) ersetzt: ... (Pharao) nennt ihn (Joseph) den heimlichen rath. 1.Mos. 41,45;

S. 878: 6. heimlich für die erkenntnis, mystisch, allegorisch: heimliche bedeutung, *mysticus, divinus, occultus, figuratus.*

S. 878: anders ist heimlich im folgenden, der erkenntnis entzogen, unbewuszt: . . .

dann aber ist heimlich auch verschlossen, undurchdringlich in bezug auf erforschung: . . .

»merkst du wohl? sie trauen uns nicht,
fürchten des Friedländers heimlich gesicht.«
Wallensteins lager, 2. aufz. [Szene]

9. die bedeutung des versteckten, gefährlichen, die in der vorigen nummer hervortritt, entwickelt sich noch weiter, so dasz heimlich den sinn empfängt, den sonst unheimlich (gebildet nach heimlich, 3 *b*, sp. 874) hat: »mir ist zu Zeiten wie dem menschen der in nacht wandelt und an gespenster glaubt, jeder winkel ist ihm heimlich und schauerhaft.« Klinger, *theater,* 3,298.

Also heimlich ist ein Wort, das seine Bedeutung nach einer Ambivalenz hin entwickelt, bis es endlich mit seinem Gegensatz unheimlich zusammenfällt. Unheimlich ist irgendwie eine Art von heimlich. Halten wir dies noch nicht recht geklärte Ergebnis mit der Definition des Unheimlichen von Schelling zusammen. Die Einzeluntersuchung der Fälle des Unheimlichen wird uns diese Andeutungen verständlich machen.

II

Wenn wir jetzt an die Musterung der Personen und Dinge, Eindrücke, Vorgänge und Situationen herangehen, die das Gefühl des Unheimlichen in besonderer Stärke und Deutlichkeit in uns zu erwecken vermögen, so ist die Wahl eines glücklichen ersten Beispiels offenbar das nächste Erfordernis. E.Jentsch hat als ausgezeichneten Fall den »Zweifel an der Beseelung eines anscheinend lebendigen Wesens und umgekehrt darüber, ob ein lebloser Gegenstand nicht etwa beseelt sei« hervorgehoben und sich dabei auf den Eindruck von Wachsfiguren, kunstvollen Puppen und Automaten berufen. Er reiht dem das Unheimliche des epileptischen Anfalls und der Äußerungen des Wahnsinnes an, weil durch sie in dem Zuschauer Ahnungen von automatischen mechanischen Prozessen geweckt werden, die hinter dem gewohnten Bilde der Beseelung verborgen sein mögen. Ohne nun von dieser Ausführung des Autors voll überzeugt zu sein, wollen wir unsere eigene Untersuchung an ihn anknüpfen, weil er uns im weiteren an einen Dichter mahnt, dem die Erzeugung unheimlicher Wirkungen so gut wie keinem anderen gelungen ist.

»Einer der sichersten Kunstgriffe, leicht unheimliche Wirkungen durch Erzählungen hervorzurufen«, schreibt Jentsch, »beruht nun darauf, daß man den Leser im Ungewissen darüber läßt, ob er in einer bestimmten Figur eine Person oder etwa einen Automaten vor sich habe, und zwar so, daß diese Unsicherheit nicht direkt in den Brennpunkt seiner Aufmerksamkeit tritt, damit er nicht veranlaßt werde, die Sache sofort zu untersuchen und klarzustellen, da hiedurch, wie gesagt, die besondere Gefühlswirkung leicht schwindet. E.T.A. Hoffmann hat in seinen Phantasiestücken dieses psychologische Manöver wiederholt mit Erfolg zur Geltung gebracht.«

Diese gewiß richtige Bemerkung zielt vor allem auf die Erzählung Der Sandmann in den *Nachtstücken* (dritter Band der Grisebachschen Ausgabe von Hoffmanns sämtlichen Werken), aus welcher die Figur der Puppe Olimpia in den ersten Akt der Offenbachschen Oper *Hoffmanns Erzählungen* gelangt ist. Ich muß aber sagen und ich hoffe, die meisten Leser der Geschichte werden mir beistimmen, daß das Motiv der belebt scheinenden Puppe Olimpia keineswegs das einzige ist, welches für die unvergleichlich unheimliche Wirkung der Erzählung verantwortlich gemacht werden muß, ja nicht einmal dasjenige, dem diese Wirkung in erster Linie zuzuschreiben wäre. Es kommt dieser Wirkung auch nicht zustatten, daß die Olimpia-Episode vom Dichter selbst eine leise Wendung ins Satirische erfährt und von ihm zum Spott auf die Liebesüberschätzung von seiten des jungen Mannes gebraucht wird. Im Mittelpunkt der Erzählung steht vielmehr ein anderes Moment, nach dem sie auch den Namen trägt und das an den entscheidenden Stellen immer wieder hervorgekehrt wird: das Motiv des *Sandmannes*, der den Kindern die Augen ausreißt.

Der Student Nathaniel, mit dessen Kindheitserinnerungen die phantastische Erzählung anhebt, kann trotz seines Glückes in der Gegenwart die Erinnerungen nicht bannen, die sich ihm an den rätselhaft erschreckenden Tod des geliebten Vaters knüpfen. An gewissen Abenden pflegte die Mutter die Kinder mit der Mahnung zeitig zu Bette zu schicken:

Der Sandmann kommt, und wirklich hört das Kind dann jedesmal den schweren Schritt eines Besuchers, der den Vater für diesen Abend in Anspruch nimmt. Die Mutter, nach dem Sandmann befragt, leugnet dann zwar, daß ein solcher anders denn als Redensart existiert, aber eine Kinderfrau weiß greifbarere Auskunft zu geben: »Das ist ein böser Mann, der kommt zu den Kindern, wenn sie nicht zu Bette gehen wollen, und wirft ihnen Hände voll Sand in die Augen, daß sie blutig zum Kopfe herausspringen, die wirft er dann in den Sack und trägt sie in den Halbmond zur Atzung für seine Kinderchen, die sitzen dort im Nest und haben krumme Schnäbel wie die Eulen, damit picken sie der unartigen Menschenkindlein Augen auf.«

Obwohl der kleine Nathaniel alt und verständig genug war, um so schauerliche Zutaten zur Figur des Sandmannes abzuweisen, so setzte sich doch die Angst vor diesem selbst in ihm fest. Er beschloß zu erkunden, wie der Sandmann aussehe, und verbarg sich eines Abends, als er wieder erwartet wurde, im Arbeitszimmer des Vaters. In dem Besucher erkennt er dann den Advokaten Coppelius, eine abstoßende Persönlichkeit, vor der sich die Kinder zu scheuen pflegten, wenn er gelegentlich als Mittagsgast erschien, und identifiziert nun diesen Coppelius mit dem gefürchteten Sandmann. Für den weiteren Fortgang dieser Szene macht es der Dichter bereits zweifelhaft, ob wir es mit einem ersten Delirium des angstbesessenen Knaben oder mit einem Bericht zu tun haben, der als real in der Darstellungswelt der Erzählung aufzufassen ist. Vater und Gast machen sich an einem Herd mit flammender Glut zu schaffen. Der kleine Lauscher hört Coppelius rufen: »Augen her, Augen her«, verrät sich durch seinen Aufschrei und wird von Coppelius gepackt, der ihm glutrote Körner aus der Flamme in die Augen streuen will, um sie dann auf den Herd zu werfen. Der Vater bittet die Augen des Kindes frei. Eine tiefe Ohnmacht und lange Krankheit beenden das Erlebnis. Wer sich für die rationalistische Deutung des Sandmannes entscheidet, wird in dieser Phantasie des Kindes den fortwirkenden Einfluß jener Erzählung der Kinderfrau nicht verkennen. Anstatt der Sandkörner sind es glutrote Flammenkörner, die dem Kinde in die Augen gestreut werden sollen, in beiden Fällen, damit die Augen herausspringen. Bei einem weiteren Besuche des Sandmannes ein Jahr später wird der Vater durch eine Explosion im Arbeitszimmer getötet; der Advokat Coppelius verschwindet vom Orte, ohne eine Spur zu hinterlassen.

Diese Schreckgestalt seiner Kinderjahre glaubt nun der Student Nathaniel in einem herumziehenden italienischen Optiker Giuseppe Coppola zu erkennen, der ihm in der Universitätsstadt Wettergläser zum Kauf anbietet und nach seiner Ablehnung hinzusetzt: »Ei, nix Wetterglas, nix Wetterglas! hab auch sköne Oke – sköne Oke.« Das Entsetzen des Studenten wird beschwichtigt, da sich die angebotenen Augen als harmlose Brillen herausstellen; er kauft dem Coppola ein Taschenperspektiv ab und späht mit dessen Hilfe in die gegenüberliegende Wohnung des Professors Spalanzani, wo er dessen schöne, aber rätselhaft wortkarge und unbewegte Tochter Olimpia erblickt. In diese verliebt er sich bald so heftig, daß er seine kluge und nüchterne Braut über sie vergißt. Aber Olimpia ist ein Automat, an dem Spalanzani das Räderwerk gemacht und dem Coppola der Sandmann die Augen eingesetzt hat. Der Student kommt hinzu, wie die beiden Meister sich um ihr Werk streiten; Der Optiker hat die hölzerne, augenlose Puppe davongetragen, und der Mechaniker, Spalanzani, wirft Nathaniel die auf dem Boden liegenden blutigen Augen Olimpias an die Brust, von denen er sagt, daß Coppola sie dem Nathaniel gestohlen. Dieser wird von einem neuerlichen Wahnsinnsanfall ergriffen, in dessen Delirium sich die Reminiszenz an den Tod des Vaters mit dem frischen Eindruck verbindet: »Hui – hui – hui! – Feuerkreis – Feuerkreis! – Dreh' dich, Feuerkreis – lustig – lustig! – Holzpüppchen – hui, schön Holzpüppchen – dreh' dich.« Damit wirft er sich auf den Professor, den angeblichen Vater Olimpias, und will ihn erwürgen.

Aus langer, schwerer Krankheit erwacht, scheint Nathaniel endlich genesen. Er gedenkt, seine wiedergefundene Braut zu heiraten. Sie ziehen beide eines Tages durch die Stadt, auf deren Markt der hohe Ratsturm seinen Riesenschatten wirft. Das Mädchen schlägt ihrem Bräutigam vor, auf den Turm zu steigen, während der das Paar begleitende Bruder der Braut unten verbleibt. Oben zieht eine merkwürdige Erscheinung von etwas, was sich auf der Straße heranbewegt, die Aufmerksamkeit Claras auf sich. Nathaniel betrachtet dasselbe Ding durch Coppolas Perspektiv, das er in seiner Tasche findet, wird neuerlich vom Wahnsinn ergriffen, und mit den Worten: Holzpüppchen, dreh' dich, will er das Mädchen in die Tiefe schleudern. Der durch ihr Geschrei herbeigeholte Bruder rettet sie und eilt mit ihr herab. Oben läuft der Rasende mit dem Ausruf herum: Feuerkreis, dreh' dich, dessen Herkunft wir ja verstehen. Unter den Menschen, die sich unten ansammeln, ragt der Advokat Coppelius hervor, der plötzlich wieder erschienen ist. Wir dürfen annehmen, daß es der Anblick seiner Annäherung war, der den Wahnsinn bei Nathaniel zum Ausbruch brachte. Man will hinauf, um sich des Rasenden zu bemächtigen, aber Coppelius lacht: »Wartet nur, der kommt schon herunter von selbst.« Nathaniel bleibt plötzlich stehen, wird den Coppelius gewahr und wirft sich mit dem gellenden Schrei: »Ja! – Sköne Oke – Sköne Oke« – über das Geländer herab. Sowie er mit zerschmettertem Kopf auf dem Straßenpflaster liegt, ist der Sandmann im Gewühl verschwunden.

Diese kurze Nacherzählung wird wohl keinen Zweifel darüber bestehen lassen, daß das Gefühl des Unheimlichen direkt an der Gestalt des Sandmannes, also an der Vorstellung, der Augen beraubt zu werden, haftet und daß eine intellektuelle Unsicherheit im Sinne von Jentsch mit dieser Wirkung nichts zu tun hat. Der Zweifel an der Beseeltheit, den wir bei der Puppe Olimpia gelten lassen mußten, kommt bei diesem stärkeren Beispiel des Unheimlichen überhaupt nicht in Betracht. Der Dichter erzeugt zwar in uns anfänglich eine Art von Unsicherheit, indem er uns, gewiß nicht ohne Absicht, zunächst nicht erraten läßt, ob er uns in die reale Welt oder in eine ihm beliebige phantastische Welt einführen wird. Er hat ja bekanntlich das Recht, das eine oder das andere zu tun, und wenn er z.B. eine Welt, in der Geister, Dämonen und Gespenster agieren, zum Schauplatz seiner Darstellungen gewählt hat, wie Shakespeare im *Hamlet*, *Macbeth* und in anderem Sinne im *Sturm* und im *Sommernachtstraum*, so müssen wir ihm darin nachgeben und diese Welt seiner Voraussetzung für die Dauer unserer Hingegebenheit wie eine Realität behandeln. Aber im Verlaufe der Hoffmannschen Erzählung schwindet dieser Zweifel, wir merken, daß der Dichter uns selbst durch die Brille oder das Perspektiv des dämonischen Optikers schauen lassen will, ja daß er vielleicht in höchsteigener Person durch solch ein Instrument geguckt hat. Der Schluß der Erzählung macht es ja klar, daß der Optiker Coppola wirklich der Advokat Coppelius[12] und also auch der Sandmann ist.

Eine »intellektuelle Unsicherheit« kommt hier nicht mehr in Frage: wir wissen jetzt, daß uns nicht die Phantasiegebilde eines Wahnsinnigen vorgeführt werden sollen, hinter denen wir in rationalistischer Überlegenheit den nüchternen Sachverhalt erkennen mögen, und der Eindruck des Unheimlichen hat sich durch diese Aufklärung nicht im mindesten verringert. Eine intellektuelle Unsicherheit leistet uns also nichts für das Verständnis dieser unheimlichen Wirkung.

Hingegen mahnt uns die psychoanalytische Erfahrung daran, daß es eine schreckliche Kinderangst ist, die Augen zu beschädigen oder zu verlieren. Vielen Erwachsenen ist diese Ängstlichkeit verblieben, und sie fürchten keine andere Organverletzung so sehr wie die des Auges. Ist man doch auch gewohnt zu sagen, daß man etwas behüten werde wie seinen Augapfel. Das Studium der Träume, der Phantasien und Mythen hat uns dann gelehrt, daß die Angst um die Augen, die Angst zu erblinden, häufig genug ein Ersatz für die Kastrationsangst ist. Auch die Selbstblendung des mythischen Verbrechers Ödipus ist nur eine Ermäßigung für die Strafe der Kastration, die ihm nach der Regel der Talion[13] allein ange-

---

12 *Zur Ableitung des Namens: Coppella = Probiertiegel (die chemischen Operationen, bei denen der Vater verunglückt); coppo = Augenhöhle (nach einer Bemerkung von Frau Dr. Rank).*

13 *Wiedervergeltung*

messen wäre. Man mag es versuchen, in rationalistischer Denkweise die Zurückführung der Augenangst auf die Kastrationsangst abzulehnen; man findet es begreiflich, daß ein so kostbares Organ wie das Auge von einer entsprechend großen Angst bewacht wird, ja man kann weitergehend behaupten, daß kein tieferes Geheimnis und keine andere Bedeutung sich hinter der Kastrationsangst verberge. Aber man wird damit doch nicht der Ersatzbeziehung gerecht, die sich in Traum, Phantasie und Mythus zwischen Auge und männlichem Glied kundgibt, und kann dem Eindruck nicht widersprechen, daß ein besonders starkes und dunkles Gefühl sich gerade gegen die Drohung, das Geschlechtsglied einzubüßen erhebt, und daß dieses Gefühl erst der Vorstellung vom Verlust anderer Organe den Nachhall verleiht. Jeder weitere Zweifel schwindet dann, wenn man aus den Analysen an Neurotikern die Details des »Kastrationskomplexes« erfahren und dessen großartige Rolle in ihrem Seelenleben zur Kenntnis genommen hat.

Auch würde ich keinem Gegner der psychoanalytischen Auffassung raten, sich für die Behauptung, die Augenangst sei etwas vom Kastrationskomplex Unabhängiges, gerade auf die Hoffmannsche Erzählung vom Sandmann zu berufen. Denn warum ist die Augenangst hier mit dem Tode des Vaters in innigste Beziehung gebracht? Warum tritt der Sandmann jedesmal als Störer der Liebe auf? Er entzweit den unglücklichen Studenten mit seiner Braut und ihrem Bruder, der sein bester Freund ist, er vernichtet sein zweites Liebesobjekt, die schöne Puppe Olimpia, und zwingt ihn selbst zum Selbstmord, wie er unmittelbar vor der beglückenden Vereinigung mit seiner wiedergewonnenen Clara steht. Diese sowie viele andere Züge der Erzählung erscheinen willkürlich und bedeutungslos, wenn man die Beziehung der Augenangst zur Kastration ablehnt, und werden sinnreich, sowie man für den Sandmann den gefürchteten Vater einsetzt, von dem man die Kastration erwartet[14]

---

14 *In der Tat hat die Phantasiebearbeitung des Dichters die Elemente des Stoffes nicht so wild herumgewirbelt, daß man ihre ursprüngliche Anordnung nicht wiederherstellen könnte. In der Kindergeschichte stellen der Vater und Coppelius die durch Ambivalenz in zwei Gegensätze zerlegte Vater-Imago dar; der eine droht mit der Blendung (Kastration), der andere, der gute Vater, bittet die Augen des Kindes frei. Das von der Verdrängung am stärksten betroffene Stück des Komplexes, der Todeswunsch gegen den bösen Vater, findet seine Darstellung in dem Tod des guten Vaters, der dem Coppelius zur Last gelegt wird. Diesem Väterpaar entsprechen in der späteren Lebensgeschichte des Studenten der Professor Spalanzani und der Optiker Coppola, der Professor an sich eine Figur der Vaterreihe, Coppola als identisch mit dem Advokaten Coppelius erkannt. Wie sie damals zusammen am geheimnisvollen Herd arbeiteten, so haben sie nun gemeinsam die Puppe Olimpia verfertigt; der Professor heißt auch der Vater Olimpias. Durch diese zweimalige Gemeinsamkeit verraten sie sich als Spaltungen der Vater-Imago, d.h. sowohl der Mechaniker als auch der Optiker sind der*

E. T. A. Hoffmann war das Kind einer unglücklichen Ehe. Als er drei Jahre war, trennte sich der Vater von seiner kleinen Familie und lebte nie wieder mit ihr vereint. Nach den Belegen, die E. Grisebach in der biographischen Einleitung zu Hoffmanns Werken beibringt, war die Beziehung zum Vater immer eine der wundesten Stellen in des Dichters Gefühlsleben.

Wir würden es also wagen, das Unheimliche des Sandmannes auf die Angst des kindlichen Kastrationskomplexes zurückzuführen. Sowie aber die Idee auftaucht, ein solches infantiles Moment für die Entstehung des unheimlichen Gefühls in Anspruch zu nehmen, werden wir auch zum Versuch getrieben, dieselbe Ableitung für andere Beispiele des Unheimlichen in Betracht zu ziehen. Im Sandmann findet sich noch das Motiv der belebt scheinenden Puppe, das Jentsch hervorgehoben hat. Nach diesem Autor ist es eine besonders günstige Bedingung für die Erzeugung unheimlicher Gefühle, wenn eine intellektuelle Unsicherheit geweckt wird, ob etwas belebt oder leblos sei, und wenn das Leblose die Ähnlichkeit mit dem Lebenden zu weit treibt. Natürlich sind wir aber gerade mit den Puppen vom Kindlichen nicht weit entfernt. Wir erinnern uns, daß das Kind im frühen Alter des Spielens überhaupt nicht scharf zwischen Belebtem und Leblosem unterscheidet und daß es besonders gern seine Puppe wie ein lebendes Wesen behandelt. Ja, man hört gelegentlich von einer Patientin erzählen, sie habe noch im Alter von acht Jahren die Überzeugung gehabt, wenn sie ihre Puppen auf eine gewisse Art, möglichst eindringlich, anschauen würde, müßten diese lebendig werden.

Vater der Olimpia wie des Nathaniel. In der Schreckensszene der Kinderzeit hatte Coppelius, nachdem er auf die Blendung des Kleinen verzichtet, ihm probeweise Arme und Beine abgeschraubt, also wie ein Mechaniker an einer Puppe an ihm gearbeitet. Dieser sonderbare Zug, der ganz aus dem Rahmen der Sandmannvorstellung heraustritt, bringt ein neues Äquivalent der Kastration ins Spiel; er weist aber auch auf die innere Identität des Coppelius mit seinem späteren Widerpart, dem Mechaniker Spalanzani, hin und bereitet uns für die Deutung der Olimpia vor. Diese automatische Puppe kann nichts anderes sein als die Materialisation von Nathaniels femininer Einstellung zu seinem Vater in früher Kindheit. Ihre Väter Spalanzani und Coppola sind ja nur neue Auflagen, Reinkarnationen von Nathaniels Väterpaar; die sonst unverständliche Angabe des Spalanzani, daß der Optiker dem Nathaniel die Augen gestohlen (s. oben), um sie der Puppe einzusetzen, gewinnt so als Beweis für die Identität von Olimpia und Nathaniel ihre Bedeutung. Olimpia ist sozusagen ein von Nathaniel losgelöster Komplex, der ihm als Person entgegentritt; die Beherrschung durch diesen Komplex findet in der unsinnig zwanghaften Liebe zur Olimpia ihren Ausdruck. Wir haben das Recht, diese Liebe eine narzißtische zu heißen, und verstehen, daß der ihr Verfallene sich dem realen Liebesobjekt entfremdet. Wie psychologisch richtig es aber ist, daß der durch den Kastrationskomplex an den Vater fixierte Jüngling der Liebe zum Weibe unfähig wird, zeigen zahlreiche Krankenanalysen, deren Inhalt zwar weniger phantastisch, aber kaum minder traurig ist als die Geschichte des Studenten Nathaniel.

Das infantile Moment ist also auch hier leicht nachzuweisen; aber merkwürdig, im Falle des Sandmannes handelte es sich um die Erweckung einer alten Kinderangst, bei der lebenden Puppe ist von Angst keine Rede, das Kind hat sich vor dem Beleben seiner Puppen nicht gefürchtet, vielleicht es sogar gewünscht. Die Quelle des unheimlichen Gefühls wäre also hier nicht eine Kinderangst, sondern ein Kinderwunsch oder auch nur ein Kinderglaube. Das scheint ein Widerspruch; möglicherweise ist es nur eine Mannigfaltigkeit, die späterhin unserem Verständnis förderlich werden kann.

E. T. A. Hoffmann ist der unerreichte Meister des Unheimlichen in der Dichtung. Sein Roman *Die Elixiere des Teufels* weist ein ganzes Bündel von Motiven auf, denen man die unheimliche Wirkung der Geschichte zuschreiben möchte. Der Inhalt des Romans ist zu reichhaltig und verschlungen, als daß man einen Auszug daraus wagen könnte. Zu Ende des Buches, wenn die dem Leser bisher vorenthaltenen Voraussetzungen der Handlung nachgetragen werden, ist das Ergebnis nicht die Aufklärung des Lesers, sondern eine volle Verwirrung desselben. Der Dichter hat zu viel Gleichartiges gehäuft; der Eindruck des Ganzen leidet nicht darunter, wohl aber das Verständnis. Man muß sich damit begnügen, die hervorstechendsten unter jenen unheimlich wirkenden Motiven herauszuheben, um zu untersuchen, ob auch für sie eine Ableitung aus infantilen Quellen zulässig ist. Es sind dies das Doppelgängertum in all seinen Abstufungen und Ausbildungen, also das Auftreten von Personen, die wegen ihrer gleichen Erscheinung für identisch gehalten werden müssen, die Steigerung dieses Verhältnisses durch Überspringen seelischer Vorgänge von einer dieser Personen auf die andere was wir Telepathie heißen würden, so daß der eine das Wissen, Fühlen und Erleben des anderen mitbesitzt, die Identifizierung mit einer anderen Person, so daß man an seinem Ich irre wird oder das fremde Ich an die Stelle des eigenen versetzt, also Ich-Verdopplung, Ich-Teilung, Ich-Vertauschung und endlich die beständige Wiederkehr des Gleichen, die Wiederholung der nämlichen Gesichtszüge, Charaktere, Schicksale, verbrecherischen Taten, ja der Namen durch mehrere aufeinanderfolgende Generationen.

Das Motiv des Doppelgängers hat in einer gleichnamigen Arbeit von O. Rank eine eingehende Würdigung gefunden[15]. Dort werden die Beziehungen des Doppelgängers zum Spiegel- und Schattenbild, zum Schutzgeist, zur Seelenlehre und zur Todesfurcht untersucht, es fällt aber auch helles Licht auf die überraschende Entwicklungsgeschichte des Motivs. Denn der Doppelgänger war ursprünglich eine Versicherung gegen

---

15 *O. Rank, ›Der Doppelgänger« (1914).*

den Untergang des Ichs, eine »energische Dementierung der Macht des Todes« (O. Rank), und wahrscheinlich war die »unsterbliche« Seele der erste Doppelgänger des Leibes. Die Schöpfung einer solchen Verdopplung zur Abwehr gegen die Vernichtung hat ihr Gegenstück in einer Darstellung der Traumsprache, welche die Kastration durch Verdopplung oder Vervielfältigung des Genitalsymbols auszudrücken liebt; sie wird in der Kultur der alten Ägypter ein Antrieb für die Kunst, das Bild des Verstorbenen in dauerhaftem Stoff zu formen. Aber diese Vorstellungen sind auf dem Boden der uneingeschränkten Selbstliebe entstanden, des primären Narzißmus, welcher das Seelenleben des Kindes wie des Primitiven beherrscht, und mit der Überwindung dieser Phase ändert sich das Vorzeichen des Doppelgängers, aus einer Versicherung des Fortlebens wird er zum unheimlichen Vorboten des Todes.

Die Vorstellung des Doppelgängers braucht nicht mit diesem uranfänglichen Narzißmus unterzugehen; denn sie kann aus den späteren Entwicklungsstufen des Ichs neuen Inhalt gewinnen. Im Ich bildet sich langsam eine besondere Instanz heraus, welche sich dem übrigen Ich entgegenstellen kann, die der Selbstbeobachtung und Selbstkritik dient, die Arbeit der psychischen Zensur leistet und unserem Bewußtsein als »Gewissen« bekannt wird. Im pathologischen Falle des Beachtungswahnes wird sie isoliert, vom Ich abgespalten, dem Arzte bemerkbar. Die Tatsache, daß eine solche Instanz vorhanden ist, welche das übrige Ich wie ein Objekt behandeln kann, also daß der Mensch der Selbstbeobachtung fähig ist, macht es möglich, die alte Doppelgängervorstellung mit neuem Inhalt zu erfüllen und ihr mancherlei zuzuweisen, vor allem all das, was der Selbstkritik als zugehörig zum alten überwundenen Narzißmus der Urzeit erscheint[16].

Aber nicht nur dieser der Ich-Kritik anstößige Inhalt kann dem Doppelgänger einverleibt werden, sondern ebenso alle unterbliebenen Möglichkeiten der Geschicksgestaltung, an denen die Phantasie noch festhalten will, und alle Ich-Strebungen, die sich infolge äußerer Ungunst nicht durchsetzen konnten, sowie alle die unterdrückten Willensentscheidungen, die die Illusion des freien Willens ergeben haben[17].

---

16 Ich glaube, wenn die Dichter klagen, daß zwei Seelen in des Menschen Brust wohnen, und wenn die Populärpsychologen von der Spaltung des Ichs im Menschen reden, so schwebt ihnen diese Entzweiung, der Ich-Psychologie angehörig, zwischen der kritischen Instanz und dem Ich-Rest vor und nicht die von der Psychoanalyse aufgedeckte Gegensätzlichkeit zwischen dem Ich und dem unbewußten Verdrängten. Der Unterschied wird allerdings dadurch verwischt, daß sich unter dem von der Ich-Kritik Verworfenen zunächst die Abkömmlinge des Verdrängten befinden.

17 In der H. H. Ewersschen Dichtung Der Student von Prag, von welcher die Ranksche Studie über den Doppelgänger ausgegangen ist, hat der Held der Geliebten ver-

Nachdem wir aber so die manifeste Motivierung der Doppelgängergestalt betrachtet haben, müssen wir uns sagen: Nichts von alledem macht uns den außerordentlich hohen Grad von Unheimlichkeit, der ihr anhaftet, verständlich, und aus unserer Kenntnis der pathologischen Seelenvorgänge dürfen wir hinzusetzen, nichts von diesem Inhalt könnte das Abwehrbestreben erklären, das ihn als etwas Fremdes aus dem Ich hinausprojiziert. Der Charakter des Unheimlichen kann doch nur daher rühren, daß der Doppelgänger eine den überwundenen seelischen Urzeiten angehörige Bildung ist, die damals allerdings einen freundlicheren Sinn hatte. Der Doppelgänger ist zum Schreckbild geworden, wie die Götter nach dem Sturz ihrer Religion zu Dämonen werden (Heine, *Die Götter im Exil*).

Die anderen bei Hoffmann verwendeten Ich-Störungen sind nach dem Muster des Doppelgängermotivs leicht zu beurteilen. Es handelt sich bei ihnen um ein Rückgreifen auf einzelne Phasen in der Entwicklungsgeschichte des Ich-Gefühls, um eine Regression in Zeiten, da das Ich sich noch nicht scharf von der Außenwelt und vom anderen abgegrenzt hatte. Ich glaube, daß diese Motive den Eindruck des Unheimlichen mitverschulden, wenngleich es nicht leicht ist, ihren Anteil an diesem Eindruck isoliert herauszugreifen.

Das Moment der Wiederholung des Gleichartigen wird als Quelle des unheimlichen Gefühls vielleicht nicht bei jedermann Anerkennung finden. Nach meinen Beobachtungen ruft es unter gewissen Bedingungen und in Kombination mit bestimmten Umständen unzweifelhaft ein solches Gefühl hervor, das überdies an die Hilflosigkeit mancher Traumzustände mahnt. Als ich einst an einem heißen Sommernachmittag die mir unbekannten, menschenleeren Straßen einer italienischen Kleinstadt durchstreifte, geriet ich in eine Gegend, über deren Charakter ich nicht lange in Zweifel bleiben konnte. Es waren nur geschminkte Frauen an den Fenstern der kleinen Häuser zu sehen, und ich beeilte mich, die enge Straße durch die nächste Einbiegung zu verlassen. Aber nachdem ich eine Weile führerlos herumgewandert war, fand ich mich plötzlich in derselben Straße wieder, in der ich nun Aufsehen zu erregen begann, und meine eilige Entfernung hatte nur die Folge, daß ich auf einem neuen Umwege zum drittenmal dahingeriet. Dann aber erfaßte mich ein Gefühl, das ich nur als unheimlich bezeichnen kann, und ich war froh, als ich unter Verzicht auf weitere Entdeckungsreisen auf die kürzlich von mir verlassene Piazza zurückfand. Andere Situationen, die die unbeabsichtigte Wiederkehr mit der eben beschriebenen gemein haben und sich in den anderen Punkten gründlich von ihr unterscheiden, haben doch dasselbe Gefühl

---

sprochen, seinen Duellgegner nicht zu töten. Auf dem Wege zum Duellplatz begegnet ihm aber der Doppelgänger, welcher den Nebenbuhler bereits erledigt hat.

von Hilflosigkeit und Unheimlichkeit zur Folge. Zum Beispiel, wenn man sich im Hochwald, etwa vom Nebel überrascht, verirrt hat und nun trotz aller Bemühungen, einen markierten oder bekannten Weg zu finden, wiederholt zu der einen, durch eine bestimmte Formation gekennzeichneten Stelle zurückkommt. Oder wenn man im unbekannten, dunkeln Zimmer wandert, um die Tür oder den Lichtschalter aufzusuchen und dabei zum xtenmal mit demselben Möbelstück zusammenstößt, eine Situation, die Mark Twain allerdings durch groteske Übertreibung in eine unwiderstehlich komische umgewandelt hat.

An einer anderen Reihe von Erfahrungen erkennen wir auch mühelos, daß es nur das Moment der unbeabsichtigten Wiederholung ist, welches das sonst Harmlose unheimlich macht und uns die Idee des Verhängnisvollen, Unentrinnbaren aufdrängt, wo wir sonst nur von »Zufall« gesprochen hätten. So ist es z.B. gewiß ein gleichgültiges Erlebnis, wenn man für seine in einer Garderobe abgegebenen Kleider einen Schein mit einer gewissen Zahl sagen wir: 62 erhält oder wenn man findet, daß die zugewiesene Schiffskabine diese Nummer trägt. Aber dieser Eindruck ändert sich, wenn beide an sich indifferenten Begebenheiten nahe aneinanderrücken, so daß einem die Zahl 62 mehrmals an demselben Tage entgegentritt, und wenn man dann etwa gar die Beobachtung machen sollte, daß alles, was eine Zahlenbezeichnung trägt, Adressen, Hotelzimmer, Eisenbahnwagen u.dgl. immer wieder die nämliche Zahl, wenigstens als Bestandteil, wiederbringt. Man findet das »unheimlich«, und wer nicht stich- und hiebfest gegen die Versuchungen des Aberglaubens ist, wird sich geneigt finden, dieser hartnäckigen Wiederkehr der einen Zahl eine geheime Bedeutung zuzuschreiben, etwa einen Hinweis auf das ihm bestimmte Lebensalter darin zu sehen. Oder wenn man eben mit dem Studium der Schriften des großen Physiologen E. Hering beschäftigt ist und nun wenige Tage auseinander Briefe von zwei Personen dieses Namens aus verschiedenen Ländern empfängt, während man bis dahin niemals mit Leuten, die so heißen, in Beziehung getreten war. Ein geistvoller Naturforscher hat vor kurzem den Versuch unternommen, Vorkommnisse solcher Art gewissen Gesetzen unterzuordnen, wodurch der Eindruck des Unheimlichen aufgehoben werden müßte. Ich getraue mich nicht zu entscheiden, ob es ihm gelungen ist[18].

Wie das Unheimliche der gleichartigen Wiederkehr aus dem infantilen Seelenleben abzuleiten ist, kann ich hier nur andeuten und muß dafür auf eine bereitliegende ausführliche Darstellung in anderem Zusammenhange verweisen. Im seelisch Unbewußten läßt sich nämlich die Herrschaft eines von den Triebregungen ausgehenden *Wiederholungszwanges* erkennen, der wahrscheinlich von der innersten Natur der Triebe selbst

---

18 P. Kammerer, Das Gesetz der Serie (1919).

abhängt, stark genug ist, sich über das Lustprinzip hinauszusetzen, gewissen Seiten des Seelenlebens den dämonischen Charakter verleiht, sich in den Strebungen des kleinen Kindes noch sehr deutlich äußert und ein Stück vom Ablauf der Psychoanalyse des Neurotikers beherrscht. Wir sind durch alle vorstehenden Erörterungen darauf vorbereitet, daß dasjenige als unheimlich verspürt werden wird, was an diesen inneren Wiederholungszwang mahnen kann.

Nun, denke ich aber, ist es Zeit, uns von diesen immerhin schwierig zu beurteilenden Verhältnissen abzuwenden und unzweifelhafte Fälle des Unheimlichen aufzusuchen, von deren Analyse wir die endgültige Entscheidung über die Geltung unserer Annahme erwarten dürfen.

Im ›Ring des Polykrates‹ wendet sich der Gast mit Grausen, weil er merkt, daß jeder Wunsch des Freundes sofort in Erfüllung geht, jede seiner Sorgen vom Schicksal unverzüglich aufgehoben wird. Der Gastfreund ist ihm »unheimlich« geworden. Die Auskunft, die er selbst gibt, daß der allzu Glückliche den Neid der Götter zu fürchten habe, erscheint uns noch undurchsichtig, ihr Sinn ist mythologisch verschleiert. Greifen wir darum ein anderes Beispiel aus weit schlichteren Verhältnissen heraus: In der Krankengeschichte eines Zwangsneurotikers[19] habe ich erzählt, daß dieser Kranke einst einen Aufenthalt in einer Wasserheilanstalt genommen hatte, aus dem er sich eine große Besserung holte. Er war aber so klug, diesen Erfolg nicht der Heilkraft des Wassers, sondern der Lage seines Zimmers zuzuschreiben, welches der Kammer einer liebenswürdigen Pflegerin unmittelbar benachbart war. Als er dann zum zweitenmal in diese Anstalt kam, verlangte er dasselbe Zimmer wieder, mußte aber hören, daß es bereits von einem alten Herrn besetzt sei, und gab seinem Unmut darüber in den Worten Ausdruck: Dafür soll ihn aber der Schlag treffen. Vierzehn Tage später erlitt der alte Herr wirklich einen Schlaganfall. Für meinen Patienten war dies ein »unheimliches« Erlebnis. Der Eindruck des Unheimlichen wäre noch stärker gewesen, wenn eine viel kürzere Zeit zwischen jener Äußerung und dem Unfall gelegen wäre oder wenn der Patient über zahlreiche ganz ähnliche Erlebnisse hätte berichten können. In der Tat war er um solche Bestätigungen nicht verlegen, aber nicht er allein, alle Zwangsneurotiker, die ich studiert habe, wußten Analoges von sich zu erzählen. Sie waren gar nicht überrascht, regelmäßig der Person zu begegnen, an die sie eben vielleicht nach langer Pause gedacht hatten; sie pflegten regelmäßig am Morgen einen Brief von einem Freund zu bekommen, wenn sie am Abend vorher geäußert hatten: Von dem hat man aber jetzt lange nichts gehört, und beson-

---

19 ›Bemerkungen über einen Fall von Zwangsneurose.

ders Unglücks- oder Todesfälle ereigneten sich nur selten, ohne eine Weile vorher durch ihre Gedanken gehuscht zu sein. Sie pflegten diesem Sachverhalt in der bescheidensten Weise Ausdruck zu geben, indem sie behaupteten, »Ahnungen« zu haben, die »meistens« eintreffen.

Eine der unheimlichsten und verbreitetsten Formen des Aberglaubens ist die Angst vor dem »bösen Blick«, welcher bei dem Hamburger Augenarzt S. Seligmann[20] eine gründliche Behandlung gefunden hat. Die Quelle, aus welcher diese Angst schöpft, scheint niemals verkannt worden zu sein. Wer etwas Kostbares und doch Hinfälliges besitzt, fürchtet sich vor dem Neid der anderen, indem er jenen Neid auf sie projiziert, den er im umgekehrten Falle empfunden hätte. Solche Regungen verrät man durch den Blick, auch wenn man ihnen den Ausdruck in Worten versagt, und wenn jemand durch auffällige Kennzeichen, besonders unerwünschter Art, vor den anderen hervorsticht, traut man ihm zu, daß sein Neid eine besondere Stärke erreichen und dann auch diese Stärke in Wirkung umsetzen wird. Man fürchtet also eine geheime Absicht zu schaden, und auf gewisse Anzeichen hin nimmt man an, daß dieser Absicht auch die Kraft zu Gebote steht.

Die letzterwähnten Beispiele des Unheimlichen hängen von dem Prinzip ab, das ich, der Anregung eines Patienten folgend, die »Allmacht der Gedanken« benannt habe. Wir können nun nicht mehr verkennen, auf welchem Boden wir uns befinden. Die Analyse der Fälle des Unheimlichen hat uns zur alten Weltauffassung des *Animismus* zurückgeführt, die ausgezeichnet war durch die Erfüllung der Welt mit Menschengeistern, durch die narzißtische Überschätzung der eigenen seelischen Vorgänge, die Allmacht der Gedanken und die darauf aufgebaute Technik der Magie, die Zuteilung von sorgfältig abgestuften Zauberkräften an fremde Personen und Dinge (*Mana*), sowie durch alle die Schöpfungen, mit denen sich der uneingeschränkte Narzißmus jener Entwicklungsperiode gegen den unverkennbaren Einspruch der Realität zur Wehr setzte. Es scheint, daß wir alle in unserer individuellen Entwicklung eine diesem Animismus der Primitiven entsprechende Phase durchgemacht haben, daß sie bei keinem von uns abgelaufen ist, ohne noch äußerungsfähige Reste und Spuren zu hinterlassen, und daß alles, was uns heute als »unheimlich« erscheint, die Bedingung erfüllt, daß es an diese Reste animistischer Seelentätigkeit rührt und sie zur Äußerung anregt[21].

---

20 *Der böse Blick und Verwandtes (1910 u. 1911).*

21 *Vgl. hiezu den Abschnitt III ›Animismus, Magie und Allmacht der Gedanken‹ in des Verf. Buch Totem und Tabu (191213). Dort auch die Bemerkung: »Es scheint, daß wir den Charakter des Unheimlichen solchen Eindrücken verleihen, welche die Allmacht der Gedanken und die animistische Denkweise überhaupt bestätigen wollen, während wir uns bereits im Urteil von ihr abgewendet haben.«*

Hier ist nun der Platz für zwei Bemerkungen, in denen ich den wesentlichen Inhalt dieser kleinen Untersuchung niederlegen möchte. Erstens, wenn die psychoanalytische Theorie in der Behauptung recht hat, daß jeder Affekt einer Gefühlsregung, gleichgültig von welcher Art, durch die Verdrängung in Angst verwandelt wird, so muß es unter den Fällen des Ängstlichen eine Gruppe geben, in der sich zeigen läßt, daß dies Ängstliche etwas wiederkehrendes Verdrängtes ist. Diese Art des Ängstlichen wäre eben das Unheimliche, und dabei muß es gleichgültig sein, ob es ursprünglich selbst ängstlich war oder von einem anderen Affekt getragen. Zweitens, wenn dies wirklich die geheime Natur des Unheimlichen ist, so verstehen wir, daß der Sprachgebrauch das Heimliche in seinen Gegensatz, das Unheimliche übergehen läßt, denn dies Unheimliche ist wirklich nichts Neues oder Fremdes, sondern etwas dem Seelenleben von alters her Vertrautes, das ihm nur durch den Prozeß der Verdrängung entfremdet worden ist. Die Beziehung auf die Verdrängung erhellt uns jetzt auch die Schellingsche Definition, das Unheimliche sei etwas, was im Verborgenen hätte bleiben sollen und hervorgetreten ist.

Es erübrigt uns nur noch, die Einsicht, die wir gewonnen haben, an der Erklärung einiger anderer Fälle des Unheimlichen zu erproben.

Im allerhöchsten Grade unheimlich erscheint vielen Menschen, was mit dem Tod, mit Leichen und mit der Wiederkehr der Toten, mit Geistern und Gespenstern, zusammenhängt. Wir haben ja gehört, daß manche moderne Sprachen unseren Ausdruck: ein unheimliches Haus gar nicht anders wiedergeben können als durch die Umschreibung: ein Haus, in dem es spukt. Wir hätten eigentlich unsere Untersuchung mit diesem, vielleicht stärksten Beispiel von Unheimlichkeit beginnen können, aber wir taten es nicht, weil hier das Unheimliche zu sehr mit dem Grauenhaften vermengt und zum Teil von ihm gedeckt ist. Aber auf kaum einem anderen Gebiete hat sich unser Denken und Fühlen seit den Urzeiten so wenig verändert, ist das Alte unter dünner Decke so gut erhalten geblieben, wie in unserer Beziehung zum Tode. Zwei Momente geben für diesen Stillstand gute Auskunft: Die Stärke unserer ursprünglichen Gefühlsreaktionen und die Unsicherheit unserer wissenschaftlichen Erkenntnis. Unsere Biologie hat es noch nicht entscheiden können, ob der Tod das notwendige Schicksal jedes Lebewesens oder nur ein regelmäßiger, vielleicht aber vermeidlicher Zufall innerhalb des Lebens ist. Der Satz: alle Menschen müssen sterben, paradiert zwar in den Lehrbüchern der Logik als Vorbild einer allgemeinen Behauptung, aber keinem Menschen leuchtet er ein, und unser Unbewußtes hat jetzt sowenig Raum wie vormals für die Vorstellung der eigenen Sterblichkeit. Die Religionen bestreiten noch immer der unableugbaren Tatsache des individuellen Todes ihre Bedeutung und setzen die Existenz über das Lebensende hinaus fort; die staatlichen Gewalten meinen die moralische Ordnung unter den Lebenden nicht aufrechterhalten zu können, wenn man auf die Korrektur des Erdenlebens durch ein besseres Jenseits verzichten soll; auf den Anschlagsäulen unserer Großstädte werden Vorträge angekündigt, welche Belehrungen spenden wollen, wie man sich mit den Seelen der Verstorbenen in Verbindung setzen kann, und es ist unleugbar, daß mehrere der feinsten Köpfe und schärfsten Denker unter den Männern der Wissenschaft, zumal gegen das Ende ihrer eigenen Lebenszeit, geurteilt haben, daß es an Möglichkeiten für solchen Verkehr nicht fehle. Da fast alle von uns in diesem Punkt noch so denken wie die Wilden, ist es auch nicht zu verwundern, daß die primitive Angst vor dem Toten bei uns noch so mächtig ist und bereitliegt, sich zu äußern, sowie irgend etwas ihr entgegenkommt. Wahrscheinlich hat sie auch noch den alten Sinn, der Tote sei zum Feind des Überlebenden geworden und beabsichtige, ihn mit sich zu nehmen, als Genossen seiner neuen Existenz. Eher könnte man bei dieser Unveränderlichkeit der Einstellung zum Tode fragen, wo die Bedingung der Verdrängung bleibt, die erfordert wird, damit das Primitive als etwas Unheimliches wiederkehren könne. Aber die besteht doch auch; offiziell glauben die sogenannten Gebildeten nicht mehr an das Sichtbarwerden der Verstorbenen als Seelen, haben deren Erscheinung an entlegene und selten verwirklichte Bedingungen geknüpft, und die ursprünglich höchst zweideutige, ambivalente Gefühlseinstellung zum Toten ist für die höheren Schichten des Seelenlebens zur eindeutigen der Pietät abgeschwächt worden[22].

Es bedarf jetzt nur noch weniger Ergänzungen, denn mit dem Animismus, der Magie und Zauberei, der Allmacht der Gedanken, der Beziehung zum Tode, der unbeabsichtigten Wiederholung und dem Kastrationskomplex haben wir den Umfang der Momente, die das Ängstliche zum Unheimlichen machen, so ziemlich erschöpft.

Wir heißen auch einen lebenden Menschen unheimlich, und zwar dann, wenn wir ihm böse Absichten zutrauen. Aber das reicht nicht hin, wir müssen noch hinzutun, daß diese seine Absichten, uns zu schaden, sich mit Hilfe besonderer Kräfte verwirklichen werden. Der »Gettatore« ist ein gutes Beispiel hiefür, diese unheimliche Gestalt des romanischen Aberglaubens, die Albrecht Schaeffer in dem Buche *Josef Montfort* mit poetischer Intuition und tiefem psychoanalytischen Verständnis zu einer sympathischen Figur umgeschaffen hat. Aber mit diesen geheimen Kräften stehen wir bereits wieder auf dem Boden des Animismus. Die Ahnung solcher Geheimkräfte ist es, die dem frommen Gretchen den Mephisto so unheimlich werden läßt:

---

22 Vgl.: ›Das Tabu und die Ambivalenz‹, in Totem und Tabu.

> Sie fühlt, daß ich ganz sicher ein Genie,
> Vielleicht wohl gar der Teufel bin.

Das Unheimliche der Fallsucht, des Wahnsinns, hat denselben Ursprung. Der Laie sieht hier die Äußerung von Kräften vor sich, die er im Nebenmenschen nicht vermutet hat, deren Regung er aber in entlegenen Winkeln der eigenen Persönlichkeit dunkel zu spüren vermag. Das Mittelalter hatte konsequenterweise und psychologisch beinahe korrekt alle diese Krankheitsäußerungen der Wirkung von Dämonen zugeschrieben. Ja, ich würde mich nicht verwundern zu hören, daß die Psychoanalyse, die sich mit der Aufdeckung dieser geheimen Kräfte beschäftigt, vielen Menschen darum selbst unheimlich geworden ist. In einem Falle, als mir die Herstellung eines seit vielen Jahren siechen Mädchens wenn auch nicht sehr rasch gelungen war, habe ich's von der Mutter der für lange Zeit Geheilten selbst gehört.

Abgetrennte Glieder, ein abgehauener Kopf, eine vom Arm gelöste Hand wie in einem Märchen von Hauff, Füße, die für sich allein tanzen wie in dem erwähnten Buche von A. Schaeffer, haben etwas ungemein Unheimliches an sich, besonders wenn ihnen wie im letzten Beispiel noch eine selbständige Tätigkeit zugestanden wird. Wir wissen schon, daß diese Unheimlichkeit von der Annäherung an den Kastrationskomplex herrührt. Manche Menschen würden die Krone der Unheimlichkeit der Vorstellung zuweisen, scheintot begraben zu werden. Allein die Psychoanalyse hat uns gelehrt, daß diese schreckende Phantasie nur die Umwandlung einer anderen ist, die ursprünglich nichts Schreckhaftes war, sondern von einer gewissen Lüsternheit getragen wurde, nämlich der Phantasie vom Leben im Mutterleib.

Tragen wir noch etwas Allgemeines nach, was strenggenommen bereits in unseren bisherigen Behauptungen über den Animismus und die überwundenen Arbeitsweisen des seelischen Apparats enthalten ist, aber doch einer besonderen Hervorhebung würdig scheint, daß es nämlich oft und leicht unheimlich wirkt, wenn die Grenze zwischen Phantasie und Wirklichkeit verwischt wird, wenn etwas real vor uns hintritt, was wir bisher für phantastisch gehalten haben, wenn ein Symbol die volle Leistung und Bedeutung des Symbolisierten übernimmt und dergleichen mehr. Hierauf beruht auch ein gutes Stück der Unheimlichkeit, die den magischen Praktiken anhaftet. Das Infantile daran, was auch das Seelenleben der Neurotiker beherrscht, ist die Überbetonung der psychischen Realität im Vergleich zur materiellen, ein Zug, welcher sich der Allmacht der Gedanken anschließt. Mitten in der Absperrung des Weltkrieges kam eine Nummer des englischen Magazins *Strand* in meine Hände, in der ich unter anderen ziemlich überflüssigen Produktionen eine Erzählung las, wie ein junges Paar eine möblierte Wohnung bezieht, in der sich ein seltsam geformter Tisch mit holzgeschnitzten Krokodilen befindet. Gegen Abend pflegt sich dann ein unerträglicher, charakteristischer Gestank in der Wohnung zu verbreiten, man stolpert im Dunkeln über irgend etwas, man glaubt zu sehen, wie etwas Undefinierbares über die Treppe huscht, kurz, man soll erraten, daß infolge der Anwesenheit dieses Tisches gespenstische Krokodile im Hause spuken oder daß die hölzernen Scheusale im Dunkeln Leben bekommen oder etwas Ähnliches. Es war eine recht einfältige Geschichte, aber ihre unheimliche Wirkung verspürte man als ganz hervorragend.

Zum Schlusse dieser gewiß noch unvollständigen Beispielsammlung soll eine Erfahrung aus der psychoanalytischen Arbeit erwähnt werden, die, wenn sie nicht auf einem zufälligen Zusammentreffen beruht, die schönste Bekräftigung unserer Auffassung des Unheimlichen mit sich bringt. Es kommt oft vor, daß neurotische Männer erklären, das weibliche Genitale sei ihnen etwas Unheimliches. Dieses Unheimliche ist aber der Eingang zur alten Heimat des Menschenkindes, zur Örtlichkeit, in der jeder einmal und zuerst geweilt hat. »Liebe ist Heimweh«, behauptet ein Scherzwort, und wenn der Träumer von einer Örtlichkeit oder Landschaft noch im Traume denkt: Das ist mir bekannt, da war ich schon einmal, so darf die Deutung dafür das Genitale oder den Leib der Mutter einsetzen. Das Unheimliche ist also auch in diesem Falle das ehemals Heimische, Altvertraute. Die Vorsilbe »un« an diesem Worte ist aber die Marke der Verdrängung.

III

Schon während der Lektüre der vorstehenden Erörterungen werden sich beim Leser Zweifel geregt haben, denen jetzt gestattet werden soll, sich zu sammeln und laut zu werden.

Es mag zutreffen, daß das Unheimliche das Heimliche-Heimische ist, das eine Verdrängung erfahren hat und aus ihr wiedergekehrt ist, und daß alles Unheimliche diese Bedingung erfüllt. Aber mit dieser Stoffwahl scheint das Rätsel des Unheimlichen nicht gelöst. Unser Satz verträgt offenbar keine Umkehrung. Nicht alles, was an verdrängte Wunschregungen und überwundene Denkweisen der individuellen Vorzeit und der Völkerurzeit mahnt, ist darum auch unheimlich.

Auch wollen wir es nicht verschweigen, daß sich fast zu jedem Beispiel, welches unseren Satz erweisen sollte, ein analoges finden läßt, das ihm widerspricht. Die abgehauene Hand z.B. im Hauffschen Märchen

Die Geschichte von der abgehauenen Hand wirkt gewiß unheimlich, was wir auf den Kastrationskomplex zurückgeführt haben. Aber in der Erzählung des Herodot vom Schatz des Rhampsenit läßt der Meisterdieb, den die Prinzessin bei der Hand festhalten will, ihr die abgehauene Hand seines Bruders zurück, und andere werden wahrscheinlich ebenso wie ich urteilen, daß dieser Zug keine unheimliche Wirkung hervorruft. Die prompte Wunscherfüllung im Ring des Polykrates wirkt auf uns sicherlich ebenso unheimlich wie auf den König von Ägypten selbst. Aber in unseren Märchen wimmelt es von sofortigen Wunscherfüllungen, und das Unheimliche bleibt dabei aus. Im Märchen von den drei Wünschen läßt sich die Frau durch den Wohlgeruch einer Bratwurst verleiten zu sagen, daß sie auch so ein Würstchen haben möchte. Sofort liegt es vor ihr auf dem Teller. Der Mann wünscht im Ärger, daß es der Vorwitzigen an der Nase hängen möge. Flugs baumelt es an ihrer Nase. Das ist sehr eindrucksvoll, aber nicht im geringsten unheimlich. Das Märchen stellt sich überhaupt ganz offen auf den animistischen Standpunkt der Allmacht von Gedanken und Wünschen, und ich wüßte doch kein echtes Märchen zu nennen, in dem irgendetwas Unheimliches vorkäme. Wir haben gehört, daß es in hohem Grade unheimlich wirkt, wenn leblose Dinge, Bilder, Puppen, sich beleben, aber in den Andersenschen Märchen leben die Hausgeräte, die Möbel, der Zinnsoldat, und nichts ist vielleicht vom Unheimlichen entfernter. Auch die Belebung der schönen Statue des Pygmalion wird man kaum als unheimlich empfinden.

Scheintod und Wiederbelebung von Toten haben wir als sehr unheimliche Vorstellungen kennengelernt. Dergleichen ist aber wiederum im Märchen sehr gewöhnlich; wer wagte es unheimlich zu nennen, wenn z.B. Schneewittchen die Augen wieder aufschlägt? Auch die Erweckung von Toten in den Wundergeschichten, z.B. des Neuen Testaments, ruft Gefühle hervor, die nichts mit dem Unheimlichen zu tun haben. Die unbeabsichtigte Wiederkehr des Gleichen, die uns so unzweifelhafte unheimliche Wirkungen ergeben hat, dient doch in einer Reihe von Fällen anderen, und zwar sehr verschiedenen Wirkungen. Wir haben schon einen Fall kennengelernt, in dem sie als Mittel zur Hervorrufung des komischen Gefühls gebraucht wird, und können Beispiele dieser Art häufen. Andere Male wirkt sie als Verstärkung u.dgl., ferner: woher rührt die Unheimlichkeit der Stille, des Alleinseins, der Dunkelheit? Deuten diese Momente nicht auf die Rolle der Gefahr bei der Entstehung des Unheimlichen, wenngleich es dieselben Bedingungen sind, unter denen wir die Kinder am häufigsten Angst äußern sehen? Und können wir wirklich das Moment der intellektuellen Unsicherheit ganz vernachlässigen, da wir doch seine Bedeutung für das Unheimliche des Todes zugegeben haben?

So müssen wir wohl bereit sein anzunehmen, daß für das Auftreten des unheimlichen Gefühls noch andere als die von uns vorangestellten stofflichen Bedingungen maßgebend sind. Man könnte zwar sagen, mit jener ersten Feststellung sei das psychoanalytische Interesse am Problem des Unheimlichen erledigt, der Rest erfordere wahrscheinlich eine ästhetische Untersuchung. Aber damit würden wir dem Zweifel das Tor öffnen, welchen Wert unsere Einsicht in die Herkunft des Unheimlichen vom verdrängten Heimischen eigentlich beanspruchen darf.

Eine Beobachtung kann uns den Weg zur Lösung dieser Unsicherheiten weisen. Fast alle Beispiele, die unseren Erwartungen widersprechen, sind dem Bereich der Fiktion, der Dichtung, entnommen. Wir erhalten so einen Wink, einen Unterschied zu machen zwischen dem Unheimlichen, das man erlebt, und dem Unheimlichen, das man sich bloß vorstellt oder von dem man liest.

Das Unheimliche des Erlebens hat weit einfachere Bedingungen, umfaßt aber weniger zahlreiche Fälle. Ich glaube, es fügt sich ausnahmslos unserem Lösungsversuch, läßt jedesmal die Zurückführung auf altvertrautes Verdrängtes zu. Doch ist auch hier eine wichtige und psychologisch bedeutsame Scheidung des Materials vorzunehmen, die wir am besten an geeigneten Beispielen erkennen werden.

Greifen wir das Unheimliche der Allmacht der Gedanken, der prompten Wunscherfüllung, der geheimen schädigenden Kräfte, der Wiederkehr der Toten heraus. Die Bedingung, unter der hier das Gefühl des Unheimlichen entsteht, ist nicht zu verkennen. Wir oder unsere primitiven Urahnen haben dereinst diese Möglichkeiten für Wirklichkeit gehalten, waren von der Realität dieser Vorgänge überzeugt. Heute glauben wir nicht mehr daran, wir haben diese Denkweisen *überwunden*, aber wir fühlen uns dieser neuen Überzeugungen nicht ganz sicher, die alten leben noch in uns fort und lauern auf Bestätigung. Sowie sich nun etwas in unserem Leben *ereignet*, was diesen alten abgelegten Überzeugungen eine Bestätigung zuzuführen scheint, haben wir das Gefühl des Unheimlichen, zu dem man das Urteil ergänzen kann: Also ist es doch wahr, daß man einen anderen durch den bloßen Wunsch töten kann, daß die Toten weiterleben und an der Stätte ihrer früheren Tätigkeit sichtbar werden u.dgl.! Wer im Gegenteil diese animistischen Überzeugungen bei sich gründlich und endgültig erledigt hat, für den entfällt das Unheimliche dieser Art. Das merkwürdigste Zusammentreffen von Wunsch und Erfüllung, die rätselhafteste Wiederholung ähnlicher Erlebnisse an demselben Ort oder zum gleichen Datum, die täuschendsten Gesichtswahrnehmungen und verdächtigsten Geräusche werden ihn nicht irremachen, keine Angst in ihm erwecken, die man als Angst vor dem »Unheimlichen«

bezeichnen kann. Es handelt sich hier also rein um eine Angelegenheit der Realitätsprüfung, um eine Frage der materiellen Realität[23].

Anders verhält es sich mit dem Unheimlichen, das von verdrängten infantilen Komplexen ausgeht, vom Kastrationskomplex, der Mutterleibsphantasie usw., nur daß reale Erlebnisse, welche diese Art von Unheimlichem erwecken, nicht sehr häufig sein können. Das Unheimliche des Erlebens gehört zumeist der früheren Gruppe an, für die Theorie ist aber die Unterscheidung der beiden sehr bedeutsam. Beim Unheimlichen aus infantilen Komplexen kommt die Frage der materiellen Realität gar nicht in Betracht, die psychische Realität tritt an deren Stelle. Es handelt sich um wirkliche Verdrängung eines Inhalts und um die Wiederkehr des Verdrängten, nicht um die Aufhebung des *Glaubens an die Realität* dieses Inhalts. Man könnte sagen, in dem einen Falle sei ein gewisser Vorstellungsinhalt, im anderen der Glaube an seine (materielle) Realität verdrängt. Aber die letztere Ausdrucksweise dehnt wahrscheinlich den Gebrauch des Terminus »Verdrängung« über seine rechtmäßigen Grenzen aus. Es ist korrekter, wenn wir einer hier spürbaren psychologischen Differenz Rechnung tragen und den Zustand, in dem sich die animistischen Überzeugungen des Kulturmenschen befinden, als ein mehr oder weniger vollkommenes *Überwundensein* bezeichnen. Unser Ergebnis lautet dann: Das Unheimliche des Erlebens kommt zustande, wenn *verdrängte* infantile Komplexe durch einen Eindruck wieder belebt werden oder wenn *überwundene* primitive Überzeugungen wieder bestätigt scheinen. Endlich darf man sich durch die Vorliebe für glatte Erledigung und durchsichtige Darstellung nicht vom Bekenntnis abhalten lassen, daß die beiden hier aufgestellten Arten des Unheimlichen im

---

23 *Da auch das Unheimliche des Doppelgängers von dieser Gattung ist, wird es interessant, die Wirkung zu erfahren, wenn uns einmal das Bild der eigenen Persönlichkeit ungerufen und unvermutet entgegentritt. E. Mach berichtet zwei solcher Beobachtungen in der Analyse der Empfindungen (1900,3). Er erschrak das eine Mal nicht wenig, als er erkannte, daß das gesehene Gesicht das eigene sei, das andere Mal fällte er ein sehr ungünstiges Urteil über den anscheinend Fremden, der in seinen Omnibus einstieg, »Was steigt doch da für ein herabgekommener Schulmeister ein.« Ich kann ein ähnliches Abenteuer erzählen: Ich saß allein im Abteil des Schlafwagens, als bei einem heftigeren Ruck der Fahrtbewegung die zur anstoßenden Toilette führende Tür aufging und ein älterer Herr im Schlafrock, die Reisemütze auf dem Kopfe, bei mir eintrat. Ich nahm an, daß er sich beim Verlassen des zwischen zwei Abteilen befindlichen Kabinetts in der Richtung geirrt hatte und fälschlich in mein Abteil gekommen war, sprang auf, um ihn aufzuklären, erkannte aber bald verdutzt, daß der Eindringling mein eigenes, vom Spiegel in der Verbindungstür entworfenes Bild war. Ich weiß noch, daß mir die Erscheinung gründlich mißfallen hatte. Anstatt also über den Doppelgänger zu erschrecken, hatten beide Mach wie ich ihn einfach nicht agnosziert. Ob aber das Mißfallen dabei nicht doch ein Rest jener archaischen Reaktion war, die den Doppelgänger als unheimlich empfindet?*

Erleben nicht immer scharf zu sondern sind. Wenn man bedenkt, daß die primitiven Überzeugungen auf das innigste mit den infantilen Komplexen zusammenhängen und eigentlich in ihnen wurzeln, wird man sich über diese Verwischung der Abgrenzungen nicht viel verwundern.

Das Unheimliche der Fiktion – der Phantasie, der Dichtung – verdient in der Tat eine gesonderte Betrachtung. Es ist vor allem weit reichhaltiger als das Unheimliche des Erlebens, es umfaßt dieses in seiner Gänze und dann noch anderes, was unter den Bedingungen des Erlebens nicht vorkommt. Der Gegensatz zwischen Verdrängtem und Überwundenem kann nicht ohne tiefgreifende Modifikation auf das Unheimliche der Dichtung übertragen werden, denn das Reich der Phantasie hat ja zur Voraussetzung seiner Geltung, daß sein Inhalt von der Realitätsprüfung enthoben ist. Das paradox klingende Ergebnis ist, *daß in der Dichtung vieles nicht unheimlich ist, was unheimlich wäre, wenn es sich im* vervielfältigen, indem er solche Ereignisse vorfallen läßt, die in der Wirklichkeit nicht oder nur sehr selten zur Erfahrung gekommen wären. Er verrät uns dann gewissermaßen an unseren für überwunden gehaltenen Aberglauben, er betrügt uns, indem er uns die gemeine Wirklichkeit verspricht und dann doch über diese hinausgeht. Wir reagieren auf seine Fiktionen so, wie wir auf eigene Erlebnisse reagiert hätten; wenn wir den Betrug merken, ist es zu spät, der Dichter hat seine Absicht bereits erreicht, aber ich muß behaupten, er hat keine reine Wirkung erzielt. Bei uns bleibt ein Gefühl von Unbefriedigung, eine Art von Groll über die versuchte Täuschung, wie ich es besonders deutlich nach der Lektüre von Schnitzlers Erzählung *Die Weissagung* und ähnlichen mit dem Wunderbaren liebäugelnden Produktionen verspürt habe. Der Dichter hat dann noch ein Mittel zur Verfügung, durch welches er sich dieser unserer Auflehnung entziehen und gleichzeitig die Bedingungen für das Erreichen seiner Absichten verbessern kann. Es besteht darin, daß er uns lange Zeit über nicht erraten läßt, welche Voraussetzungen er eigentlich für die von ihm angenommene Welt gewählt hat, oder daß er kunstvoll und arglistig einer solchen entscheidenden Aufklärung bis zum Ende ausweicht. Im ganzen wird aber hier der vorhin angekündigte Fall verwirklicht, daß die Fiktion neue Möglichkeiten des unheimlichen Gefühls erschafft, die im Erleben wegfallen würden.

Alle diese Mannigfaltigkeiten beziehen sich strenggenommen nur auf das Unheimliche, das aus dem Überwundenen entsteht. Das Unheimliche aus verdrängten Komplexen ist resistenter, es bleibt in der Dichtung von einer Bedingung abgesehen ebenso unheimlich wie im Erleben. Das andere Unheimliche, das aus dem Überwundenen, zeigt diesen Charakter im Erleben und in der Dichtung, die sich auf den Boden der materiellen Realität stellt, kann ihn aber in den fiktiven, vom Dichter geschaffenen Realitäten einbüßen.

Es ist offenkundig, daß die Freiheiten des Dichters und damit die Vorrechte der Fiktion in der Hervorrufung und Hemmung des unheimlichen Gefühls durch die vorstehenden Bemerkungen nicht erschöpft werden. Gegen das Erleben verhalten wir uns im allgemeinen gleichmäßig passiv und unterliegen der Einwirkung des Stofflichen. Für den Dichter sind wir aber in besonderer Weise lenkbar; durch die Stimmung, in die er uns versetzt, durch die Erwartungen, die er in uns erregt, kann er unsere Gefühlsprozesse von dem einen Erfolg ablenken und auf einen anderen einstellen und kann aus demselben Stoff oft sehr verschiedenartige Wirkungen gewinnen. Dies ist alles längst bekannt und wahrscheinlich von den berufenen Ästhetikern eingehend gewürdigt worden. Wir sind auf dieses Gebiet der Forschung ohne rechte Absicht geführt worden, indem wir der Versuchung nachgaben, den Widerspruch gewisser Beispiele gegen unsere Ableitung des Unheimlichen aufzuklären. Zu einzelnen dieser Beispiele wollen wir darum auch zurückkehren.

Wir fragten vorhin, warum die abgehauene Hand im Schatz des Rhampsenit nicht unheimlich wirke wie etwa in der Hauffschen ›Geschichte von der abgehauenen Hand‹. Die Frage erscheint uns jetzt bedeutsamer, da wir die größere Resistenz des Unheimlichen aus der Quelle verdrängter Komplexe erkannt haben. Die Antwort ist leicht zu geben. Sie lautet, daß wir in dieser Erzählung nicht auf die Gefühle der Prinzessin, sondern auf die überlegene Schlauheit des »Meisterdiebes« eingestellt werden. Der Prinzessin mag das unheimliche Gefühl dabei nicht erspart worden sein, wir wollen es selbst für glaubhaft halten, daß sie in Ohnmacht gefallen ist, aber wir verspüren nichts Unheimliches, denn wir versetzen uns nicht in sie, sondern in den anderen. Durch eine andere Konstellation wird uns der Eindruck des Unheimlichen in der Nestroyschen Posse *Der Zerrissene* erspart, wenn der Geflüchtete, der sich für einen Mörder hält, aus jeder Falltür, deren Deckel er aufhebt, das vermeintliche Gespenst des Ermordeten aufsteigen sieht und verzweifelt ausruft: Ich hab' doch nur *einen* umgebracht. Zu was diese gräßliche Multiplikation? Wir kennen die Vorbedingungen dieser Szene, teilen den Irrtum des »Zerrissenen« nicht, und darum wirkt, was für ihn unheimlich sein muß, auf uns mit unwiderstehlicher Komik. Sogar ein »wirkliches« *Gespenst* wie das in O. Wildes Erzählung *Der Geist von Canterville* muß all seiner Ansprüche, wenigstens Grauen zu erregen, verlustig werden, wenn der Dichter sich den Scherz macht, es zu ironisieren und hänseln zu lassen. So unabhängig kann in der Welt der Fiktion die Gefühlswirkung von der Stoffwahl sein. In der Welt der Märchen sollen Angstgefühle, also auch unheimliche Gefühle überhaupt nicht erweckt werden. Wir verstehen das und sehen darum auch über die Anlässe hinweg, bei denen etwas Derartiges möglich wäre.

Von der Einsamkeit, Stille und Dunkelheit können wir nichts anderes sagen, als daß dies wirklich die Momente sind, an welche die bei den meisten Menschen nie ganz erlöschende Kinderangst geknüpft ist. Die psychoanalytische Forschung hat sich mit dem Problem derselben an anderer Stelle auseinandergesetzt.

Inhalt

Brüder Grimm
Märchen von einem, der auszog, das Fürchten zu lernen — 32

Johann Wolfgang von Goethe
Eine Gespenstergeschichte — 40

Eduard Mörike
Der Spuk im Pfarrhaus zu Cleversulzbach — 42

Arthur Schnitzler
Frühlingsnacht im Seziersaal — 52

Lothar Schmidt
Eine Stimme aus dem Jenseits — 58

Jakob Julius David
Schuß in der Nacht — 64

Alexander von Ungern-Sternberg
Klabauterman — 72

Willibald Alexis
Pommersche Gespenster — 86

Paul Heyse
Die schöne Abigail — 118

Friedrich Gerstäcker
Das rote Haus — 142

Wilhelm Hauff
Die Geschichte von der abgehauenen Hand — 172

A. J. Mordtmann
Der Untergang der Carnatic — 184

Justinus Kerner
Geschichte des Mädchens von Orlach — 196

E.T.A. Hoffmann
Der Sandmann — 216

Georg von der Gabelentz
Das weiße Tier — 246

GUSTAV MEYRINK
Die Pflanzen des Dr. Cinderella   **260**

HEINRICH ZSCHOKKE
Die Nacht in Brczwezmcisl   **270**

SIGMUND FREUD
Das Unheimliche   **284**